21世纪旅游管理学精品图书

本书获"浙江汉歌文化创意有限公司"赞助

U0673049

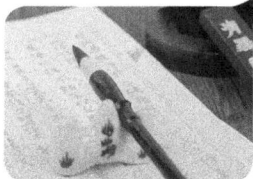

HINESE CULTURE TOURISM

中国文化旅游概论

骆高远 编著

ZHEJIANG UNIVERSITY PRESS

浙江大学出版社

·杭州·

图书在版编目（CIP）数据

中国文化旅游概论/骆高远编著. —杭州:浙江大学
出版社，2017.12（2025.7 重印）
ISBN 978-7-308-17465-7

Ⅰ.①中… Ⅱ.①骆… Ⅲ.①旅游文化－研究－中国
Ⅳ.①F592

中国版本图书馆 CIP 数据核字（2017）第 240014 号

中国文化旅游概论

骆高远　编著

责任编辑	王元新	
责任校对	杨利军	陈思佳
封面设计	春天书装	
出版发行	浙江大学出版社	
	（杭州市天目山路 148 号　邮政编码 310007）	
	（网址：http://www.zjupress.com）	
排　　版	杭州青翊图文设计有限公司	
印　　刷	浙江新华数码印务有限公司	
开　　本	787mm×1092mm　1/16	
印　　张	14	
字　　数	371 千	
版 印 次	2017 年 12 月第 1 版　2025 年 7 月第 4 次印刷	
书　　号	ISBN 978-7-308-17465-7	
定　　价	38.00 元	

内容简介

旅游业的迅猛发展突出地体现了第三代生产力的特征——文化的经济性与经济的文化性,文化与经济相互依存、相互渗透。文化的经济性,就是指文化进入市场,文化进入产业,文化中渗透着经济的、商品的要素,使文化具有经济力,成为社会生产力的一个重要组成部分;而经济的文化性,则是指现代经济发展中文化的、科技的、信息的乃至心理的要素越来越具有举足轻重的作用。作为21世纪"朝阳产业"的旅游业,其经济与文化的一体化已成定局。从旅游供给来看,经营者的目的是经济盈利,但必须提供文化享受才能实现盈利;从旅游需求来看,旅游者希望得到文化享受。因此,在当代旅游业中,任何一项旅游经济活动都是以一定的文化方式进行的,旅游经济活动中的各个环节如生产、流通、交换以及决策、管理等,都或多或少地蕴含着各种文化因素,尤其是旅游产品的生产与消费更是牢牢地建立在文化基因之上。可见,旅游业的经济属性与文化属性是相互交叉、相互融合的,旅游与文化的关系是相辅相成、相得益彰的。

当然,文化旅游并不是文化和旅游的简单相加,而是一种全新的文化形态,它是围绕旅游活动而形成的物质文明和精神文明的总和。它以一般文化的内在价值为依据,以吃、住、行、游、购、娱六大要素为依托,以旅游主体、旅游客体、旅游媒介的相互关系为基础,始终作用于旅游活动的整个过程之中。

本书是专门系统研究文化旅游及其创意策划等方面的学术成果。它从分析文化、旅游、文化旅游和旅游文化等概念、种类、特征与意义出发,着重就文化旅游业及我国文化旅游业的发展简史、发展现状、存在问题和对策建议等进行了研究,着重罗列了我国具有代表性的文化旅游资源种类及其特征,并对文化旅游节和文化旅游地产这两种重要的文化旅游产品进行了深入研究,最后以三个典型的文化旅游创意案例作为终结。

本书内容丰富,观点新颖,资料翔实,集理论性、思想性、知识性、趣味性、实用性与可读性于一体,力求做到通俗易懂,雅俗共赏;力争将文化、旅游、文化旅游和旅游文化的概念、内容、特征与产品具体化、真实化、生活化;尽力将一个个真实的、原始的、美丽的、神奇的文化旅游产品展示给读者或游客;做到理论阐述与案例分析相结合,基础理论与学科前沿相融合;注重理论探讨的深度与广度,案例分析的代表性与典型性。

本书除可作为有志于文化、旅游、文化旅游和旅游文化研究的学者参考外,更是广大游客增加旅游知识、提高旅游兴趣的必读书目;对旅游从业人员和旅游管理人员也有重要的参考价值;同时可作为高校相关专业学生的教材或旅游培训人员的参考用书。

作者简介

　　骆高远,男,汉族,1964 年生,浙江义乌人。浙江商业职业技术学院二级教授、博士,浙江省高校教学名师;浙江师范大学硕士生导师,浙江师范大学非洲研究院兼职研究员。主要从事人文地理,文化旅游,旅游地理,旅游资源评价、规划与开发等方面的研究与教学。已发表学术论文 160 多篇,出版学术著作 10 多部。曾应邀访问德国、法国、荷兰、韩国和新加坡等地,并应邀赴南非和肯尼亚做学术报告和考察调研。

前　言

　　近年来,我国已有越来越多的地方把推动文化与旅游相结合作为贯彻落实科学发展观、加快转变经济发展方式、推动文化产业成为国民经济支柱性产业的重要突破口,积极推动文化与旅游在更大范围、更广领域、更高层次上深度融合,因此文化与旅游的发展呈现出相互促进、相得益彰的可喜局面。

　　党的十七届六中全会提出:"推动文化产业与旅游、体育、信息、物流、建筑等产业融合发展,增加相关产业文化含量,延伸文化产业链,提高附加值。"这对推动文化和旅游相结合提出了明确要求。文化与旅游两者之间,具有天然的紧密联系。文化是旅游之"魂",文化的内涵决定着旅游的品位、精神价值和人文含量,是旅游业增强吸引力、感染力、影响力、竞争力的根本所在,是支撑旅游业可持续发展取之不尽、用之不竭的核心资源。

　　2015 年 10 月召开的党的十八届五中全会的核心议题是关于制定国民经济和社会发展"十三五"规划的建议。全会强调"十三五"时期必须牢固树立并切实贯彻"创新、协调、绿色、开放、共享"五大发展理念。这是关系我国发展全局的一场深刻变革,也必将对旅游业的发展产生重大和深远的影响。其中,文化和旅游及其相互关系可解读的内容更多、更广、更深。

　　2015 年 10 月在浙江召开的"中国旅游演艺资本与运营峰会"上,北京大学光华管理学院博士后李季先生表示,至"十三五"末的 2020 年,文化产业和旅游产业将会成为我国的支柱产业,这两个产业合计在未来 5 年将达到 15 万亿元的规模,占到国家经济总量的 15% 以上。可见,未来 5 年文化产业和旅游产业是国家发展规划的重头戏。

　　旅游景点往往凝结着丰厚的历史文化、革命文化、民族民俗文化等资源,这是旅游的第一资源。旅游过程本质上是文化之旅、精神之旅,是感知文化、品味文化、鉴赏文化、体验文化、享受文化的经历,是愉悦身心、陶冶情操、增长见识、提升境界、净化心灵的文化体验。旅游是文化之"体",是承载文化内涵的重要载体、文化传播的重要渠道,是把群众潜在文化需求转变为现实文化消费的重要形式,是普及历史文化知识、弘扬民族精神和时代精神、开展爱国主义教育和革命传统教育的重要方式,是文化惠民、文化乐民、文化育民、文化富民的重要途径。文化之"魂"与旅游之"体"相互依存、相辅相成,统一于文化旅游产业发展和人民群众的旅游实践之中。旅游,寓教于游、寓教于乐,使文化之"魂"广为弘扬、传之久远、生生不息。离开了文化之"魂",旅游之"体"就失去了精神价值的支撑,即使形式上热热闹闹,也会因为品位不高和缺少内涵而失去魅力和生命力,最终失去对游客持续的吸引力和影响力;离开了旅游之"体",文化之"魂"就失去了有效的表现形式和传播渠道,其精神价值的实现就会大打折扣,也就难以充分发挥引领风尚、教育人民、服务社会、推动发展的作用。

　　文化与旅游相结合,正在中华大地上迸发出前所未有的生机和活力,催生出巨大的社会效益和经济效益,给人民群众带来了看得见、摸得着的实惠。

一、有利于把促进优秀文化遗产保护传承与推动社会经济发展有机结合起来

中华民族在 5000 年的发展历程中,创造了光辉灿烂的历史文化,留下了璀璨夺目、极其丰富的文物遗迹和非物质文化遗产。这些珍贵文化遗产是我们民族悠久历史的见证,是民族智慧的结晶、民族精神的象征,是民族生命力和创造力的体现,也是人类文明的瑰宝。

近年来,党和国家不断完善政策措施,加大投入力度,加强对重大文化遗产地、重点文物、历史文化名城名镇名村的抢救保护,推进博物馆等向社会免费开放。大量的文物资源、文化古迹焕发出勃勃生机,对广大人民群众的吸引力与日俱增,越来越成为旅游业繁荣发展的宝贵资源和强大动力。文化遗产与旅游相结合,既展示了当地蕴藏的独特历史文化内涵,彰显了地域文化魅力和影响力,又催生了旅游衍生产品,带动了配套服务业的共同发展,成为促进当地社会经济发展的新亮点。实践证明,对于有市场前景的非物质文化遗产,在国家政策支持下积极与旅游相结合,与旅游纪念品开发相结合,通过旅游市场推动产业化,是对非物质文化遗产最积极、最有效、最可持续的保护传承方式。如全国剪纸艺术之乡——河北省的蔚县,积极利用剪纸艺术开发旅游纪念品,形成 26 个剪纸专业村、1100 个专业户、3.6 万从业人员的规模,产品涵盖 8 大类 6000 多个品种,销往世界各地,使以往人们仅仅用来贴窗花、自娱自乐的小小剪纸,成长为产值数亿元的当地支柱产业。

二、有利于加快贫困地区群众脱贫致富步伐,帮助更多群众共同富裕

一些地处偏远贫困地区,土地贫瘠、交通不便、资源相对匮乏,发展地方经济举步维艰,而文化与旅游相结合,可给当地群众开启一条脱贫致富、实现跨越式发展的捷径。如贵州省黔东南苗族侗族自治州雷山县西江千户苗寨,2008 年人均收入只有 1800 元,通过推动文化与旅游相结合,使民族风情、民族歌舞得到充分展示,非物质文化遗产大放异彩,吸引了来自国内外的众多游客,短短 3 年多时间,人均收入就达到 7100 多元,群众的生活水平大幅提高。

三、有利于提升全社会文明素养,推动社会主义新农村建设

文化与旅游相结合,把精神文明建设纳入景区评级的重要内容,带动了旅游景区基础设施、环境卫生、服务条件的极大改善,促进了文化氛围、社会秩序、治安状况的极大提升,推动乡村面貌焕然一新,展现出一幅社会主义新农村的崭新画卷。

四、有利于创新爱国主义教育和革命传统教育

韶山、井冈山、延安等革命遗址,既是开展爱国主义教育和革命传统教育的重要课堂,又是发展旅游的宝贵资源。革命文化与旅游相融合的红色旅游,是旅游百花园中艳丽的奇葩,是开展爱国主义教育和革命传统教育的创新举措。通过寓教于乐、寓教于游,既可把我党领导各族人民在革命、建设、改革等各个历史时期艰苦奋斗、开拓进取留下的历史遗迹牢牢凝固在中华大地上,把我党创立的宝贵精神财富深深地植根于全国各族人民心田中,又可实实在在地促进革命老区群众脱贫致富,使红色旅游成为名副其实的政治工程、文化工程、富民工程、民心工程,发挥其良好的政治效益、社会效益和经济效益。

五、有利于促进民族团结进步，巩固和发展平等团结、互助和谐的民族关系

民族地区蕴含着丰富的旅游资源，包括旖旎秀美的自然风光、多姿多彩的民族风情、底蕴深厚的历史文化、独具特色的非物质文化遗产等。文化与旅游相结合，加速了各民族同胞之间的往来和沟通，增进了不同民族文化的交流与合作，既密切了民族感情，又使各族群众进一步体会到"汉族离不开少数民族、少数民族离不开汉族、各少数民族之间也相互离不开"的鱼水之情。总之，文化与旅游相结合，好处多多，不胜枚举，功在当代，利在千秋。

2009年11月25日，国务院总理温家宝主持召开了国务院常务会议，讨论并原则通过了《关于加快发展旅游业的意见》。会议认为，旅游业兼具经济和社会功能，资源消耗低，带动系数大，就业机会多，综合效益好。我国幅员辽阔，旅游资源丰富，人民群众日益增长的多样化消费需求为旅游业发展提供了新的机遇。近年来，我国旅游业快速发展，但仍面临发展方式粗放、基础设施建设滞后、服务水平不高等问题，因此必须加强统筹规划，从改革、开放、服务、管理入手，着力提升发展质量，把旅游业培育成国民经济的战略性支柱产业和人民群众更加满意的现代服务业。

会议指出，加快发展旅游业，必须坚持改革开放，坚持以人为本，提高服务和管理水平；坚持以国内旅游为重点，积极发展入境旅游，有序发展出境旅游；坚持因地制宜，合理利用资源，推动旅游业特色化发展和可持续发展。一是放宽旅游市场准入，鼓励社会资本和各种所有制企业公平参与。推进国有旅游企业改组改制，支持民营和中小旅游企业发展，积极引进外资旅游企业。二是优化旅游消费环境。加快以旅游交通、游客服务、旅游安全等为重点的基础设施建设。加强旅游景区门票价格管理，完善旅游信息服务，促进旅游消费便利化。三是推动旅游产品多样化发展。实施乡村旅游富民工程，合理建设特色景观旅游村镇，积极发展休闲度假旅游，继续发展红色旅游。大力推进旅游与文化、体育、农业、工业、林业、商业、水利、地质、海洋、环保、气象等相关产业和行业的融合发展，培育新的旅游消费热点，丰富旅游文化内涵。四是加强旅游从业人员素质建设和旅游市场监管。大力发展旅游职业教育，加强旅游从业人员培训。健全服务标准体系，全面提升旅游服务质量。健全监管体系，维护游客合法权益。加强旅游诚信体系建设，提高行业自律水平。五是推进节能环保。大力倡导健康旅游、文明旅游、绿色旅游。严格执行旅游项目环境影响评价制度，妥善保护自然生态、原居环境和历史文化遗产，保护生态环境，建立健全旅游安全保障机制。而其中文化与旅游有着天然的融合条件，而且文化与旅游融合发展的潜力巨大。此外，文化与旅游在实现硬实力与软实力平衡发展方面可发挥重要的作用，在参与国际竞争和树立国家品牌形象方面也将发挥巨大作用。

之后，国务院及相关部、委（局）连续出台了一系列的相关法律、法规及建议、意见或通知等，如《中华人民共和国旅游法》《国民旅游休闲纲要（2013—2020年）》《关于加快旅游业发展的建议》《关于促进文化与旅游结合发展的指导意见》等。从行业本身发展的态势来看，旅游产业已经明显突破传统旅游业的范畴，逐步演变为一个多方位、多领域、多层面、多维度的综合性大产业。从旅游消费需求来看，文化旅游已经成为人们生活追求的新时尚。

当前，转变经济发展方式步伐明显加快，以旅游业为代表的现代服务业方兴未艾，人民群众中蕴藏的文化旅游消费潜力正在迸发，文化与旅游深度融合前景广阔，大有可为。我们一定要充分认识文化与旅游相结合的重大意义，积极利用各地悠久历史文化、丰富红色

文化、浓郁民族民俗文化等资源优势,大力发展旅游文化产业,培育新的旅游文化业态,打造一批特色鲜明的旅游文化品牌,推动并兴起旅游文化产业发展的新高潮,为加快转变经济发展方式、满足人民群众精神文化需求做出更大的贡献。

  作者长期从事旅游教育、研究、规划、开发,在实践中遇到并总结了很多现实问题、课题,首次提出了不少新的观点、见解或定义等,但限于作者水平有限,鲁鱼亥豕在所难免,希望读者批评、斧正,以便再版时有新的、实质性的提高。

骆高远

2017 年 5 月 20 日子夜

于杭州西子湖畔浙江商业职业技术学院

中国文化旅游概论

目　　录

中国文化旅游概论

中国文化旅游概论

第一章　绪　论

在人类社会的发展过程中,科技对于推动生产力发展起着不可或缺的巨大作用;而对于当今社会经济的发展,文化作为一种特殊的"资源",正起着越来越大的特殊作用,文化在为人类带来物质财富的同时,也对人类精神财富的积累和传承起着巨大的作用。

旅游作为一种休闲方式,已越来越受到人们的青睐,特别是对城市白领,旅游已经成为他们生活中不可或缺的组成部分。随着生活水平的不断提高,人们对精神消费的需求也在不断攀升。将文化融入旅游地、旅游区和旅游资源之中,让文化与旅游相结合,可以在满足旅游消费的同时,让旅游地更"内秀"、更"真挚",从而为地方旅游增添"内在"竞争力。

第一节　文化、旅游及文化旅游的概念和意义

一、文化、旅游及文化旅游的概念

(一)文化

"文化"一词,是日常生活中应用最为频繁的词语之一,无论男女老少,无论工农商学,似乎许多人都把它挂在嘴边。而一旦被问,究竟什么才是"文化"? 这个词的确切定义究竟是什么? 大家仿佛会一下子集体失语。一些哲学家、社会学家、人类学家、历史学家和语言学家,一直试图从某一角度来界定文化的概念,对文化赋予定义。这样的专家学者不在少数,但学界公认最为著名、经典的定义是由英国人类学家爱德华·伯内特·泰勒(1832—1917)提出的,他在 1871 年出版的《原始文化》一书中指出:"文化或文明,就其广泛的民族学意义来讲,是一个复合整体,包括知识、信仰、艺术、道德、法律、习俗以及作为一个社会成员的人所习得的其他一切能力和习惯。"在中国,另一个影响甚广的是《现代汉语词典》对文化所做的定义:文化是人类在社会历史发展过程中所创造的物质财富和精神财富的总和,特指精神财富,如文学、艺术、教育、科学等。

当然,对于文化,不同的人有不同的理解,学者们大多有各自的观点,据不完全统计,仅我国就有 200 多种有关文化的定义。众说纷纭的文化定义,各有千秋,但也很难找到让学界公认、信服和满意的定义。也许,这也正是文化的魅力所在。

文化是一个非常宽泛的概念,给它下一个严格和精确的定义确实不是一件容易的事。然而,社会在发展,人类在进步,当人们把经济发展的目光,由能源消耗、环境污染转向生态、环保和可持续发展的各种文化资源时,人类社会就进入了一个以"文化"为"原材料"的

经济发展新时期。文化产品、文化产业、文化创意产业、旅游文化等一系列与文化相关的产业迅速崛起，并逐渐在国民经济中占据越来越重要的位置。在这样的时代背景下，对"文化"两个字的理解，就应该与时俱进，承担起社会经济发展的重任，为社会经济发展服务。

1. 文化的定义

文化是智慧群族的一切群族社会现象与群族内在精神的既有、创造、发展和传承的总和。它是相对于政治、经济而言的人类全部精神活动及其产品；它包括智慧群族从过去到未来的发展历程，是群族基于自然的所有的活动内容，是群族所有物质表象与精神内在的整体；具体指群族的历史、地理、风土人情、传统习俗、工具、附属物、生活方式、宗教信仰、文学艺术、规范、律法、制度、思维方式、价值观念、审美情趣和精神图腾等。它又可分为物质文化、哲学思想（制度文化和心理文化）两大类。

2. 文化的特点

文化是一个复杂的整体，包括知识、艺术、信仰、法律、道德、风俗，以及人类作为社会成员中的一分子所获得的任何技巧与习惯。它是人类后天习得的、为人类所共同享有的。文化的特点主要包括以下五个方面。

(1) 超生理性和超个人性。超生理性是指任何文化都是人们后天习得的和创造的，它不能通过生理遗传；超个人性是指虽然个人有接受文化和创造文化的能力，但是形成文化的力量却不在于个人。个人只有在与他人的互动中才需要文化，才能接受文化，才能影响文化。

(2) 复合性。复合性指的是任何一种文化现象都不是孤立存在的，而是由多种文化要素相互作用或复合在一起的。

(3) 象征性。象征性是指文化现象总是具有广泛的意义，文化的意义往往要远远超出文化现象本身所直接表现的那个窄小的范围。

(4) 传递性。文化一经产生就要被他人模仿、效法和利用等。传递包括纵向传递（代代相传）和横向传递（地域、民族之间）两个方面。

(5) 变迁性与堕距（滞后）性。变迁性是指文化不是静止不动的，而是处于不断的变化之中的。一般认为大规模的文化变迁可能由三种因素引发：一是自然条件的变化，如自然灾害、人口变迁等；二是不同文化之间的接触，如不同国家、不同民族之间的技术、生活方式、价值观念等的交流；三是发明与发现等，如各种创造发明、重大发现等导致人类社会文化的巨大变迁。而堕距（滞后）性是指文化的各部分在变迁时的速度不一样，这导致各部分之间产生不平衡，出现差距甚至发生错位等。

3. 文化的分类

分类就是按照一定的原则或标准对事物进行排列与组合。文化的分类因人类创造的成果越来越多而变得越来越细密或繁杂。根据文化的内涵，很难确定一个维度来对文化进行科学的分类。但如果以文化的外延为标准，文化大致可分为以下类型：

(1) 按时间划分，可分为原始文化、古代文化、近代文化、现代文化、未来文化等。

(2) 按空间划分，可分为东方文化、西方文化、海洋文化、大陆文化等。

(3) 按范围划分，可分为世界文化、地方文化、民族文化等。

(4) 按民族划分，可分为汉族文化、藏族文化、壮族文化、维吾尔族文化等。

(5) 按宗教划分，可分为道教文化、伊斯兰文化、佛教文化、基督教文化等。

（6）按社会等级划分，可分为贵族文化、平民文化、官方文化、民间文化等。

（7）按社会功能划分，可分为礼仪文化、服饰文化、校园文化、企业文化等。

（8）按流行时效划分，可以分为经典文化和流行文化。

（9）按时空两个角度划分，可分为齐鲁文化、吴越文化、燕赵文化、荆楚文化、巴蜀文化等。

（10）按文化的品位和性质划分，可分为先进文化、落后文化、腐朽文化等。

（11）按文化自身的内在逻辑结构和层次划分，可分为物质文化、精神文化、行为文化、制度文化等。

（12）按流行的人群划分，可分为雅文化和俗文化。

（13）按文化价值划分，可分为认识价值文化、教育价值文化、借鉴价值文化、审美价值文化、消遣娱乐价值文化等。

（14）按文化价值体系划分，可分为主文化——主导文化（政权或主权文化）、主体文化（社会文化）、主流文化（思潮与风尚文化等）、亚文化（潜文化和亚文化等）、反文化（主文化与亚文化对立面的文化）、混合文化（各种文化的综合）等。

（15）按整体性划分，可分为综合文化、宏观文化、多元文化等。

（16）按局部性划分，可分为专题文化、微观文化、一元文化等。

文化的分类方法还有很多，可以说，文化有多少种定义，就会有多少种分类。

（二）旅游

旅游是指人们为寻求精神上的愉悦而进行的非定居性的旅行。其包括在游览过程中所发生的一切关系和现象的总和。国际上普遍认为，为了休闲、娱乐、探亲访友或者商务目的而进行的旅行活动统称为旅游。

对"旅游"一词的理解，也可以分解开来解释。也就是说，"旅"是旅行、外出，指为了实现某一目的而在空间上从甲地到乙地的行进过程；"游"就是指外出游览、观光、娱乐，即为达到这些目的所做的旅行。可见，旅行偏重于行，旅游则不但有"行"，且有观光、娱乐含义，即偏重于"游"。

当然，有关"旅游"的概念，至今尚未有公认的、权威的定义，更没有统一、完善的阐述。如国际和国内、过去和现在、不同学者之间等都有不同的理解或说法，但基本是大同小异。在"旅游"的各种定义中，大多强调的是暂时性、异地性、休闲性、业余性、享受性、消费性、社会性和综合性等。

（三）文化旅游

文化旅游是指通过旅游来达到感知、了解、体察人类文化具体内容之目的的行为过程。其泛指以鉴赏异国异地传统文化、追寻文化名人踪迹或参加当地举办的各种文化活动为目的的旅游。其中，寻求文化享受已成为当前旅游者的一种风尚。

文化旅游是近些年才出现并流行的一个概念（或名词），它的出现与游客需求的转变密切相关。虽然众多学者从不同角度对"文化旅游"进行界定，但仍没有一个公认的、完整的定义。随着旅游实践的不断发展，"文化旅游"概念与"文化"概念也变得越来越复杂，涵盖了越来越多的内容。因此，目前对文化旅游的定义也还没有完全成熟，但多指那些以人文资源为主要内容的旅游活动，包括历史遗迹、建筑、民族艺术和民俗、宗教等。也有学者认为文化旅游属于专项旅游的一种，是集政治、经济、教育、科技等于一体的大旅游活动。

总之,文化旅游既不是一种产品,又与"旅游文化"大不相同。文化旅游的关键在"文化",旅游只是形式或过程。其中的"文化"应理解为旅游之效用及旅游之目的。

二、文化、旅游及文化旅游的意义

(一)文化的意义(功能)

文化是一个中性词,主要指人类征服自然、社会及人类自身的活动、过程、成果等多方面内容的总和,它是一种客观的存在,其中既包括优秀成果,也有糟粕,既有有益于人类的内容,也有不利于人类的因素,但它们都属于文化。

人类由于共同生活的需要才创造出了文化,文化在它所涵盖的范围内和不同的层面发挥着重要的功能和作用。

1. 整合的功能

文化的整合功能主要体现在它对于协调群体成员的行动所发挥的作用,就像蚂蚁过江,要想成功,必须抱团,听从指挥。由于社会群体中不同的成员都是单独的行动者,他们基于自己的需要,往往根据自身对情景的理解和判断采取行动。而文化就是他们沟通的媒介,只要他们能够共享文化,就能够有效地进行沟通,进而消除隔阂,促成合作。

2. 导向的功能

文化的导向功能主要指文化可以为人们的行动提供方向和可供选择的方式。通过共享文化,行动者可以知道自己的何种行为在对方看来是适宜的、可以引起积极回应的,并倾向于选择有效的行动,这就是文化对行为的导向作用。

3. 维持秩序的功能

文化是人们以往共同生活经验的积累,是人们通过比较和选择认为是合理并被普遍接受的东西。某种文化的形成和确立,就意味着某种价值观和行为规范的被认可与被遵从,这也意味着某种秩序的形成。而且只要这种文化在起作用,那么由这种文化所确立的社会秩序就会被维持下去,这就是文化维持社会秩序的功能。

4. 传续的功能

从世代的角度看,如果文化能向新的世代流传,即下一代也认同、共享上一代的文化,那么文化就有了传续功能。

5. 社会的功能

文化作为一种精神的力量,能够在人们认识世界、改造世界的过程中转化为物质力量,对社会发展产生深刻的影响。这种影响,不仅表现在个人的成长过程中,而且还表现在民族和国家的历史中。先进的、健康的文化对社会发展会产生巨大的促进作用;相反,反动的、腐朽的文化则对社会的发展起着重大的阻碍作用。

6. 改造人、塑造人的功能

(1)优秀的文化能够丰富人的精神世界,即人创造了文化,文化也在塑造人。优秀文化能够丰富人的精神世界。积极参加健康有益的文化活动,不断丰富自身的精神世界,是培养健全人格的重要途径。

(2)优秀的文化能够增强人的精神力量。如优秀的文化作品,总能以其特有的感染力和感召力,使人们深受震撼、力量倍增,成为照亮人们心灵的火炬或引领人们勇往直前的旗帜。而由此产生的精神力量,往往历久不衰,激励着人们不断创造美好幸福的生活。

（3）优秀的文化能够促进人的全面发展。因为人的全面发展,主要表现在人的思想道德素质、科学文化素质和身心健康素质等方面的全面提升。优秀文化为人的健康成长提供不可缺少的精神食粮,对促进人的全面发展起着不可替代的作用。随着物质生活条件的不断改善,优秀文化对促进人的全面发展的作用日益突出。

（二）旅游的意义

旅游是一种高级的精神享受。"求新、求知、求乐"是旅游者的心理需求。旅游既能锻炼人的身体,又能陶冶人的情操,丰富知识,开阔眼界,让人看到生活的本来面目。平时不易得到的快乐有时通过旅游可得到充分的满足,并可能成为一生中美好的记忆。一句话:旅游丰富人生,旅游愉悦生活。

旅游的意义深刻而广泛,既可从社会、政治、经济等方面去概括和总结,如可提高地方的知名度、传播文化、发展地方经济、带动经济增长,也利于招商引资等;又可以从个人发展与体验等方面去研究和分析,如增长见识、开阔视野、陶冶情操、增进相互之间的了解和友谊等。只有科学认知旅游的本质和意义,才能有针对性地采取各种应对旅游活动的对策和措施,进而提高旅游服务的质量和水平,从而促进旅游业的可持续发展。

当然,旅游的真正意义是什么,每个人都可以有不同的理解和回答。因为每个人的实际情况不同,故相同的旅游,其回味可能相差甚大。

（三）文化旅游的意义

旅游是文化性很强的经济产业,文化是旅游的灵魂,旅游的文化本质特征必然要求在发展旅游业的过程中优先发展旅游文化,用先进文化引领景区的发展。

现代旅游是旅游者为了满足自己的精神文化需要而进行的一种高级消费。只有充分重视旅游产品的文化性,挖掘其文化内涵,展示其文化特色,提高其文化品位和文化含量,才能吸引旅游者,才能带来旅游业的蓬勃发展。

文化与旅游历来水乳交融、密不可分、相辅相成,存在着天然的耦合性。文化的内涵决定了旅游的价值和品位,是旅游业增强吸引力、感染力、竞争力、影响力的根本所在,是支撑旅游业可持续发展取之不尽、用之不竭的核心资源。旅游是传承民族优秀传统文化、普及历史文化知识、弘扬民族精神的重要载体,是开展爱国主义教育、革命传统教育和国情教育的重要抓手,是文化惠民、乐民、育民、富民的重要途径。通过旅游,寓教于乐、寓教于游,可以使文化广为弘扬、代代相传、生生不息。文化旅游的意义,至少表现在以下四个方面。

1. 顺应新时代旅游发展需要

旅游是一种具有重大经济与文化意义的活动,它的产生和发展紧跟社会前进的步伐。从全球范围看,旅游新理念层出不穷,如生态旅游、养生旅游、分时度假等。随着旅游者受教育程度的不断提高,对旅游产品和服务质量的要求必然越来越高,旅游中的个性化、自主化倾向也会越来越明显,他们希望通过旅游放松身心的同时陶冶情操,在轻松愉快、舒适的旅游中开阔视野、享受生活。而文化旅游具有知识密集性、形式多样性、启迪创新性、可持续性等特点,因此可以满足人们不断变化着的旅游需要。

2. 可带动区域综合发展

文化旅游产业是一种特殊的综合性产业,因其关联度高、涉及面广、辐射力强、带动性大,是 21 世纪最具活力的新兴产业。文化旅游产业的发展可以优化地区的产业结构,促进基础产业的发展。通过对地区文化资源的深入挖掘，通过独特创意，可以把文化资源转变成旅游产品，并通过一些大的旅游项目的带动，不断提升区域价值。当然，区域经济价值提升后可以反哺文化产业和公共文化设施，从而使区域获得健康、稳定、有序、可持续的发展。

3. 传承和保护区域文化

发展文化旅游，不管是现代文化旅游还是历史文化旅游，都需要对地区文化资源进行挖掘与梳理。深挖文化内涵，有利于对优秀的传统文化的继承和弘扬；通过现代化的手段，创意性的策划将其重新包装，使其成为这个时代颇受欢迎的文化旅游产品，从而能很好地传承和保护区域文化，同时促进文化的传播。文化旅游的发展，也促进了文化产业的繁荣。

4. 丰富旅游内涵，提高旅游质量

对旅游者来说，乘兴而来、满意而归，是其永远的追求。文化旅游可以促进普通观光型旅游向高层次、更富吸引力的文化需求型旅游发展，使旅游者在旅游过程中能更深层次地观赏景物的内在美；领略该地区悠久灿烂历史的同时，品味其蕴藏的丰富文化内涵，并深入体验现代文明和现代文化，而不是简单地走马观花、游山玩水，或仅仅惊叹于外表的壮观或先进的现代文明。

可见，文化与旅游相结合，抓住了文化和旅游的内在联系，切合了两者发展的内在需求，实现了双赢。在我国，发展旅游业、开展文化旅游显得尤为重要。它不仅可以增强产品吸引力，提高经济效益，还可以大力弘扬中国文化，让世界了解中国，同时也可以改变目前越来越多的中国人不懂中国文化这一现状。

第二节　文化旅游的研究内容和方法

一、主要研究内容

(一)文化层面

可打造成旅游产品的文化主要可分为四个层面，即以文物、史记、遗址、古建筑等为代表的历史文化层，以现代文化、艺术、技术成果为代表的现代文化层，以居民日常生活习俗、节日庆典、祭祀、婚丧、体育活动、传统服饰和民间工艺等为代表的民俗文化层，以人际交流为表象的道德伦理文化层等。

(二)文化旅游资源种类

(1)历史古迹类。其主要包括古人类遗址、古文化遗址、皇陵庙坛、名人故居和足迹及革命纪念地等。

(2)民俗风情类。其主要包括传统文化、工艺美术、体育活动、民族服饰、风味饮食、民居、婚丧习俗和各类节庆活动等。

(3)建筑、园林类。其主要包括古城建筑、宫廷建筑、亭台楼阁、各式园林等。

(4)文学艺术类。其主要包括文化艺术品、文学名著、文化艺术节、博物展览和著名文化人故居等。

(5)宗教类。其主要包括宗教建筑、宗教艺术和宗教活动等。

（三）文化旅游产业

文化旅游产业主要包括文化旅游产业（民族文化旅游业、红色文化旅游业、影视旅游业、旅游演艺业和其他文化旅游业等）的发展环境、发展现状和问题、营销分析和发展前景等。

（四）文化旅游地产

文化旅游地产是文化地产和旅游地产相结合的产物。依托周边丰富的旅游资源，用文化引领房地产规划、建筑设计、园林景观、营销体系和物业服务等，融旅游、休闲、度假、居住为一体，有别于传统的住宅项目，即通过将文化、旅游和地产的有机结合，打造具有独特人文内涵和建筑风貌的文化旅游区，并通过商业、住宅、酒店、公寓、商务等项目的导入，实现项目的总体开发和收益。

（五）文化旅游节

文化旅游节是指为了展示文化与旅游结合发展的成果，进一步推动文化与旅游的深度结合，促进文化旅游市场的繁荣发展，各地、各部门推出的各种形式、各个层次、各种内容的定期和不定期的旅游活动的节日。

（六）文化旅游创意

文化旅游创意是指利用创意产业的思维方式和发展模式来整合旅游资源，创新旅游产品，锻造旅游产业链，从而不仅仅对现有的已存在的资源进行开发和利用，而且通过策划和创造，使得资源的深度开发更为便利，更能创新，更有价值，更受欢迎。

二、主要研究方法

文化旅游研究的基本方法可分为调查法、跨文化研究法和理论分析与实证研究法等，这三种基本方法由浅入深、由表及里、逐步推进，从理论到实践、从基础研究到理论研究再到应用研究，重点体现和反映了旅游学科的应用性、多学科性和交叉性等特点。

（一）调查法

调查法是绝大多数学科都运用的一种基本研究方法，也是文化旅游研究的立足点和基本方法。"没有调查，就没有发言权"；没有调查，就没有切合实际的行动方案。文化的地方性、民族性、文化性、多样性和社会性等特点，使其发展涉及特殊的人—人关系（社会关系）、人—地关系（人与自然关系）。其特殊性表现为文化越浓郁越有特色的地区，经济就相对越欠发达，社会关系就相对越和谐（民风淳朴、热情好客、商业意识淡薄）等方面，而旅游开发则会对当地社会结构、人际关系和人与自然关系等产生一系列正面和负面的影响。因此，文化旅游需要调查研究，需要多学科介入，特别是对其资源开发、旅游影响和存在的问题要进行深入的多元化调查，利用问卷、访谈、参与观察、遥感技术等手段，得出可靠的、客观的结论，以便为保护和传承文化提供科学的方法和合理的依据。

（二）跨文化研究法

跨文化研究法是文化学、民族学、人类学、社会学等学科最重要的研究方法之一，也是文化旅游研究在理论层面的研究方法。文化是旅游的灵魂，不同民族、不同地区拥有不同的文化，不同地域的游客（包括入境游客）因文化差异而显示出消费的差异，从而需要借助交叉学科和多学科从跨文化角度进行比较研究。有比较才能有鉴别，通过对比才能找出各地方、各民族的文化特色和优势，才能明确自身的优势、劣势和地位，才能认清态势，得出更为切合实际的结论。此外,文化旅游发展过程中的旅游产品设计、形象策划与传播、客源市场分析、旅游影响等都需要进行跨文化的研究,才能找准契合点,明确旅游定位,提出切合实际的发展目标。

(三)理论分析与实证研究法

理论分析与实证研究法是社会科学研究中最常用、最有说服力的方法。实践是检验真理的唯一标准,真理来源于实践,又指导实践。旅游科学是应用性和实践性都很强的学科,其涉及面极广,因而必须用不同的学科理论,从不同学科的视角进行多维度、立体化的研究,以便形成自身的理论体系。同时,还必须用实证来证明其理论的正确性和实用性。

第三节　文化旅游的种类和特点

一、文化旅游的种类

不同的文化,必然导致文化旅游的差异。由于文化种类繁多,所以文化旅游的种类或形式也存在差异。世界上多姿多彩的民族文化、民俗文化、社会文化、艺术文化等极大地丰富了文化旅游的种类,推动形成了多种多样的文化旅游方式。

(一)民俗旅游

民俗旅游是最受现代人欢迎的旅游形式之一。现代人长期处于快节奏、高效率的都市生活之中,内心很渴望这种单调乏味的生存状态得到些许改变,使平淡的生活多一点亮丽的色彩。民俗旅游就可以通过使其体验异地异族真实的生活方式、文化形态、传统习惯等来满足人们体验异国、异族、异地风情的需要,让人们将身心融合到一种全新的、不同的生存状态之中,让人们的心灵得到一种慰藉。

民俗旅游中比较吸引人的是节庆旅游。在长期的历史发展过程中,各民族逐渐形成各自鲜明的特点,有了自己民族的习惯和节日,如我国西南地区苗族的"四月八""姐妹节",侗族的"花炮节""六月六""祭牛节"等。这些民族节日活动与现代生活有一定的距离,带着很深的传统烙印。

民俗旅游满足的是现代人对异国他乡风土民情的好奇感,是一种更高层次的精神需求。目前,在我国的许多地区都有内涵丰富、层次较高的民族文化节专项旅游,如潍坊的风筝节、岳阳的国际龙舟节、大连的服装节等。

贴近生活的民族风情旅游是民俗旅游的另一种形式。这不再是走马观花的旅游,而是让旅游者入住当地人家庭,借与房东主人居住的机会,直接了解和体验当地的风土人情,有利于旅游者与主人建立亲密融洽的关系,营造一种独特的"家庭氛围"。这种贴近生活的旅游方式,能够增进客人与主人家的个人友谊,使旅游生活更有情趣,更令人难忘。

参观民俗文化村,又是一种民俗旅游方式。在一些地方建立民俗文化村,保留一些行将绝迹的传统饮食起居、衣着装束、建筑风格,以及工艺制作、文化娱乐、民间习俗等,并建立类似博物馆的保护区,完整地展示地方民俗风情。

（二）宗教旅游

宗教是人类历史上一直延续至今的一种文化现象。作为人类文化遗产，它在现代各国各民族日常生活中发挥的作用越来越大。宗教朝圣旅游、宗教观光旅游、宗教艺术旅游等方式，可帮助人们了解宗教的教规、教义及宗教文化和艺术等。

（三）健身旅游

身体是人的生命本体的一种存在。而生命的本体，是人类生活意义的核心和基础。健身旅游大致可分为疗养旅游、保健旅游和体育旅游。"健康旅游是第一位的"；"没有了健康，一切便都失去了意义"。越来越多的现代人已经认识到这一点，因而人们开始身体力行，采用各种各样的健身方法来达到锻炼身体的目的。健身旅游便是其中的一种方式。随着社会经济和科技文化的快速发展，健身旅游必将大行其道。

（四）艺术旅游

艺术的范畴包括绘画、雕塑、建筑、工艺、音乐和戏剧等。艺术品是人类创造的宝贵的精神财富。博物馆艺术之旅、文艺典故之旅、影视艺术之旅和建筑艺术之旅等专项旅游，可陶冶人的情操，净化人的心灵，鼓舞人的意志，让人们深切感受艺术品的感染力，从而达到高层次的精神享受。

（五）修学旅游

修学旅游是以学习研究某一专题为目的的旅游项目，是一种开阔视野、增长知识、丰富阅历的重要方式。游客可根据自己的喜好或特长选择相应的旅游内容，如历史、书法、民俗、绘画、烹饪、中医等。

（六）考古旅游

考古旅游是以考古活动发现的古代物质文化遗存为旅游吸引物，同时具有游览观光、学习求知、参与体验、休闲娱乐等功能的专项旅游活动。作为个体活动，考古旅游是考古活动与旅游活动的互动融合；作为业态形式，考古旅游是考古领域与旅游业的互相渗透；作为学科领域，考古旅游是考古学与旅游学的交叉领域，并同时融合了文化旅游和参与型旅游两大趋势。

（七）寻根旅游

寻根旅游是指在基本了解祖籍、故乡、姓氏等相关情况的前提下，个人或家庭、团体以缅怀祖先、追寻家庭史的方式进行的游玩过程，即追寻故乡、重走姓氏迁移的路线，挖掘祖先的故事，感受祖先曾经生活的那片土地的气息，以完成认祖归宗的心愿，从而把家族史传承给子孙后代，把家族文化发扬光大。寻根旅游的参与者既能欣赏途中的风土人情，缓解生活压力，增添生活乐趣，又能对家族历史有更深的了解，同时还可以寻找到失散的族人。

寻根旅游是一种新兴的文化旅游方式，它以亲情和宗族认知为主线，贯穿整个游玩过程。其形式是多种多样的，如故乡认祖、家族聚会、宗族会议、家谱修订、追景溯源、姓氏迁移的路线探寻等。依据传统的姓氏文化，又可将姓氏游划分为姓氏寻根游和故乡寻根游。

（八）探险旅游

探险旅游是指旅游者到人迹罕至或险象环生的特殊环境下进行的充满神秘性、危险性和刺激性的旅行考察活动。这是一种以寻求新的体验为目的的旅游形式。探险旅游通常以奇特的自然环境为背景，而且总是伴随着一定可预知的或可控制的危险，也是对个人能力的一种挑战，如高山探险旅游、沙漠探险旅游、海洋探险旅游、森林探险旅游、洞穴探险旅游、极地探险旅游、追踪野生动物探险旅游、寻找人类原始部落探险旅游等。此外,探险旅游还包括泰国的骑象探险旅游、丹麦的狗拉雪橇探险旅游、乘热气球环球旅行、驾脚踏飞机或滑行器飞渡海峡、驾游艇或小船周游世界、乘独木舟横渡大西洋等。

(九)生态旅游

生态旅游是指以吸收自然和文化知识为导向,尽量减少对生态环境的不利影响,确保旅游资源的可持续利用,将生态环境保护与公众教育同促进地方经济社会发展有机结合的旅游活动。其内涵主要包含两个方面的内容:一是回归大自然,即到生态环境中去观赏、旅行、探索,目的在于享受清新、轻松、舒畅的自然与人的和谐气氛,探索和认识自然,增进健康,陶冶情操,接受环境教育,享受自然和文化遗产等;二是促进自然生态系统的良性运转,即不论生态旅游者还是生态旅游经营者,甚至包括得到收益的当地居民,都应当在保护生态环境免遭破坏方面做出贡献。只有在旅游和保护均有表征时,生态旅游才能显示其真正的科学意义。

(十)商务旅游

商务旅游是指旅游者以商务为主要目的,离开自己的常住地到外地(包括国外)所进行的商务及其他活动,一般包括谈判、会议、展览、科技文化交流等活动。

商务旅游作为旅游业的一个重要的组成部分,自20世纪80年代以来,保持了比整个旅游业更高的发展速度,越来越成为全球旅游业发展的新趋势。商务旅游与普通的观光、休闲度假等旅游方式相比,具有消费水平较高、受旅游淡季与气候影响较小、活动地点较固定、活动方式重复等许多明显优势。发展商务旅游已经成为一个城市经济增长的重要支撑点。

二、文化旅游的特点

(一)创意性

在当今世界,创意产业已不再仅仅是一个理念,而是有着巨大经济效益的直接现实。约翰·霍金斯在《创意经济》一书中指出,全世界创意经济每天创造220亿美元,并以5%的速度递增。一些国家创意经济增长的速度更快,如美国可达14%,英国则为12%。

广义的创意产业即是文化创意产业。现代文化旅游的核心在于创意,现代文化旅游的发展离不开创意。创意的本质在于寻求特色和差异,与旅游的本质一致。一般旅游主要是从资源的角度出发寻找差异和特色,不管其挖掘过程是否考虑了市场需求和竞争关系,着眼点仍不能脱离资源。现代文化旅游则在一定程度上摆脱了资源的束缚,它能够综合各种因素,包括资源、环境、市场、社会背景等诸多方面进行创造,亦即创意。离开了创意,文化旅游亦将失去生命力。

(二)科技性

现代社会,科技发展快速,人类已进入了科技时代、信息时代。科技的快速发展,改变了人类的生活。同时,现代科技为旅游发展提供了新的理念和新的空间,科技与创意的结合形成了一种新的旅游文化。现代科技手段能够开阔人们的视野,为其提供旅游创意策划的新平台,有助于发掘其创意灵感。

文化旅游的一个重要特征就是科技性,即科技含量高。现代科技被频频用于现代文化旅游产品中,高科技的运用丰富了文化旅游的项目内容和产品层次;同时,新的科技成果使旅游者的活动空间和体验突破的极限达到前所未有的水平。如一个不具有特色的区域,通过高科技的应用,加上旅游创意策划和市场推广,往往会成为一个成功的旅游产品。

国外以迪士尼乐园、环球影城等为代表的高技术的模拟情景(如火山爆发、地震、洪水奔涌、虎口历险等)旅游取得了巨大成功;国内以《印象刘三姐》为代表的印象系列,也因为应用了现代科技、特技,浓缩了一个地区的文化特质,获得了市场的认可。

（三）体验性

21世纪,人类已经迈向了全新的体验经济时代。体验经济是一种以服务为舞台、以商品为道具、以体验作为主要经济提供物的经济形态,是继农业经济、工业经济、服务经济之后的一种全新的经济形态。体验经济则是从生活与情境出发,塑造感官体验及思维认同,吸引消费者的注意力,从而改变消费者行为。在体验经济时代,消费者在沉醉于整个情感体验过程并获得满足的同时,会心甘情愿地为如此美妙的心理感受支付一定(或额外)的费用。

体验式旅游是体验经济时代旅游活动的主要表现。文化旅游的一个显著特点就是体验性。文化旅游更关注为游客提供参与性和亲历性活动,以文化作为旅游吸引点,在旅游产品中融入情感性、差异性、参与性、本真性等特点,用文化表征方法揭示旅游资源的文化内涵,提高旅游产品和旅游活动的文化含量,从而使游客通过旅游活动获得开阔眼界、增长知识、增强文化精神等各种体验。因此,在形式上,文化旅游提供的是知识、教育;然而,在本质上,它所制造的却是娱乐、审美、求知、学习的愉悦和体验等。

第四节　文化旅游研究的历史和现状

一、文化旅游研究的历史

（一）国内对文化旅游的研究

国内对"文化旅游"的研究,首先是从"文化旅游"和"旅游文化"概念的辨析开始的。其次是围绕文化旅游的概念、种类、特征及其与社会、经济的关系展开研究与争鸣,国内研究基本认为文化旅游不是一种具体的旅游产品,而是一种设计产品的思路,是一种突出吸引物文化气息的创意。之后,研究基本集中在对某一区域或某类文化资源开发设计的产品、思路、创意和模式等方面,对文化旅游从整体上进行系统性、理论性的研究则相对欠缺。

（二）国外对文化旅游的研究

在西方,尤其是欧洲国家,文化旅游业蓬勃发展,增长迅速,因而对文化旅游的研究也成为长期被学术界关注的一个热门领域。多年来,国外的文化旅游研究已经积累了许多成果和经验,特别是针对"文化旅游"的概念的研究和探讨,国外学界提出了广义、狭义和中性的三种定义,并通过对这三种定义的比较和解析,进一步明确了"文化旅游"的内容、范畴和类型等。

二、文化旅游研究的现状

近年来,国内外文化旅游研究各有侧重。国外文化旅游的研究重点主要是遗产地旅游。旅游业的空间增长，使人们对世界遗产地的环境和文化完整性的关注日益增加。国外对遗产旅游的研究主要集中在遗产旅游的可持续发展、遗产旅游的影响、遗产旅游的开发和遗产旅游的价值等方面，并获得了巨大的社会、经济和生态效益。目前，国内文化旅游的研究重点主要是文化旅游资源的可持续发展问题。事实上，大部分文化旅游资源属不可再生资源。由于旅游业的发展，近些年来，国内部分地区尤其是一些少数民族地区的民俗风情开始出现同化现象，使得这些文化旅游资源的原有吸引力开始明显减弱甚至消失，这对当地旅游业的发展影响很大，也将影响到下一代人能否继续拥有这些宝贵的传统文化资源。可见，走可持续发展道路，是文化旅游资源发展的必然选择。

随着文化旅游的不断发展，国内外文化旅游的研究趋势正在转向文化旅游地的保护与开发、社区参与和政府定位等方面。保护和开发是文化旅游产业发展过程中的基本矛盾，文化旅游资源的开发的基本定位是"保护"，不以"保护"为前提的开发，势必造成资源破坏和环境恶化，开发也必将无以为继，故可从规划和管理技术层面，利用先进技术和方法来解决开发过程中的技术难题，同时要对旅游区进行功能分区，即根据文化旅游地每一区域的重要度和敏感度确定其功能。

社区参与一方面是文化旅游资源完整性的重要保障；另一方面也是实现旅游的经济、社会、文化和环境四大功能协调可持续发展的前提。

政府定位问题主要是管理权和经营权的关系问题。文化旅游资源的特殊性、不可再生性和脆弱性使得文化旅游景区的管理和经营至关重要。政府部门由于受管理体制等的限制，大多不能独立完成资源保护和管理的任务，其经营权出让也存在经营者非理性开发和掠夺性经营破坏景区资源的风险。故管理权与经营权如何分工又合作，政府在文化旅游景区管理和经营中应充当什么样的角色，必然是当前也是今后文化旅游研究的重要内容。

第二章　文化旅游业

第一节　文化旅游基本概述

一、文化旅游的内涵及要求

（一）文化旅游的内涵

文化旅游是以旅游经营者创造的观赏对象和休闲娱乐方式为消费内容,使旅游者获得富有文化内涵和深度参与旅游体验的旅游活动的集合,即通过旅游实现感知、了解、体察人类文化具体内容之目的的行为过程。其关键在文化,旅游只是形式。其主要涉及经营者和旅游者两个方面。

（二）文化旅游的要求

1. 对经营者的要求

对旅游经营者来说,其要充分考虑到体现文化旅游的四个层面（见第一章）,并将这四个层面的文化层交织在一起,根据旅游者的需求来加以整理、保护、开发和利用,从而将文化融入旅游产品和旅游线路的设计之中,使游客对文化有一个全面的了解。

旅游客体包括自然景观和人文景观两大类。文化旅游的经营者在开发旅游客体即旅游吸引物时要充分挖掘其文化内涵,不论旅游客体的存在形态和性质如何,它必须富有文化内涵,否则一座光秃秃的小山、一座破旧不堪的庙宇、一块荒无人烟的草地是不可能吸引游客去游览的。因此,文化旅游的经营者应从两个方面进行突破:一是要赋予自然景观以文化内涵;二是要保护好人文景观的文化氛围,同时还需要深入挖掘人文景观的文化内涵。前者,即自然景观,虽属天然赋存,但经营者仍可将景观中的寓意和寄托着的人类情感提炼出来,如杭州西湖十景中的"断桥残雪""苏堤春晓""平湖秋月"和"雷峰夕照"等,就充分地烘托出人类寄予其中的情感。后者,即人文景观,其本身就是人类文化的载体,是人类文化的一个重要组成部分,其文化内涵与生俱来,因此经营者的工作就是要保护好这些文化资源,把有损人文景观文化氛围的一切商业及其他活动从旅游景区中清除出去,同时还要做好挖掘整理工作,通过导游的解说或制作一些印刷物、音像制品等帮助游客了解人文景观中灿烂的文化内涵,使游客从中增长知识,得到教益。

2. 对旅游者的要求

对旅游者来说,文化旅游就是一种旅游的形式,因此应改变旅游者以往只把自身作为"看客"的观点和以"身临其境"为满足的旅游观念,努力提高旅游者对旅游景点的文化鉴赏水平。这其中当然包括旅游的开发经营者应积极帮助旅游者正确理解景观中的文化内涵，提高旅游者（主体）的旅游鉴赏能力。当然，更重要的是，旅游者应自觉主动地提高自身的文化素养。

法国大雕塑家罗丹曾经说过：世界上所缺少的不是美，缺少的是发现美的眼睛。是的，现在多数旅游者缺少的正是这种能够发现美的眼睛，很多游客不仅缺少一些基本的文化知识，对旅游客体，尤其是古文物当中所蕴含的文化很少予以关注，有时还发出不屑一顾的评论。例如峨眉山白龙洞，寺庙已毁，仅剩一洞，洞既不深又不大，初看会让人索然无味，但如果把这一景点同历史事件、历史传说结合起来，通过导游有板有眼、绘声绘色的讲解，游客一定会感到收获颇丰、不虚此行。对历史的了解和回忆可使人得到一种精神上的满足，也使旅游活动上升到一个更高的境界。再如成都的杜甫草堂，不少游客可能会对这座"饱经沧桑、其貌不扬"的庙宇大失所望，认为"一个破庙没有什么好看的"，殊不知，该"破庙"记载着一位大诗人的多少往事。可见，虽然旅游客体对旅游者来说，只是观赏的对象，但能否从中获得一种美的享受，能否增长见识、开阔视野，关键在于旅游者自身的文化素养。旅游者在旅游活动之前，需具备丰富的文化历史知识及较高的鉴赏能力；在旅游的过程当中，也应积极主动地去寻找美、发现美和欣赏美，同时要努力挖掘、领略旅游对象的文化内涵。只有这样，旅游者才能真正从旅游中获益。这也正是提倡"文化旅游"的出发点和立足点。

二、文化旅游的核心

文化旅游的概念明晰之后，"创意"就成了文化旅游的核心。而创意的本质在于寻求特色和差异，这与旅游的本质是一致的。

旅游主要是从资源的角度出发寻找差异和特色，不管其挖掘过程是否考虑了市场需求和竞争关系，其着眼点仍离不开资源。而文化旅游则在一定程度上摆脱了资源的束缚，它能够综合各种因素，包括资源、环境、市场、社会背景等诸多方面进行创造，即"创意"。离开了创意，文化旅游就会失去魅力和生命力。

实际上，随着社会经济的快速发展，创意产业在世界各地已经兴起。其中，英国、美国、日本、韩国等较为典型，多由政府亲自出面来推动创意产业的发展。创意产业涉及的领域十分广泛，包括广播、影视、文学艺术、新闻出版、印刷、建筑设计等。与文化旅游较为密切的创意产业主要包括演艺娱乐、民间工艺品的生产和销售、会议展览、文化节庆等。

创意产业也叫文化创意产业或文化产业。文化产业与旅游产业由于命名的角度不同，其区别和联系很难界定，但文化产业与旅游产业有着天然的耦合性，两者通过融合，可以互相繁荣，实现双赢或多赢。同时，文化旅游产业也可以划入文化产业的范畴。故文化旅游产业可以理解为以创意为核心、以文化为灵魂、以科技为支撑、以旅游为形式的产业形态。

三、旅游与文化的关系解读

（一）文化是旅游的灵魂

1. 文化是旅游资源的魅力所在

不少的文化资源只要稍加开发就可以成为富有吸引力的旅游产品。大量的人文旅游资源都具有丰富而深邃的文化内涵，游客要善于发现、欣赏和感悟它，旅游工作者要善于开发、利用它，当然所有这些都要求游客和旅游工作者具备较高的文化素养。

2.文化是旅游业兴旺发达的内在源泉

众所周知,一个没有文化的企业是没有活力的企业,一个没有文化的企业是没有前途的企业,一个没有文化的企业是没有灵魂的企业,一个没有文化的企业是必定被市场无情淘汰的企业。旅游企业也不例外。一个文化氛围浓郁、文化底蕴深厚的旅游企业对内可以团结员工、凝聚人心,对外可以吸引顾客、获得效益。

3.文化交流是旅游业实现社会效益与经济效益的重要途径

就社会效益而言,文化交流可以开阔眼界、增长见识、增进了解、加强沟通、提升友谊;就经济效益而言,文化交流可以获得更多的信息流、资金流和人才流,有利于促进客源地和目的地提高经济效益。

(二)旅游是挖掘文化内涵和实现文化功能的载体

应该说,缺乏文化内涵的旅游是没有灵魂的旅游,缺乏文化品位的旅游产品很难有吸引力和生命力。旅游是实现文化教化功能与娱乐功能的载体,是挖掘文化、优化文化、丰富文化和保护文化的有效途径。

1.旅游业的发展有利于挖掘文化

随着旅游业的快速发展,人们对文化与旅游关系理解的不断深入,文化已经成了旅游业竞相追逐、竞相挖掘的对象。云南的丽江古城和“香格里拉”、湖南的凤凰古城和芙蓉镇等,都是通过特殊文化的发掘而赢得广大游客的青睐。可见,旅游业发展有利于挖掘文化。

2.旅游业的发展有利于丰富文化

旅游业是一个极富创造性的行业,其创造的核心是文化品位的不断提升、文化内涵的不断深化和文化底蕴的不断丰富。世界各地,包括中国的许多城市,之所以在旅游业中占有一席之地,很大程度上是因为对文化的挖掘。如在20世纪80年代之前,深圳还是一个荒凉的小渔村,可以说是一片“文化沙漠”,然而经历改革开放后30多年的建设和发展,深圳建起了令世人瞩目的人文景观(锦绣中华、中华民族村、世界之窗等),已成为中国主题公园潮流的领跑者之一。

3.旅游业的发展有利于保护文化

旅游资源的开发过程,也是对文化进行抢救的过程。对旅游项目的开发,一定要注意文化的渗透和保护。为了更好地开发和保护一些重要的、特殊的文化,为了更好地对国内外游客开放设施,政府往往会投入巨资对一些旅游资源进行修葺和保护,如我国藏族建筑的瑰宝——拉萨的布达拉宫等文化遗产。

(三)旅游的发展离不开文化的保护、挖掘和市场开发

1.保护文化资源,就是保护旅游资源

从长远来看,必须坚持文化资源“在合理利用中得到保护,在有效保护中加以利用”的原则,决不能因为追求眼前利益而损害文化资源。可以说,保护文化资源,就是保护旅游资源。

2.挖掘文化资源,就是挖掘旅游资源

实践证明,独具魅力的文化资源,一定会赢得游客的青睐。所以,对旅游资源的开发,必须首先进行深入、系统的调研和发掘,明确其中的文化内涵,做好文化资源的遴选和保护工作,以便保护和挖掘文化,形成旅游资源的独特魅力。所以,挖掘文化资源,就是挖掘旅游资源。

3.抓住文化市场,就是开发旅游市场

把握好文化与旅游融合发展的总体战略部署,鼓励多元化资金投入和多元化经营,做强做大一批具有竞争力的企业。开发者应善于研究旅游市场,把握好旅游者求新求异与求美求知的结合点、休闲娱乐与文化需求的结合点。可以说,文化抓住了旅游,就使得文化的市场价值和消费作用更加明显,经济效益更为突出;旅游抓住了文化,就使得旅游更有内涵,更有品位,更有魅力。

四、旅游文化的基本特征

(一)综合性

1.旅游文化主体的综合性

作为旅游文化的主体——游客,其不同的年龄、信仰、职业、种族、兴趣、习俗等都会制约并影响各自对旅游文化的接受、加工、创造与重温。作为旅游文化的主导性因素,各种成分的旅游文化主体使旅游文化带有复杂、不断变动、不同理解和整合的特征。旅游文化主体参与此类活动的文化消费,由此也给旅游文化带来丰富多彩、形形色色的特征。

2.旅游文化客体的综合性

作为旅游文化的客体——旅游对象(产品),有作为物质形态的山水名胜、城乡景观,也有凝结在人文景观之中的文化精神和民俗积存,有时代印记很强的古代、近代和现代文化,也有古今中外普遍接受的文化因子,还有特定的宗教、哲学、政治、经济等其他文化分支等,从而使旅游文化客体满足旅游者多种文化需求、多种混合旅游需要。游客不论是为了求知、求新、求美、求险,还是求舒适、求消遣、求放纵、求健康等,都可以在这多重多维组合、几乎无所不包的旅游文化客体中找到适合自己的旅游产品,从而获得旅游所追求的新鲜感、充实感和愉悦感。

3.旅游文化媒介的综合性

作为旅游文化的媒介——旅游业和贯穿在其中的旅游活动,是旅游三要素中最具综合性的组成部分,其贯穿于旅游六大要素(吃、住、行、游、购、娱)的始终,如饭店、宾馆、交通工具、旅行社、商店、娱乐场所及旅游纪念品的生产与销售等。同时,所有这些都日趋与特定旅游景点和地区风物、民俗风情等相结合,往往带有特定的丰富的文化内涵。可见,现代旅游实际上已经成了一项以文化交流、文化消费为基础,涉及社会各类成员,包括多种形态旅游客体,又借助于日益丰富的旅游媒体的综合性的大众文化活动。

(二)民族性

1.民族性是旅游文化的精髓

旅游文化不仅涉及某一民族文化的方方面面,还起着各民族文化间接触交流的不可替代的纽带作用。民族个性是旅游文化的精髓。浓郁的民族个性交织在旅游文化的各个层面之中,得到强化和尊重,故旅游景点的开发和建设要注意挖掘民族的个性特征,导游从业人员要熟悉、了解该民族的历史。旅游活动中作为媒介的其他各类服务也不必去盲目照搬别的民族习俗,而是要突出本民族的特色,从而用民族文化的独特性,尽可能地吸引游客对文化特殊性的追求。

2.一个民族要尊重其他民族的文化习俗

在民族之间的跨文化旅游中,旅游媒体不仅要注意本族文化的个性,还要了解和尊重

其他民族的文化习俗。例如,有些国家像马里、印度、阿拉伯诸国认为左手最脏,因而游客不能用左手和他们接触;受某些宗教信仰或习俗影响,存在一些禁忌、忌讳,其是许多民族文化不可或缺的组成部分,若不从旅游文化民族性的角度予以重视,就会在跨文化旅游活动或相关服务中出问题,引起麻烦。

3. 不同民族、地区间的相互吸引、接触和交流,是旅游文化最具魅力的地方

"文化涵化"既是一种过程又是一种结果。这是两种或两种以上文化接触后互相采借、影响所致。游客可以惊叹异地的民俗风情,感知异域的奇丽风光,从而产生夺魂震魄的审美愉悦。所在的民族、国家或地区,也会因外族游客涌入而承纳文化新质:"无论哪个民族的文化,在变革时每每有外来的潮流参加进来,外来的文化成为触媒,成为刺激,使本国文化引起质变。"异族旅游者带来的异质文化和特殊需求,也会刺激并促进某一特定民族、国家、地区旅游经济的繁荣,驱动其旅游文化发展找到或更新侧重点,从而在不同文化模式的撞击、整合中推动旅游文化的进步。

(三)大众性

1. 社会经济水平的提高和生活节奏的加快,大大促进了大众化旅游的发展

社会经济水平的提高和生活节奏的加快,直接促使越来越多的人选择旅游为调节身心健康的方式。还有不少的人,即使没有条件也要创造条件外出旅游,以便更好地开展工作。如近年来,虽然受到世界经济不振的影响,但作为发展中国家的中国,2016年全年,全域旅游推动旅游经济实现了较快增长,大众旅游时代的市场基础更加厚实,产业投资和创新更加活跃,经济社会效应更加明显,旅游业成为"稳增长、调结构、惠民生"的重要力量:国内旅游44.4亿人次,比上年同期增长11.0%;入出境旅游2.6亿人次,增长3.9%;全年实现旅游总收入4.69万亿元,增长13.6%。

据国家旅游局预计,2017年全年国内旅游人数将达到48.8亿人次,同比增长9.9%;国内旅游收入达4.4万亿元,同比增长12.5%;入境旅游人数1.4亿人次,同比增长3.5%;国际旅游收入1260亿美元,同比增长5%;出境旅游人数1.2亿人次,同比增长4%。可见,我国旅游的大众化程度之高。此外,经济发达的西方国家,旅游完全已经从原来的奢侈品演变成为公民日常生活的一项必需品。

2. 社会旅游的兴起与增多,使低收入人群参与旅游成为可能

在经济发达的多数国家,中产阶级及以上阶层的旅游的费用已不成问题,这些游客基本可以随心所欲地安排自己的出游了。同时,这些国家还往往采取措施,出台政策,促使国家、地方政府、单位、工会或户主所属其他团体通过提供资助、补助的方法,组织低收入家庭外出旅游。尽管这类旅游的消费水平相当有限,但也说明旅游文化的普及、深入和旅游者的大众化。

3. 规范化的旅游制度的建立和创新,有力地推动了大众旅游活动的开展

规范化指的是旅游者在旅行社的组织安排下,借助各类旅游企业提供相应的旅游产品和服务,按照事先预定的时间、线路和活动内容,有计划、有步骤地开展并完成全程旅游活动。此外,一些零散旅客也时常购买或利用这类产品和服务来实现旅游愿望。这种旅游文化制度上的创新,既满足了大众旅游的需要,又有力地推动了大众旅游活动的开展。

此外,现代旅游文化的大众性,还可同现代企业管理的某些激励机制结合起来。例如,有特殊贡献或才能的员工常常会被企业以公费旅游的形式进行奖励,而且这种被奖励旅游

的人员规模正在快速扩大,从而也给旅游文化的大众性增添了现代管理的趋势。这种出游形式同时也成为具有较为广泛吸引力的度假消遣方式之一。

（四）地域性

俗话说:"一方水土养育一方人。"推而广之,"一方水土培育一方文化"。作为文化复合体的旅游文化,是众多特定地理范围的文化产物,不论是历史传承还是空间移动扩散,都离不开特定的地域。尽管从历史上看,人类的地域行为之历史过程可远溯至游牧生活时代,可见地域行为深深地扎根于人类的进化过程之中,从而使人们喜爱并且不愿意离开自己及自己种族生活的地域。但现代旅游文化的观念却坚信:"只有当人们对其所居住的环境以外的事物产生广泛的兴趣时,只有当游客出于他本身的意愿去注重与陌生而新鲜的事物建立联系,并能估价和享受它们时,才有产生旅游活动的可能性。"可见,注意在旅游文化的地域性上做文章是相当重要的。

1. 力争突显地域特色和乡土气息

旅游文化的地域性要求它注重地方特色和乡土气息的体现,设计与突出有自身地域特色的旅游产品。文化的地域性,从本质上说就是社会中的一套文化特质和文化集结的组合,一种文化就是在一个地方共同体群落中发现的文化规划的聚合,即特定区域源远流长、独具特色、传承至今仍发挥作用的文化传统。它是特定区域的生态、民俗、传统、习惯等的文明表现。它在一定的地域范围内与环境相融合,从而打上了地域的烙印,具有独特性。地域文化中的"地域",是文化形成的地理背景,范围可大可小;地域文化中的"文化",可以是单要素的,也可以是多要素的。可见,地域文化的形成是一个长期的过程,是不断发展、变化的,但在一定阶段具有相对稳定性的特征,即所谓的"千里不同风,百里不同俗";如哈尔滨的冰雕旅游、吉林的雾凇旅游、曲阜的三孔(孔府、孔庙、孔林)和六艺城的儒家始祖遗址及春秋文化的开发等。不论是自然景观(冰雪、雾凇)的改造还是人文景观的加工利用,都带有鲜明的地域特色,有利于扬长避短,满足主体追求殊异的旅游审美期待。

2. 旅游文化的地域性特征,通常由核心区与边缘区组成

核心区所体现的地域旅游文化特征比较集中而典型,边缘区则常常出现两种或两种以上地域文化混合交汇的特征。例如,我国鲁南一些地区与苏北、豫东毗邻,与齐鲁旅游文化区核心区的特征就有所不同,带有相邻的苏北、豫东的区域文化影响,在那里游客可以感受到苏北风情,听到河南坠子等。

3. 旅游文化的地域性,决定了特定地域旅游文化的飘移和扩散

一般来说,如果两个地区间的文化模式的共同点是相互接近的,其交流和扩散就易于发生,故并不完全以彼此间的空间距离来决定其差异的程度。当然,不同区域间旅游文化地域性相似,也会构成竞争,因而这些区域会更迫切地提出对带有地域特色旅游资源进行发掘建设的相关问题。如民间信仰,除了大宗教(佛教、基督教和伊斯兰教等)外,一般人的信仰有很强的地域性,但福建的妈祖,作为海上的保护神(女神),除了福建(主要指莆田沿海)外,在全球沿海地区,只要有华人聚居的地方,多有人信仰,这些地区往往为妈祖建有大型的寺庙,供大家祭祀。

（五）直观性

直观性就是指旅游客体的美感设计直截了当,通俗易懂,让普通游客能直接感受到,能当场鉴赏,无须运用太多的知识或理论加以长时间的分析和甄别。也就是说,旅游客体对

象直接作用于旅游主体的视听感知。这也是旅游所具有的新奇感人的永恒魅力之所在。

1.多数的旅游资源具有直观性

在自然旅游资源和人文旅游资源两大体系中，后者又可分为有形的和无形的两类。有形的人文旅游资源主要包括历史文物古迹、民族文化及相关场所、大型体育和文化盛事、文化娱乐场所、项目及某些经济建设成就等，所有这些人文旅游资源都具有旅游文化直观性的特征，它们与自然景观交相呼应，最大限度地吸引旅游文化主体。

2.将旅游文化的内在美通过旅游资源的外部形式展示出来

每一旅游观赏对象的外在景貌背后，都凝结着特定的审美因子和文化内涵，延展着其作为有形的线条、形体、色彩、律动、力度和空间布局等形式的价值功能。因而旅游文化建设的一项重要任务就是将旅游客体蕴藏的美学价值通过其外在的形式直观地表达出来，使其表里如一，通俗易懂，让普通的旅游者能直接地鉴赏其蕴含的内在美。

3.通过科技手段提升旅游文化的美学价值

旅游文化的直观性表现在客体方面，还可以通过科技手段尤其是电子媒介、网络平台等进行扩大延展。如有些现代化的电子游乐设备或展览室等具有直观体验的刺激性、实感性，可让旅游主体全身心地融入特定的情境氛围之中，集宣传、游乐、陶冶、交流等于一体，从而提高游客赏美观光的效率。

4.现代化的旅游传媒，有利于提高旅游文化的直观性

旅游文化的直观性还表现在旅游媒体方面。从服务于主体的旅游管理机构到相关从业人员，都会自觉不自觉地成为旅游主体观察、接触、感知、体验的一部分，其文化观念、文化素养等在主、客体交流中会得到全面而真实的展露，会直接影响到服务的效果。

（六）传承性

传承性是从纵向、时间角度而言的，与旅游文化地域性的横向、空间角度形成对应关系。任何文化景观都是人类文化长期历史演变的结果。文化沉积，也说明了旅游文化有自身的文化层和变化规律，是逐渐演变进化而来的。

1.旅游文化的传承性体现在物质层面

旅游文化的传承性，首先体现在物质层面上。从物质层面而言，现存的自然景观如名山大川、海洋湖泊等大多都带有人类旅游文化的印记。人类把自身的烙印铭刻在这些自然物上面，以便于后来的旅游者不再从零出发欣赏自然的美。而现存的人文景观，既有古代社会留下的遗址胜迹，又有在古代建筑风格影响下后人建造的仿古建筑等，所有这些都凝结着人类的旅游文化。

2.旅游文化的传承性体现在制度层面

虽然旅游文化的传承性不全以人的意志为转移，但在现代旅游文化观念支配下的人类，却应该从制度层面确保人们能够摆正对传统的态度，兴利除弊，推陈出新，在对各种旅游文化要素的选择、吸纳与加工融合中，继承人类的精华，从而开拓旅游文化的新领域。

3.旅游文化的传承性体现在观念层面

从旅游文化的观念层面来说，不少宝贵的旅游文化观念仍然启迪着一代复一代的后来者，也有不少未必值得继承的相关观念影响着人们，如古代中国与西方都有的修身旅游观、相沿至今的宗教朝圣旅游观等，还有古代中国人视异域为夷邦、凶险畏途等的旅游观。

（七）自娱自教性

旅游文化，对旅游主体而言是一种和谐欢乐的文化，是一种满足人们求新、求异、求娱、求乐的需求的文化。其给参与者带来的情感体验是乐观积极的。

1.旅游文化可激发人的求知本能、好奇本能、结群本能和建设本能

旅游活动极适合人的某些共同本能需求，旅游文化能够在满足这些本能需求的同时，激发个体作为生命体的深刻而强烈的人生体验，激发人对于生活、生命的热爱，从而促使游客以更为乐观积极的态度拥抱人生，为此也更有了解、体验人类文明成就和自然景观的兴趣与热情。旅游活动常常同人的某种精神需要、情感需求结合起来，使其超越空间和旧有格局，达到愉悦精神的目的。同时，旅游往往使人来到一个久已向往却相对陌生的环境里，让人喜不自禁、开阔眼界，在结交新朋友过程中得到莫大的愉悦和满足。此外，旅游还打破了人们生活的旧有格局和因循节奏，让旅游者感受到"行万里路，胜读万卷书"的快感。

2.旅游文化的丰富内容，适合旅游者自我目标的实现

从旅游主体——旅游者而言，参与旅游活动与否、以何种形式参与，完全是自主自愿的。丰厚的旅游文化资源、众多的消遣娱乐方式、多样的交通方式，为旅游者的自由选择，为旅游者最大限度地、随意不拘地实施自己的旅游实践提供了广阔的空间。无论是旅游路线、旅游景点、游览时间、消费方式，旅游者都可以根据自身的身体状况、兴趣热点、经济实力等量力而行，从而可最大限度地实现自身的旅游目标。

3.旅游文化的自教自娱性，体现在旅游主体实现自教自娱的方式上

旅游活动是一种个体全身心投入的人生体验，是一种潜移默化的生命价值的实现过程。旅游实践中的自教，往往并非有意为之，而是寓教于乐、乐在其中。旅游带给主体的精神感受，往往是旅游主体事先没有料到的，这种感受有时很难分清是消遣享受还是文化陶冶。旅游活动中对人生体验、知识积累、生活视野的丰富和拓展，几乎是每一个旅游者所期望的。

4.旅游文化的自教自娱性，与旅游本身的新异性质有关

旅游具有一种超血缘、超地缘性，不同的旅游者来自四面八方，素昧平生，汇聚到同一个旅游地。彼此的交往，可以充分激发与调动个体生命的活力，有利于旅游者摆脱旧有的束缚，努力适应新的自然环境和人文环境。旅游文化就具有打破旧有束缚、挣脱因循守旧、更新个体观念和行为方式的健康机制。通过旅游实践的感知体验，人们不会再执拗地只将自己的价值观和行为方式强加给别人，会欣赏并接受跨地区、跨文化的事物，同时也易于对自身的过去和现状进行反思深省，有利于对自己国家、民族的历史和文化进行客观清醒的评估。

（八）季节性

旅游文化的季节性，主要取决于旅游资源的地理分布、旅游资源的季节性变化和旅游者的旅游习惯。季节性在现代旅游中表现更为突出。一般来说，表现在旅游文化主体上的季节性，度假旅游要大于其他旅游；表现在旅游文化客体上的季节性，自然景观强于人文景观。

1.旅游客体具有季节性变化

旅游客体，不论是自然景观还是人文景观，都会因气候的季节性变化而变化。当然，其变化的程度还取决于地理纬度。如温带气候的季节性变化就特别明显，从而影响到自然景观的观赏性，如雾凇、雪凇、海市蜃楼等都直接取决于气候条件。此外，也有不少的人文旅游产品与气候的季节性变化有关，如爬山、狩猎、滑雪、骑马、游泳等，还有一些民俗、节庆活

动,如泼水节、火把节等也都有季节性。

2.旅游主体具有季节性变化

旅游文化的季节性,也表现在旅游者出游的季节性特色。旅游主体对景观的评价会因季节因素的影响而不同,同时闲暇及出游习惯等也已形成季节性的规律。在不同地区,由于季节的不同,天气情况和日照时间也不同,特定的旅游资源在该地区呈现的价值也会有所变化。如海滨资源在炎热季节和日照时间较长的地区评价较高,滑雪运动在寒冷时间较长的地区评价较高。

3.旅游文化媒体具有季节性变化

旅游文化的季节性,还表现在旅游文化媒体如何应对因季节变化带来的淡季和旺季的挑战。旺季与淡季是相对的,它们处于旅游文化总体格局之中,所以旅游文化媒体在不同季节关注的重点也是大不一样的。如在旺季,往往要调动各方面的人力、物力,协调合作,以提高旅游服务的接待能力和效率。而在淡季,则更要突出旅游文化媒体的文化积累,把较多的精力投放到员工素质提升、人员培训等方面;同时适当降低旅游和住宿费用,更多地接纳旅游成分较少的学术会议团体;建造、整修相关的服务设施和场所等。

五、文化对旅游产业的促进作用

(一)文化是旅游产业发展的根基和基础

从旅游产业的角度看,文化是旅游产业发展的重要根基和资源基础。2009年,联合国教科文组织公布了文化统计框架所列的8类文化构成,其中的文化遗产、环境与自然、社会文化活动等是旅游的主要资源,其他几类也都与旅游有间接关系。旅游产业要持续健康发展,必须高度重视对文化资源的利用,不断提升旅游产业的文化内涵和品位。文化与旅游之间是"灵魂"与"载体"、"内涵"与"外延"的关系。实践证明,旅游活动不但可以增强人们对相关文化的认识和理解,促进文化的发扬和传承,而且可以实现文化资源的保值、增值,甚至创新,从而可为文化的发展提供强大的物质基础。因此,文化产业与旅游产业具有很强的融合性,可以在融合中实现相互提升和共赢。

(二)旅游产业是文化资源的重要载体

旅游与文化有着天然的不可分割的联系。文化是旅游的灵魂,旅游是文化的重要载体;没有旅游的文化就没有活力,没有文化的旅游就没有魅力。站在旅游产业的角度看,抓住了文化就抓住了核心价值;站在文化产业的角度看,抓住了旅游就抓住了一个巨大的市场。旅游为文化的交流和传播提供了平台,为文化资源的开发提供了载体,促进了文化的保护与传承。要不断地加大对文化的有效利用,提升旅游的文化品质,推动旅游产业的优化升级,从而提升产业的竞争力。

旅游与文化相得益彰、密不可分,旅游与文化产业的融合是大势所趋、已成必然。因此,要在新时期、新阶段发挥旅游业推动文化大发展、大繁荣的重要作用,必须在思想观念上牢固树立文化是旅游之魂、旅游是文化之翼和加快推进旅游与文化产业融合发展的理念,积极探索旅游与文化产业融合发展的思路和途径。

旅游产业发展的实践充分证明,旅游业的发展,离不开文化。旅游业要实现又好又快的发展,必须借助于文化。文化与旅游有机融合、充分合作,才能形成旅游业大繁荣、大发展的局面。

第二节　中国文化旅游产业发展概况

一、中国文化旅游产业的发展

随着我国文化不断发展与繁荣,文化产业已日益成为我国重要的经济支撑,寻求文化享受也成为当前旅游业出现的新时尚,文化与旅游的结合成为一个新趋势。

众所周知,文化旅游产业因关联性高、涉及面广、辐射性强、带动性强而成为 21 世纪经济社会发展中最具有活力的新兴产业。在我国,发展旅游业、开展文化旅游是相当重要的,它不仅可以增强产品吸引力,提高经济效益,还可以大力弘扬中国文化,让世界了解中国,同时也可以改变目前越来越多的中国人不了解中国文化这一现状。

(一)旅游是文化传播的最佳载体,没有文化的旅游是没有灵魂的旅游

没有文化的旅游,是不可能持续的,是不可能充满活力的。从旅游本身来说,对于文化的追寻也是旅游的出发点和归宿。文化旅游既不是一种产品,又与旅游文化大不相同,所谓文化旅游,关键在文化,旅游只是形式。所以,挖掘文化背后的历史、人文风情,是文化旅游的价值和意义。例如,云南的丽江古城具有 800 多年的发展历史,始建于南宋末年,是南方丝绸之路和"茶马古道"的重要集镇及军事战略要地。丽江以纳西文化为核心,形成了多民族文化为补充和延伸的多元化、复合型文化结构,其中,最引人注目的是东巴文化和纳西古乐、丽江古城、白沙壁画等纳西文化精髓,它们为丽江旅游业发展提供了文化内涵和持久动力。丽江市历届政府在旅游资源开发过程中,始终坚持把本地民族文化的传承和弘扬作为旅游业可持续发展的重要支撑,不断推动民族文化及旅游发展的有机结合。

(二)文化创意提升了文化旅游的价值

大众旅游主要是从资源的角度出发寻找差异和特色,不管其挖掘过程是否考虑了市场需求和竞争的关系,其着眼点仍不能脱离资源。文化旅游则在一定程度上摆脱了资源的束缚,它能够综合各种因素,包括资源、环境、市场、社会背景等诸多方面进行创造——创意。离开了创意,文化旅游会失去活力,甚至失去生命力。可见,以文化创意来提升旅游的价值也是旅游产业发展的必然选择。例如,成都的文化精髓——宽窄巷子,是成都少城、满城、四合院历史的集大成者,在定位上一定要兼顾其独特的文化精神。旅游工作者通过在建筑中植入丰富而有特色的业态,重新塑造宽窄巷子,产生"宽巷子老生活""窄巷子慢生活""井巷子新生活"等的定位;在宽巷子中展示中餐、茶文化、传统文化和民俗,而西餐、特色餐饮、现代艺术布局则设在窄巷子,酒吧、小吃摊点等布局在井巷子。古老的宽窄巷子从而创造性地在商业与文化中寻得了平衡,新生的宽窄巷子成为成都的新名片。

(三)文化节大大带动了各地旅游业规模和影响的扩大

近年来,我国各地文化旅游节异彩纷呈,文化节对旅游产业的拉动作用日益凸显。如每年的中国曲阜国际孔子文化节,对旅游起到的推介作用是巨大的。

中国曲阜国际孔子文化节始创于 1989 年 9 月,其前身是孔子诞辰故里游,该活动主要是以纪念孔子、弘扬民族优秀文化为主题,以纪念先哲、交流文化、发展旅游、促进开放、繁

荣经济、增进友谊为目的，集经济、文化、旅游、艺术、学术、经贸、科技活动等于一体，文化特色显著，乡土气息浓郁。

中国曲阜国际孔子文化节是国家旅游局确定的国家级、国际性"中国旅游节庆精选"之一，由国家旅游局和山东省人民政府联合主办，济宁市人民政府、曲阜市人民政府联合承办，于每年孔子诞辰（公历 9 月 28 日）期间，即公历 9 月 26 日至 10 月 10 日，在中华民族始祖轩辕黄帝诞生地、孔子故里、著名历史文化名城山东省曲阜市举行。每届活动期间，于 9 月 26 日举行热烈、隆重、异彩纷呈的开幕式；于 9 月 28 日在孔庙大成殿前举行孔子诞辰纪念集会，进行别开生面的祭孔活动，以发思古之幽情，实现敬仰、怀念先师孔子之凤愿。整个活动期间，还会举办多项观赏性和参与性相结合，绚丽多姿、妙趣横生的专项旅游和游览名胜古迹、交流中外文化和独具特色的文艺演出等活动。还有高层次的中外儒学专家、学者学术研讨，大规模、多项目、多形式的中外经贸科技洽谈、物资交易和资金融通、人才交流等活动。中国曲阜国际孔子文化节是纪念世界名人孔子之盛典、展示中华传统文化之舞台、开展中外交流合作之良机、联结四海友好情谊之纽带。据报道，在文化节期间，仅 2016 年 10 月 1 日一天，"三孔"就接待各地游客逾 10 万人次（其旅游收入因从 2016 年 1 月 1 日起对部分行业和人群免票而部分失去统计意义）。

又如，戛纳，只是法国南部的一个小城，人口不到 7 万，但自 1947 年创办戛纳电影节以来，已逐渐从一个海滨小镇变成世界上吸引商业团体和个体游客最多的城市之一。戛纳电影节（约 10 天）每年吸引至少 6 万名电影界专业人士和 20 万名游客，10 天内创造的直接经济价值超过 2 亿欧元，间接经济价值高达 7 亿欧元。当地人说，电影节是戛纳的商业窗口和经济火车头，由此可见文化的巨大魅力。此外，文化节还有助于快速提高旅游景点（区）的知名度，使越来越多的投资者把目光瞄准该地区旅游资源的开发。

二、中国文化旅游市场逐渐成形

文化是旅游的灵魂，旅游是文化的载体。文化旅游是一种以消费、体验与享受文化为核心的旅游活动类型。"文化"与"旅游"两个概念的广泛性，使得文化旅游的涵盖面也极为宽泛和丰富：有历史层面的，也有现代层面的；有民俗层面的，也有宗教层面的；有物质层面的，也有精神层面的；有古迹、建筑、艺术、节庆、饮食等具体的文化表现形式等，不一而足。文化旅游内涵的丰富性，吸引着越来越多的旅游者，文化旅游的开发也因此而如火如荼。

我国经济社会的快速发展，为旅游关联产业的发展提供了广阔的空间。近年来，旅游业持续领跑我国经济增长，对消费和投资的战略性支撑作用更加显著，许多地方相继出台对旅游业的扶持政策，为旅游行业的发展扫清了障碍。其中，文化旅游是近年来我国旅游业的重头戏，众多省、区、市纷纷将文化旅游列入政府报告和规划，部分省、区、市甚至将其直接列为区域战略性支柱产业。各地通过争夺、整合和共享文化旅游的优势资源，正逐步实现文化与旅游的产业融合，其产业链条初步成型，并为当今及未来行业深层次改革奠定了基础。

"十二五"期间，我国旅游人数年均增长 10.94%，全国旅游业总收入年均增长 15.36%。2015 年，我国旅游业平稳较快发展。国内旅游市场持续高速增长，入境旅游市场企稳回升，出境旅游市场增速放缓。国内旅游人数逾 40 亿人次，收入 3.42 万亿元，分别比上年增长 10.5% 和 13.0%；入境旅游人数 1.34 亿人次，实现国际旅游收入 1136.5 亿美元，分别比上年增长 4.1％和 7.8％;中国公民出境旅游人数达到 1.17 亿人次,旅游花费 1045 亿美元,分别比上年增长 9.0％和 16.6％;全年实现旅游业总收入 4.13 万亿元,同比增长 11.0％。全年旅游业对 GDP 的直接贡献为 3.32 万亿元,占 GDP 总量比重为 4.9％;综合贡献为 7.34万亿元,占 GDP 总量的 10.8％。旅游直接就业 2798 万人,旅游直接和间接就业 7911 万人,占全国就业总人口的 10.2％。

为推动国内旅游市场进一步繁荣,提升旅游市场发展品质。2009 年,文化部、国家旅游局联合出台了《关于促进文化与旅游结合发展的指导意见》,进一步加快了文化与旅游的结合,并形成有效的合作机制,取得了文化和旅游合作的新成果。2011 年,国家旅游局确定以"中华文化游"为主题,让中国旅游业围绕这一主题,整合各方资源,在海内外广泛开展各项主题年宣传推广活动,宣传中国深厚的文化底蕴和文化遗产等旅游资源,吸引更多海外游客到中国旅游,感受博大精深的中华文化,积极鼓励国人参与国内旅游,传承和保护中华文化,从而提升旅游品质,推动旅游市场又好又快发展。

"十三五"期间,我国旅游业仍将是大发展时期。2016 年,国内旅游、入境旅游人数稳步增长,出境旅游理性发展,旅游经济继续领先宏观经济增速,成为稳增长、调结构、惠民生的重要力量。

2016 年 12 月,经李克强总理签批,国务院印发《"十三五"旅游业发展规划》,确定了我国"十三五"时期旅游业发展的总体思路、基本目标、主要任务和保障措施,这是未来五年我国旅游业发展的行动纲领和基本准则。"十三五"期间我国旅游业发展的主要目标如下。

（一）旅游经济稳步增长

城乡居民出游人数年均增长 10％左右,旅游总收入年均增长 11％以上,旅游直接投资年均增长 14％以上。到 2020 年,旅游市场总规模达到 67 亿人次,旅游投资总额 2 万亿元,旅游业总收入达到 7 万亿元。

（二）综合效益显著提升

旅游业对国民经济的综合贡献度达到 12％,对餐饮、住宿、民航、铁路客运业的综合贡献率达到 85％以上,年均新增旅游就业人数 100 万人以上。

（三）人民群众更加满意

"厕所革命"取得显著成效,旅游交通更为便捷,旅游公共服务更加健全,带薪休假制度加快落实,市场秩序显著好转,文明旅游蔚然成风,旅游环境更加优美。

（四）国际影响力大幅提升

入境旅游持续增长,出境旅游健康发展,与旅游业发达国家的差距明显缩小,在全球旅游规则制定和国际旅游事务中的话语权与影响力明显提升。

研究表明,改革开放以来,特别是进入 21 世纪以来,我国旅游业各项指标稳步快速发展,其中,"文化"魅力功不可没。我国的文化旅游产品以其丰富的文化内涵、相当的发展规模和精深的人文底蕴独占鳌头,成为国内旅游主战场和居民消费的重要领域,成为旅游市场中最具竞争力的优势产品。当然,在此背景下,旅游业如何借文化进一步提升魅力,文化如何借旅游增强活力,最终实现产业融合发展,实现大旅游产业的整体升级,已成为当前文化旅游业发展的一个重要课题。

三、中国文化旅游资源丰富多彩

我国历史悠久、幅员辽阔、文化璀璨，许多地区都拥有值得保留和传承的文化资源。文化与旅游相结合可形成的旅游产品的形式，大致有以下九大类。

(一)遗址遗迹类

遗址遗迹类是指已废弃的、目前不再有实际用途的人类活动遗存和各种构筑物，即从历史、审美、人种学或人类学角度看具有突出的普遍价值的人类工程或人与自然的联合工程以及考古地址等。遗址是指人类活动的遗迹，属于考古学概念。遗址的特点主要表现为不完整的残存物，且具有一定的区域范围。事实上，很多的史前遗址、远古遗址多已深埋地下。

遗迹是古代人类通过各种活动遗留下来的痕迹，包括遗址、墓葬、灰坑、岩画、窖藏及其他人类活动所遗留下的痕迹等。其中，遗址又可细分为城堡废墟、宫殿址、村址、居址、作坊址、寺庙址等，还包括当时的一些经济性的建筑遗存，如山地矿穴、采石坑、窑穴、仓库、水渠、水井、窑址等，防卫性的设施如壕沟、栅栏、围墙、边塞烽燧、长城、界壕及屯戍遗存等。

(二)古城古镇古村类

中国历史文化名城、名镇、名村和街区是中国政治、经济、文化等方面的产物，是几千年中华文明的载体，是中华民族宝贵的文化遗产，是中华民族发祥生息的摇篮，是中华文明发扬光大的源泉。

古城，一般就是指历史文化名城。根据《中华人民共和国文物保护法》，历史文化名城就是指"保存文物特别丰富，具有重大历史文化价值和革命意义的城市"。截至2012年年底，国务院已批准国家级历史文化名城118个。

古镇，一般指有着百年以上历史的，供集中居住的建筑群。我国历史悠久，广阔土地上有着很多文化底蕴深厚的古镇。其中有部分已经被联合国教科文组织列入世界文化遗产。我国古镇旅游快速发展，但在这良好发展态势的背后，其面临的旅游压力已经逐渐显露出来，旅游开发给古镇保护也带来了诸多的问题。

古村，是指保留古朴民风、建筑风格及生活方式，保留历史习惯的自然村落。从广义上说，古村是指至今保留的古代民居建筑群落的总称；从狭义上说，古村是指历史年代久远、遗留至今的、具有科学研究价值和历史研究价值，且需要保护或已经受到保护的古代民居建筑群落。它涵盖了三层意思：一是历经岁月沧桑不断延续和演绎，仍然遗留下来的古代民居建筑，至今仍为现代百姓延用或居住；二是具有历史传统特色的古民居、古街、古巷、古道、宗祠、寺庙等，在景观上与现代民居有很大反差，是一种特殊的区域文化景观；三是从深层面看，古村是封建思想、文化、宗法礼制及族权观念交融的外化表象，对研究我国封建社会具有特殊的意义。

古村由于具有古老的建筑风貌、丰富的文化内涵、独特的古韵生态及历史价值，所以对旅游者具有强烈的吸引力，并为旅游业所开发、利用，因而被纳入旅游资源的范畴，故古村旅游已成为一种新兴的旅游类型，并呈现不断升温的发展态势。古村是一个特殊的旅游客体，与一般旅游资源相比，具有其自身特有的性质。

（三）主题公园类

主题公园是指根据某个特定的主题，采用现代科学技术和多层次活动设置方式，集诸多娱乐活动、休闲要素和服务接待设施于一体的现代旅游目的地。其往往以某一主题或几种主题为内容，投资额大、科技含量高、收取入场费的独立的休闲娱乐场所。它主要以文化复制、文化移植、文化陈列及高新技术等手段，以虚拟环境塑造与园林环境为载体来迎合消费者的好奇心，是一个以主题情节贯穿整个游乐项目的休闲娱乐活动空间。

（四）商业街区类

商业街区是指由众多商店、餐饮店、服务店共同组成，按一定结构比例规律排列的商业繁华街道，是城市商业的缩影和精华，是一种多功能、多业种、多业态的商业集合体，也是人流聚集的主要场所。商业街区有以下两种分类方式。

1. 按商业街区的商圈规模划分

（1）中心商业街区。其是指市级商业街区，是所在城市的零售中心，也是该城市最大的购物区之一。其主要特点是商圈规模较大，区域外消费人群比例在总人流量的70%以上；业态店、业种店的种类多样，至少以1家大型的百货店为主体，带动周边众多专业店和专卖店；经营的商品和服务选购性强，不以便利性为主。

（2）次级商业街区。其又称区域性商业街区，是所在区域的商业中心。其主要特点类似于中心商业街区，并在一定的条件下可以发展和演变成中心商业街区。

（3）邻里商业街区。其又称社区商业街区，即存在于居民区中，为居民区的居民提供便利性商品和服务的商业街区。其特点与上述两类商业街区相对应，商圈规模较小，消费人群基本为社区及周边居民，主要由超级市场、便利店和小型专业店构成；提供的商品和服务以便利性为主。

2. 按商业街区经营商品的类型划分

（1）专业性商业街区。其是指经营的商品类型相同或属性相似的商店汇集在一起而形成的商业街区。

（2）综合性商业街区。其是指多种经营商品类型和属性的商店汇集在一起而形成的商业街区。

（五）旅游综合体类

旅游综合体是指基于一定的旅游资源与土地基础，以旅游休闲为导向进行土地综合开发而形成的，以互动发展的度假酒店集群、综合休闲项目、休闲地产社区为核心功能构架，整体服务品质较高的旅游休闲聚集区。作为聚集综合旅游功能的特定空间，旅游综合体是一个泛旅游产业聚集区，也是一个旅游经济系统，并有可能成为一个旅游休闲目的地。

"旅游综合体"的出现是"旅游消费模式升级（从单一观光旅游到综合休闲度假）、景区发展模式升级（从单一开发到综合开发）、地产开发模式升级（从传统住宅地产到综合休闲地产）"共同作用的结果。它印证了"旅游综合体"必然是推动旅游产业再次升级的主力引擎，同时也决定了其中的五大核心特征：以一定的旅游资源与土地为基础，以旅游休闲功能为主导，以土地综合开发为手段，以休闲地产产品为核心，以较高品质服务为保障。

（六）产业园区类

产业园区是指由政府或企业为实现产业发展目标而创立的特殊区位环境。它是在一大片的土地上聚集若干企业的区域。其特征主要包括：开发较大面积的土地；大面积的土地上有多个建筑物、工厂以及各种公共设施和娱乐设施；对常驻公司、土地利用率和建筑物类型实施限制；详细的区域规划对园区环境规定了执行标准和限制条件；为履行合同与协议、控制与适应公司进入园区、制定园区长期发展政策与计划等提供必要的管理条件。

产业园区是区域经济发展、产业调整和升级的重要空间聚集形式，担负着聚集创新资源、培育新兴产业、推动城市化建设等一系列的重要使命。园区的具体形式多种多样，主要包括高新区、开发区、科技园、工业区、产业基地、特色产业园等，以及近年来各国、各地区陆续提出的产业新城、科技新城等。

（七）旅游（新）区类

旅游（新）区是表现社会经济、文化历史和自然环境统一的旅游地域单元，一般包含许多旅游点，并由旅游线连接而成。旅游（新）区的建设对旅游业和地方经济的发展至少起到以下三个方面的作用。

1. 有利于旅游资源的综合利用，使旅游向深度和广度发展

搞好旅游（新）区建设要结合旅游资源的特点，做好旅游服务设施的配套工作，使旅游（新）区既有本地特色，又能多层次、多方式地开展旅游活动。如在服务、交通等附属设施配套的前提下，山区夏季可开展避暑、疗养、科学考察等活动，冬季可进行滑雪、狩猎等特种旅游项目，这有利于解决旅游业季节性旺淡不均的问题，并可最大限度地合理利用旅游资源。

2. 有利于扩大客源，增加国民收入

通常，旅游者数量与旅游收入成正比关系。从长远利益出发，要使旅游者源源不断而来，必须充分发挥旅游（新）区内的各种旅游资源的作用，搞好旅游区建设。

3. 有利于旅游业的远景规划，使其与本区各部门相互协调

旅游区的界线一般与行政区域一致。地区旅游业的发展，离不开农业、商业、邮电、环保、建筑、服务等部门的配合。故在建设旅游（新）区时，一定要对其方向、性质和规模进行充分的论证，使各项规划相互协调，下位规划服从上位规划。

（八）宗教文化类

宗教是人类社会发展进程中的特殊的文化现象，是人类传统文化的重要组成部分，它影响人们的思想意识、生活习俗等的方方面面。广义上讲，宗教本身是一种以信仰为核心的文化，同时又是整个社会文化的组成部分。

宗教在适应人类社会长期发展过程中形成了特有的宗教信仰、宗教感情和与此种信仰相适应的宗教理论、教义教规，还有严格的宗教仪式和相对固定的宗教活动场所，有严密的宗教组织和宗教制度等。所以，宗教本身就是一种文化。宗教在其形成和发展过程中不断地吸收人类的各种思想文化，与政治、哲学、法律、文化（包括文学、诗歌）、建筑、艺术、绘画、雕塑、音乐、道德等意识形态相互渗透、相互包容，逐步形成属于自己的宗教文化，并成为世界文化的重要成分。

（九）民风民俗类

民俗文化是民间民众的风俗生活文化的统称，也泛指一个国家、民族、地区中集中居住的民众所创造、共享、传承的风俗生活习惯。它是在普通人民群众（相对于官方）的生产生活过程中所形成的一系列物质的、精神的文化现象。它具有普遍性、传承性和变异性。

而民风民俗又是指特定社会文化区域内历代人们共同遵守的行为模式或规范。风俗

的多样性,在习惯上,人们往往将由自然条件的不同而造成的行为规范的差异称为"风",而将由社会文化的差异所造成的行为规则之不同称为"俗"。所谓"百里不同风,千里不同俗",这句话恰当地反映了风俗因地而异的特征。

将中华民族重要文化资源宝库中的文化资源转化为旅游产品,使之得到保护、传承和弘扬,并在新时代迸发出新的生命力是当代人应尽的责任。各地尤其应将文化与旅游融为一体,将文化贯穿于旅游吃、住、行、游、购、娱的各个要素中,发挥旅游对文化消费的促进作用,延伸文化旅游发展的产业链,从而带动区域经济快速发展。当然,发展大旅游如同彩线穿珠,串起的不仅仅是酒店、景区等传统旅游业,还应串起文化、科技、商业等各相关产业。因为有了旅游,地方的这些产业才有了新的发展机遇,而各产业的优化组合也促进了旅游业的繁荣发展,实现了传统文化与区域经济的双赢。这种融合式的发展正是大旅游发展机制的精髓,也是文化旅游业带来的聚合效应,而这种综合效应也将推动区域经济呈现繁荣发展的新格局。

四、文化内涵成为旅游业发展的新热点

博大精深的中华文明是中国发展旅游产业无可比拟的优势。"十二五"时期,我国的文化产业作为"国民经济支柱性产业",与同样作为"战略性支柱产业"的旅游业,将有越来越多的融合发展。但如何真正寻找优秀的传统文化,并对其进行传承和发展,从而做大旅游产业,是各级政府和学者需要认真面对和解决的问题。

西安市曲江新区建设的西安楼观中国道文化展示区,是我国著名的道文化圣地,号称"天下第一福地",有得天独厚的历史文化和自然风景等旅游资源。如何把这些资源转化为今日的旅游景点、明日的文化遗存,成为曲江新区能否做大做强西安楼观中国道文化的关键。

把文化产业、旅游产业与城市发展结合起来,在发展大旅游的过程中,实现非物质文化的社会价值最大化,也力争实现商业价值的最大化。曲江新区要对楼观的道文化旅游资源进行统一规划、有效整合、深度开发、集约经营;要紧紧抓住"中国""民俗"和"观光"三个核心理念,按照"保护优先、突出特色、生态融合、持续发展"的原则,立足陕西,突出地域文化和传统文化的发掘与研究,使中华优秀文化成为这一景区建设的重要内涵。

文化的复兴,不是原封不动地恢复古老的文化传统,而是要挖掘并发扬其中强大的文化生命力和创造力。曲江新区努力用现代意识形态去诠释道文化和老子,让古老的道文化在现代社会文明进步之中再放光彩,使这个展示区不是一座简单复制品和建筑群,而是有着深厚的文化内涵。这既弘扬了传统文化,也助力了西安国际化大都市的建设,并使其精心打造出一个有着全新文化内涵的旅游区域。

文化是旅游的灵魂。突出旅游文化特色,是培育旅游经济核心竞争力的关键。从产业发展的角度看,旅游产业和文化产业相互融合,相得益彰,密不可分。文化的内涵决定着旅游产品的价值和品位,是旅游业增强吸引力、竞争力、影响力的关键所在,是支撑旅游业可持续发展的核心资源。当然,旅游也是文化的载体,通过旅游寓教于乐,寓教于游,能将我国悠久的灿烂文化广为弘扬、代代相传。所以,只有紧紧抓住文化和旅游的内在联系,才能逐步提升旅游品位,促进旅游业转型升级,形成旅游与文化的双赢。西安的曲江新区,就是以文化产业和旅游产业为主导的城市发展新区,其核心区辐射带动了大明宫遗址保护区、

中国文化旅游概论

法门寺文化景区等的发展,这是文化与旅游相融合、推动区域经济发展的经典案例。其在发展"文化旅游＋观光旅游"复合模式的同时,还形成了"综合性旅游＋反哺区域经济"的大旅游样本,而这种大旅游的本质就在于整合区域资源,谋求综合性旅游发展,并通过文化旅游反哺地方经济,从而成为区域经济发展新的增长极。

五、旅游文化创意产业发展倍受关注

"旅游文化创意产业"是横跨旅游和文化创意两大行业的朝阳产业,一般包括旅游策划、旅游规划、旅游影视、旅游传媒、旅游演出、旅游出版、旅游艺术等,简言之,就是开发旅游和促进旅游业发展的文化创意生产与服务活动。

文化产业是指为提升人类生活尤其是精神生活品质而提供的一切可以进行商品交易的生产与服务。从广义上看,旅游、传媒、卡通、影视、娱乐、游戏、旅游、教育、网络及信息服务、音乐、戏剧、艺术博物馆等都是文化产业璀璨的一员。可见,旅游文化创意产业是文化创意产业的重要组成部分。

实践证明,文化创意产业是投资回报最好的行业之一。当代社会各种产业利润主要靠领先的自主创新和技术进步来实现,而文化创意产业正是自主创新和技术含量高的一个门类。此外,政策因素和市场因素的作用,也使文化创意产业的资本盈利率比较高,从而使文化创意产业领域投资热将会长期存在。从消费角度而言,国内外文化产品也已成为与日俱增的消费热点。

"十三五"时期,我国经济依然处于重大机遇期,文化产业发展的环境仍然是正向而积极的,充满了机遇,如全面系统的深化改革和经济进入新常态,一定可为文化产业发展营造更为有利的社会环境和市场基础。以移动互联网为龙头的新技术革命浪潮催生了"互联网＋"的新业态,可为文化产业发展提供新平台和技术实现;文化消费的日趋旺盛和升级换代,可为文化产业的发展注入新动力;"大众创业,万众创新"的"双创"浪潮,可极大地解放文化生产力,为文化产业发展提供新引擎;重构世界经济政治格局的"一带一路"战略的稳步实施,可为文化产业发展提供新的空间。同时,在"十三五"末对应三个时间节点:一是第一个百年目标的实现;二是"十八大"确定的社会主义文化治理制度基本成型;三是文化产业达到 GDP 占比 5％的支柱产业目标。这就意味着无论是文化治理还是文化产业发展,时间都非常紧迫。可以预计,"十三五"期间的文化产业政策供给不仅数量会越来越大,而且频次也会越来越高,这将会极大地释放文化生产的活力。这可总结为十个"双向对进"的辩证关系。

(一)坚持顶层设计与鼓励地方创新双向对进,以顶层设计为主,实现国家秩序格局下的创新发展

"摸着石头过河"的改革发展方略较快、较方便地启动了改革进程,但也造成了深层问题的累积,在改革进入深水区后必须进行适当调整,这就要求更加注重顶层设计,注重改革发展的系统性、协调性和整体性。近年来,我国文化产业的发展基本遵循我国文化改革发展的基本进程,在国家层面启动文化产业发展进程后,主要是依靠竞争性的区域创新和行业创新,积累了丰富的发展经验和坚实的发展基础,但也造成了重复浪费等诸多问题。在"十三五"期间三个时间节点的控制和新常态下的改革思路引导下,文化产业政策必将在继续鼓励有限度有条件的地方创新的同时,更加注重顶层设计,通过确定文化产业发展的整

体框架和基本原则,重构中国文化市场秩序和发展格局。根据相关规划和文件,"十三五"期间国家层面文化产业政策将继续保持扶持性的方向不变,但会更多转向基础性的系统制度设计,以更快速度和更大规模出台各种意见或规定。而地方文化产业政策的竞争将受到一定程度的抑制,单靠挖墙脚性的税收和土地政策吸引外来企业的做法将有所减少。

(二)坚持文化产业经济功能和社会价值功能实现的双向对进,以社会价值功能为主,实现正确价值导向下的可持续发展

文化产业同时具有经济、社会和道德调节等丰富功能,具有道德价值规范的特殊性,所以我国始终坚持把社会效益放在文化产业发展原则的首位,但在文化产业发展的初期,局部却已经出现了文化产业不姓"文"的偏差。日益激烈的国际政治竞争需要文化这个润滑剂,民族复兴需要强大的文化支撑,确立社会主义核心价值观成为文化建设的首要任务。改革进入深水区后,各种社会矛盾需要文化来弥合以推进社会和谐,这样就要求把社会效益摆在更加突出位置。文化产业的经济价值和社会价值的实现并不矛盾,文化产品的社会价值越高,相应的经济价值也才会越高。

(三)坚持产业发展与文化治理制度建构的双向对进,以文化治理制度建构为主,推进产业发展法治化、制度化

习总书记新的治国理政思路下"四个全面"(全面建成小康社会、全面深化改革、全面推进依法治国、全面从严治党)的发展战略必将在"十三五"时期的各种发展规划里全面体现,无论是产业发展还是文化治理都将全部纳入法制化轨道,这将会推动两种加速的情况出现:一是诸如《公共文化服务保障法》和《文化产业促进法》等文化发展相关法律法规加速出台,一些相关法规如《专利法》《商标法》《广告法》《著作权法》等将适时修订;二是惯用的产业政策将更多采取法律法规形式,作为立法机关的人大系统将更多进入文化产业决策程序。从近年来两次文化产业统计体系调整和近年出台的国家文化产品贸易与文化服务贸易统计体系的出台来看,文化产业政策将由支持单纯产业部类的发展转向基础环境和基本治理制度的建构,突出顶层设计在引导产业发展中的基础作用。

(四)坚持文化产业特殊性与国民经济一体化的双向对进,以一体化为主,实现产业管理的现代化和系统化

在文化产业发展的初期阶段,由于文化产业自身的特殊性和阶段性限制,文化产业政策更多地还是停留在文化系统的范畴内,造成一方面文化产业政策工具的短缺,另一方面文化产业缺少普惠性政策,局限于区域性、行业性、部门型的政策,不得不去挂靠高新科技和服务业政策来获取支持。在"十三五"时期,由于产业结构整体性转向创新驱动,强调科技研发、创意设计等创造性要素在价值增值中的作用,国民经济管理体系必须做出相应的改革,知识产权必然进入成本收益核算体系。同时,文化产业作为产业形态也不能因价值特殊而游离其外,必须全面纳入调整后的新国民经济管理体系之中。包括版权等在内的知识产权生产和保护制度体系将实质性破局,文化要素市场交易结构和平台建设环境得到优化,文化产业发展的瓶颈问题将得到快速解决,支持文化产业发展的政策工具将会更加丰富、更具普惠性。

(五)坚持快速壮大国内市场与重点突进国际市场的双向对进,以快速壮大国内市场为主,实现国内生产和对外贸易的相互促进

占领"两个市场"(国内和国际两个市场)、用好"两种资源"(国内和国外两种资源),一

直是我国产业发展的追求目标和要求。文化产业不同于制造业,各国都高度重视文化安全,在"文化例外"原则指导下,国际文化的交流与合作、文化产品和服务贸易始终是受到最多限制的,况且近年来区域化和贸易保护主义抬头,文化产业的国际扩张环境更加艰难。因此,文化产业的发展必须立足庞大的国内市场,并且在应对经济下行压力加大的重要关口,顺应服务型经济结构调整趋势,坚持效率优先,保持文化产业发展的较高增速,通过文化消费端的强力启动迅速扩大国内市场规模,弥补刚性需求疲软的缺口,拉动内需的升级转型。只有这样所形成的具有竞争力的文化产业和服务产品,才能在市场平台上实现文化"走出去"。同时,文化的"走出去"和文化贸易还要把工作中心转移到服务"一带一路"的国家战略上来,并紧紧围绕"一带一路",广泛建立文化交流平台和文化产业合作平台,以点带面地推进文化"走出去"战略。

(六)坚持政策扶持与市场主导产业发展的双向对进,以市场主导为主,推动实现文化资源配置效率和效益优化升级

我国文化产业是在政策的大力扶持下发展起来的,未来仍将坚持政策扶持的基本基调。经过多年的发展,我国文化产业体系和市场体系都形成了一定的基础,文化生产主体"散、小、弱"的状况已经得到了极大的改观,消费市场和要素流转市场都形成了较大的规模,市场优化配置资源的能力也得到了显著的增强。"十三五"时期改革的基本取向是市场化、社会化。因此,文化产业的政策方向一定会强化市场主体地位,推动在体制内的、闲置的文化资源大规模进入市场,形成文化资源市场配置的基本结构。可以预计,文化产业政策更多的是为市场松绑、放权的政策,是改革市场的政策。

(七)坚持存量规划调整和增量扩张的双向并进,以增量扩张为主,实现稳增长目标下的结构优化

我国国民经济"十三五"发展规划的一个重点就是进行存量规划调整,这和"一带一路"的战略走向是相辅相成的,其核心就是进行产能和资源的再配置、再优化。当前,我国的文化产业面临着竞争性区域政策和宏观引导失序而导致的文化产品生产的低端同类产品过剩与高端品牌短缺并存的局面,从而导致了稀缺文化资源的大量浪费。因此,必须在"十三五"期间对存量进行规划调整,对文化产业各部门发展时序和规模进行适当调整。在鼓励创新创业的总体布局中,加大文化科技融合的新兴产业和新兴业态的支持力度,形成区域间相互协调配合的生产格局,创造真正的文化消费能力。同时,对相对处在转型升级通道中的文化潜在消费需求来说,我国的文化生产能力和总量总体上处于短缺阶段。因此,必须把加大文化生产有效供给作为文化产业政策的着力点,降低创新风险成本,优化创意生态环境,提高创造性生产能力,满足不断增长、升级的文化消费需求。

(八)坚持创新驱动的内生增长与技术和资本驱动的产业融合的双向对进,以产业融合为主,实现提高核心竞争力目标下的产业现代化

纵观世界文化产业大国与强国的历史,衡量文化产业发展水平的关键要看其是否形成强大的内容生产能力和文化服务能力,是否形成领导世界的文化品牌和先进技术。因此,文化产业的发展首先是文化内容的创造和增长,而内容增长只能来源于创新、创意的力量。但创新传统和能力的养成不可能一蹴而就,要把文化与相关产业在新技术支撑下的融合作为推进的重点,在"互联网+"的时代浪潮中,导入文化创意来提升体验附加值,从根本上改造传统产业,改变低端落后的全球产业定位。其中,融合的关键是技术和资本的运用。众

所周知,文化与科技的融合已经改变了文化产业的内部结构,创业板、新三板、新兴战略板的陆续开闸,已经促使文化与金融的融合,并极大地改变了文化资本市场的格局,文化产业政策将继续为文化资本市场的建设创造新的可能,为文化企业内部及与其他企业之间的并购重组创造更好的便利条件。

(九)坚持产业集中与产业均衡发展的双向对进,以推进产业集中为主,实现民族多样性文化的传承和发展

产业集中既是一个自然的历史进程,也是一个能动的改变过程。经过十多年的发展,我国在迅速改变"散、弱、小"市场主体局面的政策取向和资本向文化领域移动的双重作用下,已经出现了文化资源向大企业集中、向先进行业集中、向重点区域集中的局面,形成了一批旗舰型文化企业和各具产业特色的重点区域,这种集中趋势只会加强不会削弱。但这种集中的走向与我国文化资源分布的现实也形成了一定的冲突,因为多样性的文化富集区恰恰是传统上的"老、少、边、穷"地区。而破除这种集中与均衡困局的根本出路就是"一带一路"战略。故引导文化资源加速向"一带一路"集中,使欠发达地区借由文化科技发展实现弯道超车,成为未来文化产业的发展方向。

(十)坚持大企业的骨干作用和小微企业的支撑作用的双向对进,以发挥骨干企业作用为主,促进经济转型和创业就业双进展

是扶优扶强还是广泛扶持,曾经是文化产业政策方向的重要问题,尤其是在财税政策的制定上更是引起过巨大的争议。即使从国际经验看文化类企业、创新类企业最初大多都是"中、小、微"企业,大多是从车库、从咖啡馆中孕育而生,并形成了大多数的就业贡献,所以文化产业政策必须把"中、小、微"企业作为重要的支持对象。但出于国际竞争的需要,考虑到文化创新资源利用效率提升和企业发展的自然规律,大型骨干企业往往处于产业链的供应端并决定产业发展的规模和方向,是稳增长的中坚力量。所以,在鼓励创新创业和稳增长的政策平衡中,应该抓大不放小,以大带小,以强扶弱,尤其要发挥好国有文化企业的主导作用,推进文化产业整体发展。

六、文化旅游产业园区发展迅速

文化旅游产业园区作为文化产业创意园区中的一种,是文化产业园区最具有活力的组成部分,近些年获得了长足的发展。

(一)国家政策支持

1. 党的十七大期间的相关政策

国家对文化产业园区建设高度重视。党的十七大和国务院《文化产业振兴规划》明确提出要把"加快文化产业园区和基地建设"作为当前和今后一个时期文化产业工作的八大重点任务之一。2010 年 6 月,文化部颁布了《关于加强文化产业园区基地管理、促进文化产业健康发展》的通知;2010 年 7 月,文化部出台了《国家级文化产业示范园区管理办法(试行)》。在 2012 年的政府工作报告中,温家宝总理提到,要"提高文化产业规模化、集约化、专业化水平,推动文化产业成为国民经济支柱性产业"。2012 年 2 月,文化部又发布《文化部"十二五"时期文化产业倍增计划》。

2. 党的十八大以来的相关政策

2012 年 11 月,党的十八大再次强调文化产业要成为国民经济支柱性产业的重要性和

迫切性。在世界正处在大发展、大变革、大调整的历史背景下,文化在综合国力竞争中的地位和作用更加凸显,维护国家文化安全的任务更加艰巨,增强国家文化软实力、提高中华文化的国际影响力也更加紧迫。党的十八大报告指出要发展新型文化业态,提高文化产业规模化、集约化、专业化水平;要坚持把社会效益放在首位、社会效益和经济效益相统一,推动文化事业全面繁荣、文化产业快速发展;要加强重大公共文化工程和文化项目的建设,完善公共文化服务体系的构建等。

2013 年 11 月,十八届三中全会通过的会议公报首次提出"文化强国"的概念,指出"紧紧围绕建设社会主义核心价值体系、社会主义文化强国深化文化体制改革,加快完善文化管理体制和文化生产经营机制,建立健全现代公共文化服务体系、现代文化市场体系,推动社会主义文化大发展大繁荣"。当代中国进入了全面建设小康社会的关键时期和深化改革开放、加快转变经济发展方式的攻坚时期,文化越来越成为综合国力竞争的重要因素、越来越成为经济社会发展的重要支撑。十八届三中全会进一步把文化纳入国家全面深化改革的大格局中,强调深化文化体制改革,加快完善文化产业市场机制,激发文化产业活力。

2014 年 3 月,国务院印发《关于推进文化创意和设计服务与相关产业融合发展的若干意见》。该意见指出,要切实提高我国文化创意和设计服务整体质量水平和核心竞争力,大力推进与相关产业融合发展,更好地为经济结构调整、产业转型升级服务,为扩大国内需求、满足人民群众日益增长的物质文化需要服务。该意见针对我国当前文化创意和设计服务发展,特别是与相关产业融合发展中存在的突出困难,提出了一系列扶持政策。

(1)增强创新动力。加强知识产权运用和保护,健全创新、创意和设计激励机制,活跃知识产权交易,提升企业知识产权综合能力,培育一批知识产权优势企业。

(2)强化人才培养。实施文化创意和设计服务人才扶持计划,优化专业设置,积极推进产学研用合作培养人才,加强创业孵化,加大对创意和设计人才创业创新的扶持力度,健全人才使用、流动、评价和激励体系,推进职业技能鉴定和职称评定工作。

(3)壮大市场主体。支持专业化的创意和设计企业发展,支持设计、广告、文化软件工作室等各种形式小微企业发展,积极引导民间资本投资文化创意和设计服务领域。

(4)培育市场需求。激发全民的创意和设计产品服务消费,鼓励企业开展设计服务外包,加大政府采购力度。

(5)引导集约发展。打造区域性创新中心和成果转化中心,建立区域协调机制与合作平台。

(6)加大财税支持。在文化创意和设计服务领域开展高新技术企业认定管理办法试点,对经认定为高新技术企业的文化创意和设计服务企业给予所得税优惠,对企业的职工教育经费支出及符合条件的创意和设计费用,给予相应的税收政策支持。

(7)加强金融服务。建立完善文化创意和设计服务企业无形资产评估体系,鼓励增加适合文化创意和设计服务企业的融资品种。

(8)优化发展环境。清理行政审批事项,简化审批程序,清理不合理收费。

2015 年,是我国文化发展中的重要一年,相继有几部重要的有关文化产业的政策出台。如《关于加快构建现代公共文化服务体系的意见》《国务院关于大力推进大众创业万众创新若干政策措施的意见》《关于积极推进"互联网＋"行动的指导意见》等,都是文化产业当前和未来的关键性的指导政策,均在很大程度上为我国文化产业的发展指引了新方向,带来了新机遇、指明了新思路。

2016 年,是国家"十三五"规划的开局之年,也是中国经济转型的关键之年。我国在文化产业政策方面加大了力度,又相继推出了不少具有重要意义的政策性和法规性文件,对我国文化产业的整体政策体系框架的完善、产业深化乃至产业协同发展都打下了坚实的基础,如《2016 年文化产业创业创意人才扶持计划》《推进文化创意和设计服务与相关产业融合发展的若干意见》《文化企业无形资产评估指导意见》《关于支持实体书店发展的指导意见》《关于开展引导城乡居民扩大文化消费试点工作的通知》《关于推动文化文物单位文化创意产品开发的若干意见》《中华人民共和国电影产业促进法》等。总之,文化产业的发展也需要从"供给侧"出发,从人民的文化消费需要出发,真正为人民带来满足其精神文化需求的优秀的文化产品。

(二)园区发展初见成效,出现了一大批文化创意产业园区

我国文化创意产业园区的建设从 20 世纪 90 年代起步,到 2002 年末只有 48 个园区建成,2012 年时出现井喷态势,达到 1457 个,并在 2014 年时达到 2570 个园区的顶峰。2015 年,园区数量稍有回落。截至 2015 年年底,全国正常运作的园区有 2506 家。其中由国家命名的文化创意产业各类相关基地、园区就已超过 350 个。在政府的积极引导下,我国文化产业已经初步形成了以国家级文化产业示范园区和基地为龙头,以省市级文化产业园区和基地为骨干,以各地特色文化产业群为支点,共同推动文化产业加快发展的格局(见表 2-1 和图 2-1)。

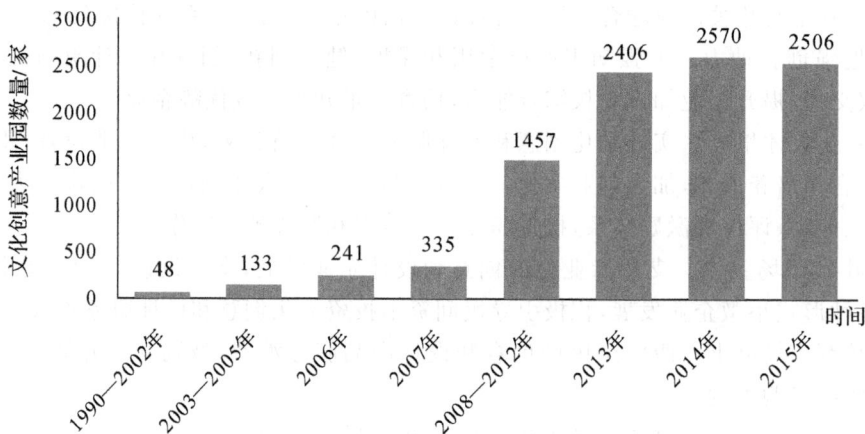

图 2-1 1990—2015 年中国文化创意产业园区数量

表 2-1 2010—2015 年中国文化创意产业园类型及数量情况 (单位:家)

类型结构	2010 年	2011 年	2012 年	2013 年	2014 年	2015 年
产业型	331	453	518	532	534	535
混合型	740	992	1378	1575	1733	1661
艺术型	40	61	77	79	80	82
休闲娱乐型	58	80	100	107	110	110
地方特色型	65	85	106	113	113	118
合 计	1234	1671	2179	2406	2570	2506

中国文化旅游概论

（三）园区发展受经济条件制约，地域分布不均

受经济发展条件的影响，从地区分布看，我国文化旅游产业创意园区主要分布在经济发达的东部和主要的中心城市，如北京、上海、广州、深圳等。中西部地区文化产业创意园区建设相对滞后。同时，各地文化旅游产业园区的投资规模大小不一。大的像四川三星堆文化旅游产业园总投资超过 60 亿元，小的只有几千万元甚至几百万元。目前我国的文化旅游产业园区已经形成了 5 大产业集群，即以西安为中心的古城历史文化、休闲旅游产业集群，以深圳为中心的主题公园文化旅游产业集群，以北京为中心的古城历史文化旅游产业集群，以上海为中心的国际文化旅游产业集群，以洛阳、开封为中心的中原历史文化和旅游商品文化产业集群。

第三节　中国文化旅游创意园区发展分析

文化旅游创意园是一系列与文化关联的、产业规模集聚的特定地理区域，是具有鲜明文化形象并对外界产生一定吸引力的集生产、交易、休闲、居住于一体的多功能旅游园区。园区内形成了一个包括生产—发行—消费等产、供、销一体化的文化产业链。

文化旅游创意园要像物质一样能存在于人们头脑之中，也就是说人们参观之后能形成和保留对园区的印象，而这些印象的形成取决于文化旅游园区的活动、风格、形象。成功的文化旅游创意园区应该是充满革新和创意的地方，在设计和欣赏方面经常是超时代的，并且这些超时代理念被带入园的建筑设计、内部装饰甚至重要街道和空间的照明等方面。文化旅游创意园区应刺激新的理念，成为新产品和新机会能得以开拓、努力尝试的地方。因此，文化旅游创意园区的意义主要体现在其历史性、发展潜能、园区身份、园区形象、知识性和环境意识等多个方面。

一、文化旅游创意园区逐渐兴起

20 世纪 90 年代以来，随着文化旅游创意园在西方各国的发展，相关的研究也越来越多。其特色是将一座城市的文化与娱乐设施以最集中的方式集中在某一地理区域内，让文化生产与消费充分地结合，即多项使用功能（工作、休闲、居住）的结合，从而使都市中形成一个具备完善组织、明确标示、提供综合服务的区域。也就是说，提供夜间活动且延长地区的使用时间，让地区更具有吸引力；提供艺术活动与艺术组织所需的条件，给居民与游客提供相关的艺术活动；提供当地艺术家更多就业或居住的机会，让艺术与社区发展更紧密结合等。这些集群由文化企业和一些自己经营或自由创作的创意个体组成，从而有利于自由搭配、灵活运用。如园区内特殊活动可包括儿童玩乐的场所、图书馆、开放和非正式的娱乐场地。但这些园区着重鼓励文化运用和一定程度的生产与消费的集中。

进入 21 世纪以来，文化旅游创意园区的概念逐渐引进我国，并为广大的游客所接受和欢迎，从而进入迅速发展阶段。但由于我国文化旅游创意园区出现较晚，对文化旅游创意园区的研究也相对滞后，所以目前市场上主要以艺术园区、创意产业园区和文化产业园区的形式为主。

二、"一站式体验"文化园

在旅游产业集群化发展趋势,以及旅游产品越来越呈现出文化创意产业特点的背景下,文化创意产业与旅游业的融合产生了文化旅游创意产业;而文化旅游创意产业在特定空间的集聚构成了文化旅游创意产业园区。

在当前我国由旅游大国向旅游强国迈进的关键时期,文化旅游创意产业迅速发展。作为文化创意产业在旅游领域的传承和延伸,北京怀柔影视基地、什刹海文化旅游区、浙江横店影视基地、深圳华侨城 LOFT 创意园区、上海 8 号桥艺术园区、上海国家动漫游戏产业振兴基地、广西《印象·刘三姐》实景演出基地等一大批园区(基地)的出现,不但丰富了休闲经济时代下的传统旅游产品和文化活动,而且开始成为促进各大城市旅游经济发展的新引擎。

"一站式体验"是指以产业聚落理论为基础,以"一站式"服务理念为背景,在旅游体验经济发展的实践过程中形成的文化园区。而产业聚落理论强调同一产业地理的集中可导致集聚溢出效应或区位适宜。具体到旅游产业,一方面,旅游景区、管理部门、服务企业、开发商等的集聚能够产生规模效应而形成园区;另一方面,园区产业链的本土化导致了产业配套,形成了旅游景区聚落。由于体验经济是"企业以服务为舞台,以商品为道具,以消费者为中心,创造能够使消费者参与、值得消费者回忆的活动"。所以,旅游体验是"旅游经营者提供的以体验作为核心吸引力的、用于满足游客个性化需求的旅游产品,是旅游者在身心状态都达到特定水准时,意识中产生的一种感觉,是旅游者身心状态与旅游产品间的互动过程"。

"一站式"服务理念源于 20 世纪中后期,西方发达国家为满足社会公众日益增长的公共服务需求而展开的声势浩大的公共服务改革运动。它是指在"一站式"范式之下,一个顾客所有的业务都能够在一次单一的接触中完成。由于旅游产品是旅游经营者向游客提供服务的过程,故旅游产品的"一站式"服务要求游客的所有需求能够在设施相对集中的特定区域内得到满足。可见,旅游产品的"一站式体验"要求旅游产业园区(基地)在提供旅游服务的过程中,要以游客为中心、以体验塑造为理念,通过园区(基地)内旅游景区、管理部门、相关企业、开发商等的高效合作,为游客提供全方位、无缝隙的"一站式"服务。文化旅游创意产业园区的"一站式体验"要求旅游活动经营者以创造特殊"体验"来吸引消费者,使游客进入文化旅游创意产业园区后能满足自身所有的需求。文化旅游创意产业园区不应仅仅是提供旅游产品,更应关注游客在园区内消费或使用旅游服务的全过程。"一站式体验"反映的是游客消费行为和消费心理需求变化的新趋势,文化旅游创意产业园区的建设必须以此为理念,向旅游者提供新颖而快乐的体验。

总之,文化旅游创意产业园区开发建设的最终目的并非仅仅促进接待人数和旅游收入的增长,而是还要通过发展旅游创意产业来带动社会、经济、文化的全面发展,建设一个成熟的、一流的旅游目的地。

三、文化旅游创意产业园区的类型和特征分析

(一)文化旅游创意产业园区的类型

1.国外文化旅游创意产业园类型的划分

从不同的角度,用不同的标准,文化旅游创意产业园有不同的划分方法。汉斯(Hans

Mommaas)在分析荷兰五个文化创意产业园时提出,文化旅游创意产业园类型的区分有七个核心尺度可以参考,即园区内活动的横向组合及其协作和一体化水平,园区内文化功能的垂直组合——设计、生产、交换和消费活动以及与此相关的园区内融合的水平,涉及园区管理的不同参与者的园区组织框架,金融制度和相关的公私部门的参与种类,空间和文化节目开放或封闭的程度,园区具体的发展途径,园区的位置等。而沃尔特(Walter Santngata)则根据功能将文化创意产业园分为以下四种类型。

(1)产业型。这种类型的文化旅游创意产业园主要是以积极的外形、地方文化、艺术和工艺传统为基础而建立的。此类园区的独特之处在于其"工作室效应"和"创意产品的差异"。

(2)机构型。这种类型的文化旅游创意产业园主要是以产权转让和象征价值为基础而建立的。其基本特征是有正规机构,并将产权和商标分配给受限制的生产地区。

(3)博物馆型。这种类型的文化旅游创意产业园主要是以网络外形和最佳尺寸搜寻为基础而建立的。园区通常是围绕博物馆网络而建,位于具有悠久历史的城市市区。其本身的密度能造成系统性效应,吸引旅游观光者。

(4)都市型。这种类型的文化旅游创意产业园主要是以信息技术、表演艺术、休闲产业和电子商务为基础而建立的。其通过使用艺术和文化服务,赋予社区新生命以吸引市民,抵抗工业经济的衰落,并为城市塑造新的形象。

2.我国文化旅游创意产业园类型的划分

由于文化旅游创意产业园在我国的发展还处于萌芽期,因而对其的分类及研究还很少。根据我国文化旅游发展的实际情况,可从区位依附、园区性质等方面对文化旅游创意产业园的类型进行划分。

(1)按区位依附划分,大致可分为以下四种类型。

①以旧厂房和仓库为区位依附。城市中被废弃的旧厂房和仓库,因其宽敞明亮的空间及廉价的租金,或面临闲置空间再改造的境遇,往往成为文化旅游创意产业园的滋生之地。国外许多成功的文化旅游园区就是以旧厂房和仓库为区位依附的;我国的情况也基本如此;如我国较早出现在北京的大山子艺术区依托于北京朝阳区酒仙桥路798工厂的老厂房;上海泰康路210弄的"田子坊"创意产业园区,位于上海20世纪30年代最典型的弄堂工厂群;上海建国中路10号的"八号桥"创意产业园区,就建在上海汽车制动器公司的老厂房内。这些创意产业集聚区,利用现有建筑创造了创意产业发展的平台,又保护了历史文化财产,使文化产业与工业历史建筑保护、文化旅游等相结合,也是建筑价值、历史价值、艺术价值和经济价值相结合的良好典范。

②以大学为区位依附。大学作为技术的发生器和孵化品,可以不断开发新的科技;同时它又是各类人才的聚集地,不但培养优秀人才也吸引各领域的优秀人才;大学还是一个开放的社区,是一个提供多元文化的场所,往往可成为创意的中心。因此,依托大学发展文化旅游创意产业园也就成为一种文化旅游创意产业园发展的重要途径。如上海的杨浦区赤峰路建筑设计一条街依托的就是中国著名高等学府同济大学;上海长宁区天山路时尚产业园依托的是东华大学和上海市服装研究所;正在建设中的中国人民大学文化产业园及TCL(广州)文化产业基地等也都是以大学为区位依托的。

③以开发区为区位依附。其主要以高新技术产业园区为区位依附。因为高新技术产

业园区内高新技术产业发达,高校、科研机构、高科技企业聚集,科技与文化相结合的智力型人才众多,最适宜发展文化与科技相结合的文化产业。高新技术产业园区都有着大量的信息产业,这些产业跟文化产业能够实现很好的融合。属于此类型的有位于中关村高科技园区内的中关村创意产业先导基地、位于大连市高新技术产业园区的国家动画产业基地、位于上海浦东张江高科技园区内的张江文化科技创意产业基地等。

④以传统特色文化社区、艺术家村为区位依附。一种是依托一些传统的文化区域,而这些区域文化底蕴深厚,文化氛围浓郁,利于开发特色文化产业园区,如四川德阳三星堆文化旅游产业园、北京高碑店传统民俗文化旅游创意产业园等。另一种是依托位于城乡接合部的一些艺术家村,有些是属于创作型的园区,如北京的几个画家村;有的则已形成产业化运作,如位于深圳市城郊龙岗区布吉镇的大芬油画村等。

(2)按园区性质划分,大致可分为以下五种类型。

①产业型。一是独立型的。园区内,产业集群发展相对比较成熟,有很强的原创能力,产业链相对完整,形成了规模效应。如深圳大芬村,以绘画艺术为主,已经形成一定的产业链条及规模效应,但原创能力不强。这是我国此类文化创意产业园普遍存在的问题。二是依托型的。依托高校发展,也能形成一定的产业链条,如上海虹漕南路创意产业园、同济大学周边的现代设计产业园区、浙江东阳横店影视城周边的群众演员村等。

②混合型。这种类型的文化旅游创意产业园往往依托科技园区,结合园区内的优势产业同步发展文化旅游产业,但园区内并未形成文化产业链条,如张江文化科技创意产业基地、香港数码港等。

③艺术型。这种类型的园区也是创作型园区,原创能力强,但艺术产业化程度还较弱。目前国内最有名的艺术园区有北京大山子艺术园区、青岛达尼画家村等。

④休闲娱乐型。这类文化旅游创意产业园区主要满足当地居民及外来游客的文化消费需求。最有代表性的是上海的新天地、北京长安街文化演艺集聚区等。

⑤地方特色型。这类文化旅游创意产业园区主要指地方特色文化明显,又属广大人民群众喜闻乐见的区域,如北京高碑店传统民俗文化创意产业园、潘家园古玩艺术品交易区等。此外,按照影响范围又可分为国际型、国内型和地区型,还可按园区最初的形成过程分为自发形成和政府运作形成的文化旅游创意产业园。

当然,由于文化旅游创意产业园在我国还是一个新生事物,发展变化快,园区类型之间的界限并不明晰,对其类型的划分只是根据当前的一些情况进行的。相信随着城市文化旅游创意产业园发展的逐渐成熟,园区类型的划分也将会进一步完善。

(二)文化旅游创意产业园区的特征

文化创意产业是指依靠创意人的智慧、技能和天赋,借助于高科技对文化资源进行创造与提升,通过知识产权的开发和运用,产生高附加值的产品,是具有创造财富和就业潜力的产业。联合国教科文组织认为,文化创意产业包括文化产品、文化服务和智能产权三个内容,并具有三个特征。一是具有高知识性特征。文化创意产业一般都是以文化、创意理念为核心,是人的知识、智慧和灵感在特定行业的物化表现。二是具有高附加值特性。文化创意产业处于技术创新和研发等产业价值链的高端环节,是一种高附加值的产业。三是具有强融合性特征。文化创意产业作为一种新兴的产业,它是经济、文化、技术等相互融合的产物,具有高度的融合性、较强的渗透性和强大的辐射力,从而为发展新兴产业及其关联产业提供了良好的条件。文化创意产业在带动相关产业的发展、推动区域经济发展的同时,还可以辐射到社会的各个方面,可以全面提升人民群众的文化素质。

而文化旅游创意产业园区,还展现出以下三个方面的特征。

1.活动方式

建设文化旅游创意产业园区的基本前提是文化生产与消费活动的呈现,文化产业的核心内容是创意,而创意灵感的获得往往来自与其他同行相互接触的刺激。在众多的活动中,特别是多样化文化聚会地点的出现,通常能充分提供人们之间的相互交流以帮助参与者获取灵感。因此,集聚地点的设置通常被考虑到文化创意产业园区的发展策略中。

2.建筑形式

国内外文化旅游创意产业园区的实践证明,最适合一个文化旅游创意产业园区活动空间的城市环境应倾向于有一个半径为 400 米,建筑高度平均 5～8 层,在 10 米范围内街道(包括人行道)较少。文化旅游创意产业园区应该是一个有着非常多功能的公共领地。它提供人们聚会交流的空间,也为园区内的交易提供场所,这样一个区域将具有渗透性。成功的文化旅游创意产业园区倾向于有几个活跃度高、渗透性强、临街地带的街道,或至少有一些活动的节点,便于人们在其间走动。

3.意义展示

文化旅游创意产业园区要像物质一样能存在于人们头脑之中,也就是说人们参观之后能形成和保留对园区的印象,而这些印象的形成取决于文化园区的活动、风格、形象。成功的文化旅游创意产业园区应是充满革新和创意的地方,在设计和欣赏方面经常是超时代的,并且这些超时代理念被带入园区的建筑设计、内部装饰甚至重要街道和空间的照明等方面。文化旅游创意产业园区应刺激新的理念,成为新产品和新机会得以开拓、努力尝试的地方。因此,文化旅游创意产业园区的意义还体现在其具有历史和发展意义,同时还能体现园区身份、形象及知识性和环保意识等。

四、文化旅游创意产业园区的开发模式剖析

(一)主题公园模式

主题公园作为最先兴起的文化旅游产品,它的开发建设可以看作是文化旅游创意产业园区的早期代表。文化旅游创意产业园区的主题公园模式并非指一般意义上的旅游主题公园,而是经过创意整合的,为了满足旅游者一站式、多样化休闲娱乐需求而建造的,具有创意性和策划性活动方式的现代旅游目的地。它以"欢乐秀、梦工场"为创意吸引物,以"欢乐、冒险、幸福等于一切"为核心体验,充分利用主题品牌和环境效益,带动地产、影视、传媒等关联产业的发展,形成非常完善的主题公园产业链。目前,成熟的主题公园模式主要以香港的迪士尼乐园、广东深圳的华侨城 LOFT 创意园区等为代表。

(二)影视(动漫)基地模式

影视(动漫)基地模式是指将静态的影视(动漫)基地旅游资源经过创意活化,让游客体验影视角色参与、影视独立创作(DIY)、影视(动漫)文化主题教育等的影视旅游一站式观光体验活动区。此模式下的建设重点是影视(动漫)主题街区(影视 Shopping Mall)的打造,以提供高品位的休闲、娱乐、地产及教育培训服务。影视(动漫)基地不但为游客提供影视体验观光,更主要的是带动包括光盘、剧照、影视服装等影视关联商品的销售,以及融餐饮、住

宿、娱乐为一体的影视酒店或影视人俱乐部休闲如特色酒吧、茶座和特色店等的发展。浙江东阳的横店影视城、北京怀柔影视基地、上海国家动漫游戏产业振兴基地、无锡影视基地等都是此模式的典型代表。

(三)艺术园(社)区模式

艺术园(社)区是指艺术家和商业文化机构成规模地租用和改造因历史原因留存下来的城市工业空置厂房,使其发展成为集画廊、艺术家工作室、设计公司、餐饮酒吧等于一体的、具有一定规模的、融入了旅游活动的艺术创意集聚区。集聚区内的闲置厂房、废旧设施经改造后,成为新的建筑艺术品,继承了城市的历史文脉,形成了城市发展新的范式,既是实用的体现,又达到了审美的效果。艺术园(社)区内所形成的具有国际化色彩的"SOHO式艺术方式"和"LOFT生活方式"成为城市旅游的新兴吸引物。艺术园(社)区模式是当代艺术、建筑空间、文化产业、历史文脉及城市生活环境与城市旅游的有机结合,带动了艺术设计、工业生产、装饰展览、主题地产等相关产业的发展,给城市旅游发展带来了新的亮点。北京798艺术园区、上海8号桥艺术区、上海M50艺术基地、杭州LOFT49社区等都是此种模式的典型代表。

(四)节庆演出基地模式

节庆演出基地模式是指在传统的旅游节庆活动策划中加入创意元素,通过改变场地、变换活动形式、重组和完善活动内容及创新宣传等方式,扩大节庆演出活动对游客的吸引力。目前,山水实景在我国是传统旅游节庆演出的典型创新,其一改传统剧场收缩集聚的演出模式,借用实景,在灯光的带动下充分调动观众全部视觉灵活性,散点透视,延伸游客对实景演出的魅力体验。而山水实景的演出往往在晚间,有利于留住游客的脚步,由此派生出吃、住、行、游、购、娱等一系列需求,从而带动文化旅游相关产业的发展。如深圳华侨城通过创意造节,形成了"月月有节过"的欢乐场面,民俗村的傣族泼水节、世界之窗的国际啤酒节、欢乐谷的国际魔术节和玛雅狂欢节等,已成为华侨城文化旅游的经典品牌。而以《印象刘三姐》《印象丽江》《印象西湖》《禅宗少林音乐大典》为代表的印象系列实景演出则已经成为旅游节庆演出市场的新宠。

(五)新兴街区模式

新兴街区模式是指在新城建设或是旧城改造的过程中,作为文化传承的老建筑、老街区不是被习惯性地拆除,而是以全新的"IN"生活体验为旅游创意,使其成为新的街区,焕发新的生命,从而成为吸引游客的新亮点。游客的增加给新兴街区的商铺带来了人气,从而拉动了体育运动、艺术设计、旅游地产等相关产业的发展。"IN"代表的是"流行前卫""潮流健康","IN"生活方式主要包括:在生态酒店体验太极、瑜伽、普拉提等天人合一的原生态修行活动;在SPA生活馆体验水疗按摩以达到去除疲劳、恢复神采的目的;在茶道馆、香道馆学习礼仪、品香、点茶以平和心态、修身养性;在城市中找个人烟稀少的地方,阻断与外界的联系,亲近自然,忘却烦恼,享受清新,为自己的精神彻底加油。这些体验活动对那些成天窝在办公室、身体和精神时刻高度紧张的城市白领们具有很大的吸引力。北京的什刹海、上海的新天地、重庆的黄桷坪涂鸦艺术街等就是典型的新兴街区模式的代表。

五、文化旅游创意产业园区发展的战略建议

（一）文化产业、旅游产业、新城建设三者互生共融

打破文化、旅游、新城建设三者之间的界限，以文化旅游业为主导产业，呈现出园区旅游化、景区新城化、新城产业化的互融状态，实现文化产业、旅游产业、新城建设三者之间的共融互生（见图 2-2）。

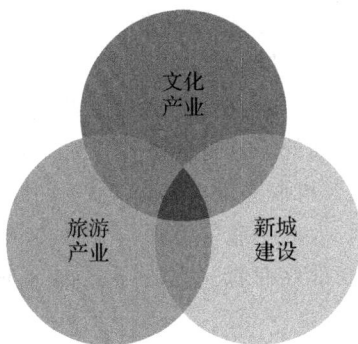

图 2-2　文化产业、旅游产业、新城建设三者互生关系

（二）以文化产业为主体，打造核心的文化元素

深入理解地域文化资源，以核心文化元素与脉络的打造为核心，以文化产业、文化延伸产品与文化旅游体验为主体，进行全方位打造，同时也积极架构区域文化体验与活力中心。

（三）以旅游提升为先导，重在人气集聚

文化旅游是聚人气、集财气、树形象、传口碑的重要渠道，文化旅游创意产业园区应以之为先导，拓展和提升新热点，通过人气的集聚达到引爆旅游的效果。

总之，文化旅游创意产业园区的发展要以文化资源为基础，以文化创意为灵魂，以文化产品为本质，以文化产业为核心，以文化消费为目的；确认规划方案，拟订运营计划，巧妙运用执行策略的流程；规划设计不仅要处理诸如土地利用、交通等问题，还要对接文化与文化产业，梳理地域文化资源，创意文化产品，形成文化产业细分业态，并架构运营模式等。

第四节　中国文化旅游业存在的问题

一、中国文化旅游业发展面临的主要难题

（一）发展观念过于保守和滞后

我国文化产业发展的一个很大问题是文化产业观念不适应新条件下经济的发展。长期以来，受计划经济体制的深刻影响，不少地方的政府部门仍然用经营文化事业的传统思想来发展文化旅游产业，习惯于财政拨款下的资源配置方式，把主要精力放在了争取资金上，而不在经营和市场竞争上下功夫。思想观念滞后的另外一个体现是在对经济和文化的态度上。改革开放以来，不少的地方政府和人民群众心中过分强调经济发展的带动作用，

而没有充分意识到文化及旅游产业的作用,认为文化产品是一种可有可无的奢侈品。因此,各地政府在执行政策时往往只重视经济的发展,忽视文化及旅游产业的发展,经济建设和文化建设的关系一直没有得到很好的协调。

(二)管理模式陈旧

长期以来,各地政府对文化旅游产业的管理主要是依照行政事业的模式进行,实行统包统管。计划经济体制下的管理模式,突出了文化旅游产业的公益性和社会性,但却忽视和抑制了它的经济属性,因此并没有把文化旅游产业纳入市场经济的整体运行之中。另外,文化旅游产业还存在多个部门的多头管理,其部门分割、管理混乱的情况比比皆是,这种现状不利于对文化产业进行统一的管理规划和资源的有效整合,已经成为制约文化旅游产业发展的体制性障碍。由于长期处于这种管理体制之下,许多刚刚进入市场的文化旅游企业普遍存在着目标不明确、经营机制不健全和缺乏现代化管理模式等问题。地方的文化旅游产业在政府管理、产业布局、人事财务等方面的管理体制,以及在经营方式、市场营销、企业内部管理等方面的运行机制都存在着一定的问题,要实现文化旅游的产业化发展还有一段很长的路要走。

(三)起步较晚,基础设施落后

我国的文化旅游产业发展较晚,多数地方还没有形成规模效应。长期以来,不少地方的文化产业处于求生存的阶段,资金和经验都处于劣势,文化旅游企业经营活动所取得的收入经常用于弥补财政经费的不足,根本就没有剩余资金来进行产业积累和扩大化再生产,这严重制约了地方文化产业的发展。另外,由于文化旅游基础设施落后,发挥作用不够。尽管在文化旅游基础设施的建设上投入了很大的财力和物力,但与文化产业的发展需求相比,仍然存在着很大的差距。我国很多地方的文化旅游基础设施布局并不合理,造成文化旅游产业发展的不平衡;同时,这种差异的存在并没有形成明显的溢出效应,反而造成了各地文化旅游产业差距的进一步拉大。文化旅游企业发展滞后和文化基础设施薄弱两者共同的作用,限制了地方文化旅游产业的健康和快速发展。

(四)缺乏专业人才

文化旅游产业不同于其他的产业,文化旅游产业对从业人员风险预期能力、创新和创意能力、操作能力等要求更高。因此,它需要的是懂文化、懂旅游、懂市场、懂产业、懂法律的专业性人才。然而,从目前我国各地从事文化旅游产业的人员队伍的能力来看,文化旅游产业从业人员的职业化程度和专业化技能水平均不太符合要求。许多文化旅游企事业单位的管理者并不是来自于专业的职业经理人,由于缺乏专业的职业能力培训和管理技能学习,他们对企业的管理往往依据的是从实践中摸索出的朴素的管理方法和经验,这就在一定程度上加大了文化旅游企业经营运行的风险,对文化产业的发展也就造成了不利的影响。由此可见,了解文化旅游产业知识、具备文化旅游产业管理技能的人才的缺乏是制约文化旅游产业发展的一个重要因素。

(五)尚未发挥区域优势

目前我国多数地方文化旅游产业基本上是自我封闭发展,相互间的交流和合作还比较少,文化旅游产业发展的理念和思路还过于保守,缺乏适应时代的创新。一些有着显著的区位优势、经济优势和文化优势的地方,如环渤海地方、长三角地区、珠三角地区等,也尚未发挥其区域的辐射和带动作用。从目前文化旅游产业的区域合作来看,我国多数文化产业的发展没有形成与周边省、区、市合作对接及互助共赢的互动局面。

二、中国文化旅游业遭遇的主要挑战

(一)区域旅游竞争压力大

近年来,在国际国内旅游业蓬勃发展的背景下,在国家要将旅游业打造成国民经济的战略性支柱产业和人民群众更加满意的现代服务业目标的感召下,为不断增进在旅游休闲方面的国民福利,我国各地政府应全力以赴,争取在旅游业新一轮的腾飞中赢得主动,纷纷投入巨资开发,挖掘各自拥有的名胜古迹、风景名胜等,从而加剧了区域间的旅游竞争压力。文化旅游的开发更是如此。

(二)各种软硬件设施跟不上旅游发展的需要

旅游业是一个综合性的产业,与吃、住、行、游、购、娱等都密切相关,同时还要区分不同旅游消费者的不同层次的需求。虽然近年来我国各地已经在努力加大旅游基础设施及各种软硬件的投入力度,但旅游的实际需求的满足仍然存在相当的缺口,特别是在旅游旺季或旅游热点地区。

(三)人力资源管理面临挑战

1.人力资源流失的挑战

旅游业不仅是一个知识密集型和劳动密集型的服务性行业,而且是一个人才密集型的行业。旅游业的竞争,归根到底还是人才的竞争。文化旅游的发展和兴旺就更离不开人才的支撑,人才素质的高低直接影响了文化旅游市场竞争力的强弱。近年来我国经济的飞速发展,吸引了大量外国旅游军团注资国内,并带来大批优秀的旅游管理人才。这在为我国旅游业的发展注入了新鲜血液的同时,也对旅游业的人力资源管理带来了严峻的挑战。

2.人力资源紧缺的挑战

我国文化旅游的大力发展,需要大批专业的人力资源管理人才,而实际上却面临着人才资源的紧缺。由于现有旅游院校较少开设文化类课程甚至没有开设文化类课程,从而导致缺少文化知识的输送渠道。另外,文化旅游发展太快,相应的技术和文化人才的培养暂时还跟不上。调查显示,目前总经理、人力资源管理者、营销人员、行政总厨、复合型的工程管理人才、度假村管理人才、会展业管理人才等是旅游业中最为紧缺的人才资源,当前和今后教育系统该如何根据文化旅游业的发展态势,制订相应的人才培养计划,从而满足当前文化旅游发展的需要,这是各旅游院校、企业、行政管理部门迫切需要面对的一个重要问题。

3.各类旅游专业人才素质不齐的挑战

随着知识经济时代和信息社会的到来,各类专业人才的素质在激烈的竞争中显得尤为重要。没有专业的人才,就没有专业的管理;没有专业的管理,就谈不上有效的发展。目前,我国旅游业中,高层管理者大多半路出家,学历偏低,对新知识、新技术掌握较差,创新能力较弱,文化旅游领域,更是如此。目前,我国的文化旅游的人力资源管理结构尚远远不能适应文化旅游市场的激烈竞争,尤其是经济全球化的挑战。

三、文化旅游产品开发面临的主要问题

（一）文化旅游资源价值认识不足

正确认识资源价值是搞好产品开发的前提。中国有着悠久的历史和璀璨的文化，这着重反映在丰富多彩的历史文化、民居建筑、民族风情、节庆活动、饮食和宗教等多个方面，在旅游活动中，这些资源不仅具有各种形式的观赏、娱乐、休闲、认知和交流的价值，而且具有旅游开发后产生的经济、生态、文化和保护价值等。只有以综合分析的思路挖掘蕴含于资源各个层次的旅游价值，才能开发出新的、适应市场需求的旅游产品。然而，当前我国对文化旅游资源的价值的认识普遍不足，甚至过于肤浅，反映在文化产品的开发上就容易产生开发层次较低，以观光旅游为主体，产品形式过于雷同，对文化内涵的挖掘和体现普遍不够等问题。

更新观念是搞好开发的前提。常规的观光旅游产品面临着产品趋于成熟甚至老化、价格竞争激烈、利润空间下降、对交通要求高、重游率低等挑战。这同样也是文化旅游产品存在的共同问题。为此，必须更新观念，排除障碍，着力开发地方性的、新型的、专项的旅游产品。毕竟，"只有民族的，才是世界的"。

（二）文化旅游产品结构层次梳理不清

由于对文化旅游资源价值和文化旅游产品的认识不足，加上开发理念缺乏等因素，我国目前的文化旅游产品结构层次梳理明显不清。其典型问题有产品形式的单一和雷同、产品老化、产品的创新能力不足、产品文化品位无从体现、产品的要素整合有待加强等。文化旅游产品的整合包括生产要素的整合、资源的整合、市场的整合等方方面面，从当前文化旅游产品的开发来看，旅游资源、人力资源、设施、交通等的整合度尚待提高。

（三）文化旅游产品要素组合不优

旅游产品组合，也就是根据不同市场需求将吃、住、行、游、购、娱等各要素组成不同形式、不同档次的旅游产品。旅游产品组合的含义与旅游产品的本质密切相关，旅游产品是由其各种构成要素科学合理地组合而成的，也就是为了实现一次旅游活动所需要的各种物质和服务的组合。旅游产品的特殊本质决定了旅游产品组合的特殊性，旅游产品组合应包括旅游者从开始旅行到旅行结束的全部内容，其中时间和空间是旅游产品组合的两个基本内容。文化旅游产品组合要根据企业的实力和市场需求状况，运用适当的资金、技术和手段，通过科学的调查、评价、建设等程序，把各单项旅游产品组合起来，形成形象完整的整体旅游产品，从而满足旅游者的综合需求。

总体而言，我国文化旅游产品的开发还主要停留在对传统产品的设计与组合上，文化旅游作为一种新型旅游产品，其开发程度还远远不够。作为一个文化积淀深厚的文明古国，就传统旅游产品而言，离充分挖掘、开发我国古代"三皇五帝"及"儒、释、道"等文化内涵相距甚远，从而导致我国许多优秀文化旅游资源的闲置和浪费。可见，我国在进一步发展传统旅游产品的过程中，应充分挖掘旅游资源的文化内涵，并进行各具特色的旅游产品组合，以适应市场的需求。

（四）文化旅游产品营销推广不力

1. 文化旅游产品的推广缺乏统一的品牌战略

品牌作为一种牌子，代表着经营者所提供的商品和服务的质量、性能、效用满足的程

度,以及市场定位、文化内涵、消费者的认知程度等。我国各地政府和企业对文化旅游产品的品牌定位、品牌塑造、品牌提升、品牌推广和品牌保护等尚未形成统一的品牌战略,众口"多"词,从而削弱了地方的文化旅游形象或品牌,混淆了有可能细分的旅游市场,从而影响了文化旅游产品的市场形象和市场拓展。

2.文化旅游产品的精品战略还不够突出

在一些文化旅游资源丰富、品质高的地区,可以形成产品推向市场的资源很多,只有经过机会确认、产品设计、产品试验、向市场推介等程序化步骤,才能确定推向市场的产品。实践证明,只有精品才可以带动区域旅游的发展。但我国多数地方,即使其文化旅游资源蕴藏丰富,但却往往表现出文化旅游产品虽然可以种类繁杂,但精品却往往不够突出的问题,精品的市场营销则更为欠缺。

3.文化旅游产品与旅游市场的期望不匹配

文化旅游产品的推广往往被视为把已开发出来的文化旅游产品推向市场的过程,这是一个短期的行为,对目前发展尚处于初期的国内市场也许较为有效。但很多这样的产品在设计上未考虑满足国际和国内今后旅游市场的预期,更不用说满足细分客源市场的需求。

4.有效的文化旅游产品推广策略和手段还不够

旅游产品推广要根据旅游资源条件、产品开发规划、市场条件及旅游地生命周期理论等来确定旅游目的地的旅游促销战略。国内外旅游促销的经验表明,旅游产品的促销战略可以有多种,旅游产品的促销方式也可以多样化,主要应以是否有效为选择的原则。从我国文化旅游产品市场营销的实践来看,这是一个需要重视和加强的环节。

四、传统文化型景区发展的尴尬局面

传统文化型景区,顾名思义,就是以传统文化型名胜古迹为核心的旅游景区。在我国旅游景区的整体格局中,传统文化型旅游景区约占所有景区的1/2。在改革开放初期,传统文化景区是旅游市场的主流,但随着消费需求的变化和大量主题明确、特色鲜明的新景区的不断涌现,日益激烈的市场竞争使传统文化景区发展面临尴尬局面。

(一)"一次性"经济

传统文化型景区一般具有较高的知名度和文化影响力,对于远程游客具有较大的感召力,许多游客都是"慕名而来",但感觉是"不过如此",有"不可不来,但不想再来"的感叹。甚至一些曾经是地方"拳头产品"的所谓"必游景点",也对初次到来的游客缺乏吸引力,更谈不上产生"重游"的欲望,而本地的游客由于受到旅游求新、求异的动机的影响,一般也不会重复去一个只有简单观光功能、缺乏休闲娱乐功能的景区。如桂林的芦笛岩景区、三亚的天涯海角景区、金华的双龙风景区等,都曾经是国内外游客的必游景点,但随着周边大量休闲娱乐和度假景点的开发,虽然客流量没有明显下降,但在国内外旅游"井喷"的环境下,其旅游吸引力在不断下降。

(二)虚假的"繁荣"

传统文化型景区多数还是单一的门票经济。在旅游旺季虽然游客量庞大,但由于盈利模式单一,游客的叠加性消费支出较少甚至没有,从而形成虚假"繁荣",景区经济效益低下。

（三）"厚重"的包袱

多数的传统文化型景区都具有深厚的历史文化渊源,但厚重的文化如果没有得到很好的梳理和表现,就会出现"曲高和寡"的局面,即游客看不明白,往往使游客来时兴致高涨,但置身其中却又感到在历史的长河中迷失了。不少地方讲自己的文化是"中国最早的""中国第一""××文化的发源地"等,谈起来津津乐道,但却无法从旅游产品的角度体现出来,更无法让游客乐在其中。

（四）保护与开发的不平衡

很多传统文化型景区都是珍贵的文化遗产,也有一些正在争取成为世界文化遗产,以进一步吸引国内外游客,可以说这也反映了文化经营和管理部门对文化的重视,是一种进步。但相关部门对于文化遗产如何进行旅游开发却缺少创新的思路。一方面,高调宣布保护为主,开发为次,在保护的前提下进行有限的开发;另一方面,却以保护为名进行掠夺性的开发,甚至进行大体量与遗产主题毫不相干的开发。

（五）空间拓展的挑战

我国多数文化型景区位于城市（城镇）的中心,周边用地条件受到限制。有的周边建筑风格与景区文化品位差异很大,致使景区空间萎缩,客流量较少,缺少发展的战略空间,从而导致文化资源的闲置或消失。

（六）时尚的陷阱

受到新型消费需求的冲击和一些新型景区的影响,"传统对接时尚"已成为传统文化型景区文化旅游开发的一种理念,这本身是一件好事。但如果拿捏不准、片面追求,很可能会适得其反。因为"时尚"是变化很快的东西,而很多景区在对接的过程中过分强调时尚,但却忽视自身的文化特色,缺少清晰的定位和稳定的品牌形象,从而不知不觉间让游客敬而远之。

（七）整合的陷阱

现在旅游界比较流行"大旅游"的概念,强调关联产业的联动。如部分景区提出"大景区"概念,强调景区之间的产品和线路的整合。但整合有一个前提,就是文化特色和产品的互补性要强,否则就是重复,就是无效的投入。

（八）节庆的陷阱

曾几何时,旅游节成为旅游景区及其他旅游企业"秀"出品牌形象的一个舞台,其热潮一浪接一浪。国际国内也不乏成功的例子。但目前多数节庆活动还比较务虚,热闹过后冷清依然,节庆活动的关联效应和持续效应未得到充分发挥,注重时点性却忽视时序性,主题雷同缺乏特性,却仍然不厌其烦、每年必做,其边际效应已迅速递减。

事实上,文化型景区的发展正面临着很好的发展机遇。一方面,政府对文化产业、创意产业的大力支持为文化景区的发展提供了一个新机遇;另一方面,从全球市场来看,文化旅游在游客心目中备受青睐。综观世界著名旅游度假胜地,无一不是通过特色文化创下品牌的。

第五节　中国文化旅游业发展对策分析

一、挖掘文化旅游内涵的建议

(一)突出地方文化特色,开发特色旅游产品

旅游商品的生产、销售是旅游业的重要组成部分和重要内容,旅游购物占旅游总收入比重的高低是衡量一个地区旅游业发达程度和旅游经济效益的重要标志。开发文化旅游应突出自身文化优势,开发研制出具有地方特色的、科技含量高的旅游商品,如农副土特产品、手工艺品等,以激发游客的购物欲望,扩大旅游商品销售,提高旅游产业的经济效益。

(二)注重旅游文化定位

对于一个旅游城市,城市文化定位很重要。通过对城市历史文化底蕴、市县的历史属地关系、未来规划定位、旅游文化资源优势、旅游文化品牌优势、交通地理区位优势、县域经济实力等方面的分析论证,厘清旅游文化定位问题,消除模糊认识,这对于明确方向、科学规划、建设一个富有文化内涵的高品位新旅游区具有重要意义。如有"东方休闲之都"之称的杭州,其文化基调就是休闲。休闲文化是指人在闲暇时,按照自己的兴趣自由选择,用于自我享受、调整和发展的观念、态度、方法和手段的总和。它可以让人提高幸福指数,提升尊严。杭州的旅游策划就应该定位在这种感觉、这种休闲上,从而创造了杭州的休闲文化。

(三)提高导游人员的文化素养

导游服务是传播文化的重要渠道,导游人员的讲解及与游客的日常交谈,甚至导游的一言一行都影响着游客,都在传播和扩大一个地区和民族的传统文化与现代文明。导游人员用自己个性化的语言及表达方式,把旅游地的深层次文化底蕴传播给游客,努力让游客在参观中有所收获,使之获得一种艺术享受,并有意无意地传播一个地方的独特文化。所以,导游人员要加强学习、积累多种文化知识,运用自己高超的口头语言表达能力,艺术而又深刻地把景区的文化内涵传播给游客,帮助形成一种特有的景区文化,这对于景区发展有着重要作用。

(四)注重深度挖掘文物古迹文化

文物古迹是开发利用价值极高的人文旅游资源。我国的文物古迹有时间跨度长、内容丰富、分布面广等特点。不断借鉴并学习先进地区的旅游经验和做法,可加快提高文物古迹旅游资源的知名度。同时要注重对文物古迹的内涵发掘,努力使我国文物古迹在促进旅游发展中发挥重要的作用。

(五)实施多元产品战略,深度开发特色文化旅游项目

我国疆域辽阔、地大物博、历史悠久、文化灿烂,发掘我国的历史文化、戏曲文化、宗教文化、山盟海誓爱情文化、民间文化等优秀地域文化,有着广阔的空间。对特色文化的产品化、市场化重组,最大限度地发掘、提升并实现我国旅游业所蕴含的文化附加值,有利于进一步打造特色文化旅游的品牌项目。

二、开发文化旅游产业的方略

(一)开展文化旅游社会认知教育

各级政府应加强与文化旅游开发地的居民——"东道主"的沟通和宣传,把文化旅游认知教育融入文化旅游知识的普及和活动之中;把文化旅游认知教育融入民间工艺技术培训当中;把文化旅游认知教育和各种民俗活动结合起来。组织当地居民在富有特色的歌舞、音乐和节庆等活动中,学习和了解当地文化旅游的相关知识,增强发展文化旅游的信心,激发参与文化旅游开发的兴趣,从而积极参与文化旅游资源的保护和开发。

(二)优化文化旅游专业人才的成长环境

各级政府及旅游企业应紧紧依靠大专院校,加快旅游专业人才的培养。要把文化旅游专业人才的培育和旅游行业岗位培训结合起来;要对经纪人员、导游人员、经理人员进行文化旅游相关知识的培训和教育;要建立文化旅游专业人才激励机制;要积极开展文化旅游专业人才资源的国际合作。

(三)改善文化旅游产业的投资环境

各级各类政府或企业,要借《旅游法》出台和实施的东风,努力扩大民营经济和外资直接投资旅游业的渠道,转变政府职能,变管理为服务;建立健全相关的法律、法规和制度等,为民间资本投资旅游业创造良好的法制环境。

(四)完善文化旅游服务环境建设

深入开展"中国旅游年""中国旅游日"及每年的"旅游主题"等的宣传活动,提高旅游服务单位和从业人员遵纪守法、诚信经营的自觉性,树立良好的旅游行业形象,营造精细化的服务环境和洁净卫生的旅游环境。

(五)加强文化艺术氛围建设

大力推进文化体制改革和文化产业发展各项政策的落实,总结多年来文化建设的成功经验和失败教训,探讨地方文化与旅游产业相结合的发展思路,如开展民族歌舞等艺术形式的演艺展示或比赛活动,推出一批反映我国地方文化旅游特色的影视戏曲作品,开展诗词、书画和摄影艺术的创作与表演活动,做好故事的整理编辑和出版工作等,并广泛地将其推向国内外市场。

(六)构建跨文化旅游传播体系

根据近年来我国各地旅游宣传推广的基本经验和客源市场的发展规律,在5—10年内,我国的国际国内旅游重点客源市场均将呈现快速增长的趋势,同时也将呈现出由内而外的放射状发展态势。其中国内旅游重点客源市场主要是周边地区的国内短程市场和东部城市及沿海地区和港澳台的客源;国际客源主要还是韩国市场,东南亚诸国和日本市场,俄罗斯及欧洲市场,澳大利亚、美国、南非和中东等新兴市场等。各地要善于创新跨文化旅游传播机制,并根据市场需求指导各地旅游产品的开发和包装,策划制订各地的旅游市场宣传营销计划、方案和经费计划。

重视大众传媒的传播作用,研究并制订国际、国内旅游宣传计划,大力开展跨区域、跨国境的文化旅游信息传播体系,特别是如中央电视台国际频道、香港凤凰卫视、日本 NHK、美国有线电视新闻网(CNN)、英国广播公司(BBC)、亚洲财经频道(CNBC)、澳门卫星电视台及各级各类向国际发行(覆盖)的报纸、电台和互联网等媒体的传播作用。

中国文化旅游概论

还可考虑组建境外"中国旅游宣传志愿队",广泛动员华人华侨及境外人士或国内外社会团体灵活持久地开展中国旅游的境外宣传等。

三、促进文化旅游业发展的对策

(一)统一规划,科学开发文化旅游产品

开发文化旅游产品,首先要统筹规划。规划就是为了解决未来发展的问题,对未来发展状态所做的长远的、全面的计划和构想,并对达到构想所采取的策略和行动进行的安排与部署。这是关系到一个地区旅游业可持续发展之路走向的重要问题。制订规划的第一步就是要确立以文化旅游为中心的旅游发展战略,并在这一战略思想指导下确定文化旅游产品发展的方向,从而有利于合理有序地开发文化旅游产品,统筹安排开发的项目,使旅游产品和项目艺术地融合在自然山水风景和周边人文景点之中,达到通盘考虑开发次序,科学组合并形成各具特色的旅游产品,有计划、有步骤地将包装好的旅游产品推向经过调研的、细分了的旅游市场的目标。

(二)营造文化品牌,树立良好的旅游形象

一个地区良好的旅游形象是吸引游客的最关键的因素,在国际旅游市场上更是如此。旅游的地区形象涉及社会、政治、经济、文化、旅游产业自身等诸多方面。因此,树立良好的旅游地形象是一个系统工程。我国各地尚需对现有的文化资源和文化产品在质量上进行大幅提升,切忌出现急功近利的短期行为,切忌出现匆忙上马、粗制滥造、毁坏旅游声誉的行为。文化旅游的出发点都要围绕打造品牌和精品开展工作,要善于抓住重点和突破点,如各地具有标志意义的文化品牌、名人名家和历史事件等。

(三)抓住机遇,提供多方面发展支持

新的历史时期,伴随着社会经济结构的深刻变革,文化旅游产业的融合程度也将更加明显。文化旅游产业的兴起和发展,是生产社会化程度提高和市场经济发展的客观要求,也是提升国民幸福指数和生活品质的重要标志。只要制定并采取积极措施,支持文化旅游产业的发展,作为有着五千年文明的古国,必将迎来文化旅游快速发展的黄金时期。当然,文化旅游产业的发展,还必须依靠环境支持系统,包括从制度支持、政策支持、技术支持到财政信贷支持的一条龙、全方位的支持。只有这样,文化旅游的发展才能进入健康快速的轨道。

(四)实行市场化运作,搞好多层次联合

在市场经济高度发展的今天,文化旅游产业也将由目前的政府主导型转向市场主导型。政府的作用将越来越局限于引导和提供援助。无论是产业结构的调整,还是产业规模经济效益的形成,都要同市场发育的程度、规模和供求态势相适应,通过市场机制来发挥政策效应,使我国各地的文化旅游品牌冲出地方,辐射全国,影响世界。

四、提升文化旅游业竞争力的战略

(一)制定"保护—发展—输出"的"三步走"战略

在全球化时代,促进中华文化"走出去",不能仅仅停留在举办几届中外文化节等方面,文化输出也需要用营销思维来进行考虑。由于不同文化市场的受众对外来文化有着不同程度的接受能力,所以,既要做足市场调研,针对国外受众群体设计出有中国特色、能满足

国外市场需求的文化产品,做出文化品牌,又要在把握传统文化的精髓的基础上,对传统文化进行新的诠释,并融入国际色彩。为此,需要对我国的文化制订"保护—发展—输出"的"三步走"战略,鼓励政府与企业进行角色转换,加强合作。文化企业也要积极参与政府的文化宣传,适时地将文化宣传进化为常驻性文化销售和文化服务。同时,政府更不应居高临下或任由文化企业孤军奋战。

（二）规划我国文化对外交流和文化产品出口事宜

我国文化事业和文化产业的各个门类分属政府多个部门管理,从而不可避免地造成了职能交叉、多头管理等现象,从而影响了我国对外文化交流与合作的形象和效率。为此,亟须全面规划我国文化对外交流和文化产品出口等事宜,以一个声音对外,利用好现有文化对外宣传的既有资源,先实施"整合",再进行"拓展",最终实现"光大"的目的。

（三）处理好文化的"三个关系"

1. 处理好有形文化与无形文化的关系

"有形文化"与"无形文化"是两种不同的文化存在形态。其中有形文化主要指一系列人们看得见摸得着的东西,即物质化的文化成果,属于民族文化中的硬件部分。在民族文化建设中,精神文化是目的,物质文化是实现这一目的的途径和载体,是推进国家文化建设的必要前提,是民族文化建设的重要组成部分和重要支撑。国家物质文化的每一个实体及各实体之间的结构关系,无不反映了某种文化价值观。而无形文化则是指人们的精神信仰、哲学理念、道德观念、价值取向、审美意识及人生理想等,如语言、戏剧、音乐、舞蹈、宗教、神话、礼仪、习惯、风俗、节庆、手工艺等不能够固化的人类财富。在开发我国各地的文化旅游资源的进程中,既要加强对有形文化的挖掘,又不能忽略了无形文化。

2. 处理好继承与创新的关系

文化资源包容面很广。随着新时代的到来,一些历史文化要体现其价值,与当下社会相适应,必须实现现代化转换。因此,对文化资源既要继承弘扬,又要善于、勇于整理与创新。

3. 处理好开发利用与维修保护的关系

文化资源是十分宝贵的历史遗产。在新时期,各级政府既要通过充分挖掘其深刻内涵达到提升我国发展软实力的目的,又要采取切实措施加强对我国文化资源的保护,即既要充分开发,又要合理保护,使合理开发与维修保护相结合。

五、运用文化因素开发旅游产品的思路

人文旅游资源被打上了深深的人类烙印,具有丰富而深刻的文化内涵。人文旅游产品是由人文旅游资源构成的,是人类文明的载体和人类文化的重要组成部分,它的文化内涵与生俱来,其灵魂是文化,其核心是产品。人文旅游产品是人类活动的艺术结晶和文化成就,是民族风貌和地方特色的集中体现,具有明显的历史痕迹和地域特色。

（一）创新意识,突出文化旅游产品开发的主题和特色

创新是一个民族进步的灵魂。文化旅游是一项充满憧憬、创意的文化活动,必须以观念创新推动文化旅游产品的开发。在文化旅游产品开发的过程中,要按照全面创新的战略要求,用新的思维认识、开发和管理文化旅游产品。

1. 在战略上要有创新意识

要树立符合时代特征和市场方向的文化旅游资源观、产业观和发展观,把观念创新提升到战略层面,形成思路、规划、项目、资金、建设、效益、发展等的良性循环格局。在开发实践中坚持"先规划,后开发"和"统一规划,滚动开发"的方针,并通过开展国内、国际合作等形式,提高开发项目规划的水平,为高水准开发文化旅游资源,建设文化旅游精品打好基础。

2. 在项目策划上要有创新意识

文化旅游产品开发的策划要有创新意识,其核心是要把文化旅游资源转变为文化旅游产品。这就要求开发者立足现有的文化旅游资源,精心搞好策划,深挖文化内涵,张扬本土个性。

3. 在表现方式上要有创新意识

特色文化要有合理的表现形式,即既要根据资源特色和不同的消费市场,开发出集展示性、表演性、参与性(体验性)于一体的文化旅游精品;又要注重文化延伸,开发那些丰富多样的文化商品与文化旅游活动,拉长文化旅游产品(产业)链,使文化旅游产品在表现形式上具有协调性、多样性和创新性。当然,文化旅游产品开发还必须具备相应的主题。

从发展趋势看,产品主题越鲜明、越典型集中、越富有层次感,就越有利于展示和设计,使其文化内涵得到充分发挥,进而得到旅游者的青睐。因此,文化旅游产品开发应以鲜明的特色为文化形式,以丰厚的品位为文化内涵,以人本主义精神为文化本质,重点体现出异地和异时的文化风格。从根本上来说,就是应该体现独立的文化主题,突出并强化文化旅游产品、文化旅游场景或环境的文化性,以凸显文化旅游产品对文化旅游需求的多元性,从而体现对文化旅游者的人文关怀。

(二)找准市场定位,掌握文化旅游产品开发的重要环节

文化旅游产品开发的市场定位是在深度市场调研和文化旅游资源科学评估的基础上确定的。文化旅游行为和消费的基本倾向是对异地、异质文化的期望。中国历史悠久、幅员辽阔,从时空角度看,满足这种文化旅游期望的资源极其丰富。不同的历史文化、民族文化、地域文化和民俗文化都可以组合成不同系列的文化旅游产品。如依托已有的考古发现,可以设计组成历史文化内涵极其深厚的"中国历史文化旅游线路";依托丰富多样的区域文化,可以设计组合地方文化色彩浓郁的"中国区域文化之旅";依托灿烂的中国文化宝藏,可以设计组合成"中国专题文化之旅"等。

1. 变换文化旅游的生活场景,使旅游者置身并参与人文景观,产生文化上的"换景移情"

观光旅游过程中人们通常追求"移步换景"或"步移景异"的意境。同样,在文化旅游的过程中,人们自然会产生"换景移情"的要求。

2. 提升产品内涵,丰富产品内容,展示产品魅力

可通过改变旅游者的生活节奏、生活内容组合,以及形式变化与文化上的反差,消除旅游者对生活的单调感和乏味感。另外,文化旅游产品开发的市场定位还要处理好产品开发与客源地文化背景的对照关系,这主要包括国内旅游市场和入境旅游市场两部分。其中入境文化旅游市场细分和定位尤显重要,应从表现东方文化的独特魅力、展示中华悠久文明和民族风情及文化寻根等方面来策划与设计文化旅游产品,满足来自世界各地旅游者的需求。

（三）完善产品体系，实现文化旅游产品多元化开发

旅游产品的文化内涵应充分体现地域性、历史性、民族性，充分体现民俗文化、艺术文化、建筑文化、宗教文化、饮食文化等文化样式中的独特魅力，使旅游产品文化呈现出一种具有市场感召力的多元格局。因此，挖掘旅游资源的文化内涵，既包括对经典历史文化名胜的文化再开发，也包括对许多看似寻常实则内涵丰富的文化资源的开发或再开发；既包括对以实物形式存在的人文旅游资源的利用或再利用，也包括对仅以信息形式存在的人文旅游资源的利用或再利用。所以，在进行旅游产品开发时，应对旅游消费心理进行认真细致的研究，发现旅游者旅游行为的多元文化心理依据，并据此进行文化旅游产品的开发规划。

（四）旅游文化表现的精品化

文化旅游产品开发中的文化内涵开发是差异化竞争的重要手段。在充分实现旅游产品大众化的基础上，还应该在分析地方文脉的基础上确定文化的开发方向和主题格调，明确定位，并围绕主题进行内容组织，进而通过产品形式加以体现，并不断丰富文化内涵，进行创造性的升级改造。其本质在于对文化旅游资源进行概括、挖掘、升华后通过物化、创新，实现更深层次的整合，将文化内涵渗透并表现在产品的各个层面，形成特色品牌，强化旅游吸引力和市场竞争力。因此，文化旅游产品的开发者必须从长远出发，做好自己的市场定位，从深层次挖掘产品的潜力，即充分挖掘内涵，突出特色，提高科技含量，以形成自己的品牌优势。

（五）旅游产品文化的绿色化

实现旅游产业的可持续发展已逐渐成为人们的共识，但由于种种原因，有利于可持续发展的旅游产品开发行为尚未能对不利于可持续发展的旅游产品开发行为构成明显的竞争优势。因此，各种"游牧式"的粗放型资源开发和经营行为仍大量存在，许多旅游资源在不断增长的旅游需求面前显得岌岌可危。如随着中国城市化速度的不断提高及城市居民收入的稳步提升，国内旅游市场对自然资源产品的需求越来越旺盛，因此全国各地都在旅游发展战略中强调了对"生态旅游"的重视，并将进一步扩大对自然旅游资源的开发规模和力度。但是，由于受经济效益驱动或纯 GDP 增量的影响，在自然旅游资源的实际开发过程中往往没有真正在严谨的、全面科学论证的基础上兼顾资源的多元价值，保证"生态旅游"在严格有效的管理下进行，从而出现"不开发不破坏，小开发小破坏，大开发大破坏"的恶性循环。实际上，旅游产品的绿色化不仅体现在旅游产品的规划和开发中，还体现在旅游产品的各个经营环节之中。

（六）强化现代旅游规划中的文化权重

旅游规划中的文化属性是旅游文化研究中的一个分支，或称为旅游文化的一个侧面。旅游文化研究必然要建立在普通文化学的基础之上。旅游活动，无论是旅游消费活动还是旅游经营活动，都具有文化性。将旅游作为一种文化现象加以研究，有助于进一步认识和揭示旅游发展的固有规律，促进旅游事业和整个社会的繁荣。旅游规划的核心则致力于有效地组织各种文化资源为旅游者创造某种美好的经历，为开发商创造良好的经济效益，为政府带来良好的社会效益，促进当地社区社会经济协调快速发展。旅游规划既不是资源评价，也不是市场分析，而是文化资源与市场的匹配，是对旅游最终产品——旅游经历的生产与交换的系统构想，这个最终产品要同时实现游客、开发商与当地社区的价值满足。可见，

旅游文化与旅游规划密不可分,旅游文化是进行旅游规划的前提和基础,旅游规划则是对旅游文化的总结、提升和表现。

（七）重视旅游目的地的民俗文化

发展地域文化,还应关注一个更为久远、本色、深厚的文化资源,那就是民风民俗（民间文化）。根据现有民风民俗文化资源的种类、特点及市场需求状况,可首先重点规划开发民间艺术文化和饮食文化。而开发民俗风情文化旅游产品,应考虑如何把民间艺术转化为产品展现给游客。一方面,可以把这些民间艺术品展览出来供游客参观;另一方面,还可根据旅游目的地的传统文化和民俗民情,积极开发各地富有特色的旅游商品,显示地方特色。民俗风情反映本土性的民俗生活、民族历史和传统文化等,绝大部分内容都经过了千百年的传承,具有古朴、纯真、神秘的吸引力。许多有悠久传统的民俗,富含了在当今都市中已经了无痕迹的"乡土味",而正是这些久违的"乡土味",可能让旅游者难以抗拒。

此外,在产品开发时,应重点突出地方特色文化,开发设计出独具特色的旅游商品,这样才能吸引游客的购买。同时,在工艺品的设计上,要提升专业化工艺水平,提高科技含量,设计新颖精美的外包装,提高产品的档次和文化品位。而在制作和包装上要尽量形成高、中、低三个不同的档次,并在其艺术性、制作工艺等方面加以区别,以扩大游客的选择余地,全面适应多样化、个性化的市场需求。

第三章　中国文化旅游资源概述

第一节　城乡文化旅游资源

一、光彩照人的现代都市

(一)现代都市及其旅游资源特点

1.现代都市

现代都市就城市意义而言,不是指传统意义上的城市,而是指在劳动分工国际化、经济贸易全球化、全球经济一体化和经济区域集团化过程中形成的区域性、全国性甚至全球性的经济、政治、文化交流中心,是一个功能庞大、结构复杂、特征鲜明、现代化水平高的多层次、多维度、动态的聚落系统。就旅游意义而言,现代都市是指那些城市建筑规模化、现代化、科学化、艺术化,城市交通多元化、高速化、立体化,城市经济发展快速化、信息化、国际化,服务设施现代化、人性化、标准化、系统化,城市生态有序化、科学化、和谐化,具有现代色彩,呈现都市风貌、风光、风物、风情的大城市。

2.现代都市旅游资源的特点

随着旅游业的不断发展和旅游主体结构的复杂化,人们的旅游动机多种多样,旅游心理也错综复杂。人们既有到大自然中去放松身心、返璞归真的需求,又有到现代都市去观光览胜、饮食购物、感受现代气息、领略时代风采的愿望。因此,现代都市是人文景观旅游资源中极为重要的组成部分。如巴黎、伦敦各具特色的博物馆、历史文物及建筑享誉世界;近年来旅游业发展较快的新加坡,以其花园式的城市环境、风景各异的人造景观和主题公园以及完善的现代化接待设施,使其以原本较为贫乏的旅游资源创造了旅游业发展的奇迹;我国的香港特别行政区面积十分狭小,却依靠贸易旅游、购物美食旅游及相应的优质服务,使旅游业在近年间得到了空前的繁荣。目前我国都市旅游发展较快的城市以深圳、上海、北京、广州等为代表。它们都以大城市为依托,通过城市建筑景观、城市风光及人文资源构景与共享空间的规划设计、人造景点的建设,吸引游客多在都市逗留,并改善居民和游客的生活环境。

都市旅游的魅力之一,在于许多的"世界之最"或"全国之最",如最大密度的人口、最高的摩天大楼、最大的城市广场、最古老和最现代的建筑、最有名的历史名人故居、最高水准的博物馆、最高品位的文化和艺术展览、最完备和最先进的会议与展销设施、最舒适的高档星级酒店、最佳的美食、最新款的时装、最丰富和最新颖的购物中心、最新的电影和戏剧节目、最激动人心的娱乐和体育活动、最令人迷醉的夜生活、最便捷的交通和通信等。其特点主要体现在以下四个方面。

（1）丰富多彩、博大精深

现代都市旅游资源是大文化、大旅游的概念，其内容异常丰富多彩。现代都市的特点、历史发展、近代文化、交通通信、商业、金融、教育、科技、医药、体育、宗教、建筑、园林、饮食、服饰、民俗、书画、工艺、音乐、戏曲、影视乃至未来的发展展望等都属现代都市文化旅游资源的范畴。

（2）显著的现代性

现代都市旅游资源具有悠久的历史，但其得到重点发展是步入近代以后。近代社会的巨大变迁，使现代都市旅游资源具有现代性的特点。如上海是我国第一大都会，是位于太平洋西岸国际知名的重要港口之一，是中国重要的经济贸易中心、科技文化中心、交通通信中心，是中国三个主要旅游出入境口岸城市之一。上海商务、会议展览等的迅速发展，都体现了上海都市旅游资源的现代性特点。

（3）独特的交融性

现代都市既是历史名城又是现代都市，既具现代化而又不失传统特色，既有本土和民族情调又有现代风采。它是传统文化和现代的交汇点，它既有传统文化的积淀又有现代文化的渗透，既有外来优秀文化的引进又有自身文化的弘扬。这就决定了现代都市旅游资源具有独特的交融性特点。

（4）最强的综合性

现代都市既有其自身独特的地理优势，又有其自身的社会历史、经济文化的传承积淀。现代都市的旅游资源具有最明显的综合性。如上海有黄浦江、淀山湖、崇明岛、横沙岛、长兴岛、佘山等山水岛屿的自然景观；又有着自身独特的历史，因此有诸如"万国建筑"、百年老店、全国帮派餐饮、世界各国菜点、名人故居、革命纪念地、宗教场所、园林盆景等人文景观。现代都市的综合性不仅表现在上述城市文化旅游资源的门类齐全的优势上，而且也表现在每一门类的综合优势上。以宗教文化旅游资源为例，上海并非是任何一种宗教的发源地，但世界上主要的宗教几乎都在上海得到传播和发展。

（二）现代都市旅游资源的主要类型

1. 观赏性旅游资源

（1）自然风光

现代都市虽说富有最前沿的城市色彩，但由于其兴起的原因和人类积极的保护，许多现代都市仍然保留着优美的自然山水风光，如我国的大连、南京、重庆等。重庆是一座美丽的山城，山环水绕，别有风味。人们在欣赏大自然山水风光时常说："有山无水不秀，有水无山不壮。"山城重庆有山有水，被两江环抱。长江、嘉陵江三分重庆，真武山、铁山、中梁山、歌乐山群山环绕，城在山上，水环山城，山高水低，居高临下，自成天险。山即是城，城即是山，给人以强烈的立体印象。经过人们3000多年的辛勤劳作和精心装扮，重庆主城区已经成为一座融山水自然风光和人文色彩为一体的山水园林型城市。

（2）建筑景观

建筑景观是现代都市雍容华贵的亮装。建筑景观或古色古香，俏丽动人；或新潮大方，娇艳迷人。建筑景观是现代都市宏大交响乐起伏的音符和流动的旋律，也是现代都市的生命和灵魂。最能体现城市外在风貌的就是那些高低错落、疏密有致、大小有别、形态各异的建筑景观。尤其是那些造型美观、功能先进、代表了一定时期城市建筑科学和艺术的最高成就的标志性建筑。标志性建筑是现代都市综合形象的主要标志,也是现代都市的象征,是现代都市的"名片",是旅游者心仪和向往的对象。现代都市留给人们的印象可以通过著名的大厦、雕塑、广场、音乐厅等标志性建筑来体现。世界各地的国际化大都市,都有其鲜明的形象和个性特征,对旅游者会产生巨大的吸引力,如巴黎的埃菲尔铁塔、凯旋门,纽约的帝国大厦、原来的世贸大楼、自由女神像,莫斯科的红场与克里姆林宫,悉尼的歌剧院,哥本哈根的美人鱼雕塑和"神牛"花岗岩石像,罗马的圣彼特大教堂,上海的东方明珠电视塔、经贸大厦、环球金融中心、杨浦大桥、上海博物馆和八万人体育场等。

（3）街道景观

街道犹如现代都市的走廊和橱窗,是整个城市的缩影,是现代都市建筑、交通、商业、文化等多方面物质和精神的综合体现。旅游者到了北京,不能不去长安街、王府井;到了上海,不能不去南京路;到了纽约,不能不去华尔街。城市街道的景观美,不单纯是外表的美,而且有内在的美。不同城市创造出不同风格的街道组合,如气魄宏伟的、幽静雅致的、热闹繁华的、风光秀丽的等,所有这些街道景观,都会让旅游者领略到各种生气勃勃、趣味盎然的城市风貌。

（4）商业景观

商业是现代都市的标志之一,著名的商业景观常常能成为城市的代名词,如上海的南京路、北京的王府井,美国纽约的曼哈顿等。城市商业景观主要通过商店橱窗和广告来展示。橱窗是商业文化的窗口,设计新颖的店面橱窗会使人感到一种审美的愉悦感。如照相馆橱窗里那些传神的人像摄影和旖旎的自然风光,犹如一个小型的摄影艺术展览;服装店橱窗模特身上的服装,常常反映了城市市民的衣着风貌和审美时尚。城市的商业景观还可通过成千上万的各类广告表现出来。在一个商品经济高度发达的社会,广告和人们的生活已经密不可分。在现代城市的各个角落,都有形态各异、色彩缤纷的广告点缀其中,特别是夜幕降临,各种灯光广告流光溢彩,美不胜收。

2.购物性旅游资源

购物是构成现代旅游内容的重要组成部分。购物场所是激发不同类型、不同层次、不同地域旅游者旅游动机的重要因素。现代都市往往拥有地区性、全国性甚至世界性的零售商场,拥有最现代化的商业设施、最发达的商业体系和众多上档次、上规模、现代化购物广场等。繁华的商业成为现代都市对游客的重要吸引点,而购物则成为游客在现代都市的重要旅游内容。北京的王府井、西单、秀水街,上海的南京路、淮海路等都是旅游者必去的地方。

3.休闲娱乐性旅游资源

休闲娱乐是旅游活动的延伸。在现代都市旅游中,休闲娱乐也是不可或缺的重要组成部分。因为现代都市拥有最现代、最新潮、最完备、最高档的休闲娱乐性旅游资源。随着时代的进步和旅游活动的多样化,休闲娱乐设施日新月异,品种繁多,如KTV、影剧院、歌舞厅、体育场、桑拿保健房等。游乐园也是现代都市重要的休闲娱乐性旅游资源。由于占地面积巨大,游乐园一般建在城市的郊区和外围。各种游乐园有不同的主题,可以让游客通过游览增长知识,培养情趣,得到教益。如迪士尼乐园中有幻想世界、未来世界、冒险世界、新开拓的边疆世界、海底旅行馆、美国一条街等,还有著名动画片中的情节和场景,更有米老鼠、白雪公主和七个小矮人等混杂于游客之中,使游客乐趣倍增。我国深圳的锦绣中华微缩景观,则布置了全国各地的最典型的自然和人文景观,让游客在有限的空间和时间中充分领略我国众多的风景名胜,真正做到"一步跨进历史,一日畅游中国"的效果。

4.文化学习性旅游资源

(1)静态型文化学习性旅游资源

静态型文化学习性旅游资源包括各种类型的博物馆、纪念馆、历史古迹和文物、革命纪念地及名人遗迹;科研机构、高等院校;现代文化设施,如文化中心、艺术团、艺术馆、图书馆、书店、文化宫以及有代表性的建筑物等。由于具有较高的历史、艺术、科学价值,静态型文化学习性旅游资源已成为现代都市文化的象征,是旅游者了解都市文化、学习先进文化的重要窗口。如北京是全国的文化之都,拥有众多的博物馆、展览馆、公共图书馆、文化馆等,其中,中国国家图书馆是我国历史悠久、藏书最多的图书馆,新建的北京奥运村、"鸟巢"(国家体育场)、"水立方"(国家游泳中心)等都是全国最大的综合性的体育场所。

(2)动态型文化学习性旅游资源

动态型文化学习性旅游资源包括各种类型的节庆活动和大型文化、艺术、体育和科研等活动,它们是都市文明程度的体现和综合实力的象征,如上海国际广播音乐节、上海国际电影节、上海国际服饰文化节、上海旅游节、上海科技节、"上海之春"音乐会等。

5.体验性社会景观旅游资源

城市社会景观旅游资源又称为软景观。其内容主要有四个方面。一是政治稳定,社会安定,经济繁荣,文化进步,可带给人们安全感,提高放心度。其直接指标是法制程度高,犯罪率低,为社会服务的政府和公共事务机构办事效率高,整个社会生活呈现有序状态。二是国际语言环境,包括国际人口和城市居民语言交流能力。一般要求国际语言普及率占全市人口的25%以上,同时城市标识实行国际化标准。三是国际交流的规模,包括贸易商务往来、文化体育交流、科学技术交流等。四是国际人口流动的各项指标。

(三)各具魅力的世界旅游都市

随着经济发展和科学技术的进步,尤其是全球化、大众化的现代旅游的快速发展,许许多多的国际化现代都市和旅游城市不断涌现。其中亚洲主要有北京、上海、广州、大连、南京、香港、台北、新加坡、东京、伊斯坦布尔等;欧洲主要有罗马、雅典、巴黎、伦敦、柏林、莫斯科等;美洲主要有纽约、华盛顿、墨西哥城、圣保罗等;非洲主要有开罗、亚历山大等;大洋洲主要有悉尼、墨尔本、堪培拉等。

二、意蕴深厚的历史文化名城

(一)历史文化名城的含义

城市,是在人类历史发展过程中,为了军事、政治、宗教、商贸、文化等活动需要而不断形成并发展起来的人类聚落形式。城市在发展过程中积淀了厚重的历史记忆。特别是那些历史文化名城,虽历经千百年的沧桑,但至今仍焕发着青春的活力。历史文化名城也是我国特有的概念或理解,相当于国外的"文化遗产",是"保存文物特别丰富,具有重大历史价值和革命意义的城市,具有特殊价值的城市文化景观的城市"(《文物法》)。它是历史上形成的,在军事、政治、经济、科学和文化艺术等方面具有重要意义,在传统文化传承上具有独特价值和地位,有不同程度、不同方面影响力的各类城市。国务院在1982年(24个)、1986年(38个)、1994年(37个)公布了三批我国的历史文化名城,后分别在2001年、2004年、2005年、2007年、2009—2016年共增补了33个。截至2016年底,我国已公布的国家级历史文化名城共有132个。历史文化名城遗存有大量的历史古迹和历史文物,体现着民族的悠久历史、光荣的传统和灿烂的文化。历史名城不仅对研究悠久的历史与文化、考察古代的建筑艺术、研究城市规模体系、剖析不同时代的民俗风情等有重要的价值,同时也是非常珍贵的旅游资源。

(二)历史文化名城的类型

1.古都类

古都是帝王居住的城市,即封建王朝的都城,具有辉煌的历史。历史上曾是国家政治、经济、文化中心,是历史的"定格"。古都留存有宫殿、坛庙、园囿、陵墓及其他的历史遗迹或文物等。古代的都城都具有明显的防御功能,城有城墙,城外合称城池,外城称廓。较为完整地保存到今天的古都名城,往往由于深厚的文化积淀和丰富的文物遗存而成为重要的以人文景观为主的旅游城市。

古都类历史文化名城又可分为多朝古都和一般古都两种。我国的多朝古都典型的是北京、西安、洛阳、开封、安阳、南京、杭州、郑州八大古都(学术界存有一定的争议)。它们是中国历史文化旅游资源的精华和瑰宝,是中华民族的荣誉和骄傲。一般古都曾经是某一朝代或某一政权(如诸侯国君、藩王所在地)的都城,一般是地区统治的中心。该类古都主要有春秋时期赵国的都城邯郸、鲁国的都城曲阜、齐国的都城临淄、吴国的都城苏州、越国的都城绍兴、三国时期蜀汉和五代十国时期前蜀与后蜀的都城成都、北魏的都城大同、古代巴国都城重庆等。

(1)我国著名的古都——安阳

安阳位于河南省最北部,地处晋、冀、豫三省交会处,西依太行山,北临漳河水,东南与华北平原接壤,是商代的殷都。秦筑城,隋至清历为州、郡、路、府治所。安阳是我国目前考古发掘确定年代最早的一座都城,距今已有3300多年的历史,是中华古老文化的发祥地之一。商王盘庚迁都于殷,到周武王伐纣灭商,历时273年,传8代12王。周灭商后,定都镐京。殷都渐荒,成为一片废墟,故称殷墟。这里出土大量甲骨文、青铜器、玉器、石器、陶器、骨器等,其中有著名的"司母戊"大方鼎;发现古宫殿遗址53座,大型陵墓11座;还有文峰塔、高阁寺、修定寺塔、岳飞祠庙等众多文物。

(2)我国著名的古都——西安

西安古称长安,已有3100多年的历史,位于陕西关中平原的渭河南岸,背依秦岭,面向秦川,泾、渭、灞、沣、涝等水流经市内,沃野千里。自公元前11世纪开始,先后有西周、秦、西汉、新莽、西晋、前赵、前秦、后秦、西魏、北周、隋、唐共12个王朝在西安建都,历经2000余年,因此,西安被称为"十朝古都"。在中国七大古都中,西安的历史最为悠久。悠久的历史、发达的文化为西安留下了许多闻名中外的古迹名胜。西安遗存有大量地上地下文物,如西周的丰、镐,秦阿房宫,汉长安城,唐大明宫遗址、大雁塔、小雁塔,以及明钟楼、鼓楼、碑林等。这里有半坡母系氏族村落遗址、秦始皇陵兵马俑坑、秦始皇陵、长陵、杜陵、茂陵、昭陵、乾陵等陵墓、慈恩寺塔、钟楼、骊山华清池、鸿门宴故址、咸阳古渡等被列为全国重点文物保护单位的人文旅游资源。西安被世界称为"天然历史博物馆",其文化积淀深厚,人文景观众多,是华夏文化的核心发源地之一。西安既保持了古都特有的风韵,又焕发着新时代的风采,古貌新姿,交相辉映,构成千年古都的绮丽风光。

(3)我国著名的古都——洛阳

洛阳,我国著名的九朝故都,位于河南省西部的黄河南岸,东有虎牢关,西有函谷关,南有洛河、伊河,北有邙山和黄河,史称"河山控戴,形势甲于天下"。历史上曾有东周、东汉、曹魏、西晋、隋(炀帝)、唐(武后)、后梁、后唐等九朝在此建都,历时 900 余年,因此,洛阳有"九朝名都"之称。现已考古证明,还有夏、商、西周、后晋 4 个朝代也曾在此建过都。也就是说,洛阳作为都城的历史经历 13 个朝代、96 个帝王,累计 1529 年。名胜古迹以市南龙门石窟最有名。城东白马寺是我国第一座佛寺。还有汉魏故城遗址、西周王城、隋唐故城遗址、关林以及大量的古墓葬、仰韶文化遗址等。

(4)我国著名的古都——开封

开封,古称大梁,又名汴梁,位于河南省中部偏东,北濒黄河,陇海铁路横贯市区南部,交通便利。春秋时期,郑庄公"开拓封城",称之为开封。后来战国时期的魏国,五代十国时期的后梁、后晋、后汉、后周和北宋,以及晋朝后期都在此建都,史称"十朝都会"。这里地势低洼,湖泊众多,号称"北方水城"。名胜古迹众多,以铁塔、龙亭、大相国寺、繁塔、延庆观、禹王台、包公祠、朱仙镇岳飞庙等最为著名。

(5)我国著名的古都——北京

北京位于华北平原西北隅,地处燕山、太行山两大山脉所包围的小平原。自公元前 11 世纪初周灭商,作为燕国都城蓟开始,北京城已有 3000 多年的建城历史。北京作为辽、金、元、明、清和民国前期的都城 800 年之久,是驰名中外的历史名城。北京拥有大量宫殿王府、皇家园林、坛庙陵寝、宗教寺观、名人故居、各类博物馆、著名街市及郊外风景区。截至 2013 年 7 月,北京拥有世界文化遗产 6 处(故宫、长城、周口店"北京人"遗址、颐和园、天坛、明清皇家陵寝)、全国重点文物保护单位 125 处、国家 5A 景区 7 家(故宫博物院、天坛公园、颐和园、八达岭—慕田峪长城旅游区、明十三陵景区、恭王府景区和北京奥林匹克公园)等。北京旧城是世界上现存规模最大、最完整的古城之一。其南北中轴线上的主要建筑、高大城楼、典型街区、四合院群仍保存较为完好,是人类珍贵的历史文化遗产。众多的人文旅游资源使北京成为中国和世界最富魅力的旅游名城之一。

(6)我国著名的古都——南京

南京,古称金陵、建康,位于长江下游南岸、江苏省西南部,依山傍水,有"龙盘虎踞"之称。南京自周元王四年(公元前 472 年),越王勾践在今中华门外筑越城开始,至今已有 2470 多年的历史。其后,三国吴,东晋,南朝宋、齐、梁、陈均以此为都,遂有"六朝古都"之称。此外,五代南唐、明代初期、清代太平天国和近代国民政府也都以此为都,故又有"十朝都会"之说。南京既有自然山水之胜,又有历史文物之雅。明孝陵、栖霞寺、世界最长的明城墙、世界最大的古城堡——中华门、太平天国天王府、玄武湖、中山陵、古色古香的秦淮河、雨花台烈士陵园、侵华日军南京大屠杀遇难同胞纪念馆等,都是其吸引国内外游客的著名旅游景点。

(7)我国著名的古都——杭州

杭州,古称余杭、钱塘、钱唐、临安等,位于浙江省北部钱塘江畔、京杭大运河南端。五代时是吴越国都,南宋以此为行都,已有 2200 年的悠久历史。杭州历史悠久,文物古迹荟萃,湖光山色,自然风景秀美,有"上有天堂,下有苏杭"的美称。整个城市襟江带湖,集湖山、江川、奇峰、溶洞于一体。美丽的西湖三面环山,一面濒城,两堤卧波,三岛浮水,四季异色,名人荟萃,古迹珠连,历代诗人吟咏不绝,以灵隐寺、九溪十八涧、六和塔、飞来峰、岳庙、西泠印社、三潭印月、花港观鱼、虎跑寺等旅游资源最为著名。

(8)我国著名的古都——郑州

郑州,古称豫州或中州,是我国中部地区重要的中心城市,国家重要的综合交通枢纽,中原经济区核心城市。郑州地处华北平原南部、黄河下游,居河南省中部偏北。它是国家历史文化名城,是华夏文明的重要发祥地之一,为中华人文始祖轩辕黄帝的故里,历史上曾五次为都、八代为州,是"中国八大古都"之一和世界历史都市联盟成员。全市有世界文化遗产2项15处,全国重点文物保护单位70多处,拥有黄帝故里、商城遗址、天地之中等众多历史人文景观。

2.地区统治中心类

在我国漫长的历史长河中,无论在封建王朝的全国统一的和平时期,还是分裂割据的动荡年代,都有诸侯国君,各立郡国。自汉到明代,还有分封各地的藩王。这些诸侯国君、藩王所在地,一般都是地区统治的中心,后来大多成为各省的省会和地区所在的中心城市。前者如成都,历史上曾先后为三国蜀汉、十六国成汉、五代前蜀、后蜀的都城,现为四川省会;后者如江陵,是楚国郢都所在地,现为荆州地区的中心城市。

3.风景名胜类

风景名胜类城市中或城郊有众多优美的景点,它们与城市建设发展紧密结合,优美的自然风景与丰富的人文景观相互交融,形成美丽的城市风光,如桂林、大理、苏州、大连等。

4.民族及地方特色类

民族与地方特色类城市多分布在少数民族的聚居区域,具有鲜明的民族特色。它反映了我国悠久的传统和多民族的文化特征。此类城市有呼和浩特、喀什、日喀则等。

5.近代革命史迹类

近代革命史迹类城市是中国近代许多革命事件的发生地,有许多反映中国人民革命斗争历程的文物和建筑,如延安、南昌、井冈山、遵义等。

6.其他类

其他类城市主要指海外交通、边防、手工业等特殊类型。这些城市是我国古代科技、文化的标志和结晶。如福建省的泉州市,早在南宋时就是我国的对外大港,宋元时则是全国著名的造船中心。

(三)历史文化名城旅游资源的基本特性

1.历史文化意蕴深厚

历史文化名城是历史上许多政治、军事、经济、文化等重大历史事件的发生地,保留着历史传承的信息和印记,蕴涵着深邃的文化遗产精华,是历史文化的载体和缩影,也是历史的"标本"和再现。历史文化名城集中地反映了不同时代的民族精神和风貌,是人文旅游资源的荟萃之地。那些具有历史传统特色的古代街区、古建筑群、宫殿陵寝、园林寺观、文物古迹,既是历史的积淀,又是历史的再现,还是特定历史时期政治、军事、经济、文化、艺术、风俗民情的载体,都蕴藏着极其丰富的历史文化,极富历史价值、文化价值、艺术价值和学术价值。

2. 个性突出,品位较高

每一座历史文化名城都积累了各个历史时期的文化,保存着大量的文物古迹,尽管它们各自所保存的文物古迹数量不同,时空分布不均,但都以某一时期为特征,以某一内容为代表,以某些建筑为标志,表现出明显的个性,形成鲜明的城市形象和历史内涵。如西安突出秦、唐文化,北京突出明、清文化,开封突出宋代文化,洛阳突出北魏石窟艺术,苏州突出古典园林艺术,曲阜突出"三孔"文化,而更多的历史文化名城则富有地方特色和民族特色。许多历史文化名城及其历史文化遗存,不仅是一个城市、一个地区的历史文化精粹,也是一个国家,甚至是全人类的历史文化瑰宝。山西的平遥古城,云南的丽江古城,北京的故宫、长城、周口店"北京人"遗址、颐和园、天坛、明清皇家陵寝,西安的秦陵兵马俑,敦煌的莫高窟,拉萨的布达拉宫,承德的避暑山庄,曲阜的孔庙、孔府、孔林,苏州的园林等,都先后被列入《世界遗产名录》。

3. 资源类型丰富多样

我国已公布的120座国家级历史文化名城,由于历史跨度和地域空间跨度都很大,极具时空性和区域特色,故历史文化名城形成的旅游资源也是丰富多样的,如山水园林型的历史文化名城,包括桂林、杭州、苏州等;古都型的历史文化名城,包括北京、西安、洛阳等;革命纪念地型的历史文化名城,包括遵义、延安等;拥有石窟与摩崖造像的历史文化名城,包括敦煌、大同、洛阳、乐山等;名人故里型的历史文化名城,包括淮安、襄樊、曲阜等;近代西方建筑文化型的历史文化名城,包括上海、天津等;专业经济型的历史文化名城,包括泉州、景德镇、自贡等;古建筑保存完好型的历史文化名城,包括平遥、歙县、漳州、阆中等;区域性古都型的历史文化名城,包括沈阳、荆州、成都、绍兴等;专业化军事重镇型的历史文化名城,包括张掖、武威等。

4. 现代人文特色显著

许多历史文化名城由于其特殊的历史地理原因,不仅蕴藏着厚重的历史文化,而且现代城市化水平也很高,如拥有现代化的建筑,超高的摩天大楼,高水准的博物馆,高品位的文化、艺术展览,完备和最先进的会议、展销设施,舒适的高档星级酒店和美食,新款的时装,丰富而新颖的多功能购物中心,激动人心的娱乐、体育活动场所,令人迷醉的夜生活,有特色的都市标志性建筑和优美的城市环境等。

三、别具风韵的特色城镇

(一)特色城镇与旅游

特色城镇是指那些具有特殊个性、旅游资源具有明显的独特性或不可替代性、蕴含着特别的旅游审美风韵和旅游开发价值的城镇。其旅游资源的意义在于特色鲜明、韵味深厚、形象别具、类型多样、分布广泛、文化内涵深厚。特色城镇或具有特殊的地理位置,或以地方特产而闻名;或以美景吸引游客,或以博彩招徕客源;或娇小玲珑,或科技发达。它们虽然没有悠久的历史,也没有林立的高楼,但却以独特的"个性"展现在世人面前,所以被称为"特色城市"。特色城镇因为其富有特色,也就极具旅游吸引力。

（二）特色城镇的主要类型

1. 自然风光特色型

（1）山城——凤凰

凤凰城是湖南省西部边缘的一个县城,被称为中国最美的两个小城之一(另一小城为丽江)。这里山清水秀、人杰地灵,建筑古朴而具有民族特色。凤凰城位于沱江河畔,群山环抱,关隘雄奇。这里的山不高而秀丽,水不深而澄清,峰岭相摩,河溪萦回,饮云吐雾,漱玉飞花,涧溪自韵,足供览吟。凤凰是一幅山水画,淡描浓抹总相宜,碧绿的江水从古老的城墙下蜿蜒而过,翠绿的南华山麓倒映江心。江中渔舟游船数点,山间暮鼓晨钟兼鸣,河畔上的吊脚楼轻烟袅袅,码头边的浣纱姑笑声朗朗。凤凰的美还在于它孕育着一代又一代富有灵气的凤凰人。不管是苗族、土家族,抑或是汉族,都是勤劳、勇敢而又朴实的。他们吃苦耐劳,勤于治事,敢于进取,崇文尚武,因而人才辈出。有抗英名将郑国鸿,有民国第一位内阁总理熊希龄,有著名作家沈从文,有著名画家黄永玉等。凤凰城风景美丽,山清水秀,人杰地灵,美在自然,美在天人合一的和谐。

（2）边城——漠河

漠河位于黑龙江省漠河县北端,大兴安岭七星山、元宝山脚下,东、西、南三面环绕着苍茫而连绵的青山,北临滔滔奔流的黑龙江,对面就是俄罗斯的依诺镇。它是中国最北边的边境城镇,地处北纬53°线上,被称为中国的"北极村"。这里的冬季气温最低达－52℃,又有"中国寒极"之称。每年夏至前后,漠河昼长夜短,几乎没有黑夜,因此,又被称为"不夜城"。矗立在黑龙江畔的"北极村"白色大理石碑,就是中国最北疆土的标志。

"白夜"和"北极光"两大天然奇观是漠河的特别之处。每年夏季,漠河的白天便越来越长,夜晚也相应地越来越短,尤其是夏至前后半个月,每晚只有子夜时分一两个钟头,天色稍微昏暗一些,随后又是朝霞似锦,旭日高悬,黑夜于是变成了"白夜"。当"夜色"降临的时候,天空仍像平日有云的白天那样明亮,由深红变为淡紫的晚霞,一直在西北地平线上持续到午夜,黑夜短暂,转瞬即逝。晚霞和黎明的曙光紧紧相连。北极村的冬天漫长而寒冷。白天并不白,当地人称之为黑昼,每天太阳从东南方冉冉升起,在雾蒙蒙的天空画个弧之后,又在西南方隐去了,白昼是那样短暂。那太阳好像不发光,也不发热,只是低低地浮在空中。大雪铺地之时,北极村是一片银白的世界。在漠河北面上空,也经常出现绚丽多彩的"北极光"奇景。北极光在北面天空开始出现时,是一个由小至大、颜色变幻不定的光环。当色彩变得最灿烂艳丽时,光环慢慢移向东边,由大变小,逐渐消失。这时候,来观光的游人莫不翘首而望,欣赏这难得一见的大自然的奇观。

（3）水城——南宁

南宁,简称"邕",别称"邕城",古称"邕州",是广西壮族自治区首府,北部湾经济区中心城市,我国西南地区连接出海通道的综合交通枢纽,广西第一大城市,广西政治、经济、文化、交通、科技和金融中心,中国面向东盟开放合作的前沿城市、国家"一带一路"海上丝绸之路有机衔接的重要门户城市。

南宁天然就是一座被水滋养的城市。南宁人在上古时代就把水作为建设家园的地理条件,傍江而居,以江为生,因江设市。绕城而过的河流取名邕江。邕字上为川,下为邑,意为四方被水环绕的都邑。"大船尾接小船头,南腔北调语不休""入夜帆灯千万点,满江钰闪似兴浮"描绘的正是邕州自古水运繁盛的景象。为充分发挥得天独厚的水资源优势,南宁市提出了具有鲜明南宁特色的水上绿城国家森林城市建设目标,专门编制了《关于加快南宁市林业发展的决定》《南宁市林业"十三五"发展规划》《广西南宁市"中国水城"规划建设指导意见》等多个规划,确立了"水清、岸绿、景美"的"水上绿城"建设总体规划,强调绿、水、城的融合,将城市水系及滨水区域建设成为水清岸绿的生态居住区、风景秀丽的景观公园,以实现南宁"中国绿城"加"中国水城"的水上绿城战略目标。

2. 历史遗迹特色型

有些城镇在自身的发展过程中,在某一历史时期的某一方面曾有过全国性、区域性的特殊意义,并留存有大量的历史遗迹,成为有较强吸引力的旅游资源。如河南的朱仙镇、湖北的汉口镇、江西的景德镇、广东的佛山镇等是我国明、清时期形成的四大名镇。时至今日,这些城镇已日渐发展成为较现代化的城市,但其古镇风貌仍有部分保留,游人到此,仍可目睹古镇当年的风采。

山西省运城市闻喜县的裴柏村是历史上显赫的裴氏家族的故乡,被称之为"宰相村"。裴家是久负盛名的大家族,先祖始于秦始祖非子之后,自秦汉、历魏晋到隋唐而极盛,五代以后,余荫犹存,家族丁旺文盛,德业文章久隆不衰,这在中外家族史中绝无仅有。在中华大地两千多年的历史进程中,裴氏家族在政治、经济、军事、外交等诸方面,均做出了突出的贡献。仅隋唐二代活跃于政治舞台上的名臣就不下数十人。据《裴氏世谱》统计,正史立传与载列者 600 余人;名垂后世者不下千余人;七品以上官员多达 3000 余人。裴氏家族在历史上曾先后出过宰相 59 人,大将军 59 人,中书侍郎 14 人,尚书 55 人,侍郎 44 人,常侍 11人,御史 10 人,节度使、观察使、防御使 25 人,刺史 211 人,太守 77 人;封爵者有公 89 人,侯33 人,伯 11 人,子 18 人,男 13 人,谥 59 人,乡贤 7 人;进士 68 人(其中状元及第 2 人),贤良7 人,辟举 65 人;与皇室联姻者有皇后 3 人,太子妃 4 人,王妃 2 人,驸马 21 人,公主 20 人等,真可谓"将相接武,公侯一门",被誉为中国的"宰相村"。

现在的裴柏村,裴氏家族的建筑、碑刻、墓葬等历史遗迹很多。裴氏祠堂又称晋公祠,建于唐贞观三年(629 年),有前殿、后殿、状元坊、碑廊等,规模宏大,但屡遭兵燹,屡修屡毁。晋公裴度,字中立,为唐宪宗、穆家、敬宗、文宗四朝重臣,出将入相,爵封晋国公。裴氏碑廊于 20 世纪 70 年代重建,保存古碑数十通,在史料和书法艺术上均有很高价值。

3. 文化艺术特色型

在我国漫长的历史文化长河中,形成了许许多多、富有地方文化艺术特色、具有全国甚至世界文化艺术意义的特色城镇。这些城镇由于其特殊的文化韵味和旅游审美价值,成为吸引世人眼球的特色旅游资源,如杂技之乡河北吴桥,风筝之乡山东潍坊,瓷都之乡江西景德镇,陶都之乡江苏宜兴,武术之乡沧州孟村,摔跤之乡山西忻州,年画之乡天津杨柳青、苏州桃花坞、山东潍坊和四川绵竹,书画之乡福建诏安、山东菏泽,戏曲之乡山东菏泽、浙江绍兴、福建莆田、安徽怀宁等。

河北吴桥位于河北省东南部冀鲁交界处,是历史悠久、驰名中外的杂技之乡。杂技,是包括各种体能和技巧的表演艺术,中国杂技历史悠久,萌芽于周,形成于汉,盛行于唐,至少已有 2500 年的历史。1958 年,吴桥县小马厂村出土的南北朝东魏时期的古墓就有描写杂技表演的壁画。明朝万历年间,吴桥籍吏部尚书、东阁大学士范景文回乡探亲,写下了《游南园记》,真实记载了当时表演"百戏"的盛况。早在 100 多年前,吴桥杂技艺人已经走出国门,走向世界,为世界杂技艺术的交流与发展做出了极大的贡献。悠悠运河古道,孕育了千年杂技文化,吴桥以民间杂技最兴盛、人才输出最多、群众基础最广泛、国内外影响最大而被公认为中国杂技艺术的发祥地、世界杂技文化的摇篮。吴桥杂技经过久远的历史传承,形成了在中国乃至世界杂技界绝无仅有的地域文化现象。素有"上至九十九,下至刚会走,吴桥耍杂技,人人有一手"之说。在吴桥,茶余饭后、劳动间隙处处可见一溜跟头、一溜顶演练杂技的场面。1992年兴建的吴桥杂技大世界集千年杂技艺术于一苑,具有神奇、绝妙、新颖、独特的民族文化特色。"中国吴桥国际杂技艺术节"成为与法国巴黎明日与未来杂技艺术节、摩纳哥蒙特卡罗国际马戏节齐名的三大赛场之一,被称为"世界东方国际大赛场"。

4. 民居建筑特色型

我国历史悠久,有许多小城镇保留着古色古香的古代民居建筑特色,从而成为富有个性的人文建筑旅游资源。安徽是我国古城、古乡镇、古村镇最集中,最富有特色,也最具有观赏价值和研究价值的省份之一。这里得山水精气、天地大观,文风昌盛、才俊辈出,古建筑年代久、种类多、数量大、品位高,集中展现了徽州古建筑古朴凝重、风姿卓绝的迷人风采。皖南的歙县、黟县、泾县、徽州区、休宁、祁门、绩溪等特色小城镇不但分布集中,而且具有鲜明的地域文化背景。它们具有以明清时期徽商资本为经济基础,以宗族观念为社会基础,在徽文化熏陶下造就出来的有着典型地方特色的村落。据考证,黟县是我国至今保留古村落最多、最完整的县之一,境内古民居、古祠堂、古桥、古三雕(砖、木、石)、古文化遗址等名胜古迹星罗棋布,至今仍有保护完整的古民居3600余幢,素有"明清民居博物馆"之称。其中西递、宏村、关麓、南屏、屏山、卢村、塔川等村落的古民居建筑更能让游客感受到其中蕴藏的极其丰富的文化内涵。

西递、宏村坐落在皖南山区的黟县。唐朝大诗人李白曾赞美道:"黟县小桃源,烟霞百里间。地多灵草木,人尚古衣冠。"道出了皖南乡村山水风物幽美,古老文化酝酿出淳厚从容的民风人情的独特意境。西递、宏村背倚秀美青山,清流抱村穿户,数百幢明清时期的民居建筑静静伫立。高大奇伟的马头墙有骄傲睥睨的表情,也有跌宕飞扬的韵致;灰白的屋壁被时间涂划出斑驳的线条,更有了凝重、沉静的效果;还有宗族祠堂、书院、牌坊和宗谱等。走进民居,美轮美奂的砖雕、石雕、木雕装饰入眼皆是,门罩、天井、花园、漏窗、房梁、屏风、家具等,都在无声地展示着精心的设计与精美的手艺。西递、宏村古民居群是徽派建筑的典型代表,现存完好的明清民居440多幢,其布局之妙、结构之巧、装饰之美、营造之精为世所罕见。在1999年联合国教科文组织第二十四届世界遗产评选大会上,安徽省黟县的西递、宏村两处古民居以其保存良好的传统风貌被列入世界文化遗产。

有950多年历史的西递村,整个村落呈船形,现有从14世纪到19世纪的祠堂三幢、牌楼一座、古民居224幢。这里至今完好地保存着典型的明清古村落风格,被誉为"古民居建筑博物馆"。现在的西递村,又增加了园林化情调,成为西递古民居的又一艺术特色。西递村是一处以胡姓宗族血缘关系为纽带的古村落,这里的胡姓原为唐朝李氏皇帝的后裔,为躲避追杀到此避难,并世代繁衍生息于此。

宏村始建于公元1131年,为"牛形村"。整个村庄从高处看,宛若一头斜卧在山前溪边的青牛。村中半月形的"月塘"称为"牛胃",一条400余米长的水川,九曲十八弯,盘绕在"牛腹"内,被称作"牛肠",村西的虞山溪上,架起了四座木桥,作为"牛脚",形成了"山为牛头,树为牛角,屋为牛身,桥为牛脚"的牛形村落。宏村现存明清古建筑137幢,还有着具有400多年历史的月沼、南湖、水圳等水利工程设施等。宏村古建筑中的承志堂,是皖南古民居中宏大、精美的代表作。

5.名优物产特色型

在城镇发展的历史过程中,也出现了因地制宜、发挥地方优势、出产或种植某种物产或加工生产某种产品,形成历史悠久、富有特色、地域鲜明、声誉很高的城镇形象。这些因名优物产久负盛名的城镇,已成了颇具特色、能激发旅游者旅游动机的重要旅游资源,如牡丹之乡洛阳、菏泽,水仙之乡漳州,竹器城益阳,藏毯之乡江孜,文房四宝产地湖州,花炮之乡浏阳,阿胶之乡东阿镇等。

6.科学教育特色型

随着旅游空间的拓展、旅游审美水平的提高,科学教育设施、环境、过程逐渐成了旅游者参观、学习、考察、审美的对象,大学城、科学城也就成了重要的、特色型旅游资源。国外各地就有不少著名的大学城和科学城,如英国的牛津和剑桥,美国的波士顿,日本的筑波,巴西的圣若泽等;同样道理,我国也有著名的大学城、科学城,如北京的中关村、上海的科技城等。

7.自然人文和谐特色型

城镇在其发展过程中,由于受我国传统的"天人合一"思想和风水观念的影响,无论其地理分布、形态特点、内部结构,还是其与周围地貌、水系的关系,都表现出了依山傍水、山水相映、因地制宜的特色,强调人与自然和谐统一的聚居空间,体现了"世外桃源"般的意境追求,形成了"天人合一"般的和谐环境。研究和欣赏它们,就像是在吟诵一首首悠闲、浪漫的中国田园诗,也好像是在欣赏一幅幅淡雅、古朴的中国山水画,它们清新秀美,韵味隽永而绵长,令人如痴如醉,流连忘返。所以,它们已成了融自然与人文、山水与文化为一体的古朴典雅、魅力非凡的旅游资源。

地处我国江南的江苏、浙江两省,自古就有"人间天堂"的美誉。这里河湖交错、水网纵横、小桥流水、古镇小城、田园村舍、如诗如画,尤以六大古镇闻名遐迩。这六大古镇大多都有近千年的历史,保存有大量的古民居,是典型的"小桥流水人家"的格局,如浙江省境内湖州的南浔、嘉善的西塘和桐乡的乌镇,江苏省境内昆山的周庄、苏州的同里和甪直,并有"大气周庄,秀美同里,古老甪直;文气南浔,清雅乌镇,淳朴西塘"的美誉。各古镇河港交错、临水成街、因水成路、依水筑屋,风格各异的石拱桥将水、路、桥融为一体。镇内房屋依河而筑,鳞次栉比的传统建筑簇拥在水巷两岸,毗连的过街骑楼、临河水阁、河埠廊坊、驳岸石栏,还有水墙门、旱踏渡、长驳岸、石河桥等,恬静整洁,风景如画,疏密有致,构成了独具特色的水乡古镇景色。

四、天然淳朴的乡村风情

(一)乡村和乡村旅游资源

乡村是一个特定的社会、文化、自然地理单元。根据职能、特征、经济活动内容,乡村可以被分为农村、山村、牧村、渔村等类型。地域差异、社会历史、经济发展、民族文化、风俗习惯等众多因素的影响,使千姿百态、各具风韵的地方性乡村特色景观得以形成。小桥流水、田园茅舍、滨海渔村、草原牧歌、现代化新村、蓝天白云、淳朴的民风等,都各有其诱人之处,使人既能获得精神上的享受,又能体验当地的民俗风情,从而修身养性,增长知识。随着旅游空间的拓展和旅游需求的多元化,乡村旅游渐渐进入人们的视野,乡村已成为重要的旅游目的地。

乡村旅游资源就是指在现实条件下，能够吸引人们产生旅游动机并进行旅游活动的各种有一定内涵和特色的自然或人文、物质或精神的乡村旅游景观。这些景观能为旅游者提供游览、观赏、知识、乐趣、度假、疗养、娱乐、休闲、探险、猎奇、考察、研究和社会交往等功能和服务，乡村旅游资源又是指那些能够吸引旅游者前来进行旅游活动，为旅游业所利用，并能产生经济、社会、文化、生态等综合效益的乡村社区活动场所。可见，它是乡村独特的生产形态和乡村特殊的环境所形成的农业生产、农村生活、农村风情等。

（二）乡村旅游资源的类型

就旅游而言，乡村属小天地、大世界，其旅游资源极为丰富而复杂。以不同标准，即从成因、属性、特征、开发利用等不同的角度，对乡村旅游资源可进行不同类型的划分。

1. 按旅游资源的结构、组合方式来划分

（1）乡村田园景观旅游资源

乡村田园风光是乡村旅游资源中最主要的构成部分，主要指大规模连片的农田带、多种类型的经济果林与蔬菜园区、一定面积的天然或人工水面等。

（2）乡村聚落景观旅游资源

聚落是人类活动的中心，它既是人们居住、生活、休憩和进行社会活动的场所，也是人们进行生产劳动的场所。我国乡村聚落分为集聚型，即团状、带状和环状村落；散漫型，即点状村落；特殊型，表现为帐篷、水村、土楼和窑洞等。乡村聚落的形态、分布特点及建筑布局构成了乡村聚落景观旅游资源丰富的内涵。这些旅游资源景观具有整体性、独特性和传统性等特点，反映了村民们的居住方式，往往成为该乡村区别于其他乡村的显著标志。

（3）乡村建筑景观旅游资源

乡村建筑包括乡村民居、乡村宗祠建筑及其他建筑形式。不同地域的乡村民居均代表一定的地方特色，其风格迥异，给游客以不同的感受，如青藏高原的碉房，内蒙古草原的毡包，喀什乡村的"阿以旺"，云南农村的"干阑"，苗乡的寨子，黄土高原的窑洞，东北林区的板屋，客家的五凤楼、围垄及土楼等，千姿百态，具有浓郁的乡土风情。乡村宗祠建筑，如气派恢宏的祠堂、高大挺拔的文笔塔、装饰华美的寺庙等，都是乡村发展的历史见证，反映出乡村生活的某一侧面。

（4）乡村农耕文化景观旅游资源

我国农业生产源远流长，乡村劳作形式种类繁多，有刀耕火种、水车灌溉、围湖造田、鱼鹰捕鱼、采药摘茶等，这些都充满了浓郁的乡土文化气息，体现了不同的农耕文化，对于城市居民、外国游客极具吸引力。

（5）乡村民俗文化景观旅游资源

乡村民俗反映出特定地域乡村居民的生活习惯、风土人情，是乡村民俗文化长期积淀的结果。乡村传统节日五彩纷呈，汉族有元宵节、清明节、端午节、中秋节等；藏族有浴佛节、雪顿节等，彝族有火把节等，傣族有泼水节等。还有农村的游春踏青、龙舟竞渡、赛马、射箭、荡秋千、赶歌、阿西跳月等各种民俗活动，这些都具有较高的旅游开发价值。乡村风俗习惯，如我国各地的舞龙灯、舞狮子，陕北的大秧歌，东北的二人转，西南的芦笙盛会等都闻名遐迩。还有我国各地的民间工艺，如潍坊年画、贵州蜡染、南通扎染、青田石雕，以及各种刺绣、草编、泥人、面人等，无不因其浓郁的乡土特色而深受游客的青睐。

2.按组成成分、外部特征、内部结构、景观功能和发生演化等来划分

（1）农业景观

一是田园风光,包括水乡景观、干旱区景观、梯田景观等;二是林区风光,包括森林景观、种植园景观等;三是渔区风光,包括海洋渔场观景、淡水渔场景观等;四是草场景观,包括草原景观、草山草坡景观等;五是城郊景观,包括城市郊野农田景观、果园风光和森林公园等。

（2）聚落景观

一是集镇景观,包括旅游型集镇景观、交通型集镇景观、乡镇行政中心型集镇景观、工业型集镇景观、商贸型集镇景观等;二是村落景观,包括农村景观、牧村景观、渔村景观、山村景观等。

（3）民俗文化景观

民俗文化景观主要包括传统民居、传统服饰、传统饮食、传统娱乐、民间文艺、节日庆典、传统婚俗、传统礼仪和传统信仰等。

（三）乡村旅游资源的特点

1.人与自然的和谐性

作为旅游资源的乡村景观是人类长期以来与自然环境相互作用、相互影响而形成的文化景观。这种景观的形成过程无一不是人与地理环境的不断磨合的过程。当人们掌握了一些自然规律,并遵循生态学的原理,在人—地关系协调时,大自然就给人们以恩惠,促进了乡村社会经济的发展;如果人-地关系不协调,人们将受到大自然的惩罚。人们经过与自然环境的反复较量,逐渐认识并掌握了自然规律。因此,人们对自然环境进行长期改造和适应而形成乡村景观就是人与自然共同创造并和谐发展的文化景观。

2.资源分布的广泛性

世界上除高山、沙漠和酷寒地带外,广泛分布着从事农业的居民。在自然条件的基础上,人们通过世代不断的努力,创造了各具特色的乡村景观,它们广泛分布于世界各地,其中不少可以作为乡村旅游资源,故乡村旅游资源在空间的分布上极其广泛。

3.资源类型的多样性

乡村旅游资源的组成既有自然环境,又有物质成分、非物质成分,其内容丰富、类型多样,即有农村、牧村、渔村、林区等不同的农业景观和集镇、村落等特点不同的聚落,还有各地区丰富多彩的民族风情。可见,乡村旅游资源颇具多样性。

4.资源特色的地域性

乡村旅游资源与自然环境、社会环境的关系十分密切。在不同的环境影响下,可以形成不同的景观类型。即使同一种景观类型,在不同的自然条件下也有不同的特征,如不同气候带催生了相应的农业带。而由政治、宗教、民族、文化、人口、经济、历史等要素组成的社会环境的差异性又往往形成不同的乡村民俗文化,如民族服饰、信仰、礼仪、节日庆典等。由于地球上自然环境和社会环境存在地域差异,所以乡村旅游资源形成了明显的地域性。

5.资源形成的系统性

在人与自然环境长期作用下形成的乡村旅游资源,是自然环境和社会环境各要素组成的复杂而和谐的统一整体,任何要素的变化都会引起乡村景观的变化。乡村景观既受自然规律的支配,也受社会规律的影响,形成了一个复杂的系统。故乡村旅游资源具有整体性

和系统性。

6. 资源变化的季节性

乡村旅游资源的季节性既表现在人们一年内有规律的生产、生活,也表现在随四季的变化而形成的自然环境、农业生产和社会生活的季节变化与明显的周期性特点。可见,乡村旅游资源具有季节性的变化规律。

7. 资源内涵的民族性

民族文化是乡村旅游资源的重要内容,各民族都有本民族特有的文化。信息交流频繁的城市,原来的民族文化较多地融合了其他民族的文化,形成了多民族文化的交融,使原有的民族文化发生变异。而广大的乡村,由于地理区位、交通和信息条件的限制,民族文化的传承性较强,使传统的原汁原味的民族文化能较完整地保留下来。所以,乡村旅游资源有明显的民族性特点。实际上,越是民族性强的旅游资源,越具有吸引力。

8. 资源发展的时代性

乡村文化景观是一定历史时期的产物,深深地反映了时代的特点。随着社会的进步、科学技术的发展和文化的交流,乡村景观也会发生相应的变化,所以说乡村旅游资源具有时代性的特点。由此可见,乡村景观的变化可以清晰地看到时代发展的轨迹。

9. 资源开发的保护性

乡村生态环境是一个由自然生态系统和社会生态系统共同组成的更为复杂的生态系统,且相当脆弱,一旦破坏就较难恢复。乡村生态环境不仅是旅游活动的客观环境,也是广大农民赖以生存与发展的基础。因此,开发利用乡村生态环境必须遵循生态学的规律,把保护乡村生态环境放在首位,始终坚持保护性开发的原则。

10. 雅俗共享的文化性

乡村的各种民俗节目、工艺美术、民间建筑、音乐舞蹈、婚俗禁忌、趣事杂说等都被赋予浓厚的文化底蕴。乡土社会的"浓厚的区域本位主义和家乡观念特色的非规范性"特点,加上民间文化的悠久历史及丰富内涵,使其具有神秘性与纯朴性,对于游客来说是一种极大的诱惑。

11. 旅游功能的独特性

我国乡村地域辽阔,种类多样,受城市化影响较小,绝大多数地方保持着自然风貌。加上众多风格各异的风土人情、乡风民俗,乡村旅游在活动对象上具有独特性。特别是在特定的地域上可形成"古、始、真、土"等特点,具有城镇无可比拟的贴近自然优势,可为旅客提供返璞归真、重返大自然的有利条件。

12. 可实践性和体验性

乡村旅游不仅仅是单一的观光游览项目,它是包含观光、娱乐、康疗、民俗、科考、访祖等在内的多功能复合型的旅游活动。游客可通过直接品尝农产品(蔬菜瓜果、畜禽蛋奶、水产品等)或直接参与农业生产与生活实践活动(播种、耕地、采摘、垂钓、烧烤等),体验农民的生产劳动和乡村的民风民俗,并获得相关的农业生产知识和乐趣。

(四)乡村景观的旅游功能

1. 求知功能

求知功能,即能满足游客获取乡村文化知识、开阔知识视野的功能。乡村的选址、空间布局的文化意蕴、乡村社会结构关系等都具有一定的中国特色和地域特色,形成了有别于国外和城市的独特景观体系。

2.求美功能

中国传统乡村受道家文化与风水学说思想的影响，都有山有水，有树有花，鸡鸣犬吠，营造出一个"世外桃源"的生态村落意象。这与现代都市景观中的高楼林立、人沸车喧等产生巨大的反差。都市人回归乡里，可放纵身心，寄情山水，其乐融融。

3.求乐功能

乡村节庆的可参与性，乡村休闲的群聚性，乡村音乐、舞蹈、绘画、工艺制作的淳朴与原始等都可让游客体验、参与。"做一天乡下人"被列入1998年华夏城乡游就是最好的明证。

4.求根功能

恋家情结的存在使都市人对乡土、乡音、乡情存在着"剪不断，理还乱"的情愫。乡村景观的原生性正好满足了城里人的这一需求。

第二节　历史古迹文化旅游资源

一、历史古迹及其旅游资源特性

（一）历史古迹及其旅游资源

历史古迹是指人类社会在漫长的发展演化过程中，人类的生产、生活、商贸、政治、军事、宗教、文化等众多复杂的社会实践活动创造而遗存至今的遗址、遗迹、遗物及遗风等。从广义上讲，任何人类社会的遗存物迹，都应该属于历史古迹的范畴，其表现形式和遗存方式复杂多样，有地上的、地下的、物质的、精神的、有形的、无形的等，如古代遗址（迹）、古代建筑、古代陵墓、古代园林、宗教遗存、文物遗存、古代文学艺术、古代民俗等。历史古迹分布广泛，种类多样，内容丰富。历史古迹形成于不同的历史发展阶段，是人类活动的产物。它真实地记录了人类各时期的历史，是历史真实的客观表现，凝聚着人类智慧，昭示着特定的历史特征，是当地历史文化最真实的反映。可见，历史古迹是历史文化的精华和综合体，具有丰富的文化内涵，它们既是历史的见证、美的观赏对象，又是民族科学历程的表现。在现代旅游活动中，旅游者的心理普遍是"求知、求新、求奇、求异、求乐"。人们在旅游活动中，不仅渴求欣赏大自然之美，而且还热望回溯过去，置身于历史长河中去探求真相，考察一切，借以开阔眼界，增长见识，陶冶身心。由于现代教育的普及，旅游者的求知欲望增强，游客普遍表现出对各地历史文化的浓厚兴趣。

综上所述，历史古迹，是古代和近现代人类文化的遗存和结晶，是重要的历史人文景观。而历史古迹旅游资源，则是指那些能够使旅游者追溯历史、了解历史、继承文明，能吸引旅游者前往游览，并获得社会效益和经济效益的历史文物古迹。它是人类在各个时期创造的、把动态的历史用静态的实物体现出来的、能够激发人们旅游动机的物质财富和精神财富的总和。

（二）历史古迹旅游资源的特性

1.资源属性的历史性和时代性

历史古迹旅游资源是人类历史的写照，是人类历史的再现。每一旅游景观都反映了特定历史时期人类生产、生活和社会的基本情况。其内容、形式、结构、特征无不显示着深刻的时代背景和历史痕迹。不同时期的建筑就有不同的艺术特征；不同朝代的帝王陵墓就有不同的陵寝形制；不同时期的陶瓷器艺术和雕刻艺术也都有不同的特点。无论哪个时代的历史古迹都是历史的遗迹、遗址或遗物，都能表现出其特有的历史痕迹。

2.资源分布的广泛性和集中性

历史上只要有人类活动的地方，都会有历史遗迹、遗址和遗物。但是，由于自然条件的差异和开发时间的不同，各地区经济发展水平和人口分布密度迥然不同，历史遗迹、遗址和遗物的数量及水平也有明显的差异。我国地域辽阔，自然条件复杂多样，又是世界文明古国，所以历史文物古迹数量之多，分布之广，价值之高，为世界各国所罕见。当然，我国各地文明发展的时间有早有晚，这造成了历史古迹的时代差异和密度差异。如黄河流域是华夏文明的诞生地，是中华民族的摇篮，在久远的年代里，这里经济就很繁荣，人口密度较大，许多封建王朝都在此建都，与外国经济、文化交流也很频繁，实现了东西方文明密切交融，所以这一带历史文物古迹相对集中。此外，在漫长的封建社会里，各封建王朝的都城、经济发达的都市、军事要塞、交通枢纽及风景秀丽的名山大川都成为历史遗址、遗迹、遗物分布相对集中的地方。然而，由于自然原因、战火的破坏和文字记载的流失，能够保存下来的或能够找到的遗址、遗迹和遗物却相对较少。有的一旦有蛛丝马迹，就可能会发现一大批历史文物古迹；有的因缺乏记载或资料遗失等至今尚未被发现。但可以肯定的是，一定还有众多尚未被发现和挖掘的历史文物古迹。

3.资源特色的民族性和地域性

人类活动既要以自然环境为基础，又要受各国各地区的政治、经济、文化、交通、民族习俗等的影响，各国各地区的历史古迹表现出明显的民族性（反映出不同的民族特点）和地域性（表现出不同地区的特色和科技、文化水平）。也就是说，所有历史古迹都是某一民族或几个民族共同的创造物，它的风格、造型、色调无不具有民族性和地区性的特点。如我国各族人民由于居住的自然环境、气候条件、生产方式及生产力水平的不同，不同民族的民居就各具特色，有茫茫草原上的蒙古包、"世界屋脊"上的帐篷、依山傍水的侗家吊脚楼和鼓楼、热带丛林中的傣家竹楼、冬暖夏凉的黄土窑洞和典雅宁静的四合院等，所有这些，都反映了浓郁的地方色彩，反映了某地区的自然条件、民风民俗等。同样道理，不同民族的传统服饰和民间工艺也各具特色。

4.资源形成的人文性和不可再生性

古代建筑、艺术遗存、历史遗迹、民族风情等，都是人类生产生活和文化艺术活动的结晶，是人类文明发展的社会表现，是不同历史阶段和造型艺术的反映。所有这些历史文物古迹，多以自然为构景背景，充分发挥了人工建筑的创新特点，把自然美和人文美融为一体，相映生辉，而不是将两者的关系截然割裂开来。如北京颐和园、杭州西湖、苏州园林、北京故宫、万里长城、明十三陵等，虽都与自然环境有密切的关系，但毕竟是以人的行为为主体，是人的智慧的结晶。也正是历史古迹所具有的历史性、时代性、民族性、区域性等特征，才决定了每一历史遗址、遗迹、遗物都具有其特定的个性。需要着重说明的是，有不少的历史古迹不但具有独有性,更是具有不可替代性,一旦遭到破坏,便不可再生,即使是人工仿造重建,其价值也会大打折扣。因为时间越是久远的东西,越是原生的历史古迹,其价值越高。所以,世界上多数国家都把保护历史文物古迹提到了很重要的位置。

5.资源类型组成的多样性和审美价值的动态性

历史古迹种类繁多,形式各异。有的以实物为载体,包含着精神文化的内容(如古城遗址、古建筑、古园林等,反映了中华民族建筑中的智慧和才能);有的以实物形态存在,看得见,摸得着(如长沙马王堆汉墓出土的漆器、纺织品等);有的虽然以一定的实物为载体,但更多地甚至说纯粹地属于精神文化的内容(如书法艺术作品,体现出一种审美的神韵)。但不管是哪种类型的历史古迹,由于人们的文化水平和审美观的不同,不同的人对同一历史文物古迹观赏价值和科学研究价值的认识也不一定相同。一般说来,历史越久远、世上越少见的历史古迹资源的旅游价值和科考价值就越高,对旅游者的吸引力也越大。当然,历史古迹旅游资源的价值大小也具有动态性,有些历史文物古迹对当地人来说可能习以为常,没有什么吸引力,但对异地的居民来说则可能是难得一见的珍品。还有的历史文物古迹在目前看来很一般,没有特别珍贵之处,但随着时间的推移,能够保存下来的却越来越少,到那时人们就可能会感到它的珍贵之处了。

二、古代建筑景观旅游资源

(一)中国古代建筑景观的审美特征

1.梁柱式结构的科学美

梁柱式结构一直是我国古代建筑结构的主流,形成了我国古建筑的独特风貌。所谓梁柱式结构,就是地面上立柱,柱上架梁,梁上安檩,各构件之间用榫卯相连,构成富有弹性的木结构框架。用榫卯组合,可使整个结构非常坚固。中国古代的木结构建筑,主要有三种形式:一是"井干式";二是"穿斗式";三是"抬梁式",即叠梁式。采用梁柱式结构的建筑有不少优点。一方面,空间分割非常灵活。梁柱式木结构建筑屋顶的全部重量,是通过椽、檩、梁传到立柱而最后到达地面的,墙壁并不承重,只起到分割空间和保护作用。另一方面,抗震性能强。由木材建造的梁柱式结构,是一个富有弹性的框架。它可以使巨大的震动能量消失在许多弹性很强的节点上。这对于多地震的地区的建筑来说,尤显重要。

2.适用与美观统一的生活美

建筑具有两重性:既要有艺术价值,供人观赏;又要有实用价值,供人居住。中国古代建筑讲求的是适用与美观的统一。中国古建筑的外观造型一般可分作台基、屋身和屋顶三个部分。台基是建筑物的下部基础,承载着建筑物的全部重量。我国古建筑的台基都比较高大,可以起到让建筑物不使水浸、加固基础、防潮去湿的作用。从审美的角度看,高大的台基可以抬高建筑物主体,让人们尽可能仰视建筑物,使建筑物显得华丽壮观。屋身是建筑物的主体部分。古代的能工巧匠更讲究实用和美观的结合,如在其主要部分柱子的处理上,一般采用"侧脚"和"生起"的做法,以增强大型建筑物的坚固性和稳定性,同时又使建筑物的外观呈现出一种优美流畅的曲线,增添了造型美。"斗拱"结构同样适用于美观统一的范例。屋顶是房屋的顶盖,起遮蔽雨雪、烈日和防寒保暖的作用。中国古建筑的屋顶采用大出檐和屋角反翘的结构方式,是出于实用和美观的考虑。大出檐和屋角反翘,有利于遮蔽风雨,保护柱和墙体,增加室内采光。同时也使得庞大厚重的屋顶,呈现一种轻巧活泼的形象。

3.平面布局整齐与对称的形式美

中国古代建筑非常重视平面布局。大型的建筑物,如皇宫、坛庙、陵寝、王府、官署、寺观、祠堂等,一般都采取整齐对称的布局方式。其特点是有一条明显的中轴线,主要的建筑物都布置在这条中轴线上,在中轴线的两旁布置陪附的建筑物,主次分明,左右对称,使得主要建筑物在陪衬中显得庄严雄伟。这种庄严雄伟、整齐对称、注重陪衬的方式体现着封建社会的尊卑等级观念,满足了统治者和神佛对于皇权、神权顶礼膜拜的需要,所以一直相传沿袭。同时,中轴线上的建筑群的组成也很有层次、富有变化。古建筑一般以庭院为单元,沿着中轴线,一个接一个地展开,再加上地势的逐渐升高,整组建筑物就在不断的变化中通向它的主体建筑——正殿,从而达到高潮。当然,后面还有若干庭院,作为尾声。整个平面的布局,犹如一部交响乐,充满着韵律感。

4.装饰华丽的艺术美

中国古代建筑的色彩非常丰富,宫殿、坛庙、寺观一般使用对比强烈、色调鲜明的色彩,红墙黄瓦,金碧辉煌。而一些园林建筑、别墅、民居往往使用朴素淡雅的色调,以追求与山林环境的和谐。古建筑的绚丽多姿,得益于琉璃瓦和彩画的运用。琉璃瓦是一种色彩丰富、美观而坚固的建筑材料,一般以黄、绿、蓝三色使用较多。黄色最高贵,只准用在皇宫、坛庙等建筑上。琉璃瓦又分为四类:一是筒瓦、板瓦;二是脊饰;三是琉璃砖;四是琉璃贴面花饰。

建筑彩画也有悠久的历史,远在殷商时代建筑物上已经开始了涂色绘画,到唐宋时形成一定的制度和规格,明清时已程式化,并作为建筑等级划分的一种标志。建筑彩画也有实用和美化两方面的作用。实用方面是保护木材和墙壁表面。美观方面的作用是使房屋内明亮而美观。中国古建筑的美还在于丰富的雕刻、塑制装饰。一类是建筑物上的雕塑,如雕刻在柱子、梁枋、台基、窗棂上的飞禽走兽、花草虫鱼、人物故事,或塑制在屋顶、梁柱上的同类图形。另一类是建筑物里面或前后的雕塑,如宫殿府邸前的石狮、影壁等。在古建筑中,雕塑和彩画争奇斗艳、相映生辉,积淀了深厚的文化内涵,让人叹为观止。

5.与环境和谐的意境美

中国古建筑的设计和布局非常注意与周围大自然环境的配合与协调,使建筑美和自然美融为一体。建筑的布局、形式、色调、形态等要与山川地形、地貌特点、气候条件、林木植被等周围环境相得益彰。山区的建筑总是随着山势的起伏转折,建造得错落有致,江河边的建筑也按照港湾河汊的高下予以巧妙安排。建筑物与大自然环境的配合,是中国古代建筑的重要特征。它表现了古代人民的聪明才智,也是中华民族信奉"天人合一",讲究人类与自然和谐相处这一历史传统的反映。

(二)中国古代建筑的主要类型

1.宫殿建筑

宫殿是随着封建中央集权制度的建立而成为帝王居住和施政的专用场所。在此之前,宫、室、殿、堂都是指居住的房屋,只是所处的位置和大小有所不同而已。"宫室"是房屋的通称,没有等级区别。古时房屋分前后两部分,前边叫"堂",后边叫"室",所以人们常说"登堂入室"。"殿"与"堂"同义,多指高大的正房。秦汉以后宫殿成为帝王专用房屋的名称,后来又为宗教神祇所用。

中国建筑大型宫殿的第一次高潮出现在秦汉时期。秦始皇统一全国后,在函谷关内建宫殿300处,关外建宫殿400处。公元前212年,秦始皇又开始在渭水南另建朝宫,作为主要朝会之所。朝宫的前殿就是颇负盛名的阿房宫。现在虽然我们未能详细了解汉宫室的布局特点,但史书所记汉之长乐宫、未央宫、建章宫等,也是宏伟壮丽,堪称杰作。汉宫形成了"东西二堂,南北二宫"的平面布局方式。

隋唐是中国建筑史上宫殿建造的又一高潮。隋朝改变了汉晋的传统,改用"三朝五门"的"周制",形成门殿纵列的制度,为以后各朝所因袭。唐朝的大明宫是这一高潮的代表作。宋代宫殿格局较小,但比唐朝的宫殿更为华丽。

中国建筑史上第三次营建宫殿的高潮在明清。明清皇宫紫禁城是中国古代建筑的瑰宝,是世界上现存最大、最完整的古代木结构建筑群。

宫殿建筑最显著的共同特点是:具有硕大的斗拱和金黄色的琉璃瓦铺顶、高大的盘龙金柱、雕镂细腻的天花藻井、绚丽的彩画、汉白玉台基、栏板、梁柱和周围的建筑小品,处处显示出富丽威严的气魄。如北京故宫的太和殿,就是豪华宫殿的代表作。宫殿建筑是古代建筑艺术美的集大成者,是我国古代建筑中级别最高、技艺最精的建筑类型,其规模之大、气势之宏、装饰之奢,无以类比,具有浓郁的旅游审美文化价值。

历史上那些规模巨大、气势雄伟、富丽堂皇、极尽奢华的宫殿多毁于战火,或随着王朝更换被拆除。目前我国保存完好并具旅游价值的皇宫有北京故宫、沈阳故宫和拉萨布达拉宫等。

2.礼制祭祀建筑

古代,人们由于对大自然现象不能做出科学的解释,产生了万物有灵的观念,总是把自然物当作神灵奉祀,祈求它们保佑风调雨顺,吉祥安泰。这种信仰一直流传下来,我国便建造了许许多多的祭神坛庙,尤以用于祭祀天、地、日、月、农神等的建筑为多。同时,中国几千年的封建社会,逐渐形成了以儒家学说为中心的宗法礼制思想,与此相应,出现了不少礼制礼仪祭祀建筑,如坛庙、祠堂等。

(1)坛

"坛"是中国古代用于祭祀天、地、社稷等活动的台型建筑。最初的祭祀活动是在林中空地的土丘山上进行,后逐渐发展成用土筑坛。坛在早期除用于祭祀外,也用于举行会盟、誓师、封禅、拜相、拜师等重大仪式,后逐渐成为封建社会最高统治者专用的祭祀建筑。规模由简而繁,体型随天、地等不同祭祀对象而有圆有方,由土台变为砖石砌高台,并发展成宏大的建筑群。中国自古以"农"立国,天、地被认为是农业生产的主宰,又是万物之主,所以自古以来,从封建帝王到州、郡、府、县的各级官吏,包括黎民百姓都要祭祀天地,还有风、雨、雷、电、日、月、星辰也都要祭祀,一套与之相适应的建筑和礼仪制度随之形成。反映这种文化思想且至今仍具有旅游观赏价值的主要建筑有北京的天坛、地坛、先农坛、社稷坛和山东的岱庙等。

(2)庙

"庙"是祠的同义词,也即"纪念名人的场所"。但"庙"的级别要比"祠"高,往往是十分重要的人物纪念场所才能称"庙"。

祭祀祖先的宗庙:各类宗庙因社会地位的不同而有明显的等级差异。皇家祭祀祖先的宗庙,又称太庙,级别高,规模大,与宫殿同为等级最高的古建筑。如北京的太庙是唯一保存下来的中国古代太庙建筑。其他社会阶层的宗庙一般称为祠堂或家庙。

圣贤庙：指人们为了纪念历史上有气节、有功德、有名望、有贡献的各类圣贤而建立的各种祠庙。其中祭祀孔子的文庙和祭祀关羽的武庙遍及海内外，而又以曲阜孔庙和山西解州的关帝庙最具代表性。祭祀历史名人的庙、祠还包括晋祠、岳王庙、屈子祠、武侯祠、司马迁祠、张良庙、包公祠、杜甫草堂等。

民间祭祀的神庙：如城隍庙、龙王庙、山神庙、河神庙、妈祖庙等。

祭祀传说中早期的帝王庙：如伏羲庙、炎帝庙、黄帝庙、尧庙、舜庙、禹庙等。

此外，中国著名礼制礼仪建筑有北京的天坛，位于北京正阳门外，是明清两代冬至日祭天和正月上辛日行祈谷礼的地方；还有三原城隍庙，在陕西省咸阳市三原县东渠岸街中部。

3. 陵墓建筑景观

(1) 帝王陵墓

中国的历代封建帝王不仅生前穷奢极欲，死后还想把这些荣华富贵带到地下去享用。因此，从战国开始，除三国、晋、南北朝及元朝以外，历代帝王都提倡"厚葬"，即耗费巨大的人力物力，修建规模宏大供他们死后安葬的陵墓以及用来供奉、祭祀、朝拜的建筑。这些巨大的建筑，前者称"陵"，后者称"寝"，合称"陵寝"。其建筑之精美，宝藏之丰富，不亚于地上宫殿。

帝王陵墓在其发展过程中形成三种主要形式。第一种叫"方上"，就是挖坑筑石为墓，用黄土层层夯筑呈覆斗形而为坟。陕西临潼的秦始皇陵和西安西郊的汉陵都属于"方上"。第二种是以山为陵，就是利用山丘作为陵墓，把地宫掘进山里去。这样既能利用山岳雄伟的形势来体现帝王的宏大气魄，又可防止盗墓。唐代帝陵，如西安附近的唐太宗昭陵、唐高宗和武则天的乾陵都属这种形式。第三种是宝城宝顶，就是用砖石砌筑成圆形或长圆形的城墙，里面垒土封项，使之更加突出。五代以后的帝王陵墓大多采用这一形式。

帝王陵寝的建筑，一般分为地面建筑（祭堂）、墓道和地宫三部分。地面建筑以祭祀的大殿为主，称作棱恩殿或隆恩殿，是祭祀者来祭陵、感谢祖先恩德和祈求福佑的意思。墓道也称"神道"，即通向墓穴的道路。帝王陵的墓道往往长达数公里。起始点立有望柱（华表），既作为标记，又表示吉祥。神道两侧立有两两相对的石人石兽，通称石像生，石兽一般可以分为祥瑞、祛邪两大类。獬豸、角端、麒麟、朱雀、骆驼、象、马等为祥瑞之物；辟邪、狮、虎、羊等为祛邪之物。它们中有不少是艺术珍品。这些神道、牌坊、华表、石像生及青松翠柏，营造出一种肃穆的谒陵气氛，也增添了陵寝气势。地宫即埋葬死者的墓穴，是帝王陵的主体部分，又称为幽宫、玄宫。早期的地宫是土穴墓宝，到春秋战国和西汉时期盛行数层棺木外套木椁的大型木椁玄宫。东汉后，帝王陵墓的地宫大多用坚固的砖石砌筑，以防被盗、被焚和水土侵蚀。

这些帝王陵墓不仅有丰富的文物瑰宝，而且大多有古木参天的秀丽景观。由于空间大，山水形胜，地面和地下建筑辉煌和文物众多，成为国内外旅游者游览的重要选择，构成陵寝旅游资源的主体。古代帝王都选择所谓"乾坤聚秀之区，阴阳汇合之所"建造陵墓。陵区规模大，风景优美，建筑豪华，它们既具有很高的历史和科考价值，也是一项独特的旅游资源。

目前，我国保存的各个朝代帝王嫔妃陵墓较多，如陕西西安临潼有骊山秦始皇的陵墓。西汉的 11 位皇帝陵墓除文帝霸陵、宣帝杜陵在渭河以南外，其余九陵分列在渭河北岸的咸

中国文化旅游概论

阳塬上,形成关中西汉帝王陵墓群,其中又以汉武帝刘彻的茂陵(位于陕西省兴平市)规模最大。东汉陵墓则集中于洛阳邙山,规模较小,取消了陵邑制,改木椁为砖椁,立墓表,设石像。魏晋南北朝时期,由于社会动荡不安,政权更迭频繁,帝王陵墓就大为简化。唐陵分布在渭水以北的乾县、礼泉、三原、富平等县,唐太宗李世民的昭陵和唐高宗的乾陵都是以山为陵,气势雄伟,规模宏大。

北宋陵墓分布在河南洛河与嵩山之间,七帝八陵及王公大臣墓等,形成了一个庞大的陵墓群,宋陵现存的几百件精美绝伦、镂镌隽永的石雕,使游人赞赏不已,叹为观止。南宋帝陵多位于浙江绍兴一带,因王朝败落,经济困难,营造简陋,今尚存遗迹。西夏王陵位于银川市西郊贺兰山东麓,为西夏历代帝王陵墓所在地,共有 9 座帝王陵和 200 多座陪葬墓。每个陵园都是一个单独、完整的建筑体,形制大致相同。

元代帝王驾崩多在草原深埋,马踏去迹,不封不树,难觅所在,现仅存有成吉思汗陵。成吉思汗陵位于内蒙古伊金霍洛旗的鄂尔多斯草原上。

明代帝陵主要分布在南京、北京两地。南京明孝陵为明代开国皇帝朱元璋之陵;明十三陵位于北京昌平天寿山南麓,长陵、献陵、景陵、裕陵、茂陵、泰陵、康陵、永陵、昭陵、定陵、庆陵、德陵和思陵依山而建,形成庄严和谐的整体布局,是我国保存最完整的帝王陵园之一。其中长陵规模最宏大,保存也最完整,为我国古建筑史上的杰作。

清代帝陵共有三处,即入关前保留在辽宁沈阳的北陵(也称昭陵)、福陵(也称东陵)和新宾县的永陵(清代先祖陵),被称为关外三陵。入关后河北遵化清东陵和河北易县的清西陵。清东陵是清朝定都北京后皇室陵墓群之一,有顺治孝陵、康熙景陵、乾隆裕陵、咸丰定陵、同治惠陵 5 座帝陵,孝庄、孝惠、孝贞(慈安)、孝钦(慈禧)4 座皇后陵及众多嫔妃陵墓。清东陵陵墓范围大,环境优美,建筑物多,文物齐全,建筑宏伟辉煌,是我国现存规模庞大、规制最奢华、体系比较完整的一座帝后陵寝建筑群,地面建筑以定陵最为考究,地下建筑以裕陵最为壮观。清西陵则以雍正泰陵规模最大,还有仁宗嘉庆的昌陵、宣宗道光的慕陵、德宗光绪的崇陵及后陵 3 座,妃陵 3 座,王公、公子园寝 4 座。

(2)纪念性陵墓

纪念性陵墓是指后人为纪念那些在历史上有特殊地位、特殊意义,特别受人尊重、敬仰的人物而为其修建的陵墓,如我国史前传说的帝王陵墓,陕西黄陵县桥山有相传中华民族的祖先轩辕黄帝陵。伏羲太昊陵,在河南淮阳城北蔡河之滨;神农氏炎帝陵,在湖南郡县;少昊陵,在山东曲阜;颛顼陵,在河南内黄县;尧陵,在山西平阳(今临汾市);夏禹陵,在浙江绍兴;舜陵,在湖南宁远九嶷山等。其墓主多为传说中的人物,且都是后人根据传说而建的,其意义在于纪念。因此,同一人物常有多处陵地。此外,还有名人圣贤墓,如孔子墓、孟子墓、张良墓、李白墓、昭君墓、岳飞墓等。

(3)特殊陵墓

崖墓:指利用自然崖壁平台、洞穴、缝隙安放棺木,或在石崖上穿凿洞穴作为墓室。这是流行于我国古代一些少数民族的葬法。该种葬法已有漫长历史。如我国四川的乐山、彭山、宜宾一带石崖上有许多崖墓分布。这种崖墓依山岩凿成,宽敞如室,大的深达 90 米,小的约 6 米,高低错落,有的崖墓中还保存有题刻。据考证,崖墓多盛行于东汉至南北朝时期。

悬棺:指在山上断崖处凿孔打横木桩,然后将棺木放到桩上。或把棺尾放入岩穴,棺头架在木桩上。悬置越高,表示对死者越是尊敬。它是中国古代南方少数民族地区的葬俗之一。根据文献记录和实地考察,悬棺在我国四川、云南、贵州、广西、台湾、福建、湖南、湖北、江西等地均有分布。近年来,在山西省宁武也有殊为奇特的悬棺发现。武夷山九曲溪两岸的悬棺如船形又称船棺,经测定距今达 3800 年,因而武夷山被视为悬棺发源地。

塔墓:塔葬随佛教的传入而兴起,佛门高僧坐化圆寂后,建塔存放遗骨。知名佛教寺院多有塔墓,但以河南少林寺塔林最为有名。少林寺塔林位于寺西,现存自唐以来砖石墓塔220 多座,式样繁多,造型各异,既是佛教文化的产物,又是古代砖石建筑和雕刻艺术的精品。

4. 楼阁亭台

(1)楼

楼指两层或两层以上的房屋建筑,是古建筑中一种气势宏伟的建筑类型。早在战国和秦汉时期,我国已有不少高楼。古建筑中的楼有多种功能,如用于商业的酒楼、茶楼;用于防御工事的城楼、敌楼、箭楼;报时打更的钟楼、鼓楼;演戏用的戏楼;观景用的望江楼、望海楼、望月楼、听橹楼、听涛楼……它们以各种不同的建筑风格成为游人观赏的对象。某些楼还具有特殊的旅游吸引功能,为游人所乐于登临。如酒楼、茶楼可供游人休憩娱乐,城楼、箭楼可供游人研究防御机制,观景楼可供游人登高赏景。

我国各地保存有不少古楼,著名的如山西万荣飞云楼,永济鹳雀楼,浙江嘉兴烟雨楼,安徽亳州花戏楼、怀远望淮楼、和县镇淮楼,江西南昌滕王阁,广州镇海楼,广西阳朔鉴山楼,武汉黄鹤楼,湖南岳阳楼,成都望江楼,昆明大观楼,丽江五凤楼,贵阳甲秀楼,台湾台南赤崁楼等。其中黄鹤楼、滕王阁、岳阳楼并称我国江南三大名楼。

(2)阁

阁是一种形制似楼的中国传统建筑物,通常四周没有隔扇和栏杆回廊。我国早在秦朝时就有了阁的记载。最早的阁是一种连接宫室的高架道路,以后逐渐发展演变成房屋建筑。到宋时,阁与楼已无多大区别。全国现存的阁数以千计,结构多样,造型各异,按其功能,主要可分为以下三类。

①供佛阁。这类阁多分布在一些宗教寺庙中,为寺院的主体建筑,一般规模宏大,气势庄严,著名的如北京颐和园佛香阁,雍和宫万福阁,天津独乐寺观音阁,河北承德大乘阁,河北正定大悲阁,辽宁凌海三清阁,吉林玉皇阁等。

②藏书阁。全国著名的有宁波天一阁,曲阜奎文阁及乾隆皇帝为收藏御制《四库全书》而修建的"北四阁"和"南三阁"。"北四阁"包括北京皇宫内的文渊阁、沈阳旧宫的文溯阁、北京圆明园的文渊阁和承德避暑山庄的文津阁。"南三阁"又称"江浙三阁",包括扬州大观堂的文汇阁、镇江金山寺的文宗阁、杭州孤山南麓的文澜阁(文汇、文宗、文源三阁先后被毁)。

③赏景阁。这类阁常见于园林之中,或建于地势高突处,或建于视野开阔处,其功能主要是供游憩赏景之用,多数为两层,一般在向景面装长窗、栏杆等。如北京颐和园的景福阁,福建长汀的云骧阁,山东的蓬莱阁,青岛的回澜阁,湖北武昌东湖的行吟阁、湖光阁、汉阳晴川阁,贵阳的文昌阁、来仙阁等。

(3)亭

亭是我国一种分布广泛的古建筑类型,园林中尤常见。柱间一般不设门窗,下半部设半墙或平栏,多用竹、木、石建成,亦有用铜铸成的铜亭。到了唐代,亭开始出现在园林之中和风景区内。亭有丰富多彩的造型、复杂多样的功能及与其相关联的历史文化等。我国现存的亭很多,分布亦很广泛,如北京景山峰顶的万春亭,庐山的含鄱亭,颐和园的知春亭,苏州的沧浪亭,杭州西湖中的湖心亭等。

（4）台

台作为我国的一种古建筑,已有悠久的历史。殷纣王所筑鹿台是我国早期高台之一,距今已有 3000 多年的历史。战国时筑台之风最盛。台有两种基本类型:一是高而平的台状建筑,早期多用夯土筑成,以后逐渐发展成用砖、石砌成;二是在台顶部建成宫殿楼阁等其他建筑物,称高台建筑。我国现存的台以第二种类型为多。

早期的台主要用于帝王的求仙、登高眺远、观舞娱乐及某些军事上的需要。以后随着历史的发展,台的功能日趋复杂多样,有军事用的烽火台、御敌台、阅兵台、炮台,用于娱乐的歌舞台、戏台、奏乐台、赏景台、钓鱼台,还有宗教台、招贤台、观象台、纪念台等。

5.民居建筑

民居建筑出现最早、分布最广、数量最多,是我国建筑中最基本的类型。我国历史悠久,地域辽阔,一方土地滋养着一方生灵,一方山水孕育着一方文化。由于地域自然环境和人文情况,以及各民族的生活、习俗、宗教信仰不同,在我国这块古老的土地上,出现了众多的富有地方特色和历史文化、风格样式多变的民居建筑。民居最具地方性,也更有创造性。民居还更具有自然质朴的性格,一般都是利用当地出产的材料,用最经济的方法,密切结合气候和地貌、环境等自然因素建造的。建筑镶嵌在自然环境中,人和自然在这里进行最直接的亲密交往。

这些各具特色的民居建筑,成为一朵朵绚丽多彩的艺术建筑之花。这些民居建筑蕴藏着千千万万的设计手法、设计思想、构造方法、装修方式、建筑艺术特色及建筑方面的基本知识。在造型结构上,中国民居有吊角式、井干式、干阑式、穿隆式、环形土楼式、窑洞式、天幕式、绑扎式、干扎垒、土坯砌筑式、穴居式、合院式(三合院式、四合院式)、连排组合式等众多形式。根据房屋式样、建筑材料、构造方法、类型、民族、地貌情况等,建成了内蒙古的蒙古包、西藏的碉房、湖南的风火墙、东北民居、朝鲜廊式住宅、北京四合院、上海石库门、云南傣族竹楼、陕北窑洞、福建承启楼、江苏临街傍水、安徽三合院等。这些民居建筑不仅反映历史、宗教、风俗、地理,而且还展示了中华民族的审美特征,如同中国画的水墨山水,诗意浓郁,回味无穷;凝结着我国劳动人民的智慧,反映了当时中国建筑技术和艺术上的成就,是中国古代文化和人类建筑宝库中的一份珍贵遗产。

中国古民居中,元代以前的很少保留至今,现存的绝大多数都是明、清时代的。其中徽州古民居、山西古民居、北京四合院和福建土楼、粤东围垅屋等,都堪称中国古民居的杰作。此外黄土窑洞、云南竹楼、湘西民居也都颇有特色。

三、古代工程景观旅游资源

（一）军事防御工程

1.城池

城池是人类为了自身安全、防御外侵而修建的护卫性工程。其起源极其古老。中国筑城的历史可以追溯到远古时代。古籍记载,"夏鲧作城"或"禹作城郭",即说明从传说中的大禹时代就开始有城市建筑了。其实,1974 年在湖南省北部的澧县发现的距今 6000 多年的"城头山古文化遗址",时间比大禹时代要早得多。陕西临潼出土的姜寨遗址表明,当时的居民聚族而居,村外挖有环村的壕沟,仅余几个出口以供出入。这大概就是最早的"池"了。进入奴隶社会以后,城市就意味着国家,即"城失国亡"。战国时期,周天子的地位大大削弱,诸侯们可随意建造城市,出现了许多规模很大的城市,如齐国临淄、赵国邯郸等。秦始皇统一中国以后,实行郡县制,郡县所在的地方行政中心,通常筑有城;在县城以下,还有厅、军、堡、城、镇等;另外,民间为了自卫也常常筑有堡或寨。由汉及清,基本沿袭这一体制。

古代的城叫"城池"。其中"城"指城墙,"池"指城外环绕城墙的河池,俗称"护城河"。在氏族社会,它是为了保护本部落的成员不受侵扰;在奴隶社会则是为了保护奴隶主贵族的安全;而在封建社会则是为了保护各级政权的合法地位。为此,我国古代城市的建设要求"固若金汤"。所谓"金城汤池",主要指在城池建筑的具体设计上,首先把城市分作"城""郭"两部分,城内供统治者居住,郭内供老百姓居住。郭或附于城的一边,或围于城的四周,即古书所说的"内之为城,外之为郭";其次是在城墙上建造有敌台、敌楼、角楼、垛口、射孔,以确保城市的安全;最后是城门,为防御重点,采用高墙深池的办法同时在城门上设置瓮城(即二道门)、箭楼、城楼、屯兵洞、马道等,以确保城门不失。

河南省偃师市发现的商代早期都城遗址,是迄今发现的年代最早、规模最大、保存最好的古代都城遗址。据研究,它可能是商汤建国后的第一个都城"西亳"。我国历史上最大的古城是隋大兴城,即后来的唐长安城,全城面积为84.1平方公里,约为现存西安古城(明代建)的7.5倍,比早它100年建城的拜占庭古城也大7倍多。秦咸阳、汉长安、宋开封和杭州、明清时期的北京城等都是当时世界上著名的大城市。目前,我国保存较完整的城墙有南京城、西安城、湖北江陵城、山西平遥城、云南大理城、辽宁兴城以及山东蓬莱水城等,它们都有很高的建筑艺术、军事、历史文化等的研究价值,而且以其雄浑的城墙、森严的大门、高耸的城楼、宽阔的护城河给人以雄壮威严之感,是当今重要的人文旅游资源。

2. 长城

随着国土的扩展和军事防卫的需要,把城墙的概念和范围加以扩大,修筑到国界、边境上,就是"边堡",也就是"长城"。世界上中国、朝鲜、英国、德国和印度等国家的历史上都修筑过长城。当然,无论历史还是规模,中国的长城是其他国家不可比拟的。

长城是我国最大的古代防御工程,其修筑历时之长、规模之大、体系之全、保存之好,世所罕见。春秋战国时代,各国诸侯为了互相防御,于险要处修筑城墙。最早修筑的是楚国"方城",建于公元前657年;随后齐、燕、赵、秦、魏、韩各国相继修筑长城。秦始皇统一中国后,以燕、赵、秦原城墙为基础,构筑了西起临洮,东达朝鲜半岛的第一条万里长城。汉武帝派将军卫青西击匈奴,为防止匈奴南侵,除重新修缮秦长城外,又自甘肃景泰县起向西经武威、张掖、酒泉、敦煌四郡之北,向新疆罗布诺尔修筑长城,名之曰"遮虏障"。形成西起罗布泊,东止鸭绿江,绵延达1万公里,史上规模最大的"长城"。之后,北魏、金都有不同规模的长城修筑,但明长城是我国最后一次大规模修建,也是最为坚固的万里长城,东起辽东鸭绿江,西止甘肃嘉峪关。

长城是世界上最艰难而巨大的工程之一。作为其主体的城墙,多选择蜿蜒曲折的山脉,建造在其分水岭上;有条石墙、块石墙、夯土墙、砖墙等数种;特殊地带利用山崖建雉堞或劈崖作墙,如金山岭段的望京楼和古北口城墙;在辽东还有木板墙和柳条墙;在黄河突口处冬季又筑有冰墙。城墙高度,视地势起伏而定,在 3～8 米;厚度在 4～6 米。城墙上每隔 30～100 米建有一座敌台(哨楼)。敌台有实心、空心两种,实心敌台只能在顶部眺望射击。而空心敌台则下层能住人,顶上可眺望射击。烽燧是报警的墩台建筑,遇有敌情,日间焚烟,夜间举火。凡长城经过的险要地带都设有关隘。关口设在军事要冲或山势险峻地带,是军事通道,防御设置极为严密。一般是在关口置营堡,加建墩台,并修建一道城墙以加强纵深防卫,有"一夫当关,万夫莫开"之势。著名的长城关口有山海关,内三关(河北紫荆关、倒马关、北京居庸关),外三关(山西雁门关、宁武关、偏头关),陕北榆林关、神木关、甘肃嘉峪关等。

目前,我国保留的长城遗址主要是明长城,分布在 17 个省区,形成了如山海关、八达岭、慕田峪、雁门关、嘉峪关等长城旅游景区或景点。长城已成为中华民族文化的象征和代表。

3. 军事台

(1)烽火台

烽火台是供点燃烽火、通报敌情、以调集附近驻军的高台,如陕西榆林县城北约 7.5 公里处明长城上的镇北台等。

(2)御敌台

御敌台为防御敌人进攻的高台,如北京门头沟区西北山区的内边长城敌台。

(3)练兵台

练兵台是供训练部队所用的。如合肥市教弩台,系曹操所筑,在此教强弩 500 人以御孙权水师;江西星子城内的点将台,相传是三国时周瑜操练水军的点将指挥台。

(4)阅兵台

阅兵台是供检阅部队之用的,如邯郸的丛台。

(5)炮台

炮台实际上是御敌台的一种,主要供放置大炮所用。近代,中国人民为保卫自己的国家,与侵略者进行了不屈不挠的斗争。目前所存的炮台就是这一斗争的重要遗迹。著名炮台有天津大沽口炮台、辽宁营口西炮台、江苏镇江焦山抗英炮台遗址、平湖炮台遗址、厦门胡里山炮台、广州越秀炮台、四方炮台遗址、新会崖门炮台、东莞沙角炮台、威远炮台、西藏江孜宗山炮台等。

(二)古代桥梁

桥梁建设的意义主要在于经济和文化,目的是为了社会的进步和发展。我国地域辽阔,山河壮丽,江河纵横,桥梁建设历史悠久,并具有浓厚的地方和民族特色。后来随着园林艺术的发展,桥梁又成为点缀风景、美化环境的一种景观建筑。这就决定了桥梁的实用性和美观性。在长期的历史发展中,我国劳动人民建造了无数精美的桥梁,积累了丰富的经验,在造桥艺术上形成了独特的风格,对人类文化有重要的影响。

我国的桥梁最早出现于新石器时代,可能是古人受到横木跨水的启发,置条木于河上成为一种独木桥,即最初的"梁桥",所以"桥梁"二字都带"木"旁。一些外国学者还认为,"吊桥"(索桥)最早也是在中国出现的。据有关文献证实,我国最早的吊桥是建筑都江堰的李冰父子建造的。在各种形式的桥梁中,以"拱桥"(曲桥)出现得最晚,大约到东汉时才形成。所以,我国桥梁的四种主要形式:梁桥、浮桥、吊桥、拱桥,至迟在东汉就已经完备了。之后,由于拱桥的承重能力强,实用价值高,并且能够充分显示造桥技术的进步和桥梁艺术的魅力,因而成为桥梁建设中的基本形式。随着工程技术的发展,古代工匠们创建了许多结构复杂、用材不同、造型丰富的桥梁。从结构和形式看,有梁式桥、拱券桥、绳索桥、浮桥、廊屋桥、亭桥等;从材料看,有石桥、木桥、铁桥、竹桥等。

我国古代的桥梁,主要有三个特点:一是地区性,即各种不同的桥形、构造及其用料,都因地区不同而不同;二是实用性,即古人造桥,讲究实用,注意发挥桥梁的最大效益,如许多古桥上多建有亭阁长廊,既可以保护桥面,又可供行人躲避风雨、休息甚至住宿;三是社会性,即为全社会共同享用。

从美学欣赏的角度看,我国桥梁的艺术风格主要表现在以下三个方面。一是造型优美多姿,有的形如长虹,有的弯如新月,有的轻巧欲飞,有的雄壮厚实,各种造型都体现出不同的审美趣味。古典诗词赞美古桥,首先都是因为桥的造型引发了美感。二是桥梁建筑与周围环境的协调,使人工建筑与自然风光融合,这正是中国建筑艺术的特点所在。在我国,凡建桥之处,往往形成迷人的景点。如"卢沟晓月"为燕京八景之一,"断桥残雪"是西湖十景之一等,都是因为桥梁建筑能与自然环境融为一体。又如河北省井陉县苍岩山有一座"桥楼殿",桥建于两山断崖之上,以桥为基,桥上建殿,桥面距涧底足有70米,远望高阁凌空,疑是仙宫。颐和园中的"十七孔桥",由东岸飞连湖岛,站在"佛香阁"远望,也有仙境般的感觉。三是桥梁的附属建筑和雕刻,都表现了中国特有的民族风格,并且往往与当地的风俗、民情和历史有关,如在桥梁两端或桥上建亭阁、牌坊和华表,在栏杆和栏板上雕刻狮子、龙凤、人物、花卉等。这些桥梁有的雄跨江河水面之上,宏伟壮观;有的凌驾高山溪谷两岸,气势不凡;有的分布于园林之中,玲珑多姿。

我国古代著名的桥梁很多,目前尚保存完好、综合价值较高的主要有河北的赵州桥(建于隋初,为世界现存最早的敞肩石拱桥,被视为桥梁史上的创举)、北京的卢沟桥、颐和园的玉带桥、福建泉州的洛阳桥(我国第一座海港大石桥,建于北宋)、晋江的安平桥(我国现存最长的古桥,建于南宋)、江西庐山的三峡桥(又称观音桥)、云南永平澜沧江上的霁虹桥(建于明代,世界最早的铁索桥)、四川都江堰的安澜桥和泸定城西大渡河上的泸定桥、陕西西安的灞桥(建于汉代)、苏州的宝带桥、广东潮州韩江的广济桥(与卢沟桥、洛阳桥、赵州桥并称为我国四大古桥)、广西三江的程阳桥、杭州西湖的断桥和九曲桥、苏州的玉带桥和枫桥。有"桥都"之称的绍兴古城,在不足18平方公里的城区,就有唐、宋、元、明、清各代古桥229座(其中,绍兴八字桥最有名)。

(三)水利工程

中国自古以农业立国,是一个以农业为命脉的国家。又由于特殊的气候、地貌、水文等自然条件,中国在历史上旱涝灾害频繁,所以自古以来就特别重视水利工程的修建。传说中的"大禹治水",就反映了先民与洪水搏斗以确保生存与发展的伟大精神。从文献记载可知,我国西周时期已设有专门主管水利工程的官员和机构。战国时代已有较大的水利工程。《史记》所载,魏国西门豹"引漳水溉邺",开凿了12条沟渠;又相传楚国孙叔敖引芍坡水(即今所存安丰塘灌溉工程)浇灌农田。但后来彪炳史册的却是秦始皇统一中国前后修建的三大水利工程:一是由蜀郡太守李冰主持兴建的"都江堰",在四川成都平原的都江堰,千百年来使川西平原的万亩农田受益;二是由韩国水工郑国修建的"郑国渠",在陕西省泾阳县境内,全长绵延150余公里;三是由秦将史禄开凿的沟通湘江和漓江二水、联系湖南和岭南的"灵渠",在广西壮族自治区兴安县。

　　坎儿井是我国西北干旱地区利用高山冰雪融水的特殊水利灌溉工程;京杭大运河北起北京,南至杭州,全长1794公里,南北贯穿京、津、冀、鲁、苏、浙六省市,沟通钱塘江、长江、淮河、黄河、海河五大水系,为世界上开凿最早、规模最大、里程最长的人工运河。此外,浙江、福建沿海的海塘也是我国重要的水利工程。

　　水利工程成为重要的旅游资源,主要因为:一是许多工程已有悠久的历史,代表着我国古代劳动人民的奋斗精神,成为中华文明发展的重要组成部分;二是水利工程建设反映了古代人民的聪明才智和科学技术的发展,具有显著的科学价值;三是工程设施构成独特的景观集合,与自然山水融为一体,颇具独特的观赏价值;四是水利工程实施创造出更加优美的环境景观,使其与大环境形成反差,对比性强烈。

　　(四)天文天象工程

　　中国古代天文学是从天象观测开始的。如《周易》所说:"观乎天文,以察时变。"可见,古人观测天象的目的,是为了了解时间的变化。古人通过历代对天象的观测,积累了丰富的天文学资料,也留下了早于世界各国的天文学古迹。观象台,又称观景台、观星台、星象台。河南省登封市告成镇有一座测景台,据碑文所载为东周时创建,唐代天文学家僧一行(张遂,683—727年)曾在此改革历法,观测天文。现存最早的天文台遗址则在古洛阳的南郊(今河南省偃师市),古名"灵台",汉代天文学家张衡(78—139年)在此领导天文学研究10余年,写成天文学专著《灵宪》,提出了"宇之表无极,宙之端无限"的科学见解,并创制了"浑天仪"和"候风地动仪"。

四、历史遗址旅游资源

　　(一)古人类遗址

　　古人类遗址是指从人类形成到有文字记载历史以前,也就是文字没有形成,人类活动没有记载的那一段历史时期人类的活动遗址,包括古人类化石、原始聚落遗址、生产工具和生活用品等。古人类的祖先大约在二三百万年前就出现了,而人类文字出现却仅有四五千年的历史。这段漫长的人类演化发展过程,给人类自己留下了许多疑问、猜测,同时人类也演绎出许多神秘而美丽的传说。今天的人类都期望能够看到自己祖先的起源和发展。所以,古人类遗址也就成了旅游吸引力较强的人文旅游资源。古代文明是与江河的滋润哺育分不开的。古埃及文明起源于尼罗河流域;古巴比伦文明起源于幼发拉底河与底格里斯河流域;古印度文明起源于恒河流域。我国古人类文化遗址遍布全国各地,但黄河流域和长江流域则是中华民族的摇篮和灿烂文明的发祥地。

　　1.旧石器古人类遗址

　　旧石器时代是指距今250万年到1万年的历史时期,相当于地质历史时期的更新世。旧石器时代的人类化石表明,人通过生理进化、劳动已与动物形成显著区别,上肢灵活,下肢直立,能够发出分节语。旧石器时代以使用打制石器为主,后期出现了磨制石器,石器类型增加,旧石器时代的人类已经发明了弓箭和复合工具,磨光钻孔工艺已普遍使用。猿人已能够利用天然火种,中期古人已懂得人工取火。"火"已经使古人结束"茹毛饮血"的生活,使人类体质大大增强,也大大增强了改造自然的能力。

　　旧石器时代人类主要以天然岩洞穴居为主,并结合成一定的社会群体。婚姻制度逐渐进化,从猿人乱婚到古人血缘内婚(辈婚)再到新人的族外群婚,家族内部成为完全的非性关系集团。血缘家族结合成具有特定名号、共同信仰、牢固经济联系的社会单位——氏族公社。

我国旧石器人类遗址主要有以下三处。

（1）旧石器早期遗址

旧石器早期人也叫猿人，属直立人阶段，距今30万年以上；主要遗址有云南元谋人（250万年）、重庆巫山人（204万年）、陕西蓝田人（115万年）、北京人（40万～50万年）；主要居住的岩洞有辽宁营口金牛山岩洞、湖北大冶石龙头岩洞、湖北郧县梅铺岩洞、贵州黔西观音洞等。

（2）旧石器中期遗址

旧石器中期属早期智人阶段，又叫古人，距今4万～30万年；主要遗址有陕西大荔人（20万年）、广东马坝人（13万年）、山西丁村人（16万～21万年）、山西许家窑人（10万～2.5万年）；主要居住的岩洞有辽宁喀左鸽子洞、贵州桐梓岩灰洞等。

（3）旧石器晚期遗址

旧石器晚期属晚期智人阶段，又叫新人，距今1万～4万年；主要遗址有广西柳江人、四川资阳人、北京山顶洞人；主要居住的岩洞有北京周口店龙骨山岩洞、河南安阳小南海、浙江建德乌龟洞等。

2.新石器古人类遗址

新石器时代是指以使用磨制石器为主的原始社会中后期，距今大约5000～10000年，相当于地质历史时期的全新世，持续约6000年，相当于我国盘古开天、伏羲女娲兄妹成亲、黄帝同炎帝、蚩尤大战等三皇五帝史前传说阶段。这也是我国统一多民族形成时期，先民们以农耕和畜牧为主，制陶、铜器工艺较发达。其可以分为母系氏族社会和父系氏族社会两大阶段。目前我国新石器遗址已发现700多处。

（1）母系氏族社会遗址

这一时期普遍使用磨制石器，出现了石耜、石铲、石镰、石刀等农业工具。原始农业形成，北方开始种植粟、黍，南方开始种植水稻；同时出现了原始畜牧业，六畜饲养齐备。原始农牧业的发展为生活提供了可靠的保证，使人们能够也需要在适宜生产的地方定居下来，形成原始聚落。各遗址出土有大量的原始房屋遗迹，表明人工建筑代替天然洞穴成为人类的主要居住场所。以制陶为主的手工业发达，从早期的夹砂粗陶发展到兴盛时彩绘红陶，制作精致，图案精美，所以母系氏族社会的代表仰韶文化又称"彩陶文化"。

在母系氏族社会遗址的聚落中，房屋有大小两种，小房围绕大房分布，大房为氏族成员集体活动用房，小房供配偶居住。这表明当时的婚姻制度已从族外群婚发展成较长时间保持关系的对偶婚。但关系并不稳定，不构成独立的家庭单元，主要以女性为中心，母系血缘纽带是维系氏族统一性的主要手段。

母系氏族社会遗址主要有河南新郑裴李岗遗址和渑池仰韶遗址（公元前6000—前5000年）、西安半坡遗址（公元前4800—前4300年）、山东泰安大汶口遗址（公元前4300—前2500年）、浙江余姚河姆渡遗址（公元前5000—前4000年）、四川大巫大溪遗址（公元前4000—前3300年）等。

（2）父系氏族社会遗址

大约从公元前3000年起，我国逐渐进入原始社会末期的父系氏族公社时期。这一时期的遗址多出土有大型磨光石斧、石磕、石刀、石镰等,发现大型窖穴、大型陶瓮,还有陶盉、陶杯等饮酒器皿;手工制陶技术发展较快,黑陶为龙山文化典型文物;玉器琢磨技术有明显提高。这一时期还出土了我国早期铜器,揭开了青铜文化的序幕。有水井遗迹,说明农业发展水平已比较高。饲养牲畜数量增多,以养猪为盛,大量用猪头,猪下颚骨随葬,成为财富和地位的象征。

由于社会生产力的进步,锄耕农业成为氏族的主要生活来源,男子成为主要社会劳动力和生产工具的占有者、生活资料的拥有者,妇女社会地位降低,这使得婚姻制度由男从女居变为女从男居,并将对偶婚过渡到一夫一妻制的单偶婚,母系氏族社会演变为父系氏族社会。聚落房屋面积变小,各有火塘,父系家庭开始形成。社会成员的不平等分化也开始出现。

父系氏族社会遗址主要有山东泰安大汶口二期文化遗址、山东章丘龙山文化遗址、内蒙古赤峰红山文化遗址、浙江余杭良渚文化遗址、湖北京山屈家岭文化遗址等。

(二)古城遗址

城市的兴起和发展是人类文明的见证。中国作为文明古国,早在夏、商、周时代就已开始筑城。如自商周以来历朝历代的古城池遗址中,著名的有殷商都城殷墟遗址、周朝都城丰镐遗址、春秋战国时洛阳东周城遗址、鲁国曲阜故城遗址、郑国韩城遗址、齐国临淄遗址、赵国邯郸遗址、燕国下都遗址、楚国纪南遗址、秦国咸阳遗址、宋国陶(今山东定陶县)遗址、晋魏侯马古城遗址等。还有我国封建社会形成后著名的汉长安城遗址、洛阳汉魏古城遗址、唐长安城遗址,宋东京和临安遗址,金中都、元大都、明清北京遗址,西藏古格王国遗址等。丝绸之路古道上古城遗址也较多,如武威黑水国城堡遗址、敦煌沙州古城遗址以及新疆高昌古城、交河古城、楼兰古城等。

三星堆遗址位于距成都市区20多公里的广汉城西7公里处,是长江流域我国古代的一个古国的古城遗址,距今约有3000年的历史。从1931年第一块玉器发现到1986年两个大型祭祀坑的发现,现已探明遗址面积达12平方公里,古城城址面积达3平方公里,出土了大量的金器、青铜器、玉器、石璧、陶器、象牙等文物。其中有纯金金杖、面戴金面罩的青铜人头像、青铜人像、大型青铜面具、青铜大神树和被誉为"边璋之王"的大玉璋等,还有各式各样的青铜动植物雕像和各种玉器,它们有的被神化,而有的又具有写实风格,动物雕像形象生动,制作传神,植物的创作也似乎被注入了灵性。它们有的纯朴古拙,有的诡谲神秘,将怪异的"形"与深奥的"神"相结合,给人以强烈的震撼力和感染力。

三星堆遗址既是中华文明多元一体起源的确凿无疑的证明,又是长江流域和黄河流域都是中华文明的发源地的具体史实。三星堆遗址文明发达且繁荣,其影响力最南可达越南,它的奢华在许多方面为中原所不及,它是3000多年前长江及其以南地区的南方文明无可争议的中心。

(三)古战场遗址

古战场一般都有险要的据守地形,并留下一些战争遗迹。在一场战争中,形形色色的人物先后粉墨登场,既有惊心动魄的事件,又有令人深思的故事。历史所遗存的古战场遗址及相关联的历史战役、历史事件、历史人物和历史传说等,都具有很丰富的文化内涵,可以吸引游客缅怀历史、抒发怀古之情。我国著名的古战场遗址有相传黄帝、炎帝、蚩尤先祖展开大战的河北涿鹿阪泉(阪泉之战),楚汉鏖战的河南荥阳广武山(荥阳之战),三国时期孙权和刘备联军大败曹军的湖北赤壁(赤壁之战),诸葛亮驻兵攻魏的陕西岐山五丈原,以及晋楚城濮之战、齐魏马陵之战、楚汉成皋之战、曹袁官渡之战、东晋淝水之战等古战场和河南中牟县的官渡、湖北当阳长坂坡的三国时期古战场、合肥城西三国时期新城遗址古战场、山西雁门关、甘肃玉门关、河北山海关等。

(四)古道遗迹

道路是最原始的交通联系通道,是人类社会、经济、文化发展进步的基本条件和重要表现。在人类社会发展过程中,形成了纵横交错的古代道路网络。一般来说,古道沿途地势崎岖,山水秀丽,文物众多。

1.栈道

我国历史上修筑的驰道、驿道、栈道很多。战国时期和北魏时期为修筑栈道穿越秦岭,以便于沟通南北、连接川陕的褒斜栈道、子午栈道、金牛栈道等,至今遗迹尚存,并留下了"明修栈道,暗度陈仓"的经典故事。秦始皇时修驰道,为天子专用道;汉代驿道已通达西南少数民族地区;唐代有驿道通北方之突厥;明代有驿道通上京(今黑龙江省阿城区);元代已有驿道通西藏。栈道绝危岩,度崇岭,形如鸟道,工程艰难,堪称壮举。如长江三峡的栈道与高峡湍流相映生辉;华山的栈道高悬千仞,令人望而却步;峨眉山的黑龙江栈道则下临溪流,陡壁夹峙。

2.丝绸之路

丝绸之路是一条横贯亚洲、连接欧亚大陆的著名古代陆上商贸通道。丝绸之路东起长安(今西安),经陕西、甘肃、宁夏、青海、新疆,跨越葱岭(今帕米尔高原),经中亚部分的独联体、阿富汗、伊朗、伊拉克、叙利亚而达地中海东岸,全长7000余公里。其中中国境内的丝绸之路总长达4000公里,超过丝绸之路全程的1/2。

丝绸之路已有2000余年的历史了,她的魅力是永恒的。古老的丝绸之路沿线众多的历史文物、古迹,如被称为世界第八大奇迹的秦始皇兵马俑、保存释迦牟尼佛骨的法门寺、敦煌莫高窟、麦积山石窟等,还有著名的藏传佛教寺院塔尔寺、长城嘉峪关、汉代烽燧遗址、丝路重镇高昌、交河故城遗址等。秦砖汉瓦、古代钱币、丝绸残片处处可见。历时千年的几百座古代墓葬,仍展现出古代龟兹国的精美壁画艺术。张掖、酒泉、居延、黑城、敦煌、古楼兰和吐鲁番、库车、库尔勒、龟兹、喀什、且末、和田、莎车等仍在展示中西方经济、文化交流的辉煌。至今,丝绸之路壮丽的自然风光和多姿多彩的各民族风土人情仍然吸引着成千上万来自世界各地的旅游者。

丝绸之路沿线的自然景观奇特而壮丽。青海湖鸟岛、巴音布鲁克草原的天鹅自然保护区和天山深处的天池、青海的盐湖、罗布泊的雅丹地貌、吐鲁番的火焰山和克拉玛依的魔鬼城、绿洲、戈壁、沙漠、雪峰奇景等,均为丝路增添了无穷魅力。

3.茶马古道

茶马古道是我国西南地区一条地道的马帮之路。"茶马古道"早在西汉时期就已初具雏形,当时称为"蜀(四川)身毒(印度)道"。随着以茶叶为载体的商贸日趋发达,茶马古道兴盛于唐代,宋、元、明、清历代大大强化了这条道路,由此形成亚洲大陆上庞大的以茶叶为纽带的古道网络。

茶马古道的线路主要有两条:一条从四川雅安出发,经泸定、康定、巴塘、昌都到西藏拉萨,再到尼泊尔、印度,国内路线全长3100公里;另一条从云南普洱茶原产地(今西双版纳、思茅等地)出发,经大理、丽江、中甸、德钦,到西藏邦达、察隅或昌都、洛隆、工布江达、拉萨,然后再经江孜、亚东,分别到缅甸、尼泊尔、印度,国内路线全长3800公里。茶马古道的运行范围在中国主要包括滇、藏、川三大区域,外围可延伸到广西、贵州等省。而国外则直接到达印度、尼泊尔、不丹和缅甸、越南、老挝、泰国等,再进一步还涉及南亚、东南亚的另外一些国家。

茶马古道是世界上地势最高、山路最险、起伏最跌宕、路程最长的文明古道。茶马古道也是世界上最美丽的古道。古道上汇聚着无数壮丽的自然景观,如座座神秘的雪山、道道咆哮的江水、莽莽的原始森林、明朗的蓝天白云等,还有金沙江、澜沧江、怒江、虎跳峡、怒江大峡谷、栗地坪雪山、碧罗雪山、梅里雪山等。古道上沉积着2000多年丰厚历史文化。茶马古道原本就是一条人文精神的超越之路。马帮每次踏上征程,就是一次生与死的体验之旅。古道上深深的足迹和马蹄烙印,是对远古千丝万缕的记忆,幻化成华夏子孙一种崇高的民族创业精神。藏传佛教在茶马古道上广泛传播,沿途一些虔诚的艺术家在路边的岩石和玛尼堆绘制、雕刻了大量的佛陀、菩萨和高僧,还有神灵的动物、海螺、日月星辰等各种形象。那些或粗糙或精美的艺术造型为古道漫长的旅途增添了一种精神上的神圣和庄严,也为那遥远的地平线增添了几许神秘的色彩。茶马古道就像一条大走廊,连接、展示着沿途纳西族、白族、藏族等各个兄弟民族的风俗民情,沿路文化丰富多彩,精彩绝伦。

（五）历史名人活动遗址遗迹

历史名人包括历史上的帝王、政治家、教育家、文学家、科学家、人民群众心目中的英雄人物、著名的宗教人士等,他们以自己的奋斗精神、聪明才智、辉煌成就、优秀品质在某一特定的社会、特定的历史时期写下了一篇篇辉煌的历史故事,并留下了许许多多的生活、活动的遗址遗迹,这些遗址遗迹得到后人的保护,成为当今游客参观、瞻仰的场所。秦始皇因为是"千古一帝",五次出游,每个地方都有他的遗迹。秦皇岛和琅琊台有秦始皇的离宫,山东曲阜有孔庙、孔府和孔林,山东邹城有孟庙、孟府和孟林,湖北秭归县屈坪有屈原故里、屈原庙,陕西韩城市有司马迁故里、太史祠、太史公墓,山东淄博有蒲松龄的聊斋,江苏淮南有吴承恩故居,四川成都有杜甫草堂,呼和浩特有昭君墓,襄樊市的襄阳古隆中有诸葛亮故居等。还有刘邦、汉武帝、唐太宗、成吉思汗、康熙、乾隆、老子、墨子、李白、杜甫、苏轼、柳宗元、曹雪芹、岳飞、玄奘、张衡、华佗、李时珍、徐霞客等历史名人的故居和活动遗址等,都是历史文化旅游的热点。

（六）革命遗址及革命纪念地

中国自鸦片战争以来的近代历史,是一部不断反抗外敌侵略和封建统治、争取民族独立和民族解放的历史,是一部不屈不挠、不惜牺牲的革命斗争史。为了纪念革命前辈和先烈们,弘扬爱国主义和革命奋斗精神,各地都积极、认真地保护这些革命斗争史所遗存的旧址,有的还修建了纪念馆,建成了革命遗址和革命纪念地,如旧民主主义革命时期的纪念地广西桂平县（今广西桂平市）金田村的金田起义旧址、山东蓬莱的"备倭城"、福建的郑成功纪念馆、广东的虎门炮台、广东三元里的抗英团遗址等;辛亥革命的纪念地广州黄花岗烈士陵园、武昌起义军政府旧址、南京孙中山大总统办公旧址、云南陆军讲武堂旧址等;北伐战争的纪念地广东肇庆叶挺独立团团部旧址、武汉汀泗桥战役旧址等;土地革命的纪念地"八一"南昌起义总指挥部旧址、井冈山革命根据地旧址、瑞金苏区中央政府旧址、广西百色红七军军部旧址等;抗日战争纪念地革命圣地延安、平型关战役遗址、卢沟桥抗日战争纪念馆、安徽泾县新四军军部旧址、重庆八路军办事处旧址、南京日寇大屠杀纪念馆等;解放战争纪念地辽宁锦州辽沈战役纪念馆、重庆中美合作所集中营旧址、江苏徐州淮海战役烈士纪念塔、南京梅园新村及雨花台烈士墓园等。

第三节　园林文化旅游资源

一、园林旅游资源景观要素

(一)园林与园林旅游资源

园林,迄今还是一个不确定、没有完善的概念。在古代,"园林"一词,常用以泛指各种游憩境域。现代的园林概念含义越来越泛,大致可概括为:在一定的地域运用工程科学技术原理和艺术创造手段,通过改造地貌(或进一步筑山、叠石、理水)、种植树木花草、营造建筑和布置园路等途径创作而形成的一种美的自然与美的生活境域。如今园林的内涵日益丰富,除一般意义上的古典园林外,还包括现代城市公园、人造主题公园等,甚至包括由植物参与构成的建筑庭院以及植物与其他建筑物结合组成的户外空间环境绿地(包括庭园、宅园、小游园、花园、公园、植物园、动物园等)。随着园林学科的发展,园林还包括森林公园、风景名胜区、自然保护区或国家公园的游览区及休(疗)养胜地。

由于园林本身就是"游憩境域"和"一种美的自然与美的生活境域",所以园林景观的旅游资源属性就更为深刻。园林在有限的空间里,构筑了一个使人可观可赏、可听可品、可游可憩的如诗如画的美好境域,集形式美、意境美、思想美、生活美于一体,具有极高的旅游审美价值。园林景观作为一种旅游资源具有品位较高、内涵深厚、功能齐全、吸引力大、通达性好等优势。园林旅游资源的形式很多,大到一个风景区、大型苑囿与皇家园林,小到一家一户的私家花园,乃至在住宅一隅,居室前后布置几块山石,留出一洼水池,间种花草树木。按照现代旅游的理解,园林不只是有旅游观赏之用,而且具有保护和改善旅游环境的功能。植物可以吸收二氧化碳,放出氧气,净化空气;能够在一定程度上吸收有害气体和吸附尘埃,减轻污染;可以调节空气的温度、湿度,改善小气候;还有减弱噪声和防风固沙等作用。尤为重要的是园林对人们心理和精神的有益作用。景色优美和安静的园林,有助于人们消除长时间工作带来的紧张和疲乏,使脑力、体力得到恢复。园林中的文化、游乐、体育、科普教育等活动,更可以使人们丰富知识,充实精神生活。

(二)园林旅游资源景观要素

1. 山水景观

山水是园林的骨架和血液。园林如果没有山水,也就变成了城市中的建筑物(群),或者变成一座有房有舍的苗圃。而山水在园林中又是相互依托、相互映衬的,"山得水而媚,水得山而活"讲的就是这个道理。

(1)山景

"山"在园林中的骨架作用,表现在它往往将园林划分成不同的空间,使之形成不同的景区。如北京颐和园中的万寿山,屹立在昆明湖畔。山南碧波万顷,湖水荡漾,长廊蜿蜒,游人如织,一片欢声笑语;山北则丛林茂密,溪水绕流,寂静幽雅。山南山北,两种境界,使动者更闹，静者愈幽。山的第二个作用就是形成园林中的制高点。游人登上山顶，可以鸟瞰全园景色；举目四望，园外美景，亦可尽收眼底。

园林中的山，还有它特殊的审美功能。雄伟高大的山，使人感到崇高、敬仰；险峻奇特的山，使人惊叹、赞美；秀丽幽雅的山，给人以甜美、安逸的慰藉。园林中的山，还寄托着人们的信仰和崇拜。

园林中的山有真有假。一般说来，皇家园林规模宏大，以真山居多。私家园林空间有限，以假山为主。假山又有土山、石山和土石山之分。土山是挖池就土堆积而成的，体量大，显得浑厚，利于花木生长，容易形成葱茏茂密的自然景观。石山则为叠石假山，其中以江南园林中的叠石假山最具有艺术魅力。

湖石中以太湖石最为著称。这种属于石灰岩性质的石头长年累月经湖水溶解腐蚀、波浪反复冲刷，因而其外表凹凸不平，内部多孔洞罅穴。叠山名家鉴赏湖石的标准是瘦、透、漏、皱、丑。与湖石假山相比，黄石假山则显得雄浑、质朴，这是因为黄石本身比较厚重、笨拙，不像湖石那样玲珑剔透。

造园家在叠石堆山时，最讲究的是"做假为真，以假乱真"。因为园林空间有限，不假不行。然而明明是假，偏要真，更要以假乱真。要达到此种境界，首先必须研究真山之美在何处。真山何以美？美在它形象真实、自然；美在它形姿多变，或雄伟，或险峻，或奇特，或秀媚。其次，叠造假山时，造园家总是尽量质朴、自然地模仿真山的各种形姿，从不画蛇添足。当然，叠山时亦常常以某座真山为蓝本，但从不机械模仿、原样照搬，而是经过取舍、夸张，以渲染真山最有魅力的形象或特征，创造出最具感染力的自然意境，甚至使假山比真山更动人心弦。

（2）水景

挖湖堆山是中国园林造园的传统，园林中只有有了水，才会显得多姿多彩，生动活泼，富有生气。水以它的形姿、动态、声响与光影为园林增添了无穷的魅力。

园林中辽阔的水面令人心胸坦荡，并且产生一系列的美景。颐和园、圆明园、杭州西湖等，都是因为有了水才建成园林的。如果没有西湖那么浩瀚的水域，就不会有"平湖秋月""三潭印月""花港观鱼"那样的美景。园林中的溪、沟、泉、瀑等线状水体则将山峦、花圃、亭阁等联结成一个网络，使整座园林成为一个血脉贯通的有机体，充满生命的活力。

水的不同姿态会产生不同的美感效果。流动的水，给人以活泼的感觉；停潴的水，给人以平静、温柔的感受；飞溅的水，显得潇洒；隐匿在林间的泉水，则给人以神秘、幽静之感。当水与建筑、山石结合在一起时，就会与之相互映衬，形成动与静、刚与柔、虚与实的对比。如南京瞻园前庭的水景，就以多姿的风采，产生很多对比的美感。那座临水的台榭像美女一般亭亭玉立在湖畔，水中映出美丽的倒影，这一虚一实，缥缈如仙景。与台榭相对的假山上，飞瀑泻玉，洒落水面，溅起阵阵涟漪，与周围的山石、亭榭形成动静对比的美感。轻盈盈的一池碧水，微风中泛起细浪，与假山的悬崖绝壁形成刚柔相济的对比。

2. 花草树木景观

如果说水是园林的血液，山是园林的骨架，那么，花草树木就是山峦之毛发。山水景观如缺了花草树木，也就没了美感，没了生气；有花草树木，但杂乱无章，也会使山水减色，园林失趣。因此，园林植物非常讲究配置。一讲"姿"美。树冠的形状、树枝的疏密曲直、树皮的质感、树叶的形状，都追求自然优美，造园者往往利用不同的叶、色、枝、杆，配置在不同的方位,来增强园景的变化。如水边植柳,间种桃花;篱畔缀菊,辅以芳草;斋前立松,墙根插竹……二讲"色"美。树叶、树干、花都要求有各种自然的色彩美,如红色的枫叶、青翠的竹叶、白色的玉兰、紫色的紫薇……三讲"味"香。要求自然淡雅和清幽。园林植物配置中,常用植物的色彩来完成园林四季景色的充溢。如春有牡丹、芍药、杜鹃、海棠;夏有玉兰、荷花、茉莉、睡莲;秋有金桂、银菊、白芙蓉;冬有山茶、腊梅、水仙;给人以千种审美感受,万般美好联想。四讲象征。花木对园林山石景观起衬托作用,又往往和园主追求的精神境界有关。竹,常寄生路旁,插竿石畔,貌似平淡无奇,却以其挺拔、常绿、虚心凌云,多耿介之气,奇异之节。四川成都的望江园,种满了各种竹子,以纪念女诗人薛涛的志行高洁。其中那清癯质朴的苦竹、娟秀文雅的观音竹、飘逸潇洒的人面竹、斑斑泪痕的湘妃竹,就是薛涛仪态、才情、身世、命运的象征与写照。又如松柏象征坚强和长寿,莲花象征洁净和自好,兰花象征幽居隐士,玉兰、牡丹、桂花象征荣华富贵,石榴象征多子多孙,而紫薇象征高官厚禄。

古树名木对创造园林气氛也非常重要。古木繁花,可形成古朴幽深的意境。此外,草皮也不可小看,或平坦或起伏或曲折的草皮,令人陶醉。至于石上青苔、水边的流荇、峰壁的藤蔓、篱脚的书带草等,自成野趣,又有遮掩某些缺憾的"藏拙"效应,也属园林艺术家所追求的自然真实、简朴雅洁的美学范畴。

3. 建筑景观

园林中建筑有十分重要的作用。它可满足人们享受生活和观赏风景的愿望。中国自然式园林,其建筑一方面要可行、可观、可居、可游,另一方面则起着点景、隔景的作用,使人们在园林中能够移步换景,渐入佳境,以小见大,还会使园林显得自然、淡泊、恬静、含蓄。这是与西方园林建筑很不相同之处。中国自然式园林中的建筑形式多样,有堂、厅、楼、阁、馆、轩、斋、榭、舫、亭、廊、桥、墙等。

(1)厅堂类建筑景观

厅:满足会客、宴请、观赏花木或欣赏小型表演需求的建筑。它在古代园林宅第中发挥公共建筑的功能。它不仅要求较大的空间,以便容纳相对较多的宾客,还要求门窗装饰考究,建筑总体造型典雅、端庄。厅前往往广植花木,叠石为山。一般的厅都是前后开窗设门,但也有四面开门窗的四面厅。

堂:居住建筑中对正房的称呼。一般是一家之长的居住地,也可作为家庭举行庆典的场所。堂,多位于建筑群中的中轴线上,体型严整,装修瑰丽。"堂"内常用隔扇、落地罩、博古架进行空间分割。

轩:一般高爽精致,并用轩梁架木桁,以承屋面。传统园林,常将"轩"建在地处高旷、环境幽静的地方。轩在形式上常以一轩式建筑为主,周围环绕游廊与花墙。

馆:一般是休息会客场所。建筑尺度不大,入园后可便捷到达;往往又自成一局,形成清幽、安静的环境氛围。有时"馆"也成为北方皇家园林中帝王看戏听曲、宴饮休息之所。

斋:一般指书屋性质的建筑物,或是修身养性的地方,常处于静谧、封闭的小庭院内,与外界隔离,相对独立,形成完整统一的氛围。

室:多为辅助性用房。其体量较小,有时也做趣味性处理,常和庭院相连,形成一个幽静舒适、富有诗意的小院落。

(2)楼阁类建筑景观

楼:是两重以上的屋,故有"重层曰楼"之说。楼的位置在明代大多位于厅堂之后,在园林中一般用作卧室、书房或用来观赏风景。楼由于高,也常常成为园中的一景,尤其在临水背山的情况下更是如此。

阁:与楼近似,但较小巧。其平面为方形或多边形,多为两层的建筑,四面开窗;一般用来藏书、观景,也可用来供奉巨型佛像。

(3)榭亭类建筑景观

榭:多借周围景色构成的建筑景观。其一般都是在水边筑平台,平台周围有矮栏杆,屋顶通常用卷棚歇山式,檐角低平,显得十分简洁大方。其多以观赏为主,也可作休息的场所。

舫:与船的构造相似,分头、中、尾三部分。船头有眺台,做赏景之用;中间是下沉式,两侧有长窗,供休息和宴客之用;尾部有楼梯,分为两层,下实上虚。园林建筑中舫的概念,是从画舫中来的。舫不能移,只供人游赏、饮宴及观景、点景。

廊:一边通透,利用列柱、横楣构成的一个取景框架。它形成了一个过渡的空间,造型别致曲折、高低错落。它是一种"虚"的建筑形式,由两排列柱顶着一个不太厚实的屋顶。其作用是把园内各单体建筑连在一起。廊在位置选择上,不拘地形地势,"随形而弯,依势而曲。或蟠山腰,或穷水际,通花渡壑,蜿蜒无尽……"廊的类型丰富,从其剖面结构来看,大致可分为双面空廊、单面空廊、复廊和双层廊等;按其平面来看,可分为直廊、曲廊和回廊三种形式;按其与环境结合的位置划分,可分为铅墙走廊、桥廊、水廊、爬山廊等。

亭:供人休息、避雨的建筑。其体积小巧,造型别致,可建于园林的任何地方。亭子的结构简单,其柱间通透开辟,柱身下设半墙。"亭"从平面来看,可分为正多边形亭、长方形和近长方形亭、圆亭和近圆亭、组合式亭等;从立体构形来说,又可分为单檐、重檐和三重檐等类型。"亭"不仅体量小巧,结构简单,造型别致,而且选址极为灵活,几乎处处可建。当然,"亭"不仅有驻足休息、纳凉避雨的功能,更是重要的点景建筑。"亭"往往以其优美的造型与周围景物结合,构成优美的风景画面。

(4)塔、桥景观

塔:从寺庙建筑借鉴的,在园林中往往是构图中心和借景对象。在一个园林中,塔丰富了园林的轮廓线,塔这种醒目而集中向上的园林建筑在一些原本十分优美的风景区内,作为点缀品而出现,使得环境愈加秀丽幽雅,富含文化气息。

桥:在园林中不仅供交通运输之用,还有点饰环境和借景障景的作用。桥是园林景点的画眉,是划分园林水面空间的有效手段。园中的桥,一般采用拱桥、平桥、廊桥、曲桥等,有石制的、竹制的、木制的,十分富有民族特色。在园林艺术中起着增添景色、隔景和扩大视觉空间的作用。在多水面的南方园林中,桥还起着通道的作用。

(5)小品辅助建筑景观

园林建筑小品是指园林中体量小巧、功能简明、造型别致、富有情趣、选址恰当的精美构筑物。它包括两大种类:一是园林的局部(如花架、园路、花坛等)和配件(如园门、园墙等);二是园林建筑的局部和配件(如景窗、景梯、栏杆等)。它内容丰富,在园林中起着点缀环境、活跃景色、烘托气氛、加深意境的作用。园林建筑小品虽是点缀之物,但小而不贱,从而不卑。

园门、景墙、景窗:园门设计常追求自然、活泼,多用曲线、象形的形体和一些折线的组合,如园门、月门、梅花门、汉瓶门等,并衬以山行、竹木,创造出一种宁静、雅致的氛围,更有仅一石点缀成门等。景墙、景窗有分隔空间、遮蔽视线、引导游览、丰富层次、衬托景物、装饰美化的作用。景墙造型丰富多彩,常见的有粉墙和云墙。粉墙外饰白灰以砖瓦压顶;云墙呈波浪形,以瓦压饰。墙上常设漏窗,窗景多姿,墙头、墙壁也常有装饰。景窗的窗框有长形、方形、六角形、八角形、圆形、扇形及其他多种不规则的造型。

花架、花坛:花架是用植物材料做顶的亭和廊,造型灵活、富于变化。结构简洁、开敞通透,再配上绿色植物的攀绕和悬挂,绿蔓遮顶,花香漫溢,自有一番独特的趣味。花坛在现代园林中运用较多,是庭园组景不可缺少的一种手段。花坛做点景较多,有时也可成组布景,成为景点中心。花坛形式多样,布置时自由灵活,成为园林中颇具魅力的装饰物。

园林雕塑:指园林中具有观赏性的小品雕塑。其取材很广泛,人物、动物、植物、山石等,均可作为雕塑的内容。在园林中,其既是一种点缀品,又是一种供欣赏、玩味、富于寓意的艺术品。

梯级、蹬道、园路、铺地:梯级与蹬道在园林中都用于组织竖向交通,可打破水平构图的单调感,处理得好,可被视为景点,增强园林趣味性。园路、铺地的做法具有较典型的园林个性,可创造一种或自然亲切,或构图优美的氛围。传统园林中铺地常用方砖、青瓦、卵石、石板、石块及砖瓦、碎片等,现代园林多用混凝土或结合以上材料做不同形式的处理,以达到朴素、雅致、清新自然的效果。

园桥、汀步、水池:水是中国园林的一个重要组成部分,而在组织水景方面,园桥和汀步起了独特的作用。人行于上,宛若飘于水面,别有一番滋味。中国园林以理水见长,常通过土石、植物、建筑将水面围合、分割,水面处理自然、流畅,追求一种幽静、清雅的自然气氛。现代园林表现更丰富。特别是喷泉和雕塑小品在水池中的大量运用,以及水幕、壁泉、滴泉结合水池的处理,创造了许多新颖别致的案例。

园凳、园桌:造型一般轻巧美观、活泼多样、自然亲切、富有特色,要求与环境相协调。树下园凳,粗犷古朴;矮柱生凳,自然流畅;仿树桩凳,朴实无华;仿蘑菇凳,野趣盎然。

4. 文化艺术景观

中国的园林是由山水、建筑、花木组成的艺术品,充满了诗情画意。为了使游客能够真正体会到园林风景的美,造园艺术家们常常以最精湛、动人的词语,将风景的美妙之处,以题额和楹联的形式点缀出来,令人回味无穷。

(1)匾额

匾额横置门头或墙洞门上,在园林中多为景点的名称或对景色的称颂。题额的字数以两字、三字、四字居多,也有字数更多的。其中,四字题额最有特色,不仅念起来朗朗上口,而且富有诗情画意,容易引起人们丰富的联想和想象。如杭州西湖金沙堤上有座小石桥,其实它只不过是一座砖砌的拱形桥,其貌不扬。然而,古人却将石桥一带的风景题名为"玉带晴虹"。这样一题,游人便以"玉带"观桥,以"晴虹"望桥,越看越像,好像它真的成了飘洒的玉带、美丽的彩虹,从而得到了精神上的满足与享受。又如苏州拙政园中的"与谁同坐轩",表达了"与谁同坐?清风、明月、我"的孤芳自赏的思想,写景,写情,发人联想。游人即使在无风、无月时到此,也觉得似有这一意境。

(2)楹联

楹联往往与匾额相配,或树立门旁,或悬挂在厅、堂、亭、榭的楹柱上。楹联字数不限,讲究词性、对仗、音韵、平仄、意境情趣,是诗词的演变。楹联工整对偶,因而更能揭示和表达景点的诗情画意。楹联不但能点缀堂、榭,装饰门墙,在园林中往往表达了造园者或园主的思想感情,还可以丰富景观,唤起联想,增加诗情画意,起着画龙点睛的作用。这是中国传统园林的一大特色。曹雪芹在《红楼梦》中借小说人物评大观园时说:"偌大景致,若干亭榭,无字标题,任是花柳山水,也断不能生色。"拙政园中梧竹幽居的"爽借清风明借月,动观流水静观山",雪香云蔚亭的"蝉噪林愈静,鸟鸣山更幽"等,写景、抒情、寄志,大大提升了拙政园的品位。又如济南大明湖的楹联"四面荷花三面柳,一城山色半城湖",贵阳甲秀楼的楹联"烟雨楼台山寺外,画图城郭水中天"等都是极好的写景楹联。当然,有的楹联字数更多,表意更为自由驰骋,如扬州平山堂的楹联"含远山,吞长江,其西南诸峰岭壑尤美;送夕阳,迎素月,当春夏之交草木际天"。还有的楹联则以叠字组成,如苏州网师园中的一副楹联"风风雨雨暖暖寒寒处处寻寻觅觅;莺莺燕燕花花叶叶卿卿暮暮朝朝",寓意深刻,更让人有丰富的想象空间。

二、园林旅游资源的类型及其特征

(一)园林旅游资源的类型

我国古典园林本着"道法自然而高于自然"的造园艺术的基本准则,充分体现着"天人合一"的理念,体现了人们顺应自然,以求生存与发展的思想。由筑山、理水、植物配置、建筑营造和书画墨迹等基本要素构成,通过巧妙的平面布局和各种构园手法,使园林的一切因素有机地融合为一体,即"虽由人作,宛自天开"。同时运用隔景、障景、框景、透景等手法分隔组合各自的空间,形成多样而统一的不同景点,可谓步移景异,静中有动,动中有静,动静相间。有着"无声的诗,立体的画"的美称,被公认为世界风景式园林的起源,并由此赢得了"园林之母"的美誉。古典园林是我国人文旅游资源中的瑰宝。每一座园林,就是一首诗;每一座园林,都是一幅画。座座园林都充满着诗的感情,展现出画的意境。它不是一般的民居,更不是普通的庭院,而是洋溢着诗情画意的艺术作品。由于分类标准的不同,中国园林可分为不同的名称和类型。

1. 按其从属关系划分

(1)皇家园林

皇家园林属于皇帝个人和皇室私有的园林。古籍里称之为苑、宫苑、苑囿、御苑等。皇家园林是皇家生活环境的一个重要组成部分,它反映了封建统治阶级的皇权意识,体现了皇权至尊的观念,但它对自然的态度则是倾向于凌驾于自然之上的皇家气派。皇家园林的人工气息浓厚,往往以人工美取胜,自然美仅居次要的位置。

皇家园林占地面积较大,气势恢宏,用材丰富,装饰堂皇,功能庞杂,体现了统治者的主宰意识。皇家园林常将有代表性的宅第、寺庙、名胜集中并在园林中再现出来。皇家园林一般以主体建筑作为构图中心统率全园,园林建筑常居于支配地位。主体建筑整体尺度较大、较为庄重、色彩富丽堂皇,而园林建筑在园中占的面积比例较低,多采取"大分散,小集中",成群成组的布局方式,南北向轴对称较多,随意布置的较少。另外,各景区的景观往往离不开建筑,用建筑的形式美来点缀、补充、裁剪、修饰天然山水。最典型的有北京的颐和园、河北承德的避暑山庄等。

(2)私家园林

私家园林属于除皇帝以外的王公、贵族、地主、富商及士大夫等所私有,古籍里称之为园、园亭、园墅、池馆、山池、山庄、别墅、别业等。私家园林大多由文人、画家设计营造,因而其对自然的态度主要表现出士大夫阶层的哲学思想和艺术情趣。受园主隐逸思想的影响,它所表现的风格朴素、淡雅、精致而又亲切。私家园林多处于市井之地,布局常取内向式,即在一定的范围内围合,精心营造,它们一般以厅堂为园中主体建筑,景物紧凑多变,用墙、垣、漏窗、走廊等划分空间,大小空间主次分明、疏密相间、相互对比,构成有节奏的变化。它们常用多条观赏路线联系起来,道路迂回蜿蜒,主要道路上往往建有曲折的走廊,池水以聚为主,以分为辅,大多采用不规则状,用桥、岛等使水面相互渗透,构成深邃的趣味。私家园林一般来说空间有限,规模要比皇家园林小得多,又不能将自然山水圈入园内,因而形成了小中见大、掘地为池、叠石为山的主要特点,创造出了优美的自然山水意境。其造园手法也丰富多彩。

(3)寺观园林

寺观园林即佛寺和道观的附属园林,也包括寺观内外的园林化环境。寺观园林的风格特征是理性美,它的产生开辟了对园林景观对象的理性探索和领悟,并影响到整个园林艺术,它也创造了一些别具特色的景观形式,并对以后的园林创作产生了影响。寺观园林可以分为三种类型:一是寺观外园林,即在寺观外围对风景优美的自然景观加以经营,形成以寺观本身为主体的园林;二是寺观内部园林绿化;三是在寺观中或一侧建独立的园林。

寺观园林的特点可概括为五个方面。一是寺观园林有一定的公共性,不同于皇家园林和私家园林的私有性。因为寺观对广大的香客、游人、信徒开放。二是寺观园林具有较稳定的连续性。三是寺观园林选址有较强的适应性,一般重视因地制宜,因势制胜,大多选择自然环境优美的名山大川、古迹胜地。四是讲究内部庭院的绿化。五是注重超脱尘俗的精神审美功能。

(4)陵寝园林

陵寝园林是为埋葬先人、纪念先人、实现避凶就吉之目的而专门修建的园林。中国古代社会,上至皇帝,下至达官贵人,商富大贾,皆非常重视陵寝园林。陵寝园林包括地下寝宫、地上建筑及其周边环境。陵寝园林是历代帝王按照"事死如事生,事亡如事存"的礼制原则建造的,亦即模仿皇宫修建的。在陵寝周围都有大面积的陵园,其特点是封土为陵,规划整齐划一,选址修陵讲究风水,陵园规模宏大,建筑群集中,院落层次起落明显,布局讲究中轴对称。总体特征是宏伟、壮观、肃穆、庄严。

(5)坛庙、祠馆园林

坛庙是封建社会祭天地和祖先的场所,在坛庙内常常也建有小型花园,如北京社稷坛(中山公园)、天坛、地坛、日坛、月坛和山东曲阜的孔庙等。成都杜甫草堂(祠)和眉山苏祠(苏轼父子祠)本身就是把祠堂与园林融合在一起的祠堂园林。

(6)庭院园林

庭院园林是指衙署和王府之中在庭前空地或天井之内布置些假山、水池和花木等,以美化庭院,如北京恭王府西路天香庭院中的翠竹、假山等。

(7)公共园林

公共园林包括名山胜境园林和大型湖山园林两大类。名山胜境园林是指在一些名山胜境之处,或文人墨客相聚或众人游览观景之地的园林,如北京陶然亭、浙江兰亭、四川成都望江楼、云南昆明大观楼、山东济南趵突泉、安徽滁县醉翁亭等。大型湖山园林是指古城内或风景区在长期发展过程中,陆续兴建的一些风景点、亭台楼阁、寺观、桥堤等景观组合而成的一个完整的大型园林,如杭州西湖、济南大明湖、苏州虎丘、广州白云山等。

2. 按造园方式划分

(1) 人工山水园

人工山水园是指在平地上开凿水体、堆筑假山,人为地创设山水地貌,配以花木栽植和建筑营构,把天然山水风景缩移摹拟在一个小范围之内。这类园林均修建在平坦地上,尤以城镇内的居多。它们的规模从小到大,内容亦相应的由简到繁。人工山水园的造园要素中,建筑是由人工营造的自不待言,山水地貌亦出于人为,花木全是人工栽植,鸟兽亦为人工驯化。因此,造园所受的客观制约条件很少,人的创造性得到最大限度的发挥。它的造园手法丰富多彩,是最能代表中国古典园林艺术成就的一个类型。

(2) 天然山水园

天然山水园一般建在城镇近郊或远郊的山野风景地带,包括山水园、山地园和水景园等。规模小的利用天然山水的局部或片段作为建园基址,规模大的则把完整的天然山水植被环境圈围起来作为建园基址,然后利用原始动植物,再配以人工繁育的花木鸟兽和建筑营构。基址的原始地貌因势利导做适当的调整、改造、加工。

3. 按园林的区域分布及布局风格划分

(1) 北方园林

北方园林又称蓟北园林、北国园林,多为皇家园林,如颐和园、北海公园、避暑山庄等。一般而言,此类园林规模宏大,风格粗犷,多野趣,各种人工建筑形体高大、稳重大方,色调浓墨重彩,亭楼的檐角平稳沉重,委婉不足。北方园林多苍松翠柏,具庄重、宁静、和谐之美,并展现出北国风光的博大崇高、磅礴气势及皇家的富丽堂皇。构景上常借自然山水之势,取地理位置之优进行设计布局,结合建筑、花木构成园景。叠石以峻拔雄奇为主,多采用浑厚的大青石。为弥补其秀丽不足,园林中常仿造江南景色或模拟江南名园,如颐和园中的谐趣园等。其总的特点是"雄"。一部分与帝王离宫相结合,位于郊外,规模宏大,可占地千亩,如颐和园、避暑山庄等;另一部分建于城内,与宫室毗连或邻近,如北京的北海公园等。

(2) 江南园林

江南园林以苏州园林为代表,多为私家宅第园林,一般建于城区,与街道住宅相连,与居住、生活融为一体,形成可赏、可游、可居的特点。一般规模较小,几亩至数十亩不等,富田园情趣,色调素净、淡雅,墙垣如云若龙,跌宕起伏,道路回环曲折,多奇石秀水,轻盈秀丽,展现出江南水乡的青山碧水之秀。亭、楼等建筑的翼角高耸,给人以一种活泼的运动感。构景上仿效自然,造景小中见大。叠石以秀、巧取胜,多采用太湖石。其总体特点以"秀"为主。

(3) 岭南园林

岭南园林发展历史较短,曾师道北方园林与江南园林,风格一般介于两者之间,近代又受到外园构园方法和地理因素的影响,具明显的热带自然景观特征,建筑物干练简洁、轻盈秀丽,室内造景内外呼应,表现了"岭南之新"的园林建筑特色。

(4) 少数民族园林

少数民族园林产生较晚。到清代中期,除藏族园林已有初具风格的雏形外,其他少数民族园林均处在萌芽状态。这类园林的突出特点是具有浓厚的地方色彩和宗教气氛。拉萨的罗布林卡可作为此类园林的代表作。

(二)现代园林的发展及其特征

1. 现代园林的发展

现代园林是相对于古典园林而言的，古典园林是在以农业与手工业生产为主的封建社会时期产生的，服务于一定社会阶层的娱乐、休闲的生活活动空间。随着工业文明的到来，为城市自身及城市居民服务的开放型园林逐渐产生。19世纪欧美的城市公园运动拉开了西方现代园林发展的序幕。现代园林设计运用现代艺术和现代建筑中的一些构图原则，注重建筑、山水、植物等在体形、质地、色彩等方面的抽象构图，讲究自由的布局和空间的穿插。这种讲究开敞、开放、外向与工业时代相适应的园林就属于"现代园林"。

20世纪60年代以后，世界园林的发展又出现新的趋势，发达国家和地区的经济高速腾飞，进入了后工业化时代或信息时代，人们的物质生活和精神生活水平大为提高，人们有了足够的闲暇和经济条件来参与各种有利于身心健康的业余活动，对人居环境和生活质量有了更高的要求，与接触大自然、回归大自然有着直接关系的休闲和旅游活动得到了迅猛的发展。20世纪末以来，"可持续发展"成为社会经济发展的一大战略。人与大自然的理性适应状态逐渐升华到一个更高的境界，反映到园林的建设中，城市公共园林绿化及各种户外娱乐交往场地扩大，城市的建筑设计转化为与园林绿化相结合的景观设计。在一些发达国家和地区出现了相当数量的"园林城市"，即整个社会变成一个山水大环境，成为一个综合性的广泛的山水城市。当代园林是一个大系统，几乎深入了人们生活的每一个角落，如居住小区中的小块绿地，街心广场中的小游园，城市内各种形式的公园——文化公园、体育公园、儿童公园、纪念性公园、植物园、游乐园等，还有城市郊区的大块绿地、森林公园、风景名胜区、自然保护区、国家公园游览区、休养胜地等。当代园林除了作为游憩之用，还具有保护和改善环境的功能。当代园林是一个更加开敞的空间，为人们提供令人赏心悦目、浮想联翩、积极上进的人居环境。

2. 现代园林的特征

现代园林已经被越来越多的人所接受，无论是中国的还是西方的，都因其更广泛地面向普通大众和更简洁精炼的手法而得到迅猛发展。总体风格上，现代园林仍是形式和功能的完美结合，服务于社会和人类的需求，是和谐、完美、统一的园林空间。

(1)功能多样化

与现代社会生活同步的园林是文化、休息、娱乐性的综合空间。现代园林把过去孤立、内向的园林转变为开敞、外向的整个城市环境。不同年龄、不同文化层次、不同民族、不同职业的人都可以在此散步、休息、交流、观演。概括起来，其功能主要体现在以下三个方面。

①自然生态功能。现代园林的宗旨在于不断满足人们因脱离自然而产生的对自然环境的物质和精神需求。它尽可能保持原生状态的自然环境，构成了景观生态系统。大面积的植物可以吸收二氧化碳，放出氧气，净化空气；能够在一定程度上吸收有害气体和吸附尘埃，减轻污染；可以调节空气中的温度、湿度，改善小气候；还有减弱噪声和防风、防火等作用。

②现代审美功能。现代园林不仅能创造一个良好的生态空间，而且也能使人们从中获得多元美的享受。就园林植物而言，其形态、风姿、色彩具有丰富、鲜亮、纯净和变幻的特

点,各种园林植物常结合地形、水体、当代雕塑、构筑物等共同在抽象原则下创造出比古典园林更具有空间想象力的生态美。

③公众游憩功能。随着生产力的发展和文明建设的推进,劳动效率不断提高,劳动时间相对减少,而闲暇时间不断增加。现代园林就可给人们提供这样一个休闲游憩场所,有助于人们减轻工作和生活压力,适应现代社会需求。

（2）形式多元化

现代园林在形式上除开放性和外向性外,还鼓励标新立异,在形式上大胆创新。如墨尔本中心公园中"m"字形构图、拉维莱特公园中多层叠落形成的网络式解构主义布局、伯奈特公园多个"m"字形组成的道路网,以及亚利桑那中心庭园如波浪起伏般的装饰图案,都给人以强烈的印象。同时,现代园林更注重现代与传统、东方与西方、自然与人文的融合。

（3）素材丰富化

现代园林的造景素材随着现代高新技术的发展得到了极大的丰富。新的技术,不仅能使人们更加自如地再现自然美景,甚至能创造出超自然的人间奇景。混凝土、玻璃、不锈钢、塑料、合成纤维、橡胶、聚酯织物等构景元素,使园林的外观增辉添彩。如玻璃反射、折射、透射等特性的创意性表现,让人在真实与虚幻之间游移,不锈钢简洁、优雅的造型,则让人体味到传统园林中不曾有过的精美。此外,大量的塑料纤维已被使用在当代园林中作为低维护的"定型"植物,其既无虫害之忧,又无修葺之烦。造景素材的丰富和信息技术的方便快捷已使当代园林景观走向"虚拟"和"仿象",在感观上极大地丰富了园林景观的表现方式。

三、我国古典园林旅游资源

(一)我国园林的发展历史

我国的园林建筑起源古老,发展演进历史漫长,造园技术完善,是东方园林的主要代表。早在商、周时代,中国就有了园林,即当时的"囿"。它是帝王畜养禽兽、种植花木,供自己和贵族游玩、放牧和打猎的风景区。囿中养有许多珍禽异兽,《诗·大雅·灵台》对此有所反映:"王在灵囿,麀鹿攸伏。"当然,真正由景观组成的"囿"是从春秋时期的诸侯国开始的。其既有土山又有沼池或台,而且构亭营桥,种植花草。楚国的章华宫,就是这一时期最早且最负盛名的古园林建筑。到了汉朝,除帝王建有大量的宫廷园林以供观赏外,王公贵族、富绅官僚也已兴起了建造私家园林之风尚。晋葛洪的《西京杂记》记载:汉武帝时,北邙山下茂陵富户袁广汉的私家园林"徘徊连属,重阁修廊""东西四里,南北五里,激流水注其内,构石为山,高二十余丈,连延数里"。园中有高达20余丈的假山,山上还种有各种花草树木,养有大量的珍禽异兽。从此记载中,我们可以对当时园林之大之美窥豹一斑。此时的园林与之前不同的是苑内离宫别馆相望,周围复道相属,宫室建筑群成为苑的主体。从魏晋开始,园林继承了古代"三山一池"的传统,穿池构山形成的自然山水成为园林的基础。

唐宋时,中国的山水画对造园艺术产生了深远的影响,出现了把诗情画意"写"进园林的写意山水园。写意山水园既反映了当时社会上层地主阶级的诗意化生活要求,又展示了这类园林在体现自然美的技巧上取得的卓越成就,如叠石、堆石、理水等。同时,宫苑中所养禽兽不再供狩猎之用,而成了园林中的观赏之物。

明清时期,中国古代园林的建造技艺发展到了顶点,可谓达到了炉火纯青的境界。明清时期之园林,更讲究意趣。"意"为意境,有更深的哲理内涵;"趣"为情趣,求神韵。"意"所表述的是人与园的关系,即人与自然的情态。这时的园林、山水林木,其实已经化作人的自我价值,或者说以此与园主人对话、有着更深的哲理。明清园林,是东方古代园林之最完美的典范。现保存下来的古园林建筑大多属于明清时代。这些古园林建筑充分体现了中国古典园林的独特风格和高超的造园艺术。

(二)我国古典园林的旅游审美特征

1. 天人合一的思想美

我国古典园林追求人与自然的统一和融合。中国园林无一例外都是艺术地再现自然,都是范山模水,取法天然,为生存主体——人创造一个和谐而统一的客体环境。其根本造园思想可概括为八个字——"虽由人作,宛自天开",即反对任何牵强附会和故意雕琢。这一造园思想实际上是"天人合一"的哲学观念在园林艺术中的体现。古代的哲人们很早就开始从自然界寻找美感。孔子说:"仁者乐山,智者乐水。"荀子则盛赞"天地之大美"。这些美学思想都给后来的造园艺术以深刻的影响,是道法自然,融于自然,顺应自然,表现自然,充分体现了中华民族的"天人合一"的民族文化。因此,我国古典园林强调构思精巧,意境深邃,并采取人造山水的手法,以拳石代替名山巨岳,移山缩地,把大自然的优美风景集中在园林中表现出来,刻意创造出可触可感的立体景观。事实上,中国的园林都是以山水为主体,山是骨骼,水是血脉,两者同样是自然的主体。因此,我国园林在造园时特别注重山水的配置,要求山要有脉,水要有源,水随山转,山因水活。在具体布局上,有的以水为主,有的以山为主,有的山水并重,因而中国的园林又可以叫作"山池"。

在园林内,匠师们选择不同色泽、纹理和造型的各种石块,创造出小尺度的自然的峰、峦、岭、岫、洞、谷、悬崖、峭壁等。从它们的堆积章法和构图上,可以看到天然山岳的构成规律和面貌。假山都是真山的抽象化、典型化的缩移摹写,往往在很小的地段内展现出咫尺山林,幻化出千岩万壑。

在园内开凿的各种水体也是自然界的河、湖、溪、涧、泉、瀑的艺术概括。哪怕再小的水面也必须曲折有致、有聚有分,有急流、有瀑布,并利用山石点缀岸、矶、港汊,制造水口以显示水有源头。稍大的一些水面,则筑堤、岛,架设各种各样桥梁。在有限空间内尽量模仿天然水景的全貌,这就是所谓的"一勺则江湖万里"。

2. 布局精巧的艺术美

在造园艺术手段上,中国园林充分利用天然湖山的有利条件,因地制宜,呈现水石交融的美妙境界,形成曲折的水、错落的山、盘绕迂回的小径,景物有连续、有回折,变幻多端,并利用障景、隔景、透景、框景、倒景、夹景、借景等多种传统造园手法,恰到好处地使景物之间互为依赖,增加景深和层次,达到深邃莫测、四顾皆景、步移景换、山外有山、楼外有楼的不同艺术效果。南方私家园林由于占地面积小,虽是掘池代湖,以叠石、堆石为山,但人工的水,岸边曲折自如,水中波纹层层递进;叠石、堆石,力求"作假成真,以假乱真",以显示自然风光。

中国古典园林风景好像一幅逐渐展开的画卷,风景的布置是在人们游览过程中"动"和"静"相结合的要求下设计的;对于厅堂、楼阁、桥廊、亭台、榭舫等形式不同、作用不同的建筑,力求疏密相间,主次分明。园中有些设计以封闭和空间流通相结合的手法,使山、池、房屋和花草的布置有开有合,互相穿插,以增加各景区的联系和风景的层次,从而达到"步移景异"的效果。

3. 情景交融的和谐美

中国传统文化中的山水诗、山水画深刻表达了人们寄情于山水之间、追求超脱、与自然协调共生的思想。因此,山水诗和山水画的意境就成了中国传统园林创作的目标之一。中国古典园林在取材、建筑布局、艺术创作等方面深受我国文学、艺术的影响,形成寓情于景的特点和"自然符号"美与"人为符号"美的有机交织的效果。造园艺术家凭借园中的山石、花草、水体、建筑等"自然符号"来塑造出园林的主要风景形象。同时为了达到"望者息心,览者动色"的目的,为了更好地传输自己的艺术匠心与抒情意境,艺术家们还对园中主要景区和主题景观进行"人为符号"的装点,即充分利用作为语言艺术的园林题景、门楣、对联、匾额等,寥寥数笔,将客观事物的内在美和艺术美点染出来,对景物的特点与神韵进行高度概括,进而达到为园林增添雅兴的效果。

我国许多的园林建筑题材取自山水画、山水诗和文学作品的名句或神话传说,并着重表现个人的思想情感。所以,我国古典园林是诗与画的物记,有所谓"无处不可画,无景不入诗"的意境,耐人寻味。如苏州园林沧浪亭壁间石刻《沧浪亭记》,阐发园主有感于《孟子》"儒子歌"——"沧浪之水清兮可以濯吾缨,沧浪之水浊兮可以濯吾足",并以之题园、游人仰读题刻,俯瞰绕园的清澈水流,会对园内景物有人生哲理的领悟。东晋文人谢灵运在其庄园的建设中就追求"四山周回,溪涧交过,水石林竹之美,岩帅暇曲之好";而唐代诗人白居易在庐山所建草堂则倾心于"仰观山,俯听泉,旁魄竹树云石"的意境。在园林中,这种诗情画意还尤以槛联庸额或刻石的方式表现出来,起到了点景的作用,让书法艺术与园林也结下了不解之缘,成为园林不可或缺的部分。如无锡著名游览胜地鼋头渚,绝壁上镌刻着"包孕吴越"四个大字,就点出了眼前3.6万千顷太湖的浩瀚,激起游人极目千里的情思;又如苏州园林沧浪亭西边山腰的石亭上,镌刻着欧阳修的名句——"清风明月本无价,近水远山皆有情",可使游人从中发现大自然中更为本质的自然。可见,好的景色命名,能使人寻名探胜,起到指导游览和观赏说明的作用,同时诗词题文和汉字艺术,作为园林的观赏物,也能提高园林的格调。

4. 抒情寄志的寓意美

中国园林虽然是艺术地再现自然,却不是无目的地再现自然,而是在自然景物中寄托一定的理想和信念,注重体现人的意趣和精神追求,借助自然景物来表达园林主人的志向和趣味,以满足人的某种精神追求。因而中国园林大多借景寓情,以景明志,赋予外观的景物以丰富的文化内涵。皇家园林自古受神仙思想的影响,多在园林中布置海上仙山,以体现封建帝王祈求成仙和长享富贵的愿望。北京的中南海、北海以及琼华岛、水云榭和瀛台就是这一思想的具体表现。此外,私宅园林也都有园主人的某种寓意。如苏州的"拙政园"为明代御史王献臣所建;王不满朝政,退而居家,取晋代潘岳《闲居赋》中"拙者为政"之意命名,寄托了娱山水而避朝政的愿望。上海松江区的"醉白池"则是清代官员顾大申仰慕唐代诗人白居易晚年醉酒吟诗的风度,造园而题是名。中国的园林还常常借助字画、园林、碑匾描绘四周景物,表明园主的志趣。因此,园林中的题名、匾额、楹联等都有点景、抒情、寓意等作用,如碧梧栖凤、无际归舟、紫气东来、小山丛桂等,又如知春亭、看山楼、赏诗阁、画舫斋、两宜轩等,无不充满诗情画意。单就这些景物的命名去研究,就可以触及传统文化中的那些深层思想。

园林花卉中以松、柏、竹、梅、荷花和兰花最为人们钟爱。很明显,这是园林主人以它们所象征的刚直、桀骜、洒脱、清高、雅致等高尚的人格来隐喻自己的情操才广为栽植的。如苏州网师园的看松读画轩、竹外一枝轩,狮子林中的指柏轩、问梅阁,拙政园中的玉兰堂与荷风四面亭等,都有深刻的寓意。正像中国文人自古以来就尊奉孔子"仁者乐山,知者乐水"的教导,寄情自然山水,以仁者自期,以智者自勉那样,其中最根本的原因仍然是以山水比德的价值观念在起作用,同时也表现出文人对"高山流水"人格的崇尚。

(三)我国园林景观旅游资源

1.我国园林景观旅游资源概述

我国历史上有很多名园,有的已经湮灭了,有的还保留到现在。而目前所存的古代园林多数是明清两代建造的。即使是明代以前的作品,也已经过后人的改造和整修。现存时代最早的古代园林遗址,是山西省新绛县的"绛守居园池",建于隋开皇十六年(公元596年),本是古绛州太守官衙的后花园,建筑物留存极少,但总体规模仍很清晰,作为一个园林遗址仍很完整。历史上闻名中外的皇家园林"圆明园",包括圆明园、长春园、万春园,占地达5200余亩,建于清康熙、乾隆年间,该园汇集了当时江南诸园特点,集我国古代造园艺术精华,建造各种景点达140多处,有"万园之园""人间天堂"等美称,可惜毁于英法联军和八国联军之手。现存完好的三大皇家园林是北京三海公园(什刹海、中南海、北海)、颐和园和承德避暑山庄,以承德避暑山庄为最大。南方私宅园林多集中于苏州、扬州、无锡、杭州、上海等地,而苏州园林保存的数量最多、最为完整。苏州园林属文人、官僚、地主修造者居多,基本上保持正统的士流园林格调,绝大部分均为宅园而密布于城内,少数建在附近的乡镇。其中以"沧浪亭""狮子林""拙政园"和"留园"最负盛名,合称"苏州四大名园"。沧浪亭建于宋代,狮子林建于元代,拙政园建于明代,留园建于明代而大修于清代,基本上体现了四代园林的艺术特色。此外,"曲园""怡园""耦园""网师园"也极尽风趣。扬州市的"个园""何园"(寄啸山庄),无锡市的"寄畅园"等也极有名。上海市的"豫园"是明代官僚潘允端为其父亲所建,素称"东南名园之冠",距今已有400多年的历史。广东的私宅园林也较多,其中东莞"可园"、番禺"余荫山房"、顺德"清晖园"和佛山"十二石斋"合称清代"广东四大名园"。北方的私宅园林主要集中在北京,现存的主要是清代的。但河北省保定市的莲花池建于元代,明代增建,清代改为行宫,是北方少有的历史名园。历史上有两座名声很大的私宅园林,一座在北京,是明代书画家米万钟的"勺园",勺园故址在今北京大学校园内。一座在浙江海宁,是清代官僚陈元龙父子的"安澜园"。在我国现存古典园林中,北京颐和园、河北承德避暑山庄与江苏苏州拙政园、留园合称中国四大名园,并被联合国教科文组织列入《世界文化遗产名录》,从而成为全人类共同的文化财富。可见,中国传统园林具有令人折服的艺术魅力和不可替代的唯一性。它在世界文化之林中独树一帜,风流千载。

2.我国园林旅游景观经典

(1)颐和园

颐和园位于北京西北部海淀区,是我国保存最完整、规模最宏大的古代园林。颐和园原为封建帝王的行宫和花园。早在金贞元年(1153年)这里就曾修建"西山八院"之一的"金山行宫"。明弘治七年(1494年)这里修建了园静寺,后皇室在此建成好山园。1664年清政府定都北京后,又将好山园更名为"瓮山行宫"。清乾隆年间,15年的修建工程之后,该园改名为"清漪圆"。园内修建了许多亭台楼阁、桥廊斋榭,从而显得山清水秀,富丽堂皇。咸丰十年(1860年),英法联军疯狂抢劫并焚烧了园内大部分建筑,除宝云阁(俗称"铜亭")智慧海、多宝琉璃塔幸存外,其余建筑均被夷为一片废墟,珍宝被洗劫一空。光绪十四年(1888年)慈禧太后挪用海军经费3000万两白银,在清漪园的废墟上兴建起颐和园。光绪二十六年(1900年)颐和园又遭八国联军的野蛮破坏,后慈禧又动用巨款重新修复。数百年来,这里一直是封建帝王、皇室的享乐之地。

颐和园包括万寿山、昆明湖两大部分,园内山水秀美,建筑宏伟。全园有各式建筑3000余间,园内布局可分为政治、生活、游览三个区域。政治活动区,以仁寿段为中心,是过去慈禧太后和光绪皇帝办理朝事、会见朝臣和使节的地方。生活居住区,以玉澜堂、宜芸馆、乐寿堂为主体,是慈禧、光绪及后妃居住之地。风景游览区,以万寿山前山、后山、后湖、昆明湖为主,是全园的主要组成部分。

在世界古典园林中享有盛誉的颐和园,布局和谐,浑然一体。在高60米的万寿山前山的中央,纵向自低而高排列着排云门、排云股、德辉殿、佛香阁、智慧海等一组建筑,这些建筑依山而立,步步高升,气派宏伟,以高大的佛香阁为主体,形成了全园的中心线。沿昆明湖北岸横向而建的长廊,长728米,共273间,像一条彩带横跨于万寿山前,连接着东面前山建筑群。长廊中有精美柜画1.4万多幅,素有"画廊"之美称。位于颐和园东北角,万寿山东麓的谐趣园,具有浓重的江南园林特色,被誉为"园中之园"。占全园总面积3/4的昆明湖,湖水清澈碧绿,景色宜人。在广阔的湖面上,有三个小岛点缀,其主要景物是西堤、西堤六桥、东堤、南湖岛、十七孔桥等。湖岸建有廓如亭、知春亭、凤凰墩等秀美建筑,其中位于湖西北岸的清晏舫(石舫)中西合璧,精巧华丽,是园中著名的水上建筑。后山后湖,林茂竹青,景色幽雅,到处是松林曲径,小桥流水,风格与前山迥然不同。山脚下的苏州河,曲折蜿蜒,时狭时阔,颇具江南特色。在岸边的树丛中建有多宝琉璃塔。后山还有一座仿西藏建筑——香岩宗印之阁,造型奇特。苏州街原为宫内的民间买卖街,现已修复并向游人开放。拥山抱水,绚丽多姿的颐和园,体现了我国造园艺术的高超水平。

颐和园几乎集中了所有古代建筑的形式,亭台楼阁、殿堂厅室、廊馆轩榭、塔舫桥关,应有尽有,除了木建筑以外,还有铜铸、石砌、琉璃镶嵌等的各式建筑。其主要建筑一是佛香阁,高41米,建在20米高的石造台基上,气势宏伟,据说这座巨大的建筑物被英法联军烧毁后,于1891年重建,花了78万两银子,是颐和园里最大的工程项目。登上佛香阁,周围数十里的景色尽收眼底。二是排云殿,是前山最宏伟的一组宫殿式建筑群,是慈禧在园内过生日时接受贺拜的地方。三是长廊,共273间,全长728米。它北靠万寿山,南临昆明湖,在长廊上漫步,可以欣赏湖光山色之美景,同时长廊的每根枋梁上都绘有彩画,可供观赏。四是仁寿殿,是慈禧、光绪在颐和园居住期间朝会大臣的场所,殿内陈列着许多贵重文物。五是乐寿堂,是慈禧在园内居住的地方。室内的陈设,基本上保持当年的面貌。庭院里栽种了几株珍贵的玉兰,并点缀着一块名为青芝岫的巨大的山石。六为十七孔桥,长150米,宽8米,是园内最大的一座桥梁。桥的造型十分优美。它西连南湖岛,东接廓如亭,不但是前往南湖岛的唯一通道,而且是湖区的一个重要景点。游览颐和园,除了园林以外,各种古代建筑也是重要的观赏内容。

(2)承德避暑山庄

承德避暑山庄又名承德离宫或热河行宫,位于河北省承德市中心北部,武烈河西岸一带狭长的谷地上,是清代皇帝夏天避暑和处理政务的场所。避暑山庄始建于1703年,历经康熙、雍正、乾隆三代皇帝，耗时约 90 年建成。当年康熙皇帝在北巡途中，发现承德这片地方地势良好，气候宜人，风景优美，又直达清王朝的发祥地——北方，是清朝皇帝家乡的门户，还可俯视关内，外控蒙古各部，于是选定在这里建行宫。康熙四十二年（1703 年）开始在此大兴土木，疏浚湖泊，修路造宫，至康熙五十二年（1713 年）建成 36 景，并建好山庄的围墙。雍正朝代暂停修建。乾隆六年（1741 年）到乾隆五十七年（1792 年）又继续修建直至完工，建成的避暑山庄新增加 36 景和山庄外的外八庙，界墙内占地约 564 公顷，其规模壮观，是别具一格的皇家园林，为后人留下了珍贵的古代园林建筑杰作。

宫殿区位于山庄南部，宫室建筑林立，布局严整，是紫禁城的缩影。其布局运用了"前宫后苑"的传统手法，包括正宫、松鹤斋、东宫和万壑松风四组建筑群。正宫在宫殿区西侧，是清代皇帝处理政务和居住之所，按"前朝后寝"的形制，由九进院落组成，布局严整，建筑外形简朴，装修淡雅。主殿全由四川、云南的名贵楠木建成，素身烫蜡，雕刻精美。庭院大小、回廊高低、山石配置、树木种植，都使人感到平易亲切，与京城巍峨豪华的宫殿大不相同。松鹤斋在正宫之东，由七进院落组成，庭中古松耸峙，环境清幽。万壑松风在松鹤斋之北，是乾隆幼时读书之处，六幢大小不同的建筑错落布置，以回廊相连，富于南方园林建筑之特色。

湖泊区是山庄风景的重点，被小洲屿分隔成形式各异、意趣不同的湖面，用长堤、小桥、曲径纵横相连。湖岸曲透，楼阁相间，层次丰富，一派江南水乡风光。建筑采用分散布局之手法，园中有园，每组建筑都形成独立的小天地。山庄 72 景就有 31 景在湖区。烟雨楼仿嘉兴南湖中的烟雨楼而建，主楼是上下各宽 5 间的两层楼，周围回廊相抱，四面为对山斋，斋前假山上又建一六角亭，布局玲珑精巧，环境幽雅宜人，是避暑山庄最著名的胜景之一。山阜平台上建有三间殿和帝王阁，俗称"金山亭"，六角形，共 3 层，内供玉皇大帝。这是湖区最高点，与烟雨楼同为山庄的代表性风景点。

平原区的万树园北依山麓，南临湖区，占地 80 公顷，遍植名木佳树，西边地面空旷，绿草如茵，为清帝巡视山庄时放牧之地。园内无任何建筑，只是按蒙古习俗设置了蒙古区与活动房屋，清帝常在此举行马技、杂枝、摔跤、放焰火等活动，并接见各民族的上层人物与外国使节。御幄专供皇上使用，直径 7 丈 2 尺，幄内张挂壁毯，地上铺白毡，顶上挂各种精美的宫灯。万树园旁有一座舍利塔，形制仿杭州六和塔，是乾隆十九年（1754 年）改造，高 65 米，八角九层。文津阁是皇家七大藏书楼之一，为藏《四库全书》而依照宁波天一阁而建。

山岳区最著名的风景点是梨树峪，因这里有万树梨花，花香袭人，花色似雪而得名。西北隅高峰上，有一座四面云山亭，亭居于峰巅，歇山顶，四面开门窗，可登此俯瞰群山，远近景色尽收眼底。棒槌山峰顶有一巨大的石棒槌，下面有石台。棒槌高 38.29 米，顶部直径 15.04 米，根部直径 10.7 米，生成 300 万年来，一直挺立不倒，为承德一大奇观。

避暑山庄周围 12 座建筑风格各异的寺庙，是当时清政府为了团结蒙古、新疆、西藏等地区的少数民族，利用宗教作为笼络手段而修建的。其中的 8 座由清政府直接管理，故被称为"外八庙"。庙宇按照建筑风格分为藏式寺庙、汉式寺庙和汉藏结合式寺庙三种。这些寺庙融合了汉、藏等民族建筑艺术的精华，气势宏伟，极具皇家风范。

山庄整体布局巧用地形，因山就势，分区明确，景色丰富，与其他园林相比，有其独特的风格。山庄宫殿区布局严谨，建筑朴素，苑景区富有自然野趣，宫殿与天然景观和谐地融为一体，达到了回归自然的境界。山庄融南北建筑艺术之精华，园内建筑规模虽然不大，但殿宇和围墙多采用青砖灰瓦、原木本色,淡雅庄重,简朴适度,与京城的故宫,黄瓦红墙,描金彩绘,堂皇耀目呈明显对照。山庄的建筑既具有南方园林的风格、结构和工程做法,又多沿袭北方常用的手法,成为南北建筑艺术完美结合的典范。

(3)拙政园

典雅、淡秀的拙政园位于苏州古城东北街,始建于明正德四年(1509年),为明代弘治进士、御史王献臣弃官回乡后,在唐代陆龟蒙宅地和元代大弘寺旧址处拓建而成。取晋代文学家潘岳《闲居赋》中"筑室种树,逍遥自得……灌园鬻蔬,以供朝夕之膳……此亦拙者之为政也"句意,将此园命名为拙政园。

拙政园的布局主题以水为中心。池水面积约占总面积的3/5,主要建筑十之八九皆临水而筑。全园分东、中、西、住宅四个部分。东部明快开朗,以平冈远山、松林草坪、竹坞曲水为主,主要景点有兰雪堂、缀云峰、芙蓉榭、天泉亭、秫香馆等。中园是拙政园的精华部分,其总体布局以水池为中心,亭台楼榭皆临水而建,有的亭榭直出水中,具有江南水乡的特色。主体建筑远香堂位于水池南岸,隔池与主景东西两山岛相望,池水清澈广阔,遍植荷花,山岛上林荫匝地,水岸藤萝纷披,两山溪谷间架有小桥,山岛上各建一亭,西为雪香云蔚亭,东为待霜亭,四季景色因时而异。远香堂之西的"倚玉轩"与其西面船舫形的"香洲"遥遥相对,两者与其北面的"荷风四面亭"成三足鼎立之势,都可随势赏荷。倚玉轩之西有一曲水湾深入南部居宅,这里有三间水阁"小沧浪",以北的廊桥"小飞虹"分隔空间,构成一个幽静的水院,而"香洲"即位于这一水湾口之两侧。拙政园中园的布局以荷花池为中心,远香堂为其主体建筑,池中两岛为其主景,其他建筑大都临水并面向远香堂,从建筑物名称来看,也大多与荷花有关。王献臣之所以要如此大力宣扬荷花,主要是为了表达他孤高不群的清高品格。西部主体建筑为靠近住宅一侧的卅六鸳鸯馆,水池呈曲尺形,其特点为台馆分峙、回廊起伏、水波倒影、别有情趣,装饰华丽精美。主要景点有卅六鸳鸯馆、倒影楼、与谁同坐轩、水廊等。住宅是典型的苏州民居。

江南园林大多是民间的私家花园,主要分布在苏州、无锡、南京、扬州等地。江南的私家园林,明、清两代建造最多。从总体来看,我国私家园林不像皇家宫苑那样规模宏大、豪华富贵,而是追求一种精巧素雅、玲珑多姿的风格,讲求山林野趣的自然美。私家园林最大的特点是善于在有限的空间,巧妙地塑造千变万化的园林景色,利用咫尺山林,再现大自然的美景,把山水、花木、建筑融为一体,把自然美、艺术美有机地统一。总之,以少胜多,以精取胜。园虽小,但建造之精细,构景之丰富,使游人在小园中看到广大的世界,看到丰富多彩的自然美和人工美。私家园林造园艺术家善于用长廊、粉墙、花窗(漏窗)来分隔园内的景物,但又隔而不断,相互掩映。当游人置身于园中,便产生了一种景多意深、步移景变、不可捉摸的感觉。苏州是江南园林群芳荟萃的名城,现存的园林大多属私家园林,具有"江南园林甲天下,苏州园林甲江南"的美誉。

苏州园林景观基本布局是以厅堂作为全园的活动中心,面对厅堂设置山池、花木等对景,厅堂周围和山池之间缀以亭榭楼阁,或环以庭院和其他小景区,并用蹊径和回廊联系起来,组成一个可居、可观、可游的整体。以少胜多、小中见大,这是苏州园林之美的主要特征。以少胜多主要体现在建造精细,景物小巧而丰富。

(4)留园

留园在苏州阊门外留园路,明万历年间太仆徐泰时建园,时称东园,清嘉庆时归观察刘恕，名寒碧庄，俗称刘园。同治年间盛旭人购得，重加扩建，修葺一新，取"刘"的谐音"留"而得名留园。留园以其严谨布局、高雅风格、丰富景观，曾被评为"吴中第一名园"。留园占地30亩，集住宅、祠堂、家庵、园林于一身，该园综合了江南造园艺术，并以建筑结构见长，善于运用大小、曲直、明暗、高低、收放等艺术，吸取四周景色，形成一组组层次丰富，错落相连，有节奏、有色彩、有对比的空间体系。留园厅堂敞丽，装饰精美，全园用建筑来划分空间，共分中、东、西、北四个景区。中部以山水见长，池水明洁清幽，峰峦环抱，古木参天；东部以建筑为主，重檐迭楼，曲院回廊，疏密相宜，奇峰秀石，引人入胜；西部自然风光，环境幽静，富有山林野趣；北部竹篱小屋，颇有乡村田园风味。全园曲廊贯穿，依势曲折，通幽渡壑，长达600～700米，廊壁嵌有历代著名书法石刻300多方，其中有名的是明代嘉靖年间吴江松陵人董汉策所刻的二王帖，历时25年，至万历十三年方始刻成。留园三绝是冠云峰、楠木殿和鱼化石。

第四节　宗教文化旅游资源

一、宗教与宗教旅游资源

(一)宗教及其产生

宗教是一种特殊的社会意识形态。其最大的特点是相信现实世界之外还存在一个超自然、超人间的神秘力量或实体，它主宰着自然和社会。宗教是神秘的，人们对于宗教的认识也是各种各样的。詹·乔·弗雷泽认为宗教是人们向一种高于人的权利的妥协；赫·斯宾塞认为宗教是人们对超人类力量的信仰；布雷德雷强调宗教是人生对善的追求；迈克塔格特宣称宗教是人类追求与宇宙和谐的一种感情。面对各种有关宗教的认识，恩格斯也提出了自己的看法，他认为一切宗教不过是支配着人们日常生活的外部力量在人们头脑中虚幻的反映。

宗教是人类社会发展到一定历史阶段的产物。人们生活在世界上，除了面对已经认识了的真实事物，如四季、寒暑、播种、收获之外，还要承受超自然力量的压力与虚幻现象的困惑，如雷电、风雨、地震、山崩等突如其来的现象，都会给人们造成巨大的恐慌，甚至幻觉、梦境也往往被认为是真实的存在。原始人类对周围事物和现象的认识很肤浅，几乎无法解释那些真实而又令人恐惧、虚幻但又仿佛存在的现象，他们相信有一种超自然的力量主宰着世界上的一切。顶礼膜拜、歌舞祈祷都是人类对各种超自然力量——诸神的友好表示。最初人们进行崇拜的对象几乎包括自然界中的一切，如山川河流、大地海洋、日月星辰、动物植物，以及死去的祖先、圣人、贤者等。原始人将这一切都赋予了神灵。

原始社会是一个无阶级的社会，人们的幻想仅仅是对自然力量的歪曲、恐惧和崇拜。进入阶级社会以后，宗教得以存在和发展最深刻的社会根源，一方面在于人们受社会的盲目的异己力量支配而无法摆脱，造成了巨大苦难，带来了恐惧和绝望；另一方面在于剥削阶级需要将宗教作为麻醉和控制群众的重要精神手段。随着阶级的形成、国家和王权的产生，宗教也不断发生演变，从原始的多神教演变为一神教；从"自发宗教"发展为"人为宗教";从部落宗教发展为民族宗教或国家宗教。由于阶级的出现,形成了阶级和阶级压迫,人们对社会力量的压迫同对自然力量的压迫一样,感到难以理解和捉摸不透,就把希望寄托在宗教信仰上,祈求"来世"的幸福或者死后灵魂升入"天国"或"极乐世界",从而不断发展出了新的宗教。有些宗教扩展成为区域性或世界性的宗教。它所信奉的神不再是某一民族特有的保护神,而被认为是宇宙的最高主宰;它的信仰者不只限于某一民族,不同民族的人也可以信奉同一宗教;它具有系统而完整的教义,有较严密的教会组织和受过系统神学教育的教职人员。

（二）宗教旅游资源

宗教既是社会意识形态的重要组成,也是一种文化现象,是人类传统文化的重要载体之一。宗教文化具有巨大的包容性,几乎囊括了哲学、社会学、道德、文学到建筑、医学、绘画、雕塑等方方面面的物质文化、制度文化、精神文化等所有的文化形式。由宗教创造的文化集中体现在建筑、绘画、诗歌、音乐、雕塑和宗教仪规、宗教节日、宗教禁忌、宗教习俗等方面,这些艺术营造的神圣又加深了人们对宗教信仰的追求。巍峨的石雕神像,以震撼人们心灵的力量显示着神的威严;壁画上优美的飞天,轻盈、飘逸,又现出神界的悠然;基督教圣歌将人们引向圣洁的天堂,佛教音乐的声声钟鼓引导人们完成对佛祖的顶礼膜拜。宗教不仅建构了独特的艺术形式,而且又通过哲学、文学将宗教思想融会到人们的意识中。类型众多、分布广泛、内涵深厚并带有神秘色彩的宗教文化既是人类文化的瑰宝,又是赋有特色的旅游资源。

关于宗教旅游资源可概括为:"因宗教观念、宗教活动而形成的对人们具有旅游吸引力并且具有经济开发价值的各种事物、因素和现象。其范围相当广泛,内容非常丰富,主要包括宗教圣地、宗教名山、宗教建筑、宗教艺术、宗教节庆、宗教名人、宗教饮食等。"

（三）宗教旅游资源的基本特点

宗教旅游资源是旅游资源的重要组成部分,除了具备普通旅游资源的类型多样、分布广泛、自然景观和人文景观相映和谐等特点外,还具备自有的许多特点。

（1）境界玄奇、神秘

境界玄奇、神秘是宗教旅游资源最突出的特征,也是它区别于其他类旅游资源的根本之处。宗教的本质属性在于其对超自然、超人间、超现实力量的崇拜与信仰。从宗教教义到宗教建筑再到各类宗教艺术、仪式、活动、宗教用品及异常丰富的宗教神话传说故事等,宗教的各个方面都含有虚幻、想象、夸张、荒诞成分及超现实世界的神秘感。这使宗教旅游资源带有强烈的玄奇、神秘的特征和氛围。

（2）文化底蕴深厚

宗教是人类历史上一种古老而又普遍的社会文化现象,具有多种表现形态和丰富的内涵。而宗教旅游资源的形成,一般都是宗教与当时政治、经济、社会文化等因素相互影响、相互作用的结果,多种因素的互动及长期积淀才形成了现存的宗教旅游资源。所以,它们既具有宗教内涵,又具有丰富的历史、社会、文化、艺术、民俗方面的深厚底蕴。

（3）文化倾向性强

文化倾向性是指旅游资源对旅游者具有文化、意识上的倾向和诱导作用,它是人文旅游资源区别于自然旅游资源的一个显著特征。这在宗教旅游资源中表现得极为突出。幽静的环境、深邃幽暗的殿堂、缭绕的烟雾、神态安详的塑像、神奇的壁画、舒缓的音乐、深沉悠扬的经声佛号等,都能够形成一种强烈的宗教氛围,容易使人不由自主、不知不觉产生一种超脱凡世的感觉,对人的意识具有明显的倾向和诱导作用。

(4)知名度高,影响广泛

宗教旅游资源大多影响广泛,具有相当高的知名度,这对于旅游开发极其有利。其知名度和影响首先来自宗教传播,其次来自历史上统治阶级对宗教的重视与提倡,还来自社会名流、文人学士的游览及其所创作的相关文学、艺术作品等。这些文艺作品扩大了宗教旅游资源的影响,提升了其知名度。

(5)层次丰富,综合性强

宗教旅游资源的内容非常丰富,既包括有形的物质性资源,也包括无形的精神性资源;既包括各类静态资源(圣地、建筑、艺术品、文物),又包括各类动态的资源(仪式、修炼活动、节庆活动);还可提供多种形式的游览项目和活动方式。

(6)旅游基础深厚,历史悠久

许多宗教名山在历史上早就成为民众的朝拜圣地和游览胜地,而许多寺庙道观在历史上既是宗教场所,也是百姓娱乐活动的游艺场所,担负着地方文化娱乐活动中心的功能。寺庙用于旅游的历史相当悠久。旧时寺庙旅游的内容已相当丰富,主要有降香拜神、观光寺貌、参观寺藏、聚餐饮酒、观戏买物(庙会)、观灯赏月、品茶闲话、纳凉避暑等。另外,还有不少宗教活动如庙会等早已成为地方游乐民俗节庆活动,影响深远。这种悠久深厚的旅游基础为今天的旅游开发提供了不少有利的条件。

二、宗教建筑旅游资源

宗教建筑是人类文化科学的智慧结晶,是人类建筑成就的重要组成部分。宗教建筑在选址、布局、造型、用材、色彩等方面都十分巧妙地利用了自然形胜,注意人工美与自然美的有机结合,在建筑手段方面刻意营造一种怪、曲、尖的"神圣崇高"的神秘气氛;或许是对"神的空间"理解的不定性,促使这一"神圣空间"形态脱离其传统的固有建筑形制,使宗教建筑形态各异、充满想象力。当人们步入寺庙殿堂时,其环境在无形中便产生神秘感,对旅游者产生强烈的吸引力,从而成为重要的旅游资源。

(一)佛教建筑旅游资源

佛教主张离尘出世,因此寺庙建筑大多分布在幽深的山林里,形成了"天下名山僧占多"的局面。数千年来,掩映在参天古木之下的寺庙、立在萋萋芳草之上的宝塔、镶嵌在悬崖峭壁之中的石窟,红墙青瓦、玉殿琼阁,尊尊塑像、层层建筑,布局井然、技艺精湛、造型优美、意境深邃、韵味无穷、鬼斧神工,堪称人间杰作。千百年来,因为种种动机,人们为了信佛、拜佛、敬佛和护佛的需要,花费了大量人力物力,建造了无数的寺院、石窟、佛像、佛塔,留下了许多佛教建筑旅游资源。

1.寺院

(1)我国佛教寺院建筑的类型

由于我国地域广阔,民族众多,各地的自然环境、历史背景、宗教信仰和民情风俗不同,佛教寺院建筑在总体布局和单体建筑上的类型也不尽相同。与佛教传入方式相适应,我国的佛教寺院也可以分为以下三大类型。

①汉传佛教寺院。这类庙宇数量多、分布广。汉传佛教寺院由于深受宫殿、王府、坛

庙、住宅等传统建筑模式的影响,一般都由一组又一组的庭院式建筑组成。中轴线分明,左右对称。寺院的等级不同,大小不同,寺中庭院的数目也不相同。规模小、等级低的寺院,一般只有一两个庭院。规模大、等级高的一般有四五个或以上的庭院。唐代的扶风法门寺,属于皇宫之外的内道场,是一座规模宏大的皇家寺院。其庭院数目多达 24 个。北京的潭柘寺,历来都是一座重要的全国名刹。它的轴线有左、中、右三条,其庭院也依次布列在两条轴线上。在汉传佛教寺院中,单体建筑的种类非常丰富。殿、堂、楼、阁、廊、亭、台等,凡是我国古代建筑中的诸多类型,在汉传佛教寺院建筑中几乎都有。修建在山麓或山上的寺庙,大多顺山势布局,殿堂层层递高;主殿位置突出,配殿环列其前后或左右。这种寺院的布局突出了主体,又富于变化。有的寺院修建在悬崖绝壁上,如山西北岳恒山的悬空寺,远看似空中楼阁。还有的寺院,跨谷建桥为基,上筑佛殿,如河北井陉福庆寺的桥楼殿,远看似空中彩虹。所有这些,都是我国汉传佛教寺庙建筑中的特殊类型,也是我国古代建筑的精品和杰作。此外,至今保存完好的汉系寺院还有山西五台山的塔院寺、显通寺、南山寺、龙泉寺、佛光寺、南禅寺等;浙江杭州的灵隐寺、宁波的天童寺、天台的国清寺等;河南嵩山的少林寺与法源寺、开封的相国寺、洛阳的白马寺等;北京的云居寺、碧云寺等;西安的香积寺与慈恩寺;上海的龙华寺与龙山寺;广东韶关的南华寺、广州的六榕寺与玉佛寺、光孝寺;福建厦门的南普陀寺、泉州的开元寺;台湾的竹溪寺;河北蓟县的独乐寺等。南京的栖霞寺、江陵的玉泉寺、浙江天台的国清寺和山东长清的灵岩寺,合称天下寺院"四绝"。

　　②藏传佛教寺院。这类庙宇主要分布在西藏自治区和内蒙古自治区以及青海、甘肃、四川、云南等地区。藏传佛教寺院,一般都称为喇嘛庙。藏传佛教寺院在中华人民共和国成立前不仅是佛教活动中心,也是封建统治中心,是重大宗教、政治活动的场所。藏传佛寺规模宏大,建筑宏伟,文物荟萃,金碧辉煌。藏传佛教寺院一般由札仓、拉康(佛寺)、襄欠(活佛公署)、印经院、藏经楼、灵塔殿、僧舍等组成。藏传佛教寺院又可以分为三种类型。一是汉式建筑的喇嘛庙,如北京的雍和宫,青海乐都的霍昙寺,五台山的罗侯寺、菩萨顶等。它们的总体布局与汉传佛教寺院没有太大的区别。二是汉藏建筑结合式,如河北承德普宁寺、普乐寺等,均属于这种建筑形式的喇嘛庙。寺的前部为典型的汉族建筑形式,后部为典型的藏族建筑形式。这两种喇嘛庙在我国的数量不多。三是藏式建筑,如拉萨布达拉宫、大昭寺,日喀则扎什伦布寺,青海塔尔寺等。但这类寺庙也并非纯藏式建筑,其中也融入了数量不等的汉族建筑元素。

　　③南传上座部佛教寺院。这类庙宇主要分布在云南省西南部。南传上座部佛教(小乘佛教)寺庙,深受汉族建筑、泰、缅建筑和傣族民居建筑的影响,有宫殿式、干阑式和宫殿干阑结合式三种。座部佛教寺院主要由佛殿、藏经室、僧舍及佛塔四部分组成。佛殿是佛寺的主要建筑,内部由佛座(上供奉释迦牟尼像)、经书台、僧座三部分组成,是僧侣日常念经,从事各种佛事活动的场所。藏经室用于收藏寺内各种佛教经典。僧舍是僧侣学习和居住的场所。佛塔是云南上座部佛教最具特色的建筑,有缅式钟形佛塔、亭阁式佛塔、泰式金刚座佛塔、高基座佛塔、八角形密檐式佛塔等,千姿百态,是寺院规格高低的重要标志。因为小乘教只认释迦牟尼为佛,寺庙建筑以佛塔和释迦牟尼佛像为中心,因此,大殿或塔是寺的中心,僧舍等环列周围。小乘教地区的寺庙数量很多,我国各地几乎村村有寺、寨寨有塔。殿堂内外装饰华丽,色彩鲜艳夺目。在蓝天、白云和绿树的掩映下,造型灵巧美观的南传上座部佛教寺院,给人以超凡脱俗之感,引人注目。

（2）我国佛教寺院建筑的基本特色

①取材以木料为主,并用构架的原则。在基础上立柱,柱上加梁,梁上加椽,椽上加望板,再砌砖为墙,加瓦为顶。这同基督教或伊斯兰教的建筑以砖石为主料的结构完全不同。

②以斗拱为木架构的主体。寺庙大殿的大屋顶和飞檐,全靠斗拱结合柱与梁、梁与檐,是力学和结构学的完美境界。由于斗拱"托""飞""拱""伸"的作用,中国寺庙像宫殿一般庄严华美,成为力与美的杰作。

③有中轴线,均衡设计。与所有的礼制建筑一样,寺庙的平面布局也是中心定位,均衡设计,大抵以中轴线为主,呈四合院的布局,或向纵深扩展。全寺以正殿为中心,前后两殿相烘托,左右有配殿,多数是一正两厢,钟楼、鼓楼平衡列于两边,左右配置均齐。

④广集自然美,多见园林景观。一般大寺庙在中轴线左右,并建高低错落的亭台楼阁,鱼池石桥,假山乱石,院落互异,充满园林风味。

⑤注重色彩和美术装饰。屋顶琉璃瓦流丹溢翠,梁柱墙壁多涂深蓝丹赤之色。花墙、门窗,不是雕便是画,藻井彩绘,雕梁粉壁。

（3）汉传佛教寺院建筑物构成

①山门:即三门,又称三门殿,为寺院的大门,象征佛教"三解脱门",即空门、无相门、无作门。正中为空解脱门,东侧为无相解脱门,西侧为无作解脱门。大的寺院有两座山门,第一道山门又称外门,在外门与二山门之间,往往有一潭清水,或方形,或长形,或半月形,内种莲花,称莲池,也作放生池。殿内塑两大金刚力士像,手执金刚杵,守护寺门。

②天王殿:也称弥勒殿,为寺门内第一重殿。殿正中供奉着弥勒佛像,东西两侧分塑四大天王像。弥勒佛像背后塑寺院守护神韦陀像。正中供奉大肚弥勒佛,其背后供奉韦陀,两侧供奉四大天王。

③钟楼:位于天王殿左(东)前侧,楼上悬有巨钟。有的寺院钟楼下供奉地藏菩萨,道明为其左胁持,闵公为其右胁持。

④鼓楼:位于天王殿右(西)侧,楼上置有大鼓。有的寺院鼓楼下供奉伽蓝神关羽,关平为其左胁持,周仓为其右胁持。

⑤大雄宝殿:为佛寺正殿,又称正殿、大殿,是寺内的主体建筑,高大雄伟,气势非凡。大殿正中供奉佛教至高无上的本尊释迦牟尼佛像,可有一佛、三佛、五佛、七佛等多种形式。其中以三佛居多。供一佛常见的为"释家三尊"或释迦牟尼佛及两旁站立其大弟子迦叶、阿难,也有的供奉"西方三圣"或"华严三圣"。三佛同殿,常见的有"三方佛""三世佛"和"三身佛"。供五佛和七佛的较少,主要是历史久远的寺庙。释迦牟尼背后一般为南海观音壁塑图。大殿两侧供奉十六罗汉或十八罗汉。

⑥东西配殿:常位于大雄宝殿两侧,其供奉对象随宗派不同而不同,主要为三圣殿(供奉西方三圣)、祖师殿(禅宗居多)、伽蓝殿等。

⑦法堂:也称讲堂,一般在大殿之后,是方丈等讲佛法叭戒集会之处,一般布局很宏伟,其建筑规模仅次于大雄宝殿。法堂也供奉一些佛像,但堂中设法座,也称"狮子座",供名僧大德宣讲佛法。座前有讲台、香案,两侧列置听法席。堂内钟鼓齐备,开讲时钟鼓齐鸣。

⑧罗汉堂:自唐代开始,一些大型寺院都修建五百罗汉堂。

⑨藏经楼:又称藏经阁,为存放佛教经典之处,是佛寺中珍藏佛像经籍之所,一般安置在中轴线的最后一进,为两层。下层为千佛阁,正中供奉毗卢遮那佛,沿壁塑小佛龛供奉上

千座小佛像。其沿壁置立柜安置藏经。楼上主要用于贮藏经书。

2.佛塔

佛塔是佛教文化的标志性建筑物，最早产生于印度。与我国的陵墓一样，是古代印度用来埋存死者的骨灰、舍利、牙、发等遗物的建筑。《涅槃经》中说：佛告诉弟子阿难，在他涅槃火化后，取舍利储于七宝瓶中，在拘尸那迦城内起塔安放。后来拘尸王等8个国家的国王分开佛舍利，各取一份回国建塔供奉。从此以后，佛塔便成了佛教徒崇拜的对象。这种埋有佛祖舍利、佛牙、骨、发等圣物的塔，一般称作舍利塔。历代的僧人，尤其是地位较高的禅师们，也仿效西域风俗，建塔安葬遗骨。随着佛教的传播，佛塔建筑也走向了中国、泰国等东亚、东南亚的国家。

印度佛塔的原形为下方上圆的覆钵式。一种是埋藏舍利、佛骨等的"窣堵波"，属于坟冢的性质。另一种是所谓的"支提"或"制底"，内无舍利，称作庙，即所谓塔庙。这两种形式的塔，传入中国后与中国原有的楼阁亭台等传统建筑和文化相结合，功能不断增加，用材不断拓宽，类型不断丰富，从而使佛塔建筑有了很大的变化和发展。我国佛塔建筑的发展阶段可分为：以木塔为主的东汉及南北朝时期；以砖、石塔为主的唐、宋、辽、金时期；精美的宋代铁塔时期；以喇嘛塔为主的元代时期；以五彩缤纷、光彩夺目琉璃宝塔和铜塔为主的明清时期。

我国佛塔一般由地宫、塔基、塔身和塔刹四部分构成。地宫又称"龙宫"或"龙窟"，宫内安放的主要是石函和陪葬器物。石函内有层层的函匣相套，内层即为安放舍利之处。塔基覆盖于地宫之上，早期的塔基较低矮，仅几十厘米，唐代时开始建高大的塔基，且明显分成基台和基座两部分，辽金时期的基座大多做须弥座式。而覆钵式塔（喇嘛塔）、金刚宝座式塔的塔基更是占了塔的很大部分比例。塔身是塔的主体，不同类型的塔，其塔身形式不同。塔刹位于塔的最高处，实际上是一个小塔，由刹座、刹身、刹顶三部分组成，内用刹杆直贯串联。

我国古塔按平面形状可分为四方形塔、六角形塔、八角形塔、十二角形塔、圆形塔等；按层数可分为单层塔和多层塔，多层塔中又有三层塔、五层塔、七层塔、九层塔等，以奇数层塔多而普遍，偶数层塔较少，这是因为佛教以奇数表示清静、上天或吉祥之意；按供奉对象又可分为佛舍利塔、菩萨塔、阿罗汉塔、高僧墓塔等；按教派可分为汉语系佛塔、藏语系佛塔、巴利语系佛塔等；按艺术造型与结构形式还可分为楼阁式塔、密檐式塔、亭阁式塔、花塔、覆钵式塔、金刚宝座式塔、过街塔及宝箧印经塔等。

我国著名的佛塔主要有河南登封的嵩岳寺塔、山西应县的释迦塔、山西洪洞的飞虹塔和云南大理的千寻塔。它们被称为中国的四大名塔。另外，河北定州的开元寺塔是我国现存最高的古代砖塔，是我国最古老的塔；北京妙应寺白塔是我国现存最高的、最杰出的喇嘛塔。此外，西安的大、小雁塔和华严寺塔，福建泉州开元寺双塔，杭州六和塔，云南大理的崇圣寺三塔，开封的铁塔和苏州虎丘塔等和外国的如缅甸仰光大金塔、尼泊尔加德满都的斯瓦扬布纳特寺佛塔、印度尼西亚爪哇岛的婆罗浮屠塔等，均为佛塔中的佼佼者。

佛塔本是从异域传入的宗教建筑，但在中国，这种毫无实用价值的纯宗教的建筑被引到人间美好的生活环境中来，使中国的佛塔成为"人"的建筑，而不是"神"的灵境；它凝聚着"人"的情调，而没有发射出"神"的毫光。它有浓烈的人情味。由于中国人在造型艺术上始终保持着清醒的理性观点，所以中国的古塔在木结构严格的逻辑机能和砖结构比较自由的塑形表现中追求一种综合和谐的内在力量,概念明晰,风格明朗,比例匀称,线条简练而明确,轮廓稳定而端庄,节奏亲切而和谐,不夸张,不矫情,显示出坚定执着的人间理性美。嵩岳寺塔的朦胧深邃,大雁塔的端庄稳重,小雁塔的俊俏婀娜,还有宋代那许多富有装饰意味的八角形塔的柔和清丽,反映了当时人们的创造力。塔在中国大地上的突兀而出,直插云天,打破了中国古代建筑构图规格严谨、铺陈舒展、横向线条平缓展开层叠的序列节奏。这些既富历史文化意义,又富社会审美意义的佛塔也是重要的文化旅游资源。

(二)道教建筑旅游资源

1.道教建筑的基本特征

道教,是土生土长的中国宗教。道教供奉神像和进行宗教活动的庙宇,通常称为宫、观、庙。道教建筑主要是庙宇建筑组群,宋以后也有极少数的石窟和塔。由于祭祀名山大川、土地城隍等神的祠庙历来都由道士主持,所以许多这类祠庙也成为道教建筑。由于道教与我国传统文化有密切的关系,反映在建筑上,道教建筑比佛教寺院更具有民族风格和民俗特色。总的来看,我国的道教建筑,主要有以下几方面的特征。

(1)注重建筑物与自然环境的和谐

"自然美"是道教的最高境界。为了体现"以自然为美"的"自然之道",道教宫观建筑十分注重与大自然的联系。许多宫观在选址上注重利用山地条件,视山水相邻,突出"成仙"或"清修"意境,突出仙境,渲染神秘气氛;有的利用建筑群附近名胜古迹和地形地物(山泉、溪流、巨石、怪洞、悬崖、古树),建置楼阁亭榭、山石林苑,刻意追求自然、虚静和人在云端、"天人合一"的最高境界,形成特有的道教园林艺术,给人以庄严肃穆、清新舒适之感。许多宫观建置于名山风景区,随山水布局,与秀美的自然景色融为一体,并建有楼阁亭台,形成幽静的园林环境。

(2)以木为主要建筑材料

从文化思想上看,古代建筑木结构体系的形成,同古代阴阳五行学说有关。儒家和道家,是传统文化思想的两大支柱,它们都讲五行。五行最早是和人们使用的材料相联系的。《左传》中说:"天生五材,民并用之,废一不可。"所谓五材,即指金、木、水、火、土五种物质。古人认为,这五种物质相生相克,共同构成世界的万物。砖石不属五材之列,所以不能用砖石来做建筑的主要结构材料。另外,道教主张"崇尚自然",以"自然为美",认为树木是大自然中富有生命的物质。因此,木结构能深刻地反映出人对自然的情感。人生活在木结构的房屋里,就意味着同生生不息的大自然时时进行着信息交流,以此达到"物我合一"的目的。

(3)总体布局基本上体现了中国的传统文化思想

宫观布局采取中国传统的院落式结构,建筑为宫殿式土木结构,讲究天圆地方、阴阳五行、八卦思想,体现天师具有沟通人神关系、控制阴阳万物、指挥四象五行的崇高地位的思想。根据乾南坤北、天南地北的方位,宫观往往以子午线为中轴,坐南朝北,讲究对称,两侧月东日西,取坎离对称之意,选址重风水,以便于"聚气迎神"。

(4)在造型风格上突出反翘的曲线屋顶

中国传统建筑形式,以具有浪漫情调的反翘曲线大屋顶为显著特征,这种反翘曲线屋顶,是世界上样式最多、个性最为突出的建筑部分,成为充满审美情趣的建筑艺术杰作。汉以后,随着道教的传播,这种式样的屋顶,在社会上迅速流行起来。反翘曲线大屋顶,呈现出一种飞动轻快、直指上苍的动势,体现了道教飞升成仙的追求。这种大屋顶,不但毫无头重脚轻之感,反而使建筑物稳固而踏实。因建筑配以宽厚的正身和阔大的台基,这种屋顶使整个建筑呈现出一种情理协调、舒展轻快的韵律美,给人们带来美的愉悦和道教"崇尚自然""师法自然"的审美思想。

(5)在装饰配置上体现了道教特有的色彩

道教宫观在装饰图案上有"八仙"故事,有八卦太极、四灵、暗八仙及动物中的鹤、鹿、龟和植物中的灵芝、仙草等,表示吉祥如意、富寿康宁、长生成仙的道教思想。

2.道教宫观建筑物构成

我国现存道教宫观建筑多为明清时期所建。宫观建筑主要有照壁、山门、华表、幡杆等,一般华表之外属俗界,华表之内属仙界。山门内是中庭,中庭是宫观建筑群的主体,分布在宫观的中轴线上,主要建有三清殿、玉皇殿、灵官殿三大殿堂。三清殿是宫观的主殿,正中供奉道教至高天尊三清像,即玉清境清微天元始天尊、上清境禹馀天灵宝天尊、太清境大赤天道德天尊(太上老君)。玉皇殿主要供奉被道教尊为"诸天之主"的玉皇大帝。灵官殿内供奉道教守护神灵官塑像。正殿的两侧为陪殿,祀一般道教尊神,或设十方、云水客堂及执事房;中庭为宫观的主要部分,在中庭整体的两边,则建道院,一般称东道院、西道院,祀一般诸神,并建斋堂、寮房等。宫观大多绕以红墙,院内常种植松柏、白果树及翠竹。除殿堂内供奉的神像外,宫观内还分布着壁画、联额、碑刻题词、诗文、书画等艺术作品,使道教宫观既有宗教的庄严神圣,又有园林的清静幽雅,还有较高的文化水准和多彩的艺术形象,增强了宗教吸引力和文化艺术感染力。

有些大型宫观在观后建有规模较大而布置精美的后花园,还有楼阁台榭亭坊等,形成建筑群内以自然景观为主的园林环境。

我国著名的道教官宫有华山玉泉院、东道院、镇岳宫,崂山太清宫,罗浮山冲虚古观,杭州抱朴道院,北京白云观,成都青羊宫,山西芮城永乐宫,江西龙虎山上清官,苏州玄妙观,江苏茅山元符宫,河南鹿邑太清宫,陕西周至楼观台,香港朝天宫,台湾妈祖庙,湖北武当山道观等。

(三)基督教建筑旅游资源

基督教建筑物主要是教堂,教堂是教徒宗教活动的主要场所。由于宗教思想的特殊影响,教堂建筑在其发展过程中,形成了独特的建筑风格和建筑类型。教堂建筑结构复杂而精致,许多高耸的尖顶,直刺蓝天,垂直的壁墩柱,桃形尖拱构成哥特式建筑的特有面目,其高大的空间,呈现向上之势的搭顶、尖拱,体现出宗教超凡脱俗的精神,易使人们产生腾空而起、飞向天国的神秘感。在2000多年的发展过程中,教堂的建筑风格不断地发生着变化,出现了各种教堂建筑流派。其中有拜占庭建筑、浪漫主义建筑、罗马式建筑、法国古典主义建筑、古典复兴建筑、文艺复兴建筑、巴洛克式建筑、哥特式建筑等。

1.罗马式教堂

罗马式教学出现在11世纪。罗马式教堂建筑采用典型的罗马式拱券结构。它的外形像封建领主的城堡,以坚固、沉重、敦厚、牢不可破的形象显示教会的权威。教堂的一侧或中间往往建有钟塔。屋顶上设采光的高楼,从室内看,这是唯一能够射进光线的地方。教堂内光线幽暗,给人一种神秘宗教气氛和肃穆感及压迫感。教堂内部装饰主要使用壁画和雕塑,教堂外部的正面墙和内部柱头多用浮雕装饰,这些雕塑形象都与建筑结构浑然一体。

2. 哥特式教堂

哥特式教堂于 11 世纪下半叶起源于法国,13—15 世纪流行于欧洲,主要见于天主教堂。哥特式教堂建筑在艺术造型上的特点首先在体量和高度上创造了新纪录,其次是形体向上的动势十分强烈,轻灵的垂直线直贯全身。不论是墙还是塔都是越往上划分越细,装饰越多,也越玲珑,而且顶上都有锋利的、直刺苍穹的小尖顶。不仅所有的券是尖的,而且建筑局部和细节的上端也都是尖的,整个教堂处处充满向上的冲力。这种以高、直、尖和具有强烈向上动势为特征的造型风格是教会弃绝尘寰的宗教思想的体现,也是城市强大向上蓬勃生机的精神反映。如果说罗马式以其坚厚、敦实、不可动摇的形体来显示教会的权威,形式上带有复古继承传统的意味,那么哥特式则以蛮族的粗犷奔放、灵巧、上升的力量体现教会的神圣精神。它的直升的线条,奇突的空间推移,透过彩色玻璃窗的色彩斑斓的光线和各式各样轻巧玲珑的雕刻的装饰,综合地造成一个"非人间"的境界,给人以神秘感。有人说罗马建筑是地上的宫殿,哥特建筑则是天堂里的神宫。哥特式教堂结构的变化,造成一种火焰式的冲力,把人们的意念带向"天国",成功地体现了宗教观念。人们的视觉和情绪随着向上升华的尖塔,有一种接近上帝和天堂的感觉。哥特式建筑又分法国哥特式、德国哥特式、英国哥特式、意大利哥特式等几种。

3. 巴洛克式教堂

巴洛克教堂是 17—18 世纪在意大利文艺复兴建筑基础上发展起来的一种建筑和装饰风格。其特点是外形自由,追求动态,喜好富丽的装饰和雕刻、强烈的色彩对比,常用穿插的曲面和椭圆形空间。巴洛克风格打破了对古罗马建筑理论家维特鲁威的盲目崇拜,也冲破了文艺复兴晚期古典主义者制定的种种清规戒律,反映了向往自由的世俗思想。另外,巴洛克风格的教堂富丽堂皇,而且能造成相当强烈的神秘气氛,也符合天主教会炫耀财富和追求神秘感的要求。因此,巴洛克建筑从罗马发端后,不久即传遍欧洲,以致远达美洲。有些巴洛克建筑过分追求华贵气魄,甚至到了烦琐堆砌的地步。

著名的巴洛克教堂建筑有法国的巴黎圣母院、英国的圣保罗教堂和威斯敏斯特教堂、梵蒂冈的圣彼得大教堂、意大利的米兰大教堂、德国的科隆大教堂和亚琛大教堂、中国的上海佘山天主堂和广州石室天主堂等。

(四)伊斯兰教建筑旅游资源

伊斯兰教的建筑主要有清真寺、穆斯林经学院、隐修院和陵墓。其中清真寺是典型代表。清真寺又称礼拜寺,是穆斯林举行宗教仪式、传授宗教知识的场所。清真寺由礼拜大殿、庭院、凹壁、讲坛、宣礼塔(邦克楼)、浴室及阿訇办公、居住用房等组成。大殿,是清真寺的主体建筑,是宗教活动的中心。

清真寺开始是使用基督教现成的东西向的巴西利卡式建筑,由于做礼拜时需要面向圣地麦加,所以改用横向建筑,大殿进深小而面宽。大殿之前三面有回廊,都是向院子敞开,故形如我国的四合院。清真寺建筑的重要特征是形穹隆顶,顶部收束呈尖锥状,像苍天笼罩着大地万物,成为统率整个建筑物的主体,形态十分壮观,给人以升举之感。另一特征就是塔,上有小亭子,它是阿訇授课、召唤教徒礼拜用的,故称宣礼干塔(亦称邦克楼)。浑圆穹顶与尖而高耸的塔形成鲜明的对比,成为建筑艺术上的一大特色。伊斯兰教反对偶像,清真寺与天主教堂相比,显得朴素庄严。由于清真寺吸收当地建筑特点,故各地的清真寺的形状和结构并不完全一致。

清真寺多采用葱头形穹隆顶,像苍天笼罩着大地万物,顶部收束呈尖锥状,给人以升举之感。清真寺建筑结构严谨、质朴,其建筑布局和形式较为灵活,但内部设计较为固定。世界各地的清真寺礼拜殿方向,必须朝向圣地麦加,这种规定有效地强化了麦加在穆斯林心目中的地位。

最著名的清真寺有沙特阿拉伯的麦加大清真寺、麦地那的先知寺、耶路撒冷的阿克萨清真寺,这是伊斯兰教三大圣寺。中国有喀什艾提尕尔清真寺、北京牛街清真寺和同心清真大寺、西安化觉寺等。泉州清净寺、广州怀圣寺、杭州真教寺、扬州仙鹤寺,被称为中国沿海伊斯兰教四大古寺。

三、宗教文化艺术旅游资源

宗教文化艺术所涉及的内容非常广泛,包括绘画、雕塑、音乐、文学、书法等。宗教文化艺术是人类文化艺术的重要组成部分和体现,有的甚至是人类文化艺术的珍品。就旅游审美而言,宗教文化艺术旅游资源有着不可替代的艺术美、生活美和社会美。

(一)宗教绘画艺术旅游资源

1. 佛教壁画

佛教壁画是佛教艺术的重要组成部分,既有重要的艺术价值与极高的欣赏价值,也有宝贵的文化历史价值。佛教壁画的原意在于:一是供佛教徒敬奉;二是宣传佛教教义教规;三是装饰寺院殿堂;四是供人欣赏。佛教壁画按其内容可大致分为以下六类:①尊像画,包括佛、菩萨、罗汉以及护法部众等;②佛教史迹画,主要描绘佛教的史迹实物;③佛教故事画,多是宣传释迦牟尼的故事,并根据故事的时间,又可分为宣传释迦牟尼降生在净饭王家之前某一世行善的本生故事和降生在净饭王家之后至出家成佛的故事;④经变画,即将佛教经文图像化;⑤传统故事的画;⑥其他内容的画,包括供奉人像、礼佛图、天宫使乐图、建筑图案、装饰图案等。我国佛教寺庙中,以北京法海寺、山西繁峙岩山寺等的壁画最为著名。

2. 道教壁画

道教宫观中也多有壁画,作为殿堂的装饰和教义的宣传。绘画内容主要是体现本教的思想文化,如八仙故事等人物图案,太极阴阳八卦中的天、地、雷、风、水、火、山等自然现象,被奉为道教守护神的青龙、白虎、朱雀、玄武四种灵物,八仙手持之物葫芦、扇子、拍板、宝剑、渔鼓、笛子、花篮、荷花,象征吉祥如意的鹤、鹿、龟和植物中的灵芝、仙草等。著名的道教壁画有山西永乐宫壁画等。

3. 基督教绘画

早期基督教强调绘画中因注重灵性内容的表述,在绘画题材上经常出现基督教传说与古代异族神话相结合的现象,如基督教信仰的典型象征就是十字架底下的一只羔羊。

独特的哥特式绘画风格直到13世纪中叶才开始出现。它以极为错综复杂的方式出现在彩绘玻璃窗、手抄本插图中。由于哥特式教堂窗户高大,所以其绘画艺术以彩色玻璃窗画为主。彩色玻璃窗画以《圣经》故事为内容,用红、蓝、紫等颜色的小块彩色玻璃镶嵌而成。彩绘玻璃使得教堂显得更加壮丽、神秘,置身其中就像进入彩虹的世界,充满了美妙的宗教气氛。哥特式绘画艺术最明显的特征是抛弃了古风式的庄严、简朴和象征性,代之以复杂生动、自然主义的描绘方式。

欧洲文艺复兴以来,人文主义者在创作形式上放弃了中世纪传统的象征、超脱和空灵的绘画手法,十分强调基督的"人性"思想。他们的创新是在没有脱离宗教意识的氛围里,对真、善、美理想的追求。近代的基督教绘画以巴洛克式绘画为代表,巴洛克式绘画以教堂穿顶画所展现的宏伟场面和动感气势而著称,体现出巴洛克式的璀璨缤纷、富丽堂皇。最为著名的杰作是达·芬奇为米兰圣·玛利亚·德尔克拉基阿教堂绘制的《最后的晚餐》,米开朗琪罗为罗马西斯廷教堂绘制的《末日审判》。

4. 伊斯兰教绘画

从 10 世纪开始,伊斯兰教美术中严格禁止人物和动物形象的造型表现,特别是在宗教建筑物上塑造或描绘人和动物。这遏制了宗教具像图形艺术的发展,但也促进了抽象化的装饰纹样在教会建筑及有关美术装饰中的广泛运用和发展。伊斯兰教在绘画方面的成就主要表现在作为书籍插图的细密画上。细密画是一种精细刻画的小型绘画,主要用作书籍的插图及封面和扉页上的装饰图案。随着时代的变化,有的画在羊皮上,有的画在纸上,也有的画在书籍封面的象牙板或木板上,形式不一,多数采用矿物质颜料绘制,甚至把珍珠、蓝宝石磨成粉当颜料。

(二)宗教雕塑艺术旅游资源

1. 佛教雕塑

我国的佛教造像始于 2 世纪中叶以后,在晋代有较大发展。我国现存寺观中一般都有塑像,且造像生动,雕塑工艺精湛。它们既是宗教信徒顶礼膜拜的塑像,亦是一般旅游者观赏的对象。根据造像所用材料的不同,可将雕塑分为石、木、玉雕像,铜、铁铸像,陶瓷像,泥塑像等类型。塑像内容主要有四大天王、弥勒菩萨、韦陀菩萨、释迦牟尼佛、三身佛、三世佛、观音菩萨、罗汉等塑像。在众多的塑像中不乏珍品,有的以高大著称,有的以精美闻名,有的以珍贵见长。如西藏日喀则扎什伦布寺内有我国也是世界最高大的镀金强巴佛(未来佛)铜铸坐像;河北正定隆兴寺大悲阁(亦名佛香阁,天宁观音阁)内的观音像铸于 971 年,通高约 22 米,是我国现存早期铜像中最高者;北京十方普觉寺内有我国最大的铜铸释迦牟尼卧像;甘肃张掖宏仁寺内的释迦牟尼卧像木胎泥塑,金装彩绘,是全国最长的室内卧佛;呼和浩特大召佛殿正中供奉的巨型三世佛坐像全部用白银铸成;山西平遥镇国寺万佛殿中供奉有释迦牟尼、文殊、普贤、观音等 14 尊塑像,除观音、善财、龙女三尊外,均为五代原作,是全国罕见的五代彩塑珍品;北京雍和宫法轮殿内的五百罗汉用名贵紫檀木细雕精镂而成。

2. 道教雕塑

道教宫观中的塑像也很多,诸如玉皇大帝、王母娘娘、道教三尊、三官、老子李耳、八仙、四大神将、张道陵、王重阳、丘处机等。道教造像艺术除继承传统的造像风格外,还充分体现了道教的美学思想。道教主张"独善其身",又主张与自然同长,所以造像要明道、明德,它是道教道德性具体化和人格化的体现。如玉皇大帝的造像,雍容和善而又端正严肃,双目下视,头带平天冠,身着朝服,飘逸、超然。道教正是通过对神像的塑造使其艺术形象与信仰者之间形成一种感情上的交流,从而强化信仰者对道教信仰的虔诚程度。

各个朝代的道教造像具有不同的特点。唐代因国力强盛,又崇拜道教,所以造像丰满圆润,多用流畅的圆线条,衣饰条纹伸屈自如,有气势。而宋代的造像,富有生活气息,平易、亲切。在造像的风格上,宋代造像的人物清秀俊美,衣纹疏朗自然,少了唐代的气势与浪漫色彩。明清以后,文学艺术得到很大发展,尤其是小说《封神演义》的流传,使道教的造像更趋向于世俗化,在形象上更侧重于写实与细节的刻画,风格上从简朴、坚实、气势恢宏变得松弛、纤细、精巧。山西晋城的玉皇庙内现有各种塑像300余尊,是道教宫观中的佳作;辽宁鞍山元景观三宫殿内供奉的26尊神塑像,神态各异,形象生动,是道观塑像中的精品。此外,武当山金殿内的真武帝君坐像、真仙殿内的张三丰铜像、陕西楼观台的老子塑像、青城山天师洞内张太师塑像、北京白云观的丘处机雕像等,均很精美。

3. 基督教雕塑

比较典型的基督教雕塑作品兴起于欧洲中世纪。其中早期雕像以基督圣像、圣母子像、耶稣受难像和众圣徒像为多。罗马式教堂的大门上都有半圆形额板浮雕、柱头与柱基雕刻、圆雕柱身及圣坛或座椅上的装饰雕刻等,墙壁都布满浮雕和塑像,哥特式雕塑艺术主要表现为教堂门楣中心的浮雕群像,以及门券里和立柱上的圣母、基督及圣徒立像。意大利圣彼得教堂内存有米开朗琪罗的大理石雕像《母爱》,是教堂的"镇山"之宝,洋溢着一种静谧而又圣洁的美。

(三)佛教石窟寺艺术

石窟寺起源于印度,是因地制宜、就地取材,利用天然条件,开凿在山崖岩石间的寺窟。石窟是集建筑、雕塑、绘画于一体的佛教艺术集合体,是佛教信徒沟通现实世界和佛教世界的桥梁。大约从公元3世纪开始,中国的佛教徒也开始开凿石窟寺。魏晋隋唐时期,由于封建统治者的提倡,中国石窟开凿达到鼎盛。遍布我国各地的大小数百个石窟群,保存着无数精美的古代绘画与雕刻,是珍贵的艺术宝库,是研究历史、文学、绘画、雕刻乃至古建筑学科的无价瑰宝,也是发展旅游业极其珍贵的旅游资源。从六朝到宋初期间创造的石窟佛像雕塑,巧夺天工,壮丽辉煌,造诣最深,足可与古埃及、古希腊石雕艺术争辉。敦煌莫高窟、云冈石窟、龙门石窟、麦积山石窟等既是珍贵的佛教艺术,又是珍贵的世界文化遗产。

(四)宗教摩崖造像艺术

1. 佛教摩崖造像

所谓摩崖造像,是指随着佛教的发展,为了把佛的形象造得更大,利用天然山石崖面,顺其自然走向布局规划而开凿的佛教造像。摩崖造像与石窟寺有相同之处,但又有区别。摩崖造像与石窟的区别主要在于前者没有与崖壁相连的窟顶与窟门,以及为保护造像特意修建多层的木构楼阁殿堂。在我国南方地区,摩崖造像则相对较多,如四川大足石刻、乐山大佛、浙江飞来峰造像和栖霞千佛岩等。

2. 道教摩崖造像

道教的摩崖造像的艺术价值不及佛教。现存的道教摩崖造像不多,其中著名的有鹤鸣山道教摩崖造像、西山观道教摩崖造像、老君岩等。其中老君岩在福建泉州市北郊清源山,其造像由一块天然岩石略施雕琢而成,充分表现了老人慈祥和蔼、健康愉快的神态,整个石像衣褶分明,线条柔而有力。

此外,宗教音乐、医药、武术、气功、书法等文化艺术,都具有深厚的文化内涵,具有极高的旅游观赏和美术欣赏价值,易于开展宗教专项旅游活动。

四、宗教活动与旅游资源

宗教活动,是指宗教按照自己的教义、教规、礼仪、文化和习俗在特定的场所、空间,并在一定的时间内所进行的各种生活性、学习性、礼仪性、文化性、祭祀性、庆典性、公益性的活动。由于宗教活动自身的特殊性,普通大众对其具有一定的旅游心理需求。所以,宗教活动也就成了宗教旅游资源的重要组成部分。可见,宗教活动旅游资源就是指在现实条件下,能够吸引人们产生旅游动机并进行旅游活动的各种有一定内涵和特色的宗教活动过程、宗教活动事象、宗教活动景观。这些宗教活动能为旅游者提供观赏、知识、心理、信仰、健身、娱乐、休闲、猎奇、考察、研究、社会交往等功能和服务。

（一）许多宗教活动对于宗教徒和宗教信仰者来说,就是一种旅游活动

宗教,是一种群众性的组织,是一种具有群体性甚至全民性的信仰活动。据统计,世界各种宗教信徒约占总人口的60%。世界上几乎没有一个国家与宗教无缘。不论是民族宗教还是世界性宗教,它们都有大量的具有重要宗教意义的朝拜和旅游胜地。在这些地方,宗教活动高于一切。在著名的宗教圣地中,有伊斯兰教的麦加与麦地那,天主教的梵蒂冈和鲁尔德斯,佛教的五台山、普陀山、峨眉山、九华山等。耶路撒冷,则是伊斯兰教、基督教和犹太教三大宗教的圣地。在汉传佛教和藏传佛教中,一些虔诚的信徒为了表示对宗教的信仰,甚至一步一磕头、一步一跪拜去朝觐进香。欧洲中世纪修筑的有些道路和桥梁,其用途就是朝圣。大量宗教信徒形形色色、规模不等的祈福、赎罪、还愿、许愿、瞻仰等进香朝圣宗教活动,也就是旅游活动和旅游资源。

（二）宗教活动与民间习俗有着密切的关系,具有一定的大众基础

各种宗教活动在长期的传播和演化过程中,由于受各地的自然环境、政治、经济、文化等因素的影响,与地方文化不断渗透融合,形成了许多不同的地方特色,进而又演化成了形形色色的众多宗教习俗,使许多原本宗教色彩很浓的宗教活动,在不断的演变过程中,在民间逐渐失去本意,最终演变成民间风俗,从而使宗教世俗化,使民俗宗教化。如饮食、服饰、社交、丧葬、节庆等许多内容,涉及经济、文化和社会生活的各个层面。如我国每年阴历七月十五举行的盂兰盆节,本是佛家超度历代宗亲的佛教仪式,该节日与中国儒家孝道结合后,成为孝亲节,到宋元以后,在民间变为祭亡人的鬼节,放河灯和焚法船,成为民间风俗。

（三）许多宗教活动对广大非教徒有极大的神秘性和很强的吸引力

旅游者参与宗教活动,并非全出于对宗教的虔诚,而可能是因为对宗教活动有着好奇心理。佛教、基督教、伊斯兰教、道教的重大活动,因为笼罩着浓重的神秘色彩,更能满足一般游客猎奇的心理,如基督教的圣诞节、复活节、圣灵降临节,伊斯兰教的礼拜和朝觐活动,佛教的佛诞节、涅槃节等。

（四）许多宗教活动寄托着浓烈的求善、积德、祈福、赎过、长生、超脱等的美好愿望

这些神秘而又朴素的宗教色彩符合普通大众的心理需求和价值观念,对旅游者来说有极大的吸引性、参与性、实践性、亲和性和教育性等。

第五节　民俗文化旅游资源

一、民俗旅游资源的含义与特点

（一）民俗旅游资源的含义

民俗泛指一个地区的民族在特定的自然环境下,在生产、生活和社会活动中所表现的

风俗习惯,亦可具体地说,是人类在长期的社会生活中形成的关于生老病死、衣食住行乃至信仰、巫卜、禁忌等内容广泛、形式多样的行为规范。

（二）民俗旅游资源的特点

民俗同历史古迹、建筑园林、文学艺术、娱乐购物等一样同属文化旅游资源,它是人类生活和智慧的结晶,具有独特的旅游魅力。

1. 自然性

这里的自然性并非指与社会性或人为性相对的自然生成,而是指民情风俗是长期社会生活而"自然发展"的。其主要表现在它的真实性与和谐性上。无论是民族的饮食、服饰、民居或礼仪、节庆等,凡是能够成为旅游资源的任何民俗事象和载体,它都是一个民族、一个地区生活的真实反映,是其本来的面目或样子,而不可能是矫揉造作的或盲目"现代化"的。

2. 和谐性

和谐性则是指民情民俗的任何旅游载体都是一定环境的产物,它与周边的自然环境及景观往往水乳交融地和谐并存,是相辅相成、相得益彰的相互衬托。

3. 地域性

旅游因为具有地域性、民族性才具有世界性的意义。外国人到中国旅游,绝不是为了欣赏中国的高楼大厦或现代化设施,其关注或感兴趣的一定是具有中国特色的"木结构"为主的园林建筑或佛教建筑,值得品味的苗族烤酒、傣族甜米酒、佤族水酒、蒙古族奶茶、藏族的糌粑……因为这些独特的民俗或风味是不可代替的,是能为之醉心的。

4. 神秘性

不同民族风俗多少都带有不可捉摸或不可理解的神秘色彩。如云南丽江是一个美丽神奇的地方,这里多姿多彩、古老醇厚、珍稀奇绝的纳西、摩梭、普米、傈僳、彝族等各民族文化得天独厚,它们恰到好处地深藏在同样神秘莫测、雄奇险峻的玉龙雪山、长江第一湾、虎跳峡、泸沽湖、老君山等山川美景中。这里集风光、民俗、文化三大旅游资源于一体,而且都是高品位、高档次、独一无二的旅游"拳头产品"。但从现代旅游发展趋势看,这里最具特色、最有吸引力的旅游"拳头产品"还是东巴文化、摩俊风情、纳西古乐、白沙壁画、丽江古城等珍稀神秘的民族文化。

5. 人情味

随着生存竞争的加剧和生活节奏的加快,以及商品经济的发达,人与人之间缺少交流,这使人们变得冷漠、自私、虚伪而缺乏人情味。而民风民俗的淳朴,恰恰是一种弥补。特别是少数民族的爽直、纯真,对游人也是一种感染。

二、民俗的旅游功能

（一）弘扬本民族文化艺术特点和民族性格,增强民族自豪感和自信心

民俗风情旅游的主要吸引力来自民族文化的差异性。这种差异性就是一个地区有别于其他民族、其他地区文化的主要内容,构成了民俗旅游的主要资源。了解其生活,领略其风情,使游客能体味各民族绚丽多彩的文化生活和民情风俗。由此感知民族文化和光辉的历史,游客和旅游目的地居民能增强民族自豪感和自信心,更加珍视自己的文化传统,提高热爱祖国的情感。

（二）满足旅游者猎奇和增长知识的需要

各民族、各地区各有特色的民风民俗活动，尤其是民族节日、地方集市、宗教祭拜、文化娱乐、社会礼仪等多方面的民俗事象和综合性的文化活动，让旅游者通过参与或观赏，开阔眼界，丰富知识，得到新鲜有趣的生活感受。

（三）有利于增进民族了解和团结，加强交流

在民俗风情旅游过程中，能增进不同民族之间的相互了解，使不同民族的文化得以交融。这对促进民族团结和理解无疑是有好处的。

三、民俗旅游资源的分类和评估

（一）民俗旅游资源的分类

民俗旅游资源的范围十分广泛，其外延应包括一个民族或地区人们生产生活的各个领域和层面。根据民俗旅游资源的存在形态和表现形式，民俗旅游资源大致可划分为以下三大类型。

1. 物质民俗旅游资源

（1）生产民俗：主要包括采集、狩猎、畜牧、农耕、手工制作等。

（2）消费民俗：主要包括服饰、饮食、居住等。

（3）流通民俗：主要包括市场、交通、通信等。

2. 社会民俗旅游资源

（1）家庭民俗：主要包括称谓、排行、财产继承等。

（2）村落民俗：主要包括集市、乡规、村社等。

（3）组织民俗：主要包括行会、社团、帮会等。

（4）礼仪民俗：主要包括生育礼、成年礼、婚嫁礼、寿诞礼、丧葬礼等。

（5）节日民俗：主要包括传统节日、公历节日、宗教节日、二十四节气等。

3. 精神民俗旅游资源

（1）信仰祭祀民俗：主要包括民间宗教、巫术、卜筮、礼俗、禁忌等。

（2）口授语言民俗：主要包括民间神话、传说、故事、歌谣、谚语、谜语等。

（3）民间艺术民俗：主要包括民间音乐、舞蹈、美术、工艺等。

（4）游戏娱乐民俗：主要包括民间游戏、体育竞技、杂艺等。

（二）民族旅游资源的评估

1. 日常饮食习俗

居住在三江平原的赫哲族以渔猎为生，主要吃鲜鱼、兽肉；朝鲜族以大米、小米为主食，喜食狗肉，其腌制的朝鲜泡菜（酸辣中略有甜味）很有特色。

在四川盆地、云贵高原等地区，民族众多。其中许多民族以糯米为主食。如白族喜食糯米饭加干麦粉发酵变甜的糖饭，傣族爱吃放入竹节中烧烤的糯米香竹饭等。而侗、苗、彝、傣都有食酸的习惯，侗家人自称"侗不离酸"。侗族的酸味食品有荤酸（猪肉、鸭肉和鱼虾）、素酸（辣椒、青菜、豆角、嫩笋、黄瓜、萝卜等）、煮酸、腌酸之分。西南少数民族都擅长饮酒，如苗族的烤酒、甜酒、泡酒，傣族的甜米酒，佤族的水酒等。著名的花茶有哈尼族的醝茶、佤族的苦茶、白族的烤茶、侗族的油茶等。此外，一些民族还有嚼烟和嚼槟榔片的习俗。

我国的西北地区也是多民族地区。其中哈萨克、塔吉克、柯尔克孜、塔塔尔等族的牧民

以牲畜肉类和奶制品为主食,米、面等为副食,马奶酒为主要饮料;而蒙古族饮食中常见的有奶油、奶茶、奶皮子、奶豆腐、奶酒等;"手抓羊肉"是哈萨克族和柯尔克孜族的特色饮食;维吾尔族人喜吃"抓饭",喜喝奶茶和红茶。

客家人喜食大米、干饭、米粉,极少喝粥,以咸、肥、香为特点的"东江菜"是客家的特色菜肴;瑶族的"乌粽粑",仫佬族的"水园""牛舌粑",土家族的"糖馓"都是各民族的特色食品。

藏族饮食以青稞、小麦为主食,农区以糌粑为主,牧区以牛羊肉和奶制品为主。特色饮料是极具高原特色的青稞酒和酥油茶。酥油茶是藏族人民日常生活离不开的饮料,也是待客佳品。

2. 传统服饰

在民俗旅游活动中,民族服饰是民族文化中最易被人觉察、最具有魅力的组成部分之一,很多时候单凭服饰便可判断穿着者的民族身份。我国少数民族的服饰绚丽多姿、古朴典雅、沉静含蓄。如白族妇女的装束总体上看都是由纱帕、前短后长的大襟衣、领褂、围裙、大裆裤、绣花鞋等组成,但中老年、已婚妇女和未婚者也有细节的差异。具体来看,中老年和已婚妇女,一般梳发髻,并用纱帕包头,领褂、襟衣、围裙、裤子多选用蓝色、黑色,脚穿船形绣花鞋;而年轻姑娘则注重色彩的对比,头上是块白或翠绿色的绣花纱帕,领褂则如火焰般鲜红,雪白的围裙边镶蓝色,上绣淡花,裤子也是蓝色或翠绿的绣花纱帕,被一条拴有红线的长瓣盘绕,衣囊也是雪白或翠绿色——这些富于生命活力的颜色配搭在一起,呈现出一种浓重、生动活泼之美,亦是白族女性热情奔放、淳朴性格的反映。

哈尼族的服饰喜用青蓝色,并用海贝、红绒、青绿烧珠和各种银饰物加以装饰点缀。青色平和庄重,蓝色冷静深沉,青蓝色的服装给人以开朗、稳重、安宁、平静的美感,这与哈尼族温和性格相吻合。尤其是哈尼族青年妇女,以多衣为美,节日盛装要穿七件外衣、七件中衣和一件内衣,15件衣服的边摆青蓝相间,有如微风吹皱池水,富于波动的节奏韵律。衣服上坠满发光的烧珠、海贝和银泡、银链,打破了青蓝色的单一,在庄重朴素中点缀出活泼和艳丽。

德昂族服饰中最引人注目的是妇女身上的腰箍。腰箍大多用藤篾编成,也有的前半部分是藤篾,后半部分是贤妻良母的象征物。妇女身上的腰箍越多,绘制的图案越精美,也就越说明她的聪明能干、勤劳善良。

苗族的盛装,以高雅华贵为美,色彩上多黄、红等暖色,以红代表胜利,以黄代表华贵。盛装上钉满亮片,吊满宝珠,绣满一幅幅用金银线构成的富丽堂皇的图案。主要部位的"窝妥"纹代表与苗族相依为命的图腾牛,雄壮威武的美感中蕴藏着无穷的精神。

维吾尔族和乌孜别克族的服饰受伊斯兰文化的熏陶,均以艳丽、鲜明、华贵为特色。特别是维吾尔族姑娘所穿的由"爱得来斯绸"(即扎染绸)缝制的彩色连衣裙,花纹晕染飘忽,或黑白相濡,或红绿交辉,富于瑰丽的浪漫色彩,常被称为"玉波甫卡那提古丽",意为布谷鸟翅膀花。她们也爱戴摇曳的耳环,闪光的戒指、手镯和项链等。

3. 特色民居

作为文化旅游资源,传统民居主要表现在它具有造型丰富的建筑美、与周围环境相得益彰的和谐美等方面。它既可作为游客的观光对象,亦可作为旅游特色,对游客吸引力很大。

印度尼西亚伊里安岛上的阿斯马特人在 10 米高的树干上搭盖树皮的住房,上面覆盖树叶;所罗门群岛的部分土著人在高大的树干中部营造别致的小屋;委内瑞拉、哥伦比亚、秘鲁等国的一支印第安人——阿拉瓦人,把几十根木桩打入水下,将房屋建在水上,屋底、屋顶和墙壁全用木板,出入要靠桥梁。

在我国,茫茫草原上的蒙古包,是蒙古、哈萨克、柯尔克孜、塔吉克等民族使用的圆形流动住宅。其大小不等,一般直径 4 米,周高 2 米,中高 4～5 米,由木栅栏和白毛毡构成。圆形顶篷上开有直径约 80 厘米的天窗,有门一扇,一般宽 80 厘米,高 150 厘米,大多朝东开。

帐篷是西藏牧区最普遍、最古老的一种居所,古称"天幕""穹庐",可随拆随搬。帐篷由牦牛毛编织而成,经风暴而不漏,受风雪而不裂,有长方形、正方形、三角形、多边形等。帐篷用数根立架或支柱撑起,室内长、宽、高各约 1.6～2 米,帐顶用牦牛绳在四周钉地桩牵牢。顶部留有天窗。夏帐篷由白布、藏布、帆布制成,四周饰有黑、蓝、褐色的边,其特点是构造简单,拆装运携方便;冬帐篷为定居房,在帐篷外垒草、土、石作矮墙。

侗族村寨一般处在群山环抱中,常见的为吊脚楼。整个楼房的前半部是用木柱撑在斜坡上,铺以土石,再在上面建住房。楼房一般为两层,屋顶双斜面,顶棚上层藏粮食、杂物等;吊脚楼下堆放杂物或圈养牲畜。楼柱高达 8～9 米,悬空,十分雄伟。此外,侗族还有按姓氏建造鼓楼的习惯,鼓楼是侗族村寨的标志性建筑。

西南边陲的傣族居住在热带丛林中,傣族竹楼是一种杆阑式建筑。竹楼平面大致呈方形,用 16～24 根木柱架起,连榫为架,高 2 米左右,此为下层,四周无墙,供堆放杂物和拴牛马。用木梯登楼,上层用竹板片铺成楼板和墙壁,顶呈人字形,坡度较大,屋顶铺盖茅草当瓦片。近梯处有走廊露出并围以木栏,是晾衣、纳凉之处,亦是凭栏眺望之佳处。

黄土高原地区创造了窑洞式民居,利用黄土干燥时立而不塌的特点,挖洞居住,省工省料,冬暖夏凉。现代窑洞按材料可分为砖窑、土窑、石窑等;按建筑位置可分为傍山窑、平地窑和天井窑等。

作为北京民居的典型代表——四合院,其基本形式是由四面房屋围成南北稍长的矩形封闭庭院,包括正房(坐北朝南)、南房(坐南朝北)和东西厢房。它以庭院为中心,且把庭院作为通风、采光、交通的中枢及家务和休息的场所。一般屋宇为硬山式,青瓦屋面,阴阳合瓦。一般正房由主人居住,厢房分住儿孙,南房作为书房及客厅。这种民居在一定程度上反映了我国古代的宗法礼教制度。

4.节庆活动

据不完全统计,中国 56 个民族从古到今有节日约 1700 多个,其中少数民族的民间节日有 1200 多个。作为旅游资源的各种节庆活动,对游客往往有很大的吸引力。

欧美一年一度的狂欢节,会吸引大批游客参与,游客加入以各种彩车为中心的游行队伍,能与当地居民载歌载舞,狂欢不已。同样,西班牙的斗牛节能聚集数十万人观看人牛相斗的激烈场面,令人兴奋不止。

泼水节是我国傣族的新年,时间在公历每年 4 月 12 日前后(傣历 6 月),活动内容有划龙舟、放焰火、射高升(一种小型火箭)、集体舞、赶集、丢包、堆沙等,但人们相互泼洒清水为最重要的内容,并把节日气氛推向高潮。清澈的水象征纯洁、吉祥、友爱和幸福。

古尔邦节是伊斯兰教传统的年节,节期为伊斯兰教教历 12 月 10 日。在节日里,穆斯林们沐浴礼拜,在清真寺举行会礼、观看宰牲仪式后,进行访亲会友等活动。新疆的维吾尔族还要举行盛大的歌舞集会,哈萨克、塔吉克、乌兹别克、柯尔克孜等族的赛马、叼羊、摔跤等活动也为节日增彩。闻名的"姑娘追"就是哈萨克男女青年喜爱的骑马游戏,使许多有情人终成眷属。

那达慕大会于每年七八月在蒙古草原举行,除了有传统的射箭、摔跤和赛马等活动外,现已发展成为物资交流和文化娱乐的盛会。会场周围搭起各色帐篷和货摊(有食品摊、小吃部、收购站等),各类皮袄、袍、靴、金银饰物、食品等琳琅满目。此外,还有马技、赛布鲁(投掷)、蒙古象棋、拔河、武术、球类及摩托车表演等。

火把节是我国西南的彝、白、哈尼、蒙古、傈僳、纳西、阿昌、普米、拉祜、基诺等族的传统节日。节日期间,村寨和田野大小火把彻夜不熄,各族青年弹唱跳舞通宵达旦。此外还有赛马、斗牛、射箭、摔跤、拔河、荡秋千等活动,并有集市贸易。

三月街(又称观音节)是云南大理白族自治州的物资交流大会,于农历每年元月十五至二十一日在大理城北举行。白族及各族人民云集于此,甚至国外客商也纷纷慕名前来交流、选购商品。

"花儿"(亦称"少年")是青海、甘肃、宁夏等省(区)民间的一种歌曲。曲调优美、豪放而婉转。每年秋收之前都要举行大大小小的"花儿会"。"花儿"还分成整花和散花。整花形式较固定,大多是叙事抒情;散花则较为活泼,多为触景生情的即兴之作。

民俗风情旅游资源,作为人类社会生活的产物,是历史的瑰宝。一方面要进行抢救和保护,特别是对那些濒于失传或不再普遍存在的部分,包括民间传说和艺术、民间服饰、婚嫁、传统建筑和纯朴的民风等。由于它们大多只保留在老一辈人中间,不可避免地要面临现代文明的冲击,因此尤其显得珍贵。另一方面,要对那些文化价值高、参与性强、社会经济效益好、开发利用比较容易的风味餐饮、民族工艺、民居旅馆、节日喜庆、娱乐歌舞等充分开发和利用。

四、民俗旅游资源的开发

(一)中国民俗旅游资源的开发现状

近些年来,我国已开发了一批以深邃文化内涵为依托,拥有优美园林环境以及优质服务和管理的民俗村、风情园、文化村、民俗博物馆、古街、古城等风情民俗资源,为我国旅游业的快速发展起了很大的推动作用。

1.深圳的"锦绣中华"

"锦绣中华"于20世纪80年代末建造,由观景区、商业区、食街和园艺造景区四个部分组成,面积为30万平方米,投资1亿元,除许多民族建筑和民居外,还有我国不同历史时期的名胜古迹、建筑精粹及民俗风情的微缩景观。在饮食一条街可品赏各种美味佳肴,在商业区可采购到各种名优土特产,还可观赏工艺制作表演、民间绝技和民族歌舞等。

2.深圳的"世界之窗"

"世界之窗"于20世纪90年代初建造,投资5亿元,占地48万平方米,集纳世界奇观、历史遗址、文化艺术、民俗风情等118个景点,让游客不出国门即可领略世界风光,让人流连忘返。

3.昆明的云南民族村

云南民族村于20世纪90年代初建造,位于昆明南部滇池之滨,距市区8公里,占地面积 89 万平方米,与著名的西山森林公园、大观公园、郑和公园等隔水相望,是云南新兴旅游基地,展示了云南各民族的风情。民族村已建 26 个民族村寨,同时还建有民族团结广场、民族歌舞厅、风味食品城、宿营娱乐区、篝火晚会、亚洲象群表演、游艇码头、循环游览车等一批集观赏、游乐、度假、水上娱乐、餐饮服务于一体的综合配套设施,能满足不同层次游客的需求。

4.吴文化公园

吴文化公园于 20 世纪 80 年代中期建造,位于江苏省无锡市,总投资约 1 亿元,占地近 50 万平方米,是农村民办文化历史的新型园林。公园以吴文化为内涵,建有稻丰圩、蚕桑巷、船桥史馆、交通馆、江南风情苑、教育馆、人文馆和学生教育营地等 17 个馆区,以丰富的资料、实物、图片、电化形象手段,展现了 4000 年来吴地生产、人文、民俗的壮丽画卷。

5.深圳客家民俗博物馆

深圳客家民俗博物馆即"鹤湖新居",为罗氏所建,建于清朝乾隆年间,共历三代、数十年建成。该馆是全国占地面积最大的客家民居建筑,共占地面积 24816 平方米,建筑面积 14530 平方米,南北宽 166 米,东西长 109 米,共有 179 个居住单元房,每单元由数间屋构成,共有房屋数百间。该博物馆是客家人开发深圳东部地区的历史见证,为研究深圳历史、文化、民俗、建筑等提供了重要依据,是深圳本土民俗的最集中展示,具有重要的历史、科学与艺术价值。

6.云南民族博物馆

云南民族博物馆位于昆明滇池国家旅游度假区,与云南民族村相毗邻,建于 1995 年,占地 13 万平方米,分展示、演示、收藏、科研四个区域。总体布局为庭院回廊式,富于民族地方特点。

民族博物馆展出"社会形态、改革与发展""民族服饰与纺织""民族民间美术""民族节日文化""云南生态农业"等专题内容,外加展销结合的"奇石珍宝"特别展,内容丰富、可视性强。

7.山西乔家堡博物馆

山西乔家堡博物馆于 1986 年建馆,该地原本是清代著名商人、金融资本家乔致庸的私宅,位于祁县东观镇乔家堡村,距太原约 60 公里。该私宅始建于清嘉庆、道光年间,是一座全封闭城堡式建筑群,面积近 9000 平方米,共有六所大院、20 进小院、313 间房屋。这所私宅把明清、民国初年建筑融为一体,已成为反映清末民初晋中的衣食住行、婚丧嫁娶、供神祭祖、时序节令、商业习俗等民风民俗博物馆。

8.南京秦淮河风光带

南京秦淮河风光带以夫子庙为核心景区,是一组反映明清风格的仿古建筑群,由庙、市、园等构成独特的平面布局,由亭、台、殿、阁组成丰富的层次,目前已形成具有一定规模和地方特色的五大市场,即文化用品、小商品、花鸟鱼虫、风味饮食和春节花灯。还有李香君宅地媚香楼、江南贡院、白鹭公园、古典园林瞻园、中华门古瓮城、桃叶渡、周边台等景点。淳朴的民风,令人心驰神往。

9.贵州天然民族村

贵州天然民族村坐落于距凯里市 27 公里的苗民小寨——郎德,于 1987 年建成,是全国第一座露天博物馆。该村村民的住房,大多依山势而建,一幢幢带有曲栏的回廊吊脚楼排列有致。寨内通道由一色石板或卵石铺砌而成,洁净规整。依苗寨规矩,凡有贵客临寨,定在寨前设桌置酒。客人经过这里,身穿民族服装的姑娘、妇女,捧起酒杯向客人敬拦路酒,等在寨门前的苗家小伙则吹起芦笙迎接远道来客。游客可在郎德参观苗族的生产、生活起居、礼仪、饮食、歌舞等活动,领略真实、淳朴的苗族民风民情。当客人要离开郎德时,热情的主人又会端出糍粑招待客人,妇女们则会依依不舍地把红、白布条拴在客人的肩背上,以表示祝福。她们还不断给客人敬酒,同时还把红、绿颜色的鸡蛋、鸭蛋用细绳拴挂在客人脖子上,并唱起动听的送行歌。

当然,中国民俗旅游资源的开发并不都是成功的,也出现了不少急功近利、假冒伪劣的景点,包括一些粗制滥造和格调低下的庙宇、鬼城等,对此要予以坚决纠正。

（二）民俗旅游资源开发的措施

1.加强文化变迁机制的研究

"文化变迁"通常指一个民族的生活方式所发生的变更。这种变更或是因为内部的发展所引起,或是由于不同民族之间的交往而产生。"归因于内部发展的变迁往往追溯到发明或发现,而归因于外部发展或交往的变迁则常常追溯到借取或传播。"现代社会人员的流动促进了不同地区、不同宗教、不同文化之间的相互交流,促进了不同民俗文化的交融。可见,现代化进程是影响文化变迁的一个重要因素。

（1）文化传播

文化传播是指某种文化因素或文化结构从一个社会向另一个社会或多个社会的转移。文化传播有两种形式,即有意传播和无意传播。有意传播是指一个民族、一个国家有目的、有计划、有组织地输出文化,当然也指有目的、有计划地模仿、引进和吸收其他国家和民族的文化。无意传播则是指无目的、无计划、无组织地输出文化,当然也指无目的、无计划、无组织地模仿、吸收其他国家和民族的文化。

（2）文化丧失

文化丧失是指因接受新事物而导致旧事物的丧失。当然,这种取代并不一定是文明的象征。文化丧失常见于新事物取代旧事物、进步事物取代落后事物,前者导致后者的文化特征萎缩、解体、丧失或从多元文化走向单一文化。

（3）文化涵化

文化涵化是指不同文化的个人组成群体,因持久而相互集中的接触,相互适应、借用,结果造成一方或双方原有的文化模式发生大规模的变迁。涵化在很大程度上取决于:文化差异的程度;接触的环境条件、频率和深度;接触的相对地位,即谁是主要的,谁是次要的;是相互作用还是非相互作用。

2.充分认识民俗旅游资源的价值

民俗旅游资源是深层次开展旅游业的基础。历史文化、民俗风情是一个民族生命力的传承与延续,是一个民族智慧和传统文化的积淀与结晶,是国家统一、民族团结的精神支柱。民俗文化时刻都在影响着人类的现在和未来的发展。

3.正确处理好保护与开发的关系

没有保护的开发是掠夺性的开发,盲目的开发只能是破坏。当然,保护并不是把民俗风情装进博物馆,而是要对民俗旅游资源进行保护,最好是让青年一代去继承、应用、创新,使民俗文化的血脉得以活跃,而不是窒息在"珍藏"中。这就需要开发和利用。

4. 及时抢救、保护民俗旅游资源

与抢救、保护和开发民俗旅游资源的客观需要相比,其理论的研究只是刚刚起步,还有待科学化、系统化。民俗旅游实践中提出的许多问题尚需研究和解决。

5. 正确认识、处理民俗风情的变异

变异的情况有两种。一是民俗风情庸俗化,即在民俗风情丰富的地区,流传有许多内涵极其丰富、带有民族色彩的神话、传说、宗教信仰。有的旅游部门在开发这些资源时,不是为了正确地表现出这些神话传说所包含的美好理想,以及惩治邪恶的正面作用,而是着力渲染在神话传说中居从属地位的一些封建迷信、宿命因果报应等,甚至宣传下流、低级、色情和暴力等不良内容。二是伪民俗,即指子虚乌有的民俗。某些旅游企业或部门为了某种目的而任意编造、添加或随意拼凑、生搬硬套一些当地根本不存在的民俗风情。

6. 保持淳朴真实,力戒矫揉造作

民俗旅游的吸引力主要在于其与旅游者所属民族的差异性。也就是说,民俗风情的地方特色越浓,越有吸引力。因此,必须保持其真实性,力求突出本民族的特点,并通过活动增强民族自豪感,珍惜自己的传统文化,力戒矫揉造作、为表演而表演、为经济利益而降低水准以迎合旅游者的趣味。

第六节 文学艺术旅游资源

一、文学艺术旅游资源的功能与特点

(一)文学艺术旅游资源的功能

1. 旅游审美的功能

从旅游要求动机上看,人们出游的重要目的是为了寻求刺激、寻找慰藉、寻觅心灵的和谐。可以说,旅游是人生的"美学散步";旅游是人与环境亲密无间的相契相合;旅游是人际间沟通方寸隔膜的天造地设的绝佳机缘;旅游是消除焦虑、抑郁、恢复心气平和的自然良方。

应该说,工业革命时代所孕育的充满英雄主义豪情的贝多芬的理性主义色彩的音乐,与人类命运抗争的不屈不挠的拼搏精神是永放光辉的。而西方浪漫主义音乐家莫扎特的幽雅、宁静、喜悦和欢乐的情感旋律,却能平抑当代人无可回避的浮躁和焦虑,有助于建立人与环境和谐的未来文明。赵鑫珊在《哲学与人类文化》一书中说得好:"在广泛使用微电脑和机器人的现代,为什么浪漫派的音乐反而能更令我们陶醉,使我们从中得到美的享受呢? 原因之一,是它在你我心中唤起一种家园感。当地球生态环境(人类最重要的家园和真正的故乡)受到严重威胁,'远道人心思归'的情怀便会在我们心中油然而生,与日俱增。这时,舒伯特的《春天的信念》和门德尔松的《春之歌》于我们就像一汪清泉,蓦地注入沙漠似的心田,给我们以安慰和温存。"

我国历代的文人骚客的文化素质和审美水平都是较高的,他们在旅游活动中往往注重审美追求,并通过文学或其他艺术作品给人们营造了极浓的艺术氛围,创造出清丽淡雅、雄浑壮阔、幽深逸远的审美意境,这对人们欣赏自然山水或人文景观提供了必要的启迪。可以说,旅游中的审美功能只有借助于文学艺术的独特魅力,才得以充分体现。

2.文学艺术导致旅游资源的产生

旅游资源首先依赖于"先天"或社会的积淀,但又不能不看到许多的旅游景点是通过诗、画或散文、游记的描绘和渲染而产生的。这就是所谓的"景以文名,文以景生"。

清代汪煦有诗云:"不是当年两篇赋,为何赤壁上黄州。"一语道出了黄州赤壁出名的因缘。原来"真"赤壁在湖北蒲圻县,但黄州"假"赤壁却闻名遐迩,这是由于苏轼曾在此写过著名的前、后《赤壁赋》。现在北京的"大观园"景点,若无《红楼梦》之作,它又何以存在?

3.文学艺术修养是旅游管理人员的必备素质

旅游管理人员在游览中应发挥积极的引导作用。这种"引导"一方面是指在带游客观赏各大小景观时,对景观的价值评估要正确,只有做了正确的评估,在旅程的时间安排上才能科学合理;另一方面也指旅游管理人员自身要阅历丰富,特别对旅游相关的典故出处、民间传说、神话故事及带团游览的各景点蕴含的知识都要精通。我国的历史文化名城众多,名山名水无数,园林石窟遍布,若无丰厚的文学艺术知识的底蕴,又如何做到充分发掘各景点的旅游价值呢?

(二)文学艺术旅游资源的特点

1.广泛的群众性和强烈的感染力

文学艺术在内容上接近生活,它是现实生活的集中、突出、典型、艺术的反映。它的形式具有多样性,内容具有无限的广阔性。它演绎着平凡生活的琐事,又诠释着人生的喜怒哀乐。它能引起群众心灵的共鸣,是广大人民群众所喜闻乐见并愿意广泛接受的。如我国各地的剧种:京剧、豫剧、沪剧、川剧、粤剧、越剧、昆曲等,都各有其群众基础,长盛不衰。这是其他旅游资源不可比拟,更是不可替代的。

2.浸融在其他旅游资源之中

文学艺术是巨大的精神财富,它能赋予各类旅游资源以更多的人文色彩。它在旅游中的反映,首先是看得见、摸得着的可视性。如楹联、匾额、书画、题刻、雕刻、建筑等就具有这个特征。它们往往是旅游景色的点睛之处,有极高的艺术鉴赏价值,是绝好的导游材料。其次是"文以景生,景以文名",即具有可感性。文学艺术潜移默化地对人的思想情感产生影响,这种心物相照、水乳交融的审美感受,给游人以持久的感召力。这也是其他旅游资源无法比拟的。

3.文学艺术旅游资源的灵活性

一般的旅游资源,大多要受时间和空间的限制,如山水风景、文物古迹、民俗风情、园林建筑、寺观塔林等。相比较而言,文学艺术则灵活得多。因为电影、电视、书法、绘画、文学作品等都是可以通过出版发行、巡回放映等方式进行传播的,特别是文学作品被称作"卧游",可省去跋涉之苦,让"旅游者"可直接在家中"品尝"。

二、文学艺术旅游资源类型

(一)风景诗词

风景诗词因其语言简洁凝练,音律和谐,含蓄蕴藉,既能点出景物的精华,又能深化景点的内涵。风景诗词写景抒情,情景交融,深受人们的欢迎和传诵。

谢灵运(385—433年)是我国第一位著名的山水诗人,足迹遍及今江苏、安徽、江西、浙江、湖北等地,寄情山水不问政事。他每到一地均赋诗描绘名胜的自然美,诗句十分细腻,读起来好似亲临其境,激发人们对大自然的热爱。他的"野旷沙岸净,天高秋月明"(《初去郡》)、"春晚绿野秀,岩高白云屯"(《入彭蠡湖口》)均是传诵至今的写景名句。他的一生共创作了《登池上楼》《登江中孤屿》等100多首山水诗歌。稍后的"小谢"——谢朓,山水诗秀丽清新,名篇有《游敬亭山》《游东田》《晚登三山还望京邑》等。而"余霞散成绮,澄江静如练"(《晚登三山还望京邑》)则是他的风景名句。

唐代大诗人王维(701—761年)对诗歌、绘画、书法、音乐样样精通,被称为画派中的南宗之首,并是"诗中有画,画中有诗"的著名山水诗人。他的"太乙近天都,连山到海隅。白云回望合,青霭入看无。分野中峰变,阴晴众壑殊。欲投何处宿,隔水问樵夫"(《终南山》)是公认的传神名篇。唐代孟浩然的《宿建德江》是诗人漫游吴越时所作:"移舟泊烟渚,日暮客愁新。野旷天低树,江清月近人。"该诗描写了泊舟暮宿江上的景色,勾勒出了一幅空旷茫远、清丽优柔的夜江图,极富旅游审美功能。

李白(701—762年)漫游过今四川、山东、山西、河南、河北、湖南、江苏、浙江、安徽等地,他的《早发白帝城》绝句,对长江三峡美景做了生动的描绘:"朝辞白帝彩云间,千里江陵一日还;两岸猿声啼不住,轻舟已过万重山。"在《黄鹤楼送孟浩然之广陵》一诗中,李白以"故人西辞黄鹤楼,烟花三月下扬州;孤帆远影碧空尽,唯见长江天际流"的佳句,不仅再现了那暮春时节,长江下游繁华之地的迷人景色,而且描绘了长江中游两湖平原广阔、水天相连、一望无际的景象。而《望天门山》中的"两岸青山相对出,孤帆一片日边来"又描写了长江下游天门山江面宽阔、白帆点点的一幅壮丽的山水画卷。此外,唐代诗人张继写下的那首情景交融、含蓄动人的《枫桥夜泊》——"月落乌啼霜满天,江枫渔火对愁眠。姑苏城外寒山寺,夜半钟声到客船",可谓千古绝唱,使寒山寺久盛不衰。

苏轼(1037—1101年)的足迹踏遍半个宋室江山。他游览庐山名胜时被大自然陶醉了,写下《题西林壁》一诗:"横看成岭侧成峰,远近高低各不同。不识庐山真面目,只缘身在此山中。"他的《饮湖上初晴后雨》诗:"水光潋滟晴方好,山色空蒙雨亦奇。欲把西湖比西子,淡妆浓抹总相宜。"寥寥数语,把西湖千变万化的美景淋漓尽致地描绘了出来。

在宋词中,写黄山的作品极少,写得好的也只有汪莘的《沁园春·忆黄山》一词:"三十六峰,三十六溪,长锁清秋。对孤峰绝顶,云烟竞秀,悬崖峭壁,瀑布争流。洞里桃花,仙家兰草,雪后春正取次游。曾亲见,是龙潭白昼,海涌潮湿头。当年黄帝浮丘,有玉枕米面玉床还在否?向天都月夜,摇闻凤管,翠微霜晓,仰盼龙楼。砂穴长江,丹炉已冷,安得灵方闻早修?谁知此,问源头白鹿,水畔青牛。"词的上半段写黄山千峰竞秀、万壑争流的美妙景色,下半段则写黄帝神话传说的奇异情状,颇有浪漫主义色彩,是不可多得的黄山旅游词。

(二)游记散文

游记作品于东晋南北朝正式产生。唐、宋、明、清乃至近现代,涌现出许多游记散文大家,其创作手法日臻成熟。游记作品如同一幅幅千姿百态、层次丰富、色彩斑斓的画卷,生动地描绘了祖国的万里河山,给人们展示了大自然的无限风光。

其实,对自然美理性的思考,应追溯到春秋时的孔子。孔子的"智者乐水,仁者乐山;智者动,仁者静;智者乐,仁者寿"就已经指明了自然美欣赏中的一种现象,那就是精神品质不同的人对自然美的欣赏各有不同爱好,可以认为这是游记的发端。到了东晋南北朝,诸如陶渊明的《桃花源记》、丘迟的《与陈伯之书》、吴均的《与宋元思书》、郦道元的《巫峡》等就是真正的游记散文了。王羲之在《兰亭集序》中描写的"崇山峻岭,茂林修竹,又有清流激湍,映带左右。引以为流觞曲水,列坐其次。虽无丝竹管弦之盛,一觞一咏,亦足以畅叙幽情"的宴会盛况,再加上周围的美好环境,让人神往。

柳宗元(773—819年)的《永州八记》,使永州的西山、钴鉧潭、袁家渴、石城山等流芳百世。《钴鉧潭记》《小石潭记》写景都能抓住景物特征,描写精细,形象生动:写水势"曲折东流,其巅委势峻,荡击益暴,啮其涯,故旁广而中深,毕至石乃止";写游鱼"皆若空游无所依,日光下澈,影布石上,怡然不动;俶尔远逝,往来翕忽,似与游者乐";写溪水弯曲如"斗折蛇行,明灭可见"等,都是古今传诵名句。

宋朝时,游记散文得以巨大发展,著名作家写了不少脍炙人口的游记作品,如欧阳修的《醉翁亭记》《丰乐亭记》、王安石的《游褒禅山记》、范仲淹的《岳阳楼记》、苏轼的《石钟山记》《游沙湖》《放鹤亭记》、曾巩的《墨池记》等。宋代散文继承并发展了唐代柳宗元因景立论、在游记中发议论的特点,几乎大部分游记在写景之后都要发一通议论,甚至通篇夹叙夹议。宋朝还出现了游记专集,如范成大的《吴船记》、陆游的《入蜀记》等。而苏轼的《赤壁赋》(分前、后两篇)让黄州赤壁闻名遐迩,其知名度远在真正赤壁发生地蒲圻赤壁之上。

明清是我国游记散文的高峰。明代著名游记作品有宋濂的《游钟山记》、薛瑄的《游龙门记》、归有光的《宝界山居记》《野鹤轩壁记》《畏垒亭记》、张岱的《游唤》《陶庵梦忆》《西湖寻梦》、王思任的《历游记》、刘侗的《帝京景物略》等。"独抒性灵,不拘俗套"的代表人物是"三袁",即袁宗道、袁宏道、袁中道,其中以袁宏道(1568—1610年)成就最高,著有《袁中郎全集》。袁宏道写了很多山水小品,描写能力强,文笔秀逸,作品有《虎丘记》《天池》《五泄》《天目》等。清代游记散文著名的还有全祖望的《梅花岭记》、龚自珍的《己亥六月重过扬州记》、姚鼐的《登泰山记》、袁枚的《游桂林诸山记》、刘鹗的《老残游记》等。

我国明代伟大的旅行家徐宏祖(徐霞客,1587—1641年)所写的日记体游记散文《徐霞客游记》是一部文学珍品,清人说它是"世界真文字,大文字、奇文字"。它就像一幅幅山水画卷,美不胜收,使人目不暇接。如《游黄山日记》中的"下瞰峭壑阴森,枫松诸峰,时出为碧峤,时没为云海;再眺山下,则日光晶晶,别一区宇也",全是简洁朴素的景物描写。

(三)风景楹联

《红楼梦》中"贾政试才大观园"一节借贾政之口对楹联的作用做了精辟的论述:"偌大景致,若干庭榭,无字标题,任是花柳山水,也断不能生色。"后来宝玉题了很多楹联匾额,确实使大观园大为增色。一副好楹联,寥寥数语,便能将山水湖泊、亭台轩榭或历史人物、事件的特点勾勒出来。有的蕴含哲理,发人深思;有的抒发情怀,动人心魄——但都能起到画龙点睛的作用,使人感到意味无穷,得到美好的艺术享受。

明郑烨《西湖湖心亭联》:"亭立湖心,俨西子载偏舟,雅称雨奇晴好;席开水面,恍东坡游赤壁,偏宜月白风清。"此联写的是西湖十八景之一的湖心平眺。田汝成《西湖游览志》卷二载录此联,称其"句极佳切"。联用苏轼诗《饮湖上初晴后雨二首》其一的"水光潋滟晴方好,山色空蒙雨亦奇"句和苏轼《前赤壁赋》《后赤壁赋》《念奴娇·赤壁怀古》等名篇,从而把西湖湖心亭景致描绘得如此典雅清淡。

清郑板桥《扬州小金山月观联》:"月来满地水,云起一片山。"此联写江苏扬州瘦西湖中的一景,载录于《绝妙好词联赏析辞典》。联引用北宋苏轼《记承天寺夜游》"……相与步于中庭。庭下如积水空明……"典故，把这瘦西湖赏月佳处予以极度概括。

清刘风浩《济南大明湖小沧浪园联》："四面荷花三面柳，一城山色半城湖。"此联写山东济南大明湖西北岸沧浪园，载录于《楹联丛话》卷七。刘鹗借老残之口赞此联"真正不错"。"一城山色"指济南南郊千佛山，城北又有卧牛、华不注、凤凰、北马鞍等九山，苍秀涵幽；而"半城湖"指大明湖烟水辽阔，荷柳献翠，与济南城融为一体。

清董云岩《九江琵琶亭联》："一弹流水一弹月；半入江风半入云。"此联写江西九江城西长江岸上琵琶亭（此亭因白居易长诗《琵琶行》得名），《楹联三话》卷上称其"自然可喜如此"。联引卢仝诗《风中琴》："……一弹流水一弹月，水月风生松树枝"；又引杜甫诗《赠花卿》："锦城丝管日纷纷，半入江风半入云。此曲只应天上有，人间能得几回闻。"

清赵之谦《苏州拙政园梧竹幽亭联》："爽借清风明借月；动观流水静观山。"此联写江苏苏州拙政园中部梧竹幽居亭，《中国名胜楹联大观》载录本联。本联一动一静地描摹了拙政园月夜之景。

清唐英《庐山东林寺三笑亭联》："桥跨虎溪，三教三源流，三人三笑语；莲开僧舍，一花一世界，一叶一如来。"此联写江西庐山西北麓东林寺三笑亭，《楹联丛话》卷六载录本联。相传慧远一心修佛，足不过虎溪桥。一日，与诗人陶渊明、道家陆修静谈儒论道说佛，十分相投，送别时竟忘了陈规，不知不觉中过了虎溪桥，引起守护在桥侧的驯虎连声吼叫，慧远猛醒，三人相视大笑，因此得名。该联引用佛经《华严经·初发心菩萨功德品》典故，赞颂东林寺与慧远佛学渊源深长、包容宏大。

佚名的《西湖龙井联》："诗写梅花月；茶烹谷雨春。"此联指杭州西湖龙井风篁岭上的茶，《新增绘图西湖楹联》载录本联。此联引用元虞集诗《次韵邓文原游龙井》："但见瓢中清，翠影落群岫，烹煎黄金芽，不取谷雨后。"

对联在我国先以联语形式出现，并正式出现于唐末，五代、宋时已普及民间，在明清得以发展，清代是对联的全盛期，从而出现了清代像纪晓岚这样的高水平的撰制大家。清时集碑志书法成联，自寿自挽成联，趣对巧对成专集，滑稽联语、干支联语、谚语联语、寿挽联等成专集，小说联语集等陆续出版，包括分析、评论、介绍等多达15种之多。清代进入联史的著名撰家也有60多人，其中梁章钜还著述了《楹联丛话》（四辑）。该书不仅辑录了大量各种样式的楹联，而且还搜集整理了很多有关联语的奇闻趣事，是一部研究和记录整理楹联的重要著作。当然，在这些楹联中，记述山水风景的楹联占比很高。

（四）书法绘画

书法绘画是文化景观的重要内容。文字书写成为艺术是中国所独具的，而中国画是"三大国粹"（包括中医、京剧）之一，它与西洋画有着根本的差异，这都是世界公认的。中国的旅游景观不在于追求哥特式的建筑或对称整一的布局，而是着意于突出独具民族特色的文化意蕴，而书画恰恰是最能体现这一文化的艺术形式。

凡在名山名景人们总能看到碑林或摩崖石刻，如泰山经石峪、西安碑林、浙江仙居风景区内天下第一大"佛"字、黄山岩壁上的"大好河山"等都是明证。不少书法作品同时还兼有文化价值，使旅游景点更具吸引力。如苏州虎丘的"虎丘剑池"四字，笔力苍劲，据说是唐代颜真卿手迹，但因岁月侵蚀，已模糊不清，后经刻石名家章仲玉摹钩重刻，才得以重放光芒。可见书法艺术的感染力和旅游的审美价值。

当然，鉴赏点线艺术的书画并不是易事。如欣赏书法，不仅要体会其笔法、笔画、结体、

中国文化旅游概论

章法,还要体会挺拔通达的篆书美、圆润秀美的隶书美、遒劲俊整的楷书美、清秀流畅的行书美、恣肆汪洋的草书美,同时还要能体会不同历史时期书法的风格特征,体会书艺个体的不同风格。

中国画大致可分为三个门类:人物、山水、花鸟。其中山水画不仅有"清绿山水""水墨山水""泼墨山水"的不同风格,还有"写意""工笔"之别。中国画按手法可分为工笔、写意、勾勒、没骨、设色、水墨等,而描绘对象经营构图常采用立意传神、钩皴点染、浓淡干湿、阴阳向背、虚实疏密、留白等手法,其取景布局视野宽广,讲究散点透视、线形透视、空气透视等。画幅形式有卷轴、壁画、屏障、册页、扇面等,常以诗书画印相结合。欣赏中国画要熟知有关国画的基本理论常识,如"以形写神""形神兼备""意存笔先,画尽意在""处师造化,中得心源""至法无法"等,中国画强调神韵、笔法、墨趣、诗意、意境。

绘画对于描摹对象来说,要揭示自然、人文景观的文化内蕴,创造强烈的审美效应。如敦煌莫高窟、榆林窟等,是我国著名的艺术宝库,但最突出的是它的壁画。可以说不懂得欣赏绘画,也就失去到这两处旅游活动的意义。我国著名的江南小镇周庄,"镇为泽国,四面环水","咫尺往来,皆须舟楫",风景秀丽,民风淳朴。而旅美画家陈逸飞凭借一幅油画《双桥》,就使周庄一夜成名,一个景点因此而诞生。可见,绘画之于旅游是不可或缺的。

(五)其他艺术形式

民间故事、神话传说、名人逸事等对旅游的影响也是显著的,它增加了旅游的趣味性,激发了人们的游兴。如登华山自然会想到"劈山救母"的神话故事;游西湖断桥自然会联想到"许仙与白娘子"的爱情故事;到路南石林自然会看到"阿诗玛"的象型石峰。西湖的"雷峰塔"倒塌之后,给人留下的只是一种遗憾,因为它是白娘子故事不可缺少的一部分。在北雁荡山的灵峰有一景点——"夫妻峰"(从不同角度看又叫"合掌峰""雄鹰峰"或"双乳峰"),在它东北角高处又有一风景点叫"金鸡报晓"(从另一角度来看它又叫"牧童偷窥"),夫妻峰的正前方是著名风景点"双笋峰"(晚上在双笋峰近旁侧面看就变成"老媪别过头"),这三峰就变成互相联系的一组完整的传说故事,在当地还编成了歌谣:"牛眠灵峰静,夫妻月下恋;牧童偷偷看,婆婆羞转脸",从而大大增强了旅客的游兴。又如骊山烽火台,相传周幽王烽火戏诸侯的故事就发生于此。周幽王为博得爱妃褒姒一笑,竟听从奸臣献计,在烽火台上燃起狼烟,擂起大鼓,使各路诸侯从四面八方赶来,而褒姒这一笑却给周朝覆灭埋下了祸根。"一笑失天下""一笑值千金"的典故就由此而来。

电影综合艺术,集绘画、摄影、音乐、舞蹈、戏剧、建筑、服饰、化妆等艺术于一身。它有着广泛的群众基础,对旅游资源的开发具有不可低估的作用。许多旅游景点与它有不可分割的联系。如山东"蓬莱阁"的游客很难能亲眼见到"海市蜃楼",但它借助录像就把这千载难逢的海市蜃楼再现于游客面前;电影《阿诗玛》使云南石林享誉天下;电影《芙蓉镇》使湘西无名小镇成为旅游热点;因拍摄《三国演义》和《水浒传》,无锡留下了有名的旅游景点"三国城"和"水浒城";电影《庐山恋》在庐山放映,创下了放映时间、场次、观众人次的世界之最,被列入世界的吉尼斯纪录;广西凤西桥和福建余庆桥,因其建筑造型酷似《廊桥遗梦》中的廊桥,在电影放映之际,竟也迎来了众多寻求爱情和浪漫的游客。

我国主要的戏剧有京剧、昆剧、评剧、越剧、粤剧、黄梅戏、川剧、汉剧、沪剧、淮剧、秦腔、豫剧等。它们具有鲜明的民族特点、浓厚的生活气息、深受群众喜爱。此外,我国各地的曲艺,其形式总数达370种,其中影响较大的有京韵大鼓、河南坠子、二人转、独角戏、相声、评弹、评话、山东快书、湖北道情等。它们都可以作为旅游的衬托与补充,丰富旅游者的旅行生活。许多传统剧目如京剧《单刀会》《霸王别姬》《打渔杀家》、越剧《红楼梦》《碧玉簪》、评书《梁山泊》、川剧《杜十娘》、粤剧《关汉卿》等,都令中外人士分外喜爱,为中国旅游构成了一道美丽的风景线。

总之,文学与旅游息息相关,具有很高的鉴赏价值和研究价值,它能直接成为旅游者观赏或研究的对象。有的通过生动、形象、凝练的语言,或把景物描绘得栩栩如生,或能做到情景交融,或能起到画龙点睛的作用,使游人加深了对景物的理解和认识;有的通过名人轶事、名作名诗,使景物名声远播,起到"景以文名"的目的;有的则能点缀风景、增加趣味、启迪游兴,成为旅游生活中不可或缺的部分。可见,加强对文学艺术研究和开发,对旅游业也极其重要的意义。

三、文学艺术旅游资源的开发

(一)开发原则

1. 文学艺术作品应具备较高程度的文学艺术价值

艺术体现的是一种人文精神,其本身应具有一定的审美价值。也正因为如此,这些文学艺术作品才可能作为旅游资源来开发。因为,具有审美价值的艺术作品才具有群众性和广泛性,才有资格进入旅游市场,才会使旅游资源得以增值。

2. 文学艺术作品应具备一定的历史文化价值

文学艺术属于人类文化范畴,而旅游是一种文化交流活动,是物质和精神的结合。一旦文学艺术作品拥有一定的历史文化色彩,它的旅游价值也随之体现出来,并自然地赋予相关的旅游资源以历史的文化价值,最终就能提高其他旅游资源的旅游价值。

(二)开发形式

1. 作为新的旅游资源产生的根源加以开发

旅游资源的开发者,可以根据文学艺术作品进行创意,精心策划出高质量、全新的旅游新景观。如根据《红楼梦》而创作的"北京大观园",其社会效果和旅游效应都是成功的。开发者也可因势利导,将名著、名作所涉及的作者出生地或作品涉及的地点进行开发。如根据《水浒传》而开发山东梁山游,又如绍兴鲁迅纪念馆和其相关的鲁迅故居、三味书屋、咸亨酒店等的开发,都是成功的例证。

2. 作为其他旅游资源的附属来开发

文学旅游资源通常渗透在其他旅游资源之中,并且表现形式灵活,艺术感染力极强,既可提升游人的文学修养和艺术素质,又可提高旅游资源的价值。如《红楼梦》中根据小说人物环境,恰如其分地取名"潇湘馆""怡红院""稻香村""蘅芜苑"等,这些既是各大观园景点的陪衬,又起到了画龙点睛的作用,不能因其小而加以忽视。可见,只要巧妙地发挥、恰当地渲染,就能启迪游兴,达到人和自然的完美统一。又如借助曾经十上黄山的刘海粟的故事,在黄山南海山巅建有"刘海粟宾馆"。这些艺术文化的点缀,就使游人自然地体悟到艺术的境界和精神。艺术大师正是有了这种勇于攀登艺术高峰的意志和精神,才能取得如此辉煌的艺术成就,这就给游人以鞭策和激励。当然,这种开发方式要注意文学艺术的正确定位,始终置文学艺术于从属地位,同时在具体运用上,尽可能做到潜移默化、润物无声。

第七节　其他文化旅游资源

一、传统服饰和民间工艺

(一)传统服饰

1. 周代注重服饰仪表

服饰装束对仪表美的表现有着十分重要的意义。"别衣服",即区别各类人的等级及不同场合应穿的服饰,在周代可说是到了登峰造极。如"冠",即加在发髻上的罩子,成年贵族男子方可戴。冠又有冕、弁之分,冕是君王、诸侯及卿大夫所戴的礼帽,其形制较一般的冠要在顶部多加一块前低后高的长方形板,称"延"。延前后挂着一串串圆玉,称"旒"。不同等级身份的人,"延"上的旒数就不相同。"弁"是贵族平时加戴的比较尊贵的帽子,它又分皮弁(武冠)和爵弁(文冠)两种。

衣服之制的讲究与冠制相辅相成,其中尤以礼服为最。天子冠冕必同时穿冕服,冕服绣有山、龙、华虫等纹饰,称"龙衮";诸侯礼服上绘的是一种黑白相间如斧形的花纹,称"黼";士则穿赤黑色上衣和浅绛色下衣,不复有纹饰。

2. 唐代注重服饰特征

唐代男子服饰较简单,一般为幞头、纹帽和图领袍衫。幞头包在脑后,形成飘带状。唐时幞头里面加入各种衬物,以包出不同的形状。隋唐之际幞头头顶部较平,即所谓"平头王样";到武后时期,衬物渐高,且中部出现凹状,即所谓"武家诸王样";中宗复唐后,衬物更高,幞头的顶部出现双球式的装饰,即所谓"英王踣样";进入盛唐后,衬物更高,顶部更尖,即所谓"开元内样"。隋唐的男子通常穿圆领袍衫,唯以颜色的不同来区分等级的高低。袍上图案文官绣禽,武官绣兽。

唐代女装起初是一种用罗纱制成的大块方巾,戴时不仅包裹头部,而且遮蔽全身。但女皇帝专政时期唾弃这种带有禁欲色彩的服饰,风行帷帽。帷帽是一种高顶宽檐的笠帽,只在周围或两侧缀有一层网状面纱,下垂至颈。后来又去掉了面纱,只用一块皂巾包裹在头两侧,将全部面庞袒露在外。盛唐后甚至流行一种袒领女装,里面不穿内衣,袒胸于外。中唐女装衣袖不断加宽,裙子日渐肥大。与衣裙相似的情况还有帔巾。唐代妇女的披巾分披帛与帔子两种,其中的披帛披戴起来妙曼艳丽。古代妇女常常将头发盘在头顶或脑后,形成"发髻"。隋代发髻简单,一般为平顶式,入唐后大多改为云朵形,有上耸的趋势。太宗后有"反绾髻""乐游髻""半翻髻"等样式,发髻渐高。到开元间,流行"回鹘髻""双环望仙髻"等复杂样式。天宝后假发流行,两髻抱面、一髻抛出的"抛家髻"最为时髦。

与发式发展相同步,由初唐至盛唐,妇女面饰也有了由简到繁的发展。古代妇女的面饰主要有额黄、花钿、脂粉、唇膏、黛眉等。到中唐后期又风行乌膏唇、八字眉、悲啼妆等。

3. 宋代注重妇女服饰

由于社会的保守,入宋后仿照初唐的盖头又出现了。盖头以皂罗制成,方五尺,女子出门戴上盖头,不仅是为了遮挡风尘,而且是为了遮住颜面。这种"揭盖头"的传统仪式,直至明清到近现代在新婚女子的婚礼上仍保留了下来。

如果说盖头的出现还只是用以束缚妇女感性生活的一种方式，那么缠足的出现则进一步将妇女变成男子把玩的对象和玩偶。唐代的妇女均为天足，而宋代发明了人类历史上独一无二的缠足陋习。当时的人们用狭长的布带将女子的足踝及脚趾紧紧缠住，从少女时代起便束缚它的生长，使其变得玲珑小巧、供人把玩。南宋时"三寸金莲"比比皆是。

4.清代重视民族服饰

为了适应高原寒冷的气候和马上的生活方式，蒙古人有自己独特的民族服装，最为普遍的是长袍，又称"答忽"。这种袍子的领是方形的，袖较窄，在右边扣扣子，边上开口到腰部，这是为了上下马背的方便。一般要在腰部用彩带或彩色的丝线紧紧扎起来，此称之为腰线。束腰的目的主要是为了在马上操作利索，同时突出身段的挺拔好看。长袍一般用兽皮制成，有的毛翻向外，有的则毛朝向里，男女差别不大。入主中原后，由于得到了大量的丝织品，蒙古人也开始用锦缎、丝绢来制作长袍的面子。另外，蒙古人穿的靴子，可分旱靴、钉靴、花靴、蜡靴等。

清代西域居住众多民族，因这一带历史上和中亚穆斯林地区来往密切，当地人一般喜欢穿白色、宽大的衣服，男人习惯用六尺长的白布缠在头上，妇女则好用漂亮的丝织品来做装饰，脸上还要用丝帛遮盖起来。

（二）民间工艺

1.彩陶历史概述

我国制陶业与农业几乎是同时来到这个世上的双胞胎。早在仰韶文化前的新石器时代，裴里岗的制陶业就已具有一定的规模，他们十分用心地塑造着各种食用器具。已知的陶制品有杯、盘、钵、碗、盆、壶、罐、缸、瓮、鼎等。

之后，人们还开始普遍在陶制石器上加上绚丽的色彩、纹饰，从而创造出辉煌的彩陶文化。彩陶最早出现于大地湾一期文化中（距今约7350—7800年），在部分钵的口沿上绘出紫红色宽带纹，罐和碗的口沿则多绘成锯齿状。进入仰韶文化时期，陶器开始通体着色，基调便是自山顶洞人以来就被崇尚的红色，不过又增加了纹饰的色彩。早期以红底黑彩为主，后期往往在彩绘部分先裹上一层白衣，再施以黑、黄、紫等色彩，从而形成了双色或多色的图案。彩绘主要着在器物外端的口部和腹部，一些大型的敞口器物如浅底盆等，其内壁也施彩。从此，形制各异的食具便多是彩陶制品了，诸如西安半坡的鱼纹彩陶盆、临潼姜寨的蛙鱼纹彩陶盆、宝鸡北首岭的船形彩陶壶、庙底沟的圆点曲线彩陶盆、郑州大河村的白衣彩陶钵和彩陶双连壶，特别是甘肃马家窑遗址中出土的提梁彩陶罐、蛙纹彩陶瓮、旋涡纹彩陶壶、中心圆彩陶盆等，都以鲜明的图案、热烈的色彩，烘托着红火的饮食生活。

2.汉代的陶器和瓷器

汉代是我国陶瓷工艺从陶到瓷的重要发展和转型阶段。两汉（西、东汉）陶瓷在产品门类和造型形式方面都有着明晰的演变过程。西汉早、中期，随葬陶、瓷器物中礼器明显较多，这时期的随葬陶、瓷器物还更多地带有先秦时代常见的祭祖、敬神的文化功能。

西汉晚期，随葬陶、瓷器物中的日用品有所增多。除鼎、敦、壶、仓、灶、罐等器物外，还出现了陶井、陶炉、陶釜、陶甑、陶灯等生产用品。在原始瓷产品中，盒已不见，鼎也发现较少，常见的有壶、瓶、罐、盆、碗等日用器物，同时还出现谷仓、猪舍、羊舍和牛、马等造型的瓷器。

东汉早期随葬陶器中，鼎、敦一类的传统礼器骤减，而作为日常生活用器的盆、案、耳杯、勺等仿制品的陶制品则大量出现。到东汉中、晚期，陶鼎、陶敦之类随葬礼器已消失，生活性、日用性陶器不仅占了绝对统治地位，而且新的种类如陶制的家畜、家禽、楼阁、仓房、磨坊、臼房、猎圈及"乐舞百戏"等明显增多。东汉中、晚期产生的真正瓷器中，基本上没有礼器，常见的青瓷器有碗、盏、罐、耳杯、盘、盘口壶、酒樽、簋、钟、虎子、水盂、熏炉等生活用品。

汉代陶瓷器物的造型形式总体上都以大弧线造型为主，具有单纯、朴素、敦厚、丰满之特征。

3.唐宋工艺

"唐三彩"的陶瓷制作工艺精湛、色彩艳丽，给人以五光十色、热烈壮观的气象。"唐三彩"是一种低温铅釉的彩釉陶器，常用黄、绿、褐等色釉，在器皿上绘制花朵、斑点或几何纹样，以形成色彩斑斓的装饰效果。

唐三彩和彩瓷、彩绘制品以明（冥）器为主，也有生活用品，甚至还作为珍贵的商品远销海外。从题材上看，它们可分为涉及日常生活的各个方面，如酒器、水器、食器、文具、家具、建筑模型等。还有各种杯、盘、壶、碗、盒、匣、柜，甚至枕头、炉灶等。它们样式新颖、色泽饱满，体现出一种社会安定、生活富足的盛世局面。唐三彩及彩瓷、彩绘制品中的人物身份各不相同、造型各异，有文官俑、武士俑、乐舞俑、击球俑、妇人俑、天王俑等。唐三彩和彩瓷、彩绘制品中的动物也名目繁多，有骆驼、马、驴、牛、狮、虎、猪、羊、狗、兔、鸡、鸭、鹅、鸳鸯等，姿态各异，造型生动。

唐代金银器皿分"官作"和"行作"两种，前者主要供皇室和贵族使用，后者主要应豪富和民间所需。当时长安的东、西两市，都有许多金银铺、金银行和金银肆，扬州则成为金银贸易中心。唐代金银制品常常是首饰和容器，闪烁着生动、鲜活的光辉。其主要制品有杯、盘、碗、筷、熏炉、手镯、戒指、项链等，饰有各种各样的动物造型和植物图案，并产生了镀、泥、镂、嵌等14种技法。其中的"刻花赤金碗"，制作精细、花纹富丽，充分体现了黄金本身的质感和色泽；"镂空银熏球"通体镂空、玲珑别透，并通过两个同心碗间的机环装置，使熏球无论如何转动，香盂皆保持平衡，巧夺天工。

铜镜在我国由来已久，而造型仍以圆形为主。到唐代又增添了菱花形、葵花形、亚方形等样式，图案更精美、更丰富。盛唐铜镜以花鸟等吉祥纹样为主，构图只取平衡，并不强求对称。风格自由豪放、活泼、热烈，表现大唐帝国的勃勃生机。装饰方法有浮雕、彩绘、镶嵌、鎏金等，并在后期出现了金银平脱、螺钿镶嵌、涂釉、涂漆等新工艺。

宋代的陶瓷，不仅是当时一切工艺美术制品中最为杰出的典范，而且是中国陶瓷艺术史上难以逾越的高峰。在生产规模上，宋代陶瓷较之以往任何时代都有了长足的发展。除了河北的定窑、河南的汝窑、汴京的官窑、南方（龙泉）的哥窑、河南钧窑五大名窑外，还有河北的磁州窑、陕西的耀州窑、河南的登封窑、山西的介休窑、山东的淄博窑、江西的景德镇窑、浙江的越窑、福建的建窑、广东的潮州窑、广西的藤县窑、湖南的衡山窑、成都的玻璃场窑等。在制作工艺上，釉色除了前代已有的青、白、黑之外，又增添了彩瓷和花釉瓷。在装饰方面，除了传统的刻花、印花外，还发明或改进了划花、绣花、画花、堆贴、镶嵌等新技法。在审美趣味上，宋代艺人以质地细腻而色泽淡雅的高温瓷器来抒发那飘逸委婉的审美趣味，使人联想起长颈溜肩、婀娜多姿的晋祠侍女，联想起"计白当黑"、清新淡泊的文人山水，体现一个"雅"字。今存河北定县博物馆的"龙首流净瓶"就是北宋早期的定窑产品,瓶为小口、细颈,颈部突出有沿,肩部丰满,肩上有一龙头形流,另有弦纹两道,圆足外撇。从功用上讲,龙头是注水用的,瓶颈的下部便于手握,而瓶颈上方的凸沿也有防滑的作用。聪明的窑工将这一切实用的装置都变成了审美细节,使整个器形变化得法,繁而不乱。

4. 元代工艺

元代统治者重视瓷器生产,景德镇在元代上升为瓷器生产的中心。景德镇生产的枢府瓷与唐代白瓷相比,在白色中微微泛青,不是单纯地白如霜雪,因其色调近似于鹅蛋,故称之为卵白。此外,这种瓷釉黏度较大,成乳浊状,失去了前代白瓷晶透的玻璃般的光亮,给人一种羊脂似的滑润感。这种瓷的胎壁比青白瓷厚,给人浑重的感觉。枢府瓷器的装饰一般采用印花形式,有龙、凤、雁及缠枝花叶等图案,由于印纹较浅,加上釉面的浑厚,往往轮廓不清。

青花瓷是指在洁白底上绘以蓝色图案的瓷器。其制作过程是在白色的瓷胎上用钴料着色,再施以透明釉,然后于1300℃左右的高温中一次烧制而成。因为先着彩,后施釉,所以此种制作法称为釉下彩。成熟的青花瓷将装饰的重点放在细致的描绘方面,这样使得元青花的图案真实、精细,更加贴近生活,具有高度的写实性。丰富多彩的题材和绘制手法,使青花的图饰呈现出一种综合、融通的美。

5. 明代工艺

现属上海市的松江为生产棉布的重镇,有"棉都"之称。相传元代时黄道婆自崖州带来织布工艺后,逐渐发展出云布、尤墩布、标布、官布、细布、飞花布、织花绒布等,织布种类不断更新,层出不穷。属松江府的嘉定县又于此基础上推出了斜纹布、药斑布、棋花布、紫花布等,不但质地匀细,而且色彩交错,各具特色。

明代丝织业的发展更是惊人,主要集中在杭州、嘉兴、湖州、松江、苏州、南京等地,品种可分为绫、罗、绸、缎、纱、绢、绒、锦等。它们的制作工艺全都非常精致、复杂,有织金、妆花、过肩、闪色等类别,色彩丰富。如红色有火红、莲红、桃红、银红、水红、木红;黄色有赭黄、鹅黄、金黄;绿色有官绿、豆绿、油绿;青色有天青、葡萄青、蛋青;蓝色有翠蓝、天蓝;白色有月白、草白、象牙白等。以华为美的风气在丝织、服装等方面表现得最为突出。

明时青花瓷器已普遍为国内各阶层所接受,器型扩大到了家庭实用的各个方面,成为瓷器生产的主流。当时的青花器皿有杯、盘、碗、碟、瓶、罐等。明代既素雅又热烈的青花瓷在图案设计上显得疏朗而简约,这更符合中华民族欣赏的习惯。图案是以花卉、瓜果为主,包括松、竹、梅、禽、鸟、鱼、虫;也有人物,如婴戏、八仙等;还有龙凤、八卦等图形,从而使中国的气派越来越突出。在构图上,线条的描绘细腻、精致,说明青花的装饰工艺日臻成熟。明代景德镇的青花瓷是朝着精品的方向努力的,所谓"选料、制样、画器、题款无一不精"。

宜兴的陶器工艺十分发达,有"陶都"之称,其紫砂器皿尤其是茶具享誉国内外,被视为"精美绝伦""天下无类"。宜兴紫砂壶始于"供春",又名"龚春",初时为某官宦的家僮,暇时精心揣摸制陶工艺,初模仿他人,后来探索出了自己的风格,终成一代名匠。他的传世作品"栗色暗暗,如古今铁",内韵十足,风格独特。其中的时大彬、李大仲芳、徐大友泉最为有名,号称"三大"。"三人"里时大彬又声誉独超。时大彬初时也仿效供春,"喜作大壶",后与名公雅士交游,受到启发,改作小壶,在造型上精心运思,狠下功夫。他制作的茶具不务妍媚,朴雅坚栗,达到了极高的艺术境界。宜兴名陶器与"金玉等价",蕴含了深厚的人文韵味。

明代著名学者宋应星在《天工开物》一书中根据原料的不同把明代纸品分为两类:一是竹纸;二是皮纸。竹纸主要用于书写及印刷。由于原料富足,造价不高,加上工艺精湛,竹纸成为当时最为普及的一种纸张。其优质品种有莲七纸、观音纸、奏本纸、榜纸、小笺纸、大笺纸等。皮纸则取树皮为原料,质地较竹纸更为紧第、坚韧,不易吸水,多用以绘画和裱糊,若取以印刷,则为精版。宣德年间,明代造纸技术达到顶峰,当时的产品人称宣德纸,品种很多。如白笺"坚厚如板,两面砑花,如玉洁白";洒金五色花笺、五色粉选择笺、五色帘纸、磁青蜡笺等彩色纸"至薄能坚,至厚能腻,笺色古光,文藻精细"。造纸匠人陈清等以名落款、以纸扬名的造纸艺人,遂使宣德纸大放异彩。

清人把明代的竹工分为两派:一为嘉定派;二为金陵派。嘉定派的名人是朱松龄祖孙三代,人称"三朱"。他们的竹器作品多为文房器皿,如笔筒、墨床、棋子、界方等,也有香筒、杯罍等生活用具。器皿上刻有人物、山水等浮雕式图形。朱松龄还刻制一些妇女的装饰用品,如簪钗之类。其风貌是雅俗并举、巧镂精雕。代表金陵派的产品有扇骨、酒杯、笔筒、臂阁等。其特长是追求自然,尽量保持竹子的原来形状,用刀甚少而意志全出,属于大巧若拙、返璞归真的大师手段。

明代漆器种类很多,有描漆、雕漆、填漆等,其中雕漆成就最突出。此种工艺唐代已经出现,即把调制好的彩漆一遍又一遍地涂抹在事先制好的器胎上,等积攒到一定的厚度时,再用剔刀雕出花纹。它的特点是立体感强,有浮雕的效果,给人逼真的艺术感受。雕漆色彩一般以红色为主,故又称"剔红",在明永乐年间达到了高峰。剔红器皿最常见的有几、架、盘、盒、瓶、匣、杖等,图案多为花果、鸟雀及人物。

除漆器外,明代富有创造性的工艺还有珐琅铜器(景泰蓝)、锡器、家具、刺绣、制扇、牙雕、玉雕、泥塑等。

6.清代工艺

清代瓷器的一大特色在于仿古。清代景德镇瓷厂能遍仿历代名品、荟萃群英,以包罗万象作为自己的风貌。明代窑业曾有过几个高峰时期,即永乐、宣德、成化、嘉靖、万历,清窑照样能仿制出与当时水平毫不逊色的精品来。就釉色来说,传统的青釉、黄釉、白釉、紫釉,清代无所不备。故有人称清朝景德镇是"集中国历代名窑之大成"。

清代仿古还体现在图案和器形方面,像缠枝莲、牡丹、松竹梅、云鹤、龙凤纹及"寿"字等这些前代最常见的装饰图案大量地为清代瓷器所采用。至于器形,诸如宋汝窑的三足洗、悬胆瓶、石榴尊,官窑的葫芦瓶、扁壶、文房用具,钧窑的圆式洗、小花尊,哥窑的贯耳瓶、抱月瓶等,制作得跟古器皿毫无二致,简直让人难以分辨。

清代瓷器不光是单纯仿古,更重要的是对古人技艺的融通与综合,在融通与综合中构造自己的时代特色。康熙五彩自然是对大明五彩的效仿和继承,然而差异也是明显的。明代的五彩属于斗彩,以釉下的青花搭配釉上的黄、红、褐、绿、紫诸色。而康熙五彩由于发明了蓝彩与黑彩,于是舍去釉下青花,完全采用釉上彩,使彩瓷变得更加协调、更加完备。康熙五彩又特意借鉴唐三彩的矾红、古黄、古翠、古水绿等色,融唐味于彩瓷中,意蕴丰厚,古趣盎然,人称康熙五彩为"古彩"。

清代还盛行掐丝珐琅,即把弯成图形的铜丝粘贴在铜胎上,然后于空格处填上珐琅颜料再进行烧制。后来发现不用铜丝效果亦佳,于是改用单纯的描画珐琅。清代移植到瓷器领域来的就是这种描画珐琅。珐琅与其他釉彩相比,最大的不同在于改变了过去以清水或胶水调色的习惯,采用油来施彩,这样调剂出来的颜料效果独特,给人富丽鲜艳、雍容华贵的感觉。珐琅彩瓷在乾隆朝红极一时,声价腾贵,造成了轰动效应。

二、博物展览和雕塑艺术

(一)博物展览

旅游的动机之一是增长知识、开阔视野,而博物展览是以实物的形式具体、形象、系统地展现某一事物,这是书本、课堂上所不能做到的,如自然界是如何演变的、人类是怎样进化的、一个城市(如北京、上海等)的发展演变过程是怎样的等。

西方发达国家特别重视博物馆建设,其博物馆几乎都是免费接待青少年学生,哪怕只有几千人的小镇,往往也设有博物馆。在日本,几乎每个城市都有关于城市发展史方面的博物馆,当然其他方面的博物馆也很多。美国的小镇——古柏斯市,人口只有2000多,因其是棒球运动的发源地,便建了一座棒球博物馆,从而成了美国著名的旅游胜地。

1.博物馆

博物馆又称博物院或国家公园。它是搜集、展出和研究各种实物、标本、复制品和模型,以展现自然界与人类社会的发展规律和现象的园地。

博物馆根据其收藏的内容,又可分为三类,且每一类又可分为许多专业博物馆。

(1)综合性博物馆

综合性博物馆的收藏品范围很广,且不分专业。地区性博物馆限于收藏品数量和经费等问题,多属综合型博物馆。我国的省、区、市博物馆多属此类。

(2)自然科学博物馆

自然科学博物馆主要陈列自然科学方面的内容,以此来反映自然演变的总体进程。其可分为很多专业性博物馆,如天文博物馆、海洋博物馆、地质博物馆、生物博物馆、人类进化博物馆、自然史博物馆等。

(3)人文科学博物馆

人文科学博物馆是主要展示人文方面的内容,如历史、军事、革命、艺术、科技、民族、民俗、人物等的博物馆,如中国历史博物馆、中国革命博物馆、中国军事博物馆、北京故宫博物院、台北故宫博物院等。

2.历史名人、重大事件纪念地

人们为了纪念对历史做出过重大贡献的人物或对历史产生过重大影响的事件,并教育后人,往往都建有纪念地,并且通常总是尽可能地利用原有建筑物、保持原来环境,以增加真实感和感染力,以便使人产生丰富的联想。

(1)孙中山先生故居(纪念馆)

孙中山先生故居在广东省中山市翠亨村。至今,孙中山先生亲手设计的两层小楼保存完好,亲手栽种的酸枣树仍生机勃勃,室内陈设依旧,仿佛孙中山先生还健在。

另外,广州市中山纪念堂、南京市孙中山临时大总统办公室原址、北京碧云寺中山先生停灵处等,地址依旧,面貌依旧,很有真实感。在这些地方,可以看到中山先生的衣物、用具、遗墨、照片等,还可听到他的讲话录音等。

（2）鲁迅纪念馆

在浙江绍兴、北京、上海的鲁迅故居或纪念馆也全部设立于原址，按原样陈设。在这些地方，可再次感受到鲁迅早年的生活环境和刻苦学习的精神、青年时期的思想转变和终生不渝的战斗精神。

（3）意大利维苏威火山爆发纪念馆

公元 79 年，意大利维苏威火山爆发，其南麓约 2 公里的庞贝城被火山瞬间被埋，直到 1748 年才发现线索。经过 200 多年的发掘，这座古城方重见天日。其城墙、街道、房舍、喷泉、水池、圆形露天竞技场及壁画等皆完好如初，依据骨骼复原的石膏人像逼真地再现了大祸临头时人们仓皇痛苦的情景。因此，整个城池成为一座最典型的火山灾变博物馆。

此外，毛泽东、周恩来、朱德、邓小平等伟大人物的故居都建有纪念馆。

3. 蜡像馆和袖珍乐园

（1）蜡像馆

蜡像馆是以蜡塑艺术表现特定内容的博物馆。蜡像的特点是栩栩如生，效果逼真。如 1835 年法国人杜莎夫人在伦敦创建的蜡像馆，170 多年来不断增加展品，现已有各国政治人物、著名演员、运动员、宇航员、重大历史事件、恐怖室（展示欧美各国刑具）等多个展厅。美国宾夕法尼亚州的萨兰开斯特蜡像馆的蜡像还能表演各种动作，如华盛顿在签署文件、林肯偕夫人出现在火车上并发表演说，同时配以音乐、录音、灯光效果等，几乎可以乱真。我国北京故宫内在 20 世纪 90 年代后也建有蜡像馆，里面陈列了毛泽东、周恩来、邓小平、克林顿、布莱尔、希拉克等风云人物。

（2）袖珍公园

袖珍公园是指按一定比例将各地风光与建筑缩小、集中展示的集锦式博物馆。如著名的荷兰"小人国"，于 1952 年落成，将荷兰全国 120 座著名建筑和名胜古迹按 1∶25 缩制为模型，其中的人物、车辆等还会活动。游人至此仿佛置身于童话故事中的小人国，儿童对此尤其喜爱。中国台湾的小人国，于 1984 年在台湾桃源县建成，占地 10 公顷，按 1∶25 比例缩制了中国大陆与台湾省的 69 景，包括故宫、长城、台湾十大建筑等，其中人物达 5 万多个。建成于 1989 年的我国深圳的锦绣中华，占地 30 万平方米，整个轮廓似中国版图，在相应位置上布置着名山、古建筑、民俗民居等，但比例各不相同，从原大到 1∶15 甚至更小。其内容包括我国十大名山、长江三峡、漓江山水、黄果树瀑布、日月潭、长城、秦陵兵马俑、故宫、天坛、布达拉宫、乐山大佛、陕北民居、傣族村寨、客家土楼等，还有地方风味小吃与旅游纪念品服务部。在这里可以一日游遍中国、吃遍中国、买遍中国。它是中国大地的缩影、中国旅游的窗口。

另外，深圳的"世界之窗""中华民俗村"等均属此类。

4. 博览会

博览会是指短期专题性的大型商品展示会，常能吸引许多国家和地区的产品参展，大批厂家都会拿出自己的最新技术、最新产品一比高低。

博览会期间，各国贸易、科技界人士和普通旅游者都会蜂拥而至，甚至会出现交通阻塞。因此，博览会既是大型国际科技交流盛会，也是促进旅游的有效方式。

目前，国际国内许多城市会经常性地举办形式多样、种类各异的博览会。博览会虽然持续时间很短暂，但却可能留下永久性的纪念（或建筑物等）。如驰名全球的巴黎埃菲尔铁塔是为庆祝法国大革命胜利 100 周年举行国际博览会而建造的,至今仍是巴黎的象征和游人登高观赏巴黎全景的理想场所。

(二)雕塑艺术

雕塑既是艺术,又是景观,对旅游有不可忽视的作用。

1. 尊像器塑

在周代集实用与立体雕塑于一体的青铜工艺中,青铜器被铸成姿态各异的动物造型,有些造型还附着于器物上作为装饰出现。因其浮雕出整个形象,就更见雕塑工艺的水平和追求。现藏于上海博物馆的西周"四虎钟",也称"四虎镈",即是因钟两侧饰有四虎而得名。四虎皆立体,形状大小如一,两面相随,沿钟身下行,极像是从高耸陡峭的山峰小心翼翼地逐级而下。整个造型毫无虎兽的凶猛之像,更无变形怪异之态,小小的圆目,弯曲的兽足,瑟缩的身躯,都给人以小巧可爱的感觉;尤其是虎尾被有意塑成婉转如 S 的曲线,又为整个钟器平添上几分柔和优美的色调。

2. 秦汉雕塑

中国古代雕塑可分为宗教雕塑、明器雕塑、陵墓雕塑、纪念性雕塑、建筑装饰雕塑、工艺性雕塑六大类。秦汉之际,除宗教雕塑外,其余各类皆备。

明器又称"冥器",是古代陵墓的随葬品,分实物和虚拟物两大类。明器雕塑属于虚拟之物,即以雕塑形式模拟人、动物、建筑物等,起替真人真物殉葬的作用。秦汉明器雕塑首推秦始皇陵兵马俑群,其次是西汉的陕西汉景帝阳陵陶俑群、陕西咸阳杨家湾的彩绘陶俑、江苏徐州狮子山的彩绘陶质俑马,还有济南无影山的乐舞杂技俑群等,这些均构成了秦汉明器雕塑的煌然大观。闻名中外的秦始皇陵兵马俑群,其雕塑数量之众多、造型之硕伟、神态之勇武、体魂之威壮、队形之齐一、阵势之严整、风格之写实、场面之宏大、氛围之肃穆、气魄之磅礴、群像之英武……称得上史无前例,世罕其匹!

纪念性雕塑,是旨在表彰历史人物或纪念重大历史事件的雕塑。陕西兴平市茂陵附近霍去病墓冢上的石雕像,是西汉雕塑的范例。现存于陕西兴平市茂陵博物馆的石雕有"马踏匈奴""跃马""伏虎""野猪"、"卧象""牯牛""石鱼""石人"及"怪兽食羊""野人搏熊"等作品 16 件。这些作品以其朴拙浑厚、雄大深沉的壮美风格,反映了两汉国力声威和积极进取、奋勇开拓的时代精神。

东汉雕塑有石阙、石柱、石像(包括石人与石兽)、陶塑、铜塑、木雕、墓室建筑雕刻等多种门类,有的是在西汉基础上扩展,有的基本是新创的。石刻,即石料镌刻造像,重点是石阙与石像。阙,基本上是用来显示立阙主人身份地位的一种标识。墓前神道上陈列有石人和石兽的造像,是从东汉开始的。东汉的石像有两个主要特点:一是其出现与当时盛行的上陵墓祭祀的礼俗有关;二是墓地石刻造像往往成对布置在墓前大道两旁。"辟邪"和"天禄"的神兽石像,在造型上综合狮、虎、熊、鹿等几种野兽的特点,而且还肩有羽翼,头有双角,有的则是独角,还有的无角。一般认为长双角的叫天禄,长单角的叫麒麟,无角的叫辟邪。

东汉陶俑的选材几乎涉及家居生活的所有方面,如庖厨、扛粮、执帚、执箕、执瓶、执镜、哺婴、背娃、献食、提鞋、提水、跽坐、抚琴、吹箫、击鼓、说唱、歌舞、对弈、杂技、百戏等,也包括劳动生产的许多方面,如执插、背篓、杵舂、抉锸、种田等,另外还有大量家禽家畜俑,如狗、猪、鸡等,还出现了与人、畜陶所体现的庄园生活密切相关的楼榭、坞堡、住宅、风车、猪圈、井、船等模型。这一切都说明东汉陶俑(塑)在题材内容上更趋生活化、家居化和世俗化。

3.佛教雕塑

魏晋南北朝时期的佛教雕塑艺术以北朝石窟艺术为代表。这一时期,有新疆拜城克孜尔石窟、甘肃敦煌莫高窟、甘肃永靖炳灵寺石窟、甘肃天水麦积山石窟、山西大同云冈石窟、河南洛阳龙门石窟、河南巩义市石窟、河北邯郸南北响堂山石窟、山西太原天龙山石窟等。早期石窟雕塑为"舶来品",带有明显的外来风格,隆鼻深目,大耳垂肩,上唇有胡须,一副西域人模样。后来的石窟雕塑稍有变化,亦具有中原人的特征,其代表作为大同云冈的著名昙曜五窟雕塑。第二阶段的佛像雕塑"秀骨清相",其典型的标志是衣饰上宽大飘逸的褒衣博带代替了轻纱透体的衣着,圆润俊秀、表情生动的人物造型代替了隆鼻深目的早期雕像。此当以龙门石窟为代表。第三阶段的雕塑,其面相、体形均由瘦长型向丰圆型转换。这一时期的佛教雕塑表现出了日益世俗化、民族化、富丽化、壮美化的艺术趋势,并以敦煌290窟北周建造的彩塑菩萨为代表。

4.唐代雕塑

昭陵是唐太宗李世民的陵寝,由匠作大监阎立德和画家阎立本兄弟设计督造。墓室筑于九峻山南麓半山腰处,深约250米,前后有5道门。墓门顶部建有神游殿,四周构筑了正方形的陵墙。陵墙的四角各建一楼,四面各开一门。南门为正门,门外筑土阙三对;其余三门外各筑土阙一对。南门内建献殿,北门内建祭坛。祭坛内置14尊石雕像,东西庑廊陈放着著名浮雕"昭陵六骏"。皇陵的三个侧面有皇子、公主、嫔妃和文臣武将的陪葬墓,陪葬墓现已发现167座,形成对皇陵的拱卫之势。昭陵的艺术价值,主要表现在两个方面:一是在建筑布局上为唐代以后的皇陵提供了范式;二是在艺术作品上创作了留传至今的"昭陵六骏"(其中两件于1914年被盗,现存于美国费城宾夕法尼亚大学美术馆;其余四件陈列在陕西省历史博物馆)。"昭陵六骏"的六匹战马体形健美,姿态各异,它们或静或动,或奔或行,错落有致,相互衬托。这种巧妙而含蓄的题材、丰富而多样的手法,十分符合陵墓的整体风格,给人以深深的怀念和无尽的遐想,因而成为古代冥物造型中的经典之作。

乾陵(武则天和唐高宗墓陵)有朱雀、玄武、青龙、白虎四门,长长的甬道上还布满了精美的石刻作品。至今尚存的有高宗的述圣碑一座、华表一对、翼马一对、鸵鸟一对、鞍马五对、文武侍臣10对、藩王造像61尊。其规模之大、数量之多,在唐代皇陵中可谓首屈一指。其中,最具有艺术价值同时也最能体现其时代风貌的,是那对器宇轩昂的"乾陵雄狮"。这对雄狮体魂强健、神态威武,挺胸昂首、端踞雄视,以引而不发、静以待动的造型将外在的体态和内在的力量巧妙而完美地统一在一起,给人以趋而却步、望而生畏之感。

在龙门石窟现存的2100多个龛窟、10万多具造像中,最令人称道的是唐高宗和武则天时期开凿的奉先寺大卢舍那佛龛造像。该龛在垂直的石壁上劈出宽阔的造像场所,显得胸襟博大、气势磅礴。主尊卢舍那佛高达17米,是整个龙门石窟中最大的造像。其体态风韵诱人,容貌端庄美丽,眉宇间显露出超凡脱俗的宁静和智慧,嘴角处则略带有世俗的微笑与自信。它稳重、庄严,却又慈祥、睿智;它高贵、典雅,却又活泼、明朗;它前额饱满、面部圆润,弯眉直鼻,嘴角微翘,眼睑下垂,目光俯视,含蓄而又秀美的双眸给人以深切的关怀和殷切的期待。它体现了东方艺术高贵的单纯和静穆的伟大,它代表了初唐时期激扬的热情和向上的精神。

位于四川乐山栖峦峰 71 米高的大佛也是盛唐雕塑的典范作品。这座弥勒坐像开凿于开元之年,由当地著名的和尚海通大师募捐动工,因为工程浩大,海通生前未能完成,继由川西节度使主持建造。该像顶围百尺,目阔二十丈,素有"山是一尊佛、佛是一座山"之壮誉,是世界上最大的石刻佛像。

莫高窟是甘肃省敦煌市东南鸣沙山东麓的艺术宝藏。作为世界上最著名的佛教艺术,莫高窟至今尚存洞窟 492 个,其中仅隋、唐时期的洞窟就有 247 个,且精品居多。其中最具艺术价值的应属第 54 窟两龛的系列塑像。这组塑像正中为释迦牟尼,北侧为迦叶、菩萨、天王,南侧为阿难、菩萨、天王,龛外两侧原来还有力士两尊,已被毁坏。从现存的七身塑像来看,其布局对称中寻求变化,而且老成持重的迦叶和聪明智慧的阿难亦形成鲜明的对比,从而制造着性格的多样与反差。此龛的每座塑像都体态匀称,面容静穆,尤其是左右两尊菩萨,更是达到了前所未有的艺术水准。从服饰上看,菩萨高髻束冠,颈佩璎珞,花园锦簇的披巾斜贯前胸,冰清玉润的肌肤随呼吸而微微起伏,轻柔稀疏的衣纹如音乐随风飘荡,充分体现了盛唐艺术的造型特点。

5. 宋代雕塑

北宋雕塑以山西晋祠的彩塑最为著名。与佛殿造像不同,祠庙造像多为纪念历史人物,因而具有更为浓郁的世俗色彩。晋祠是祭祀西周初期唐叔虞的祠堂。唐叔虞为周武王之子、成王之弟。成王封其为诸侯,始有晋国。圣母殿位于晋祠西端,创建于北宋天圣年间,是为祭祀周武王后、唐叔虞之母所建。殿内尚存 43 尊彩绘塑像,除圣母像两侧小像是后补者外,其余均为北宋元祐二年的真品,比山东长清灵岩寺的彩塑年代略晚。这批塑像既吸收了佛教造像的艺术传统,又不落其宗教的轨仪。主尊圣母凤冠霞帔,双腿盘坐,慈眉善目,神态安详,很像是一位德高望重的老太太。在她的周围,有宦官,有侍从,更多的则是姿态各异的侍女。她们或着长衫,或着短衣长裙,或梳堆云髻,或梳双螺髻,手中各持一物。有的供奉文墨,有的供奉饮食,有的侍奉起居,有的洒扫、梳妆,有的奏乐、舞踏,动作不同,表情各异。这些塑像已不只是重现西周的生活场景,简直就是宋代社会的直接体现。

南宋雕塑以四川大足石刻宝顶卧佛为著名。卧佛所在的北山转轮经藏窟,宽 4 米、高 4.2 米、深 6.7 米。它在体量上不能与乐山大佛相提并论,在艺术上不能与龙门卢舍那佛相媲美,在雕塑史上无特殊的地位,但其优美的线条、典雅的造型,堪称雕塑史上的上乘之作。该窟的构造颇具匠心:在手顶长方形的洞窟中设有一石刻的"转轮经藏",经藏的底部为须弥座,座身中段刻有一大蟠龙,座上围一圈栏杆,刻有 50 个嬉戏的儿童,神态活泼可爱,上部有八根盘龙石柱,龙柱上顶八角飞檐,直托洞顶,既起到了力学上的支撑作用,本身又是一幅绝妙的艺术精品。该窟雕塑的精致程度可谓世所罕见,不仅主尊释迦牟尼和八位菩萨造型精美,就连金刚力士、诸佛弟子及 10 余位供养人的造像都一丝不苟,栩栩如生。在技法上更加注重线的表现力度,强调线与面的结合,因而更具中国雕塑的本土特征。

三、娱乐和购物

娱乐和购物活动是旅游活动的延伸,是旅游不可缺少的组成部分,也是提高旅游经济效益、丰富旅游生活、扩大旅游地影响的重要手段。

(一)人造乐园

人造乐园是指人们体验日常生活中难以体验的人工游乐场,如神仙幻境、童话世界、蛮荒时代、缥缈太空等，以给人娱乐，给人刺激。现罗列比较有代表性的人造乐园如下。

1. 美国洛杉矶的迪士尼乐园

美国的迪士尼乐园，建于1955年，是现代最早的大型人造乐园，其规模庞大、技术先进，获得了极大的成功。它有许多吸引男女老幼游客的新花样。人们一踏进游乐园，由人化妆而成的米老鼠就跑过来同你握手，表示欢迎。进入乐园，里面充满了各种各样的世界："冒险世界""幻想世界""未来世界""童话世界"等。这个乐园既是游乐场所，又是一个教育场所，寓教育于娱乐之中。旅游者在乘坐游览车穿越了山洞，且经过一段崎岖道路后，两旁会显出远古时代的景象，恐龙、犀牛和其他各种奇禽怪兽，活跃其间，坐上一条小船，沿着蜿蜒小溪顺流而下，两岸假山上有世界各民族的玩偶表演舞蹈，栩栩如生，胜似仙境。人们还可乘坐一种模型潜水艇去"海底"旅行。这种潜水艇可坐30人，通过座位前的玻璃窗口，游客可以看到"海底"五光十色的海洋生物。更令人惊奇的是，人们还可目睹模拟的满载珠宝货物的沉船和因地震等原因陷落海底的古代城市。尤使人诧异的是，在一个小型剧场，游客们可以看到在美国国会大厦背景前，林肯总统从椅上慢慢站起来，声音洪亮地向大家演讲。这个扮演总统的机器人，给人的感觉已经达到了"以假乱真"的地步。

2. 中国昆明的"小人国"乐园

在中国的昆明，一座占地约1万平方米，集名胜景点、儿童游乐、童话故事传说等于一体的小人国游乐园在金殿旁建成。园内的儿童乐园内，安徒生、格林童话中的经典故事按小矮人比例设置，使游人一进入园内，就仿佛置身于小人国之中。这一奇特的景观不仅在中国尚属第一，在世界上也是绝无仅有的。目前，"小人国"已经面向全国招聘了首批10多名"国民"。据悉，该园目前登记在册的小矮人已达千名，并有10多名已先期到达昆明的小矮人经过培训组成了小人国艺术团正做巡回演出。昆明的"小人国"乐园，可谓千名"小矮人"济济一园，不但为昆明提升旅游品位、吸引游客助了一臂之力，也为全国80多万侏儒、袖珍人提供了体现自身价值的舞台。

（二）购物

随着我国经济、文化、旅游事业的发展，经济活动设施趋向多功能化。市场也由以前的综合型逐渐转向专业型，如纺织品市场、电脑市场、农贸市场、丝绸市场、茶叶市场等。当然，综合型（如超市）和专业型市场各有所长，各有所短，应相互补充。但这些不同规模、不同等级的市场都给游客购物提供了方便。其实，有时特色鲜明的市场本身也就是旅游资源，如北京的王府井、武汉的汉正街、上海的南京路、浙江义乌市的国际商贸城等。

随着经济和旅游事业的发展，商业网点的建设日新月异，商业网点日益朝上档次、上规模、现代化的方向发展，各大、中、小城市都已建成了一大批具有时代气息的大中型商场，如西安的唐城、民生、开元商厦，郑州的亚细亚，武汉的佳丽广场、武汉广场、中南商厦等。这些市场向各地延伸、向国内外开拓，逐步成为综合性、多元化、集团化、现代化和经济实力雄厚的大型综合商场，鏖战国际市场。

值得指出的是，在我国的旅游业构成中，游客购物的欲望往往不强，购物收入往往占旅游总收入的比例过低。我国的多数旅游城市很难像香港特别行政区那样成为购物的天堂，商品销售量与美国等发达国家相比更是相距甚远。因此，在这方面，应该下大力气进行研究、改进。

第四章　中国文化旅游地产

第一节　中国文化旅游地产概述

一、旅游地产、文化地产和文化旅游地产概念

（一）旅游地产及其特征

1. 旅游地产的概念

旅游地产是指那些依托周边丰富的旅游资源而建的，有别于传统住宅项目的，融旅游、休闲、度假、居住为一体的置业项目，如休闲度假村、旅游景区主题休闲公园、分时度假酒店、海景住宅、景区住宅等。较之一般的住宅，旅游房地产的特点和优势在于它是旅游业和房地产业的无缝嫁接，具有更好的自然景观、建筑景观，同时拥有完善的配套功能和极高的投资价值。

2. 旅游地产的特征

（1）以旅游或度假为目的

旅游地产以旅游或度假为目的，是通过旅游设施来带动地产发展，通过整合规划设计、开发建设、专业策划、市场营销、经营管理等各个环节，把旅游业和地产业相结合的一种产业模式。

（2）其本质仍然是地产

旅游地产的本质为地产，即与传统住宅地产一样具有房地产的属性，只是功能与服务对象发生了巨大的变化，不再是满足日常定居的生活、工作的需要，而是着眼于满足游客的需求，如旅游酒店、度假村、度假别墅、第二居所、主题公园、旅游商店、旅游小镇、汽车营地等。

（二）文化地产及其特征

1. 文化地产的概念

文化地产是指以文化软实力为核心竞争力的房地产开发模式，是用文化引领规划、建筑设计、园林景观、营销体系、物业服务的置业项目。文化地产是把"死建筑"变成"活建筑"的系统工程。房地产传统开发模式是以"建筑"为核心，文化和概念仅作为营销手段；而文化地产是以"文化和生活方式、居住理想"为核心，用文化提升固化建筑价值。

2. 文化地产的特征

（1）文化不再是营销的概念和手段，而是建筑精神和价值的核心。

（2）建筑硬实力和文化软实力是共生关系，而非从属关系。文化软实力成为提升建筑价值的核心。

（3）用文化软实力统合房地产核心价值体系。用文化引领建筑设计、园林景观、营销体系、物业服务等的全过程。

（4）在文化地产系统中，文化必须是可落实、可体验、可感触、可实现的浑然整体。

（三）文化旅游地产及其特征

1.文化旅游地产的概念

文化旅游地产不只是一个产业，而且是文化、旅游、地产产业交叉形成的一种业态。实际上，它是旅游地产和文化地产的叠加，即以文化产业为基础与核心切入点，嫁接区域文化资源，放大地方特色文化，把脉时尚文化需求，创意特色文化产业，并通过提升文化产业，使文化、旅游、地产有机结合，创建别具一格的文化旅游区或置业项目。如闻名遐迩的好莱坞不仅是美国电影文化的发源地，还是全球游客的旅游胜地。重现经典大片拍摄场景的好莱坞环球影城每年吸引着成百上千万的游客。这样以电影文化为支撑背景的旅游地算得上是真正的文化旅游，其配套的地产也是真正的文化旅游地产。许多梦想感受电影文化的作家、音乐家、影星等都住在好莱坞贝弗利山上。

文化旅游地产的开发难度显然要高于传统住宅与传统商业地产，当然也高于旅游地产和文化地产。文化旅游地产要求"四轮并转"，即文化、品质、模式、资金"四个轮子"同时平稳运行，只有这样，才可以有效提升自身生存能力和竞争能力，从而实现稳健的发展与可持续的经营。

2.文化旅游地产的特征

（1）文化内涵丰富

旅游文化可以分为传统旅游文化和现代旅游文化，前者主要包括旅游者和旅游景观人文文化，后者则增加了旅游业文化和文化传播。单就传统旅游文化中的历史和人文而言，就包括了古建筑文化、古文化遗址文化、历史文化名城文化、文化名人文化、红色革命文化等几种类型，涉及范围较广，但目前大部分文化旅游地产项目都是传统旅游文化与现代旅游文化的结合。

在文化旅游地产中，文化不再单纯地属于营销的概念和手段，而是整个项目价值的核心。一个好的旅游地产项目，往往可通过文化产业的提炼和延伸，打造一套不可复制的价值与体验体系。因此，在文化旅游地产中，文化必须是有特色、有底蕴、可以挖掘提升的，而且必须是可落实、可体验、可感触、可实现、可延伸的浑然整体。可见，不是所有的文化都可以进行实质性的、有效的开发，开发商在投资之前，应该首先对文化基础进行深入、系统的研究、分析与评估。

（2）项目品质上乘

传统住宅最本质的功能是居住，以满足居住者的使用要求和一定的精神要求，购房者最关注的是房子的本身（如户型、面积、价格等）。而文化旅游地产则是在具备传统住宅基本功能的基础上，升级到关注消费者心灵层面和精神层面的感受，即在人、自然和社会的和谐统一的现代居住文化的核心基础上，融入人文因素，将历史文脉、居住文化、旅游文化、体验文化等融为一体，使居住、生活、体验其间的人，能够体会到强烈的文化感、自然感和归属感。因此，文化软实力的打造、提升与整合，是决定文化旅游地产品质的关键。

软实力主要指文化、制度、传媒和意识形态的吸引力等。文化旅游地产项目首先要尽可能具备独特性与不可复制性，使其处于一种基本垄断或寡头垄断的市场地位。其次，文化旅游地产项目还要将项目开发所依托的自然资源（如山林秀水、温泉湿地、人文景观等）、生态、气候等做出规划安排，要将水的滋物生灵之茂和山的巍然磅礴之气充分融入所开发的项目之中，使建筑、景观、雕塑、游乐项目等从内到外、从整体到局部均彰显其文化与旅游价值，让建筑在自然中听风舒展，让居者体味清闲安逸之空间、静享修身养性之环境，给居者以天人合一的陶然境界。此外，文化旅游地产项目还要增加现代旅游文化要素和文化理念的传播，加强后期运营管理，通过设置完善的体验式营销体系让每一个居住者、旅游者、体验者从身到心多层面感受大自然之优美、历史之博大与生活之时尚（通过购物、休闲、娱乐等配套设施来体现），从而促使客户有兴趣常来常往，形成多次消费，增加项目的开发价值。

（3）开发模式独特、多样

文化旅游地产开发既然是房地产开发的范畴，就涉及开发模式的问题。文化旅游地产的开发模式有很多种，目前国内比较典型的有以"成都·芙蓉古城"为代表的"传统民俗文化＋旅游地产"模式、以"华侨城·波托菲诺"为代表的"欧陆风情文化＋旅游地产"模式、以"上海·新天地"为代表的"时尚休闲文化＋旅游地产"模式、以"开封·清明上河园"为代表的"现代复古文化＋旅游地产"模式，以及以"深圳·华侨城"为代表的"现代娱乐文化＋旅游地产"模式等多种，几种主流模式虽然风格不同，但都有一个共同点，那就是"文化旅游开发"与"地产开发"的有机结合，"以旅游地产开发提升传统地产价值、以传统地产开发利润支撑旅游地产开发"。

（4）资金需求量大，但融资渠道多

适于开发文化旅游地产的区域由于资源、环境等的优势，地价成本往往过高，加上项目体量往往较大，故资金需求量大。

传统地产项目开发主要资金绝大多数来自银行融资，因为企业还款周期短、市场平稳、银行风险小。但文化旅游地产就不同，此类项目一般都因为投资量巨大、土地性质特殊、项目开发周期长、市场与政策风险高而难以获得银行信用贷款。故传统银行信贷融资以外的方式就成了文化旅游地产开发商融资的主要渠道。

除少量的银行信贷外，文化旅游地产开发商的主要融资渠道有房地产信托、房地产投资基金、国内外上市融资、金融租赁融资，以及统一规划、联合投资等多种方式。实际上，文化旅游地产开发过程中最大的风险就是由于开发周期过长而面临的市场与政策变化风险。因此，文化旅游地产开发商要尽量缩短开发周期。

对于资金实力雄厚或无开发资金困局的开发商而言，要在统一科学规划的前提下，尽快启动、快速开发，最快抢占区域旅游与消费市场。而有资金困难的开发商，则可考虑采取多种融资渠道与合作模式，必要时可尝试引进投资商，实施统一规划、联合开发或分片开发，在利益划分清晰的情况下快速推进、迅速完成开发，然后把主要精力放在项目运营与市场推广之上，以最大限度保证项目操作成功。

二、中国文化旅游地产的形成和类型

（一）中国文化旅游地产的发展过程

文化旅游地产是在旅游地产和文化地产出现后市场必然的选择，也是文化、旅游和地产三者相互促进的良性结构。一般旅游项目的投资收益期超过 15 年，但可持续回报时间可以达到 50 年以上。而旅游地产 2~3 年就可能全部收回投资，且可能获取 150%~400% 的盈利，可谓暴利项目。旅游地产以低成本为基础，关键问题是必须有人气，即旅游地产的价值与旅客流量正相关，与客源地的交通正相关，与周边风景价值正相关。

与房地产传统开发模式以"建筑"为核心，文化和概念仅作为营销手段不同，文化地产却是以"文化和生活方式、居住理想"为核心，用文化提升固化建筑价值。可见，文化旅游地产嫁接了"文化"和"旅游"的概念，随着旅游地产和文化地产的发展而发展。

1.萌芽阶段

20 世纪八九十年代，在我国经济相对发达的沿海地区，尤其是改革开放较早的省区市，房地产建设较多，供过于求，出现房屋空置现象，这为旅游地产的产生提供了机遇。对于主要集中在旅游城市、沿海地区和比较发达的大中型城市的空置房屋来说，最合理的也最为有效的利用方式便是将其变更为旅游地产（物业），以达到双赢的效果。对一些具有文化内涵的地产，则更是一步到位打造成品位更高的文化旅游地产。1994 年前后，海南的三亚、广东的珠海等，都提出了类似的口号，既发展了旅游业，又打造了旅游胜地。

2.发展阶段

进入 21 世纪以来，房地产业和旅游业分别成为我国拉动内需的两个热点产业，发展势头强劲。随着城市房地产开发重心的逐渐偏移，房地产市场进入新一轮整合过渡期，市场投资和消费模式逐渐转变。如北京、上海、深圳等地的销售市场都一度出现了萎缩的前兆，大量的传统房地产资金开始开辟新的领域，其中就包括旅游度假和文化地产等物业的开发。随着旅游交换平台的逐步形成，住宅消费开始由需求型向舒适型转移。旅游需求多元化，使旅游地产业进入了新一轮的发展阶段。旅游地产类型也从单一的酒店、主题公园转向品位更高、文化内涵更加丰富的游乐设施、度假别墅、第二居所等多元并存的发展态势。

3.成熟阶段

自 2008 年北京成功举办奥运会后，随着全球金融危机的逐步减弱，我国旅游地产和文化地产呈快速发展之势，仅涉足旅游地产的公司就有几百家，并且无论是房地产界、文化界还是旅游界都十分看好未来我国的文化旅游房地产市场。特别是以"高尔夫、山地、滑雪、冲浪、野外运动"为主题的休闲度假住宅、别墅、酒店层出不穷。从最早的深圳华侨城文化旅游主题公园项目拉动地产开发到后来的海南"南海传说"、三亚、博鳌等，文化旅游地产项目在全国已经取得了很好的市场反响。

（二）中国文化旅游地产的类型

随着旅游业的不断发展，旅游产业链条也在不断延伸，旅游地产的兴起正是产业链逐渐完善的表现。一方面，文化和旅游为地产的升级和营销提供了极大的想象和发展空间；另一方面，文化旅游地产又给予文化产业和旅游产业一个全新的载体和平台（见图 4-1）。总之，文化、旅游和地产的影响是相互的、互动的。文化旅游地产随之欣然崛起。

文化旅游地产是一个比较宽泛的概念。从某种意义上来说，它是一种文化与经济的综

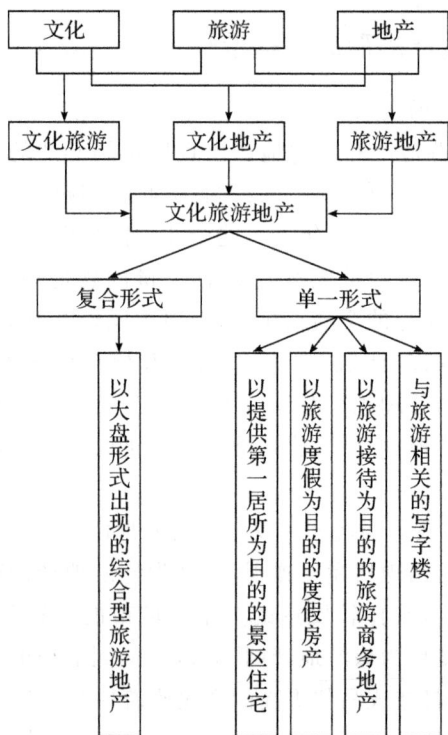

图 4-1　文化、旅游与地产关系及开发形式

合体,它覆盖了地产、度假、生活、休闲、娱乐和文化等各个方面。除了以大盘形式出现的综合型旅游地产外,目前国内单一形式的文化旅游地产主要包括以下四种类型。

1. 景点(区)文化地产

景点(区)文化地产主要指在旅游区内为游客的旅游活动建造的、具有文化内涵的各种观光、休闲、娱乐性质的、非住宿型的建筑物及相关联空间。

2. 度假文化地产

度假文化地产主要指为游客或度假者提供的、直接用于旅游休闲度假居住的、具有文化内涵的各种度假型的建筑物及关联空间,如旅游宾馆、度假村、产权酒店及用于分时度假的时权酒店等。

3. 商业文化地产

商业文化地产主要指在旅游区内或旅游区旁为游客提供的、具有文化内涵的旅游服务商店、餐馆、娱乐设施等建筑物及相关联空间。

4. 住宅文化地产

住宅文化地产主要指与旅游区高度关联的、具有文化内涵的各类住宅建筑物及关联空间。

(三)中国文化旅游地产的开发

1. 文化旅游的开发

将文化内涵融合到旅游休闲中可给予游客更理想的旅游体验,也使得项目可以成为集旅游、文化、居住、消费于一体的文化商贸旅游景区。整个规划过程要考虑旅游景点的规划设计要求,在政策上要得到政府的支持;在经营中要与区域旅行社联合,将园区纳入旅游线路中；在园区今后的发展上，要将文化打造成旅游产品，成为旅游吸引物，并将多样化的文化项目，成为体验式旅游产品为主，如文化节、博览会等，并不断推陈出新，以确保园区在旅游中的活力。

2.文化产业的开发

文化旅游地产区别于普通地产项目的是其将文化作为产业进行开发，深度挖掘其内在价值，以开发的文化产品为基础，实现金融创新、文化创新、科技创新。文化产业发展在地理空间上的集聚，形成集政策、企业、创新、孵化、投资管理、后勤服务和产权交易等系列功能于一体的文化产业园。文化产业园服务功能主体主要体现在园区产业集群、产业链完整程度、配套设施齐全程度、园区经济活跃度等多个方面，这些都是充分反映园区成熟度的特征。拥有了完整的产业链条，文化地产形成的产业园区才真正有了生命力。

3.文化旅游地产的开发

在文化旅游地产中，将文化做活的往往是在文化领域优秀的文化创作者或传承者。引入大师工作室，是提升园区品质最直接、最有效的方法。依靠大师的知名度及其在行业内的号召力，可迅速提高园区的影响力和吸引力。大师作坊的销售政策以购买和作品置换为主，方式多样化，以方便大师入驻园区、聚集人气。如联排别墅齐全的配套设施，保证了大师的居住和创作条件；高品位的私人会所，可避免商业地产氛围过浓等。

不断强化主营业务，成功经营文化地产的精髓，在于在自己擅长的领域始终保持领跑的地位，不遗余力地提升主题公园的品质，以不断推陈出新的产品和日益完善的服务。如此，便可使项目在业界独领风骚、独树一帜、独占鳌头。

三、文化产业与旅游地产的互动关系

文化产业的发展和旅游地产之间的影响是相互的、共生的。一方面，文化产业发展对旅游地产有明显的带动作用；另一方面，文化产业发展的滞后也会对旅游地产开发产生制约作用。文化产业和旅游地产开发与规划者要尽量做到最大限度地发挥文化产业发展对旅游地产的良性互动。

(一)文化产业发展与旅游地产的互动关系

随着旅游需求逐渐由观光旅游转变为休闲度假，目前以"文化"为诉求的旅游地产日益兴盛，成为旅游地产新的发展引擎，具有稳定的增长潜力和良好的发展前景，从而逐渐凸显文化产业的发展与旅游地产开发的共生关系，这体现在两个方面：一是旅游地产的不适度和欠保护的开发会对旅游区内原本的文化产业的发展造成负面影响；二是文化产业的良性发展与相关部门的保护会吸引外部投资者对当地旅游业的投资，进而推动旅游地产的开发。

(二)文化品牌的建设有利于促进旅游地产的发展

旅游地产文化品牌包含方方面面，既有文化设施、旅游景观、旅游环境等外在的实物体，更包括旅游文化和旅游服务的质量、文化旅游的形象等无形内化物。独特的文化底蕴与旅游业的巧妙结合是旅游地产文化品牌建设的关键所在，并对旅游地产的开发具有重大意义。作为一种无形资产，文化品牌一方面可以增加旅游城市的整体附加值和旅游区的竞争力，增加差异化；另一方面也可以带来良好的客户体验和客户认知度，使旅游者保持对该地区旅游及文化较高的忠诚度，从而带来旅游地产的正相关效应。

（三）旅游地产与文化建设要保持平衡发展

旅游区城市文化生态系统主要包括居民的行为、制度和精神三种文化生态。文化作为生态系统中不可或缺的一部分，具有多样性、地域性和变异性等特点。文化生态系统的内容多样性主要表现在文化包含的各要素间的相互关联性，并有机互动地存在于旅游区中，共同成为旅游业和旅游地产开发的基础。当然，文化产业的发展不能一蹴而就，而是要经过所在地居民代代传承，与居民的生活紧密相连，具有明显的地域性。这也是旅游区文化不可复制的关键所在，也说明旅游地产的开发要在保留旅游区居民的特点的同时，更注重文化的传承与保护。

对旅游区文化内涵的尊重与保护还体现在旅游地产开发商的战略思想和对传统文化的保护，这可为开发商带来无限的商机，达到真正的双赢，同时也顺应了旅游正在甚至已经从服务经济到体验经济转变的大潮，促进旅游地产文化的系统平衡。

第二节　旅游地产的十大文化形态

旅游地产文化作为一种特定的文化形态，有其特定的内涵和相应的外延。从广义上来说，旅游地产文化是以一般文化的内在价值因素为依据，以旅游地产诸要素为依托，作用于旅游全过程的一种特殊的文化形态。作为一种新的文化形态，旅游地产文化的理论基础是那些鲜明地反映着旅游地产经济和活动特殊需要的部分。除理论基础之外，旅游地产文化还有着更广泛的外延成分。它涉及社会学、历史学、艺术学、景观学、民俗学、宗教学、建筑规划、建筑设计、生态学、园艺学、公共关系等学科中与旅游地产相关的部分；它更体现在养生度假、商务会议、休闲商业等具体的旅游地产诸形态中。一言以蔽之，旅游地产文化渗透在与旅游地产有关的吃、住、行、游、购、娱、休、健等诸多要素及相关服务等各个方面。

旅游地产文化，也可以说是消费者对其的认同，是意识形态、教化和项目价值延伸的必然结果，通过项目内在品质的形式传达不同时期的建筑文化取向和生活目标。经典的旅游地产文化，是人类共同拥有的文化遗产，它无言地守护着人类对理想旅游地产的共同追求和价值目标。

一、旅游地产的地脉文化

地脉指的是地方的脉络或地势。俗话说"一方水土养一方人"，就是指生活在不同地域上的人，由于环境不同，生存方式不同，地理气候不同，导致思想观念不同，人文历史不同，为人处事不同，文化性格特征也不同。可见，不同地域形成的地脉文化，必然影响到旅游地产。所以，旅游地产只有适应、体现各自的地方文脉，才有市场，才有生命力。这就是所谓的"只有民族的，才是世界的"道理所在。

旅游地产是一个地域性很强的产业，每个城市、每个地区都有自己独特的风格和文化，这些地脉文化形成了当地的生活习惯，并具体表现在人们的喜好、行为和文化观念等方面。旅游地产文化只有体现出地域特色才会有市场和生命力。令人可喜的是，不少的房地产开发商已经意识到了这一点，故在了解城市的位置、地貌、气候、环境等外在因素后，还对当地的人文历史等内在底蕴进行深入的挖掘,提炼出城市(区域)独特的文化主题。

当然,文化不是封闭的,旅游地产在强调地脉文化的同时,也应提倡对那些能适应地方文脉或改造地方落后文化的居住文化,甚至是外来文化的吸收。只有这样兼收并蓄、兼容并包,才会使旅游地产文化更优秀、更有生命力,也才能使居住文化得以可持续发展。

二、旅游地产的建筑文化

建筑是技术、文化、艺术、生活的综合,它又是哲学观念、宗教观念、价值观念、美学思想、环境意识、心理学、行为学等多方面因素的外在体现。建筑文化是人类文明长河中产生的一大物质内容和地域文化特色形成的亮丽风景,是人类生活与自然环境不断作用的产物。在不同的时期,建筑文化内涵和风格是不一样的。在不同的地域,建筑文化可以完全不同。如地球东、西方建筑风格就不一样,我国北方的建筑文化风格就与南方风格迥异。在建筑文化的发展趋势下,多种多样的建筑流派和建筑思潮层出不穷,与城市意识流的多元化交织在一起,形成丰富多彩的建筑文化格局。面对外来建筑流派的不断涌入,建筑文化的出路在于继承和发扬传统建筑文化的精髓,同时充分利用现代科技和世界先进建筑设计的理念,进行符合时代潮流的创新。

中国传统文化历史悠久,源远流长,建筑文化也随着时代变迁而变化,且具有神秘、浪漫的艺术精神和丰富的想象力,同时具有多样性的表现形式。房地产作为我国目前最大的经济增长点之一,除了自身的发展之外,还要有力地推动建筑文化的升华,特别是旅游地产的发展。随着我国旅游从观光旅游向休闲旅游的过渡,人们不再满足于疲于奔命的旅途,而是要停下来,好好地享受生活,享受环境。人们对旅游地产的居住要求更高了,不仅要求旅游地产与环境的和谐、旅游建筑对西方文化的合理借鉴,还要求旅游建筑和本土文化的融合,更要求展示出独特的建筑文化。

三、旅游地产的园林文化

园林是指在一定的地域范围内,运用工程技术和艺术手段,通过地貌改造(包括土方平衡、水系整理、道路铺设和筑山、叠石、理水等)、种植树木花草、营造建筑和布置园路等途径创作而成的优美的自然环境和游憩境域。它包括庭园、宅园、小游园、花园、公园、植物园、动物园等,还包括森林公园、风景名胜区、自然保护区或国家公园的游览区及游憩或疗养地。而园林文化则是指在园林中的建筑、植物、山水等显示出来的符号或元素。

园林不仅具有保护和改善环境的功能,还有改善小气候、减弱噪声和防风、防火等作用,同时也可作为游憩之用,有助于人们消除长时间工作带来的紧张和疲乏,使脑力、体力得到恢复等。旅游地产,作为以旅游为目的的房地产,必然会充分运用并展示园林的文化。

四、旅游地产的健康文化

健康是一个人全面发展的基础,健康关系到千家万户的幸福。千百年来,健康一直是人类永恒的话题。社会越进步,生活水平越高,人们就越关注健康,越重视健康。可以说,健康是社会的第一资源,是人生的第一财富,是社会文明最重要的标志之一。

联合国世界卫生组织对"健康"的最新定义是:人的健康,不仅是躯体没有疾病,还要具备心理健康、道德健康和社会适应能力。健康文化的定义是:人类社会通过生存发展的历史和现实过程,积淀在个人和人群的所有意识、感觉、观念、心态、思想、语言、行为之中,有利于个人的身心健康的习惯方式及其物化形态。健康文化是消费者的追求和需求,地产项目开发中要注重健康文化,如养生文化、温泉文化、绿色低碳等的合理利用与融合。

健康文化,不但涵盖了健康知识,还涵盖了健康心态、健康习惯、健康行为、健康环境等。专门为游客的吃、住为目的而量身定制的旅游地产,一定要做足其中的健康文化,以满足游客愉悦身心、修身养性的需求

五、旅游地产的运动文化

健康住宅的兴起是社会生活环境的变化和人类需求不断提高的产物。社会的进步推出了健康住宅,进步的社会也必须拥有健康住宅,健康住宅将是未来人类社会的宠儿。体育配套是地产增值的因素之一。拥有丰富的体育健身器材和集中的体育场馆,正是楼盘作为象征高尚品味生活住宅区不可或缺的附加值。一个社区拥有健全的运动设施或大型的健身会所,一定会大大提升楼盘的品质,更会让业主享受到现代人应该拥有的健康生活。

运动、健康、活力、个性,这些词语传递出人类健身文明,是对运动文化的彰显。旅游地产作为一个追求精神愉悦的地产概念,在房产的设计和开发过程中,重视运动文化的营造,不仅可提升楼盘价值,更能彰显自身独特设计理念和品位,同时可吸引大批的体育爱好者或体育旅游者。当然,不同的运动,对运动时间和地点的选择、注意事项等都有不同的要求。如有氧运动和无氧运动、室外运动和室内运动、剧烈运动和缓慢运动、夏季运动和冬季运动、陆地运动和水上运动等。

六、旅游地产的宗教文化

宗教作为一种意识形态,一种特殊的社会文化体系,既可以适应不同时代的社会发展要求,也可以适应同一时代不同性质的社会制度,适应人类政治、经济、文化的发展要求。这是宗教产生、发展的规律,也是宗教长期存在的内在机制。

从文化的角度来看,宗教文化是传统文化的重要组成部分。宗教文化包括的哲学思想、伦理道德、生活习俗和文学艺术、建筑、雕塑、音乐、绘画等,几乎渗透到社会的各个领域和人们生活的各个方面,宗教文化与社会主义先进文化并存,相互促进,共同发展。从旅游的角度来看,宗教与旅游历来关系密切,宗教活动、宗教艺术和宗教建筑等,历来都是重要的旅游资源,古代旅行家在游历名山大川的过程中都少不了游览宗教建筑,古代的宗教建筑也是当时贵族旅游的主要对象或目标。

宗教是一种文化现象,世界各地各民族的宗教观念可能不同,甚至差别很大。如中国复杂的宗教体系中,既有土生土长的原始宗教——道教,也有外来的世界三大宗教——佛教、基督教和伊斯兰教,民间还存在着其他一些小的宗教。从某种意义上讲,儒教也是一种宗教。由于受到儒家思想观念的影响,中华民族才没有形成全民族的宗教迷狂;而外来宗教也由于受到中国固有的儒、道思想的排挤,不得不在传播方式、思想体系上有程度不同的改变。然而,从本质上说,宗教是虚无的,它缺乏哲学基础,是一种精神"鸦片";但人类社会的发展却又离不开宗教,因为宗教可以给人类极大的精神慰藉,同时可留下大量的文化遗产。

七、旅游地产的民族文化

民族文化是各民族在其历史发展过程中创造和发展起来的具有本民族特点的文化,包括物质文化和精神文化。民族文化能反映该民族历史发展的水平。民族文化中最具有民族性、最富于艺术特征的部分,如古典绘画、古典音乐、古代书法、古典建筑等,不仅包含了各民族特有的审美观念、审美表现意识,而且包含了理解自然,理解人生,有助于明智地处理人与自然、人与社会之间关系的许多有益的启迪。这些启迪在现代化程度比较发达的今天,不仅没有失去意义,反而彰显了它的不朽价值。

俗话说:"十里不同风,百里不同俗。"中国有 960 多万平方公里的土地,有 56 个民族。地大物博,人口众多,因而形成了千姿百态的民俗风情。中国的传统节庆、服饰、居住、礼仪、婚丧习俗、民间娱乐等,不仅与西方截然不同,就是在我国内部,古代与近代之间、南北与东西之间、汉民族与各少数民族之间也存在着巨大的差异。地产项目在开发过程中,应加入民风习俗文化,以增加认同感和归属感,打造出自己独特的文化,显现出自己的市场特色。如我国民用建筑有鲜明的地域性和民族性,其民居的特征反映了人们利用自然、战胜自然的智慧,反映了人们的生产方式、家庭及家族关系和审美趣味等。如陕北特有的民居——窑洞、华北的民居——四合院、云南西双版纳傣族的民居——竹楼等,充分展现了我国各地独特的民族文化。

八、旅游地产的风水文化

风水文化是一种传承有序的汉族民俗现象,是人们在长期的生产与生活实践中总结并保存下来的、对居住或生活环境进行地理选址布局的一种实用国术。它是汉族传统文化重要的组成部分,并已成为国际学术界关注的一个焦点。

中国风水学或者叫堪舆学,现在称居住环境学,起源于原始时期,形成于尧舜时期,成熟于汉唐时期,鼎盛于明清时期。风水学是人类在长期的居住实践中积累的宝贵经验。朝阳光、避风雨、防火灾、近水源、利出行等成了最基本的居住理论。几千年甚至几万年来,我国劳动人民不断地总结居住环境的优劣,到了汉唐时期已经形成了很成熟、很系统的中国风水学理论。利用风水文化,就要更合理地利用土地的自然资源,弥补土地存在的一些缺陷,让每一块土地赋予人们不同的秉性。也可以说,每一块土地,都有其"个性",如经纬度的不同、海拔高度的不同、磁场角度的不同、地形地貌的不同、周边环境的不同等,都使得地块呈现变化万千的"个性"。风水文化,就是要充分发挥每一块土地的灵性,使其合符天道,藏风聚气,成为丁财两旺的人居之所。

中国的风水文化早已经成为我国传统文化的重要组成部分,并已经在生产和生活实践中总结出了一套人与自然和谐相处的经验。经过不断的完善和改进,风水文化已经成为经典的民族文化遗产,特别是根据中国传统的风水文化而建造的古典建筑,如北京天坛、西安古长城、山西乔家大院、浙江兰溪诸葛八卦村等,就像一曲曲美丽庄重的民族乐章,充分体现了天人合一、人与自然和谐共存的思想,不仅对中国的建筑,也对世界的建筑文化产生了深刻的影响。以追求高品质生活和精神满足为目标的旅游地产,则更加重视风水文化。

九、旅游地产的人文文化

人文是指人类社会的各种文化现象，并特指其中先进的、科学的、优秀的、健康的部分；文化是人类或者一个民族、一个人群共同具有的符号、价值观及其规范。符号是文化的基础，价值观是文化的核心，而规范（包括习惯规范、道德规范和法律规范等）则是文化的主要内容。人文文化就是指以人道、博爱和人本主义为主要内容的文化。它兴起于欧洲文艺复兴时期，其首先是追求真、善、美的目标，其次是关注理性之外的意志、信仰、情感和潜意识等。

人文文化是关于精神世界的，它所追求的目标主要是满足人的精神世界的需要，满足个人需要与社会需要的终极关怀，是"为人之本"。一切危害人与社会的认识与行为，都必须制止与消除。地产产品的开发显示的是一种幸福生活居住的理念。旅游地产不但要满足居住的功能，更要强调满足人们多层次的、特别是精神层面的需求，即从人的角度出发，创建自然和谐的地产项目环境和文化。因此，人文文化要求地产开发必须以人为本，强调人的主体性，也就是强调地产开发必须满足人的多层次的需求，即无须特别强调项目在开发过程中一定要具有某种清晰的文化符号，但必须强调项目的开发要尽可能满足人的需求，而且是多数受众的多层次的需求，即从人的角度出发，创建自然和谐的地产项目环境和文化。

十、旅游地产的休闲文化

休闲是指在非劳动及非工作时间内以各种"玩"的方式求得身心的调节与放松，以达到生命保健、体能恢复、身心愉悦的目的的一种业余生活（活动），即指人们在工作之余进行的娱乐和消遣活动，人们在其中获得情感体验。休闲作为一种生活方式，通过时间和精力的消耗来调节身心，也是一种人类文化。休闲文化是人类生活的一种重要特征。它不仅是一个国家或地区生产力水平高低的标志，更是衡量社会文明的尺度；它是一种崭新的生活方式、生活态度。

综观全球各地，每个民族都有自己特殊的休闲方式，因而也就产生了各个国家和地区形式或内容迥异的休闲文化。中华民族历史源远流长，其休闲文化的内容十分丰富，如文人休闲文化和大众休闲文化，前者包括琴、棋、书、画、酒、茶，后者除了民间花、鸟、虫、鱼的休闲功能之外，还有其他许多诸如斗鸡、走狗之类的民间娱乐活动。休闲文化以其广泛性、大众性等深刻地反映了一个民族的传统心理特征。故对中国休闲文化的认知和参与，是旅游者了解中国传统文化、愉悦身心的重要途径之一。

现在，发达国家已全面进入了"休闲时代"。我国虽然是发展中国家，但在改革开放近40年后的今天，休闲与休闲产业的发展势头或趋势也超乎人们的想象。面对即将到来的休闲时代，休闲文化已越来越多的为人所关注。旅游地产必然要体现休闲文化，并主动适应休闲时代的来临。

第五章　中国文化旅游节

第一节　中国国际文化旅游节

一、首届中国国际文化旅游节

为了展示我国文化与旅游结合发展的成果,进一步推动文化与旅游的深度结合,促进文化旅游市场的繁荣发展,2010年10月23日—11月13日(共计22天),文化部、国家旅游局与湖南省人民政府在湖南张家界联合主办了首届中国国际文化旅游节。本届文化旅游节采取以湖南为主办地,在全国范围内广泛组织开展活动、进行相对集中宣传报道的方式进行,以便充分展示具有神秘地方特色的湘西文化,突显中国文化旅游的独特魅力,显示中国文化旅游的巨大资源,昭示中国文化旅游的广阔前景。

（一）开幕式概况

2010年10月23日上午10:00—11:30,在湖南张家界黄龙洞剧场,以"探访神秘河湘西、感受快乐湖南"为主题的开幕式如期举行。整个开幕式在一个"流动"的设计理念下一气呵成:走红地毯、参观浏览、室外致辞、名人访谈、迎接互动、发布宣言、高端旅游节目欣赏等。流动的行为,深刻地反映了旅游业的本质特征;流动的过程,充分展示了文化旅游丰富而强大的资源;流动的方式,充分赋予了集会活动以全新的形式。

（二）中国文化旅游"名人之约"访谈会

2010年10月23日下午15:00—18:00,在张家界市武陵源国际度假酒店国际会议厅,中国国际旅游文化节组委会邀请了文化名人余秋雨、著名导演张艺谋、古建筑学家罗哲文、著名舞蹈家杨丽萍、河南少林寺住持释永信、故宫博物院院长郑欣淼、秦始皇兵马俑博物馆馆长吴永琪、广东深圳华侨城董事长任克雷、《中国国家地理》杂志社总编辑李栓科等专家,召开了以"文化与旅游的相融发展"为主题的"名人之约访谈会"。出席的嘉宾还有各省文化及旅游部门代表、旅游业界人士、媒体记者等。

在新的时代背景下,旅游产业为何需要文化升级？如何进行文化升级？什么才是真正的文化旅游？当今各类游客对文化旅游又有着怎样的需求和认知？如何发掘一个旅游目的地的独特文化内涵？首届文化旅游节"名人之约"访谈活动,通过与社会各界特别是文化界知名人士的深入对话,分享了他们的旅行故事、丰富了"旅游文化"的意蕴内涵、探讨了文化与旅游行为的内在关系;通过这些来自不同文化领域的嘉宾各自独特的视角和他们思想的碰撞,唤醒了社会大众对于文化旅游的深层需求,帮助各个旅游目的地经营方提升了对

"文化旅游"的认知，共同推进了中国旅游产业的文化升级，更好地向世界传播了中华文化。

文化作为旅游的灵魂，是旅游目的地永恒的主题。富于魅力的自然风光，在文化的熏染之下总能带给人们不一样的旅游心情，成为旅游者的"心灵鸡汤"。

（三）文化旅游发展贡献奖评选活动

为表彰中华人民共和国成立以来对中国文化旅游产业的发展产生过巨大影响、做出了显著贡献的文化与艺术作品，宣传这些文化艺术作品所描绘和推介的著名旅游景区，由文化部、国家旅游局、湖南省人民政府联合举办的首届中国国际文化旅游节组委会特别设立"文化旅游发展贡献奖"。

1. 活动名称

"文化旅游发展贡献奖"评选活动。

2. 主办单位

中华文化促进会、中国旅游协会（旅游卫视、新浪网协办）。

3. 奖项设立

（1）影响中国旅游的一篇文章；

（2）影响中国旅游的一幅绘画；

（3）影响中国旅游的一部电影；

（4）影响中国旅游的一部电视剧；

（5）影响中国旅游的一首歌曲；

（6）影响中国旅游的一部旅游演出；

（7）影响中国旅游的一句宣传语；

（8）影响中国旅游的一个文化主题公园；

（9）影响中国旅游的一个古城古镇古村。

4. 评奖对象

中华人民共和国成立以来对我国文化旅游产生过重大影响的文化艺术作品和项目等。候选对象需满足以下五个条件。

（1）有一定的艺术水准；

（2）对地方旅游品牌提高、知名度提升做出了巨大贡献；

（3）对大众旅游心理具有较强的引导作用；

（4）流传范围广泛，流传时间久远；

（5）文艺作品对应的旅游景区同时还必须符合以下两个条件：第一，景区是世界自然遗产、文化遗产、双重遗产或世界非物质文化遗产、中国非物质文化遗产、4A 级及以上的旅游景区或国家重点文物保护单位（满足其一即可）；第二，景区客流量每年 80 万人次以上。

5. 评选过程

评选分为项目征集（2010 年 8 月 20 日—9 月 5 日）、专家筛选（2010 年 9 月 5—15 日）、网上公示及网上投票（2010 年 9 月 15 日—10 月 22 日）、专家投票（2010 年 10 月 23 日—11 月 5 日）等多个环节。

6. 评分机制

评选设置不同的评分权重，其中，网民网络投票权重占 40%，组委会专家投票权重占 20%，组委会成员单位权重占 40%；综合网络、专家、成员单位的评分，最终选出首届中国

"文化旅游发展贡献奖"。

7.颁奖推介

根据投票结果,最后获奖的作品于2010年11月6日晚在活动举办地湖南张家界市现场开奖并颁奖。颁奖活动将邀请获奖单位和相关景区的代表参加,由组委会成员单位领导、专家和文化界、旅游界名人颁奖,以文艺晚会的形式展示宣传获奖作品。届时,有旅游卫视、新浪网等上百家知名媒体报道推介。

8.候选项目推荐

各省、自治区、直辖市文化厅(局)、旅游局联合推荐与本行政区域内旅游景区相关的项目参加"文化旅游发展贡献奖"评选,9个奖项每个可推介2个备选项目,填写推荐一览表(重点推荐的项目可另附详细的内容介绍和推荐理由),于2010年9月5日前将推荐材料交组委会活动部。

(四)中国文化旅游精品推介展演

为整体展示、推介改革开放以来,特别是进入21世纪以来我国著名旅游景区打造出的旅游演出精品节目,集中宣传、推介相关旅游景区在文化与旅游结合发展方面取得的巨大成就,首届中国国际文化旅游节在湖南省张家界市举办了"中国文化旅游精品推介展演周"活动。具体内容如下。

1.活动名称

中国文化旅游精品推介展演周活动。

2.主办单位

文化部文化市场司、国家旅游局政策法规司、湖南省文化厅、湖南省旅游局

3.活动地点

湖南省张家界市天门山景区、水绕四门景区、国家森林公园、黄龙洞景区的露天舞台和剧场。

4.活动内容

组委会邀请了全国各省、自治区、直辖市的知名旅游演出团队和景区组团开展展演活动,每个团队原则上在张家界的四个景区舞台展演一周,共安排12个团队(根据报名先后和节目质量进行筛选)。通过文艺演出团队的表演、旅游景点图片和VCR展示、标志性旅游产品(宣传品)的促销等活动,达到宣传和推介自身旅游演出品牌和本地文化、旅游资源的目的。

5.费用承担

组委会提供各团队在张家界期间的食宿、交通费用,邀请团队免费游览张家界景区,并根据展演的效果给予参加展演人员每人每天一定额度的生活补助,团队往返张家界市的车船飞机费用自理。

6.硬件准备

组委会在张家界天门山、水绕四门、张家界国家森林公园、黄龙洞四大景点设立专门的舞台,其中天门山、水绕四门、张家界国家森林公园景点的舞台为临时搭建的专业舞台,大约可容纳20~30人的团队演出,黄龙洞剧场提供专业剧场演出。四个演出场地均能提供旅游宣传用的VCR播放设备和旅游商品展示台,演出场地的背景喷绘由各单位自行设计,组委会根据舞台大小进行制作安装。

7. 展演时段

展演共分三周举行，10月23—29日为第一周，10月30日—11月5日为第二周，11月6—12日为第三周。各地根据本地团队的实际情况选择适合的时间段，报组委会统一安排。每个团队在张家界展演一周，每天2~3场演出活动（景点搭建舞台的，每场演出时间不超过30分钟），实际活动时间为4天（往返各一天，安排免费参观旅游活动一天）。

8. 组团要求

以省、自治区、直辖市或重点景区为主组团，重点邀请参评文化部、国家旅游总局"文化旅游重点项目名录——旅游演艺类"的单位和团队。展演团队以表演为主，辅之以展示宣传。具体要求有以下三个方面。

（1）小型团队不超过30人（包括演职人员、领队、艺术指导、旅游产品宣传人员等，上台演出人员不少于20人），展演地点在天门山景区。

（2）中型团队不超过40人（包括演职人员、领队、艺术指导、旅游产品宣传人员等，上台演出人员不少于30人），展演地点在水绕四门和张家界国家森林公园景区。

（3）大型团队在黄龙洞剧场进行专业剧场表演，可进行整台完整演出，具体人数与组委会协商决定。演出内容可以是旅游演出精品节目的精彩片段，也可以是具有浓郁地域特色或现代气息的歌舞等，要有互动性和现场效果；展出内容为旅游景点标志性图片和VCR，还可以进行标志性旅游产品（宣传品）的促销等活动。

9. 报名时间

2010年8月25日至9月25日为报名日期，逾期不接受报名。

10. 报名材料

各申报团队需提供两张以上团队照片，最小规格为9cm×13cm的数码照片，扫描精度在300dpi以上；团队简介、演唱曲目等文字资料及演出DVD；旅游精品推介宣传文字资料、图片、VCR或VCR原始素材由各团自备。

11. 注意事项

（1）张家界是国家级自然保护区，项目设计和节目编排必须充分考虑生态影响。

（2）由于时间紧，各地报名工作要尽快进行，方案要尽量详细，事先还需要进行可行性论证，以利于专家组审查。

二、中国昆明国际文化旅游节

云南省位于中国西南边陲，是人类文明重要的发祥地之一，素有"彩云之南"或"七彩云南"之称。云南自然景观丰富多样，号称"动植物王国"；其历史文化悠久，自然风光绚丽，拥有丽江古城、三江并流、石林、哈尼梯田、大理古城、崇圣寺三塔、玉龙雪山、洱海、滇池、抚仙湖、梅里雪山、普达措国家公园、噶丹松赞林寺、西双版纳热带雨林等著名旅游景点。这里聚居着26个民族，是我国少数民族人口聚居最多、最集中和最具风情的省份之一。从2000年开始，云南每年举办"中国昆明国际文化旅游节"。旅游节期间，昆明及云南其他15个地区和自治州政府都配合举办一系列具有地方特色的旅游活动。截至2016年底，旅游节已成功举办17届，如今已成为云南省最重要的国际性旅游招商活动。

（一）主要特点

1.内容多样,形式丰富

"中国昆明国际文化旅游节"为力求突出民族文化特色,充分展示云南及参加节庆活动的各个国家(地区)和各省区市的不同风格、各具特色的旅游资源和民族文化艺术,体现国际性和游客参与性,往往安排了较多的节事、赛事、会事、展事和演事。

2.形式创新,主、分会场互动

在"中国昆明国际文化旅游节"办节形式上实行主会场与分会场相结合模式,同时推出若干条旅游路线。在昆明市设主会场,在全省各地州市普遍设分会场,即既集中,又分散,力争达到最大的影响和宣传效果。

3.时间较长

为让"中国昆明国际文化旅游节"的形象和影响深入人心,每届文化旅游节的时间基本定为1个月,会期较长。为使长达1个月的文化旅游节隆重、热烈、高潮迭起,组委会在昆明主会场和各分会场均组织了形式多样、丰富多彩、具有浓郁云南少数民族历史文化特色的各种活动。

4.每届设一个文化主题

为确保中国昆明国际文化旅游节"创水平、上档次、体现国际性",并使之发展成为在国内外具有较大影响力的国际性文化旅游活动。一方面,组委会每届都会根据情况邀请部分国家的政府官员、驻华使节、海内外主要旅游机构、旅行商社、新闻媒体记者、知名人士、专家学者、文化艺术团体及中外客商等,前来参展、参会、参节、参赛、参演、参观,开展经贸洽谈等活动,并且还通过多种渠道广泛开展宣传促销工作,积极组织和招徕众多的海内外游客前来参节和旅游观光。另一方面,组委会每届都会确定一个或几个不同的"文化主题",以体现各届的区别和特色,如2016年的文化主题就确定为"2016中国·昆明郑和国际文化旅游节"。2016年7月11—17日,在郑和故里昆明市的晋宁县,举办了以"传承精神,扬帆起航"为主题的"2016中国·昆明郑和国际文化旅游节",其间,举办了丰富多彩的开幕式及文艺演出、"创意晋宁"2016文化博览会、大航海诗歌艺术汇、郑和故里美术作品创作展览、"晋宁如歌"歌咏比赛、文化旅游推介会、网络招募"郑和文化使者"、《通俗郑和志》首发式暨郑和精神与"一带一路"建设论坛等九项主题活动。此外,还举办了皮划艇表演赛、鲈鱼垂钓赛和电影沙龙等分会场活动,极大地促进并丰富了文化旅游节的内涵。

（二）目的和意义

1.宣传云南,展示文化,提高知名度

云南具有得天独厚的自然旅游资源和丰富多彩的民族历史文化所构成的人文旅游资源。大力发展旅游业,并将其培育成新的支柱产业,是云南省经济、社会发展的一项重大战略决策。昆明通过承办1999年的"世界园艺博览会"(简称"世博会"),有力地促进了云南省旅游业的发展,来滇游客人次、旅游总收入及旅游创汇等指标均创下了历史新高,对全省GDP的增长也起到了明显的拉动作用。同时,云南旅游在海内外的知名度也大大提高,旅游接待设施等明显改善,为今后旅游业的长足发展奠定了良好的基础。

2.抓住机遇,乘势而为,努力推进旅游业快速发展

云南通过承办"世博会",同时借鉴一些国家和地区发展旅游业的成功经验,认为举办一些大型国际活动、不断创造热点,确实不失为提高一个地方的知名度、招徕更多游客、促

进旅游业发展的有效手段或途径。举办"中国昆明国际文化旅游节"的目的,就是为了贯彻实施党中央、国务院确定的西部大开发战略,抓紧亚洲经济复苏和我国加入WTO等历史机遇,充分发挥"世博会"的后续效应和云南省丰富的资源优势,加快旅游资源大省和民族文化大省向旅游经济大省和民族文化强省的建设步伐,促进经济、社会的全面发展。

3.以文化旅游为抓手,促进相关产业的健康发展

举办"中国昆明国际文化旅游节",不仅有利于云南旅游业等相关产业的发展,同时也有利于发掘和弘扬民族历史文化,加快民族文化大省的建设进程。在当前的形势下,也是创造热点、扩大内需、拉动经济增长的有效途径。从长远来看,还有利于充分展示云南文化旅游的发展潜力,树立云南良好的国际国内形象,扩大对外交流与合作,促进云南对外开放和两个文明建设的发展。

三、中国四川国际文化旅游节——以2016凉山国际文化旅游节为例

四川位于中国大陆西南腹地,是中国重要的经济、工业、农业、军事、旅游和文化大省。四川又是我国拥有世界遗产最多的省份。截至2016年年底,四川拥有世界文化遗产1项,世界自然遗产3项,世界文化和自然双重遗产1项,世界灌溉工程遗产1项(共6项);此外,四川还拥有国家5A级景区12处(全国排名第4),国家4A级景区175处。为把四川悠久的历史和灿烂的文化作为旅游资源加以开发,把资源优势转变成经济优势,从2003年开始,四川每年都举办"四川国际文化旅游节",至2016年年底已连续举办了14届。如今,"国际文化旅游节"已成为四川省旅游行业中最具影响力的节会之一。

四川国际文化旅游节由国家旅游局和四川省政府主办,并由四川所辖的成都、阿坝、凉山、绵阳、德阳、广元、宜宾、雅安市(州)等各地市级地方政府分别共同承办。

"2016四川国际文化旅游节"在2016年7月23日—28日在四川凉山举行。本届文化旅游节以"美丽四川·五彩凉山·度假天堂"为主题,由凉山州人民政府、四川省人民政府新闻办、四川省旅游发展委员会主办,旨在以节为媒,促进旅游与文化的深度融合,提升四川形象,打造凉山品牌,着力推动四川积极融入国家"一带一路"发展战略,全面推进旅游经济强省和世界旅游目的地建设。

(一)相关举措

1.以节为媒,全方位展示大美凉山

本届文化旅游节各项活动涵盖景区观光、特色民俗体验、体育运动、论坛研讨、商贸洽谈等多个领域,活动内容丰富多样,异彩纷呈。

主体活动集中在7月23—28日,历时6天。其间,开展了2016四川国际文化旅游节开幕式、四川旅游商品展、迎宾文艺演出、嘉宾凉山旅游线路考察、凉山彝族火把文化狂欢体验等8项主体活动。其中,迎宾文艺演出属于商业演出,邀请了众多凉山籍知名歌手及部分当红艺人献艺,突出欢乐、喜庆的氛围;开幕式文艺演出则更加注重本土性,以歌、舞为主要表现形式,充分展示凉山独特的民族文化和民俗风情。火把狂欢体验淋漓尽致地表现出了"东方狂欢节"的独特魅力。

文化节期间举办了全域凉山旅游发展大会、大凉山彝族风景实景《阿惹妞》、邛海开海节等8项主要配套活动;还举办了"穿越大凉山"汽车集结赛及自驾游体验活动、四川·凉山彝族传统式选美大赛、2016四川凉山乡村旅游文化节庆活动体验等20项配套活动。

除此之外,节日期间,还在西昌市举办了群众文化活动,普格、布拖等县也开展了系列彝族传统民俗体育活动,举办了原生态实景民俗歌舞表演等传统民俗文化活动,全方位展示了大美凉山,让更多的外地游客了解了凉山。

2.全面开放合作,积极拓展旅游发展空间

本届国际文化旅游节突出加强了与境内外旅游组织、旅行商的合作,加大旅游项目包装推介力度,引进有实力的大企业、大集团,开辟国内、国际市场,推进旅游产业集团化、品牌化、特色化的发展,努力让四川旅游、凉山旅游走向全国、走向世界。

在本届国际文化旅游节上,凉山邀请了国际旅游组织、境外旅行商、境外媒体代表及外国政府驻川旅游办事处等参加了相关的活动,有超过20个国家的境外代表参与了文化旅游节。为积极探索精品旅游线路的建设,组委会还组织了180名境内外企业和旅游组织的代表实地进行"大香格里拉摩梭之旅"和"大凉山彝族风情之旅"的线路考察;邀请国内外专家、知名学者、媒体代表等举办了"四川木里洛克900里香格里拉核心区特种旅游项目开发"研讨会;召开了"四川·凉山大健康产业"研讨会,深入探讨了凉山旅游新的精品线路、新的发展模式和发展路径等。

3.升级换代,凉山旅游基础设施条件极大提升

"2016凉山国际文化旅游节"的举办,推动了凉山旅游产品和旅游基础设施的升级换代。邛海泸山、泸沽湖、螺髻山、灵山、会理古城5个4A级景区和西昌卫星发射基地等3A级景区的功能配套完善也在抓紧实施之中;州内的11个县市、2个州级部门开展了33项新增旅游项目建设。如西昌安哈彝寨仙人洞创国家4A级景区项目、小渔村文化旅游度假基地、鑫海国际酒店、大凉山民族文化创意产业园3A级景区创建、盐源县公母山创4A级景区建设一期工程、木里县寸冬海、康坞大寺景区项目建设、锦屏湖库区水上项目打造、宁南县凯地里拉温泉自驾游营地等新增景区景点项目建设等,基本都在文化旅游节开幕前基本具备或部分具备游客接待能力。

凉山正在深入实施的"交通大会战",也在加快构建航空、铁路、公路、水路立体交通网络建设,以提升景区通行能力,为旅游发展提供快捷便利、无缝换乘的交通保障。在2016年6月底,凉山各通县公路改造工程已经基本完成,确保了文化旅游节期间各项活动的顺利进行。

4.突出"全域旅游",打造首位产业面临前所未有机遇

凉山地处大香格里拉国际生态旅游区的核心区域,是中国攀西(攀枝花、西昌)阳光度假旅游核心区,分布有代表性旅游景区、景点160多个,自然、人文景观遍布各地,具有资源多元性、独特性的显著特点,是四川省名副其实的旅游大州(市),更是四川旅游业发展的潜力所在。独特的地理位置和历史渊源,成就了凉山独具魅力的民族文化背景和旅游资源。本届国际文化旅游节的举办,进一步助推了凉山打造攀西地区旅游经济增长极,推进大凉山全域旅游和大香格里拉旅游目的地的建设。

"十二五"期间,凉山累计实现旅游总收入753.62亿元,仅2015年,全州旅游总收入实现251.66亿元,同比增长33.16%,接待国内旅游人数3729.55万人次,同比增长17.82%。新增A级景区10个,全州现有4A级景区5个、A级景区16个;西昌市邛海湿地成功创建国家旅游度假区,泸沽湖成功创建省级旅游度假区。西昌、冕宁、德昌、宁南4县市成为省级乡村旅游示范县。

随着 2016 四川国际文化旅游节的顺利举办,凉山将更加突出旅游首位产业定位,深入实施"全域旅游"的发展战略,加快构建大旅游产业体系的重要举措。凉山也将以此为契机,实现旅游产品多样化、服务便利化、管理精细化、市场国际化,打造生态、阳光、神奇的"大凉山"全域旅游度假品牌,加速推动旅游资源大州向旅游经济强州的跨越。

(二)目标定位

1.建设幸福凉山

"旅游丰富人生,旅游愉悦生活"。旅游作为当今世界规模最大的社会活动,在促进社会物质文明和精神文明的建设中起着重要的作用。尽管影响幸福感的因素很多,如经济增速、生产总值及年均增长率、受教育程度、社会环境、自然环境、基础设施、贫困程度、社会保障体系、失业率、人均收入等,但旅游的环境、条件,旅游收入、出游次数等,一定会在很大程度上影响幸福指数。

2.建设文明凉山

文明是一直被大家热议的话题,政府一直提倡文明出行、讲究礼仪、尊老爱幼等。凡事以小见大,只要大家都以身作则地讲究文明,社会也就文明了。文明出行是社会发展到一定程度的基本特征,文明更是美丽中国的标志,文明出行也是让城市更美好的标志。要实现美丽中国,实现中华民族的永续发展,建设美好的城市生活,就不应该少了文明,尤其是当下更不能少了文明出行。随着国人生活水平的不断提高,外出旅游已成为大家日常生活中重要的休闲方式,来凉山的旅游人数和凉山的出游人数都在连年快速递增。出门在外,游客的一言一行不仅仅代表着个人,更关乎着一个城市的形象。创建文明和谐的旅游环境、展示美好凉山的旅游形象,是每位市民和旅游从业者共同的责任。为此凉山所有的旅游从业人员要以身作则,积极教育和引导游客文明出游;广大市民要克己守礼,文明出游;社会各界共同努力,共创文明,共树新风——从我做起,从现在做起,从点滴做起,提升旅游文明素质,展示凉山的文明风采。

3.建设美丽凉山

在旅游活动中,旅游者作为审美主体,即旅游主体,是主观物;旅游资源作为审美对象,即旅游客体,是客观物。旅游者进行旅游消费的过程,即对旅游资源进行欣赏的过程,也就是主观对客观进行审美的过程。在这个审美过程中,主观与客观如果产生了和谐,旅游的目的就达到了,或者说旅游者的消费需求就得到了满足,旅游者会感到旅游支出有所值。否则,旅游者就会感到不爽,这有可能造成投诉,进而影响旅游经营者的后续经营。因此,开发旅游市场,改善旅游经营,离不开对旅游与审美关系的研究。在审美对象与审美主体这一对相互对立统一的矛盾中,审美对象起着决定作用,因为审美对象本身体现着人类文化审美观的积淀;审美主体反作用于审美对象。因此,两者的关系决定了旅游资源必须是能够使人产生美感的存在形态。而凉山作为中国最大的彝族聚居区,地处四川省西南部的川滇交界处,有代表性的景区、景点有 160 个之多,极具观光旅游和开发价值。加上森林覆盖率高,污染物少,生态建设和环境治理得力等,因此建设美丽凉山,志在必得。

4.建设活力凉山

改革是决定当代中国命运的关键。党的十八大以来,党中央全面深化改革顶层设计,提出一系列重大改革任务。在当代中国改革大潮中,以改革释放旅游业的动力和活力已成为当务之急。2015 年 10 月召开的党的十八届五中全会,提出了必须牢固树立并切实贯彻

"创新、协调、绿色、开放、共享"的五大发展理念,不仅对我国当前旅游业的发展有现实意义,而且对其中长期发展产生决定性影响。五大发展理念与旅游业本质特征高度契合,并从根本上改善旅游业发展的环境,激发旅游发展活力。当今凉山在国民经济发展的重要领域和关键环节改革上均已取得了阶段性的成果,开放型经济新体制也已基本形成,具有凉山特色的区域创新体系基本建立,科技创新对经济增长的贡献率已经在50%以上,建设活力凉山已经水到渠成。

5.建设法治凉山

旅游业要实现依法兴旅、依法治旅,旅游部门首先要自身"强身健体"。在制度上建立和完善旅游综合管理体系,包括建立政府旅游综合协调机制、旅游市场联合执法监管机制和旅游投诉统一受理机制;建立旅游安全综合管理、保障和救助体系,包括确立旅游安全风险提示、高风险旅游、旅游保险管理等旅游安全保障制度;逐步形成旅游景区管理制度体系,包括景区开放、门票价格、流量控制等制度。近年来,凉山的依法治州方略全面落实,法治政府已基本建成,各项事业已全面纳入法治化轨道,从而为凉山的依法治旅创造了条件。

总之,通过高水平办好每年一次的中国四川国际文化旅游节,大力推进服务业转型升级,精心打造"全域旅游"首位产业,开发具有旅游潜力的各种旅游资源,分期、分批,有重点、有层次地打造、开发各地有特色的旅游资源。相信到"十三五"末,凉山将成为全国著名的、特色鲜明的旅游目的地。

第二节　中国国内文化旅游节

一、中国长城文化旅游节

长城是中华民族的象征,被列入联合国教科文组织世界文化遗产名录。长城在河北境内途径的距离最长、保存最完好、建筑风格最具代表性。可以说,河北长城精华荟萃,游人登临,尽可领略长城之长,长城之美,长城文化之博大精深。所以每年的中国长城文化旅游节都由河北省主办。

从2007年开始,河北省于每年9月6-16日举办中国长城文化旅游节,并根据各地申办的情况或主题的变化让各地、市、县承办,以便让游客充分领略长城文化,感受长城沿线浓郁的民俗风情,参与精华地段丰富独特的体育旅游活动。其活动范围主要包括京津冀8个长城区段的徒步与自行车比赛。其行程约为1500公里,途经著名的八达岭、慕田峪、金山岭、黄崖关、潘家口、山海关、角山、九门口、老龙头等长城景区。旅游节参与者可以游览沿途著名景点及当地民俗风情,观看山海关长城节古战场表演、冀东民俗风情表演、长城文化艺术展大型文艺晚会、长城焰火,参加万人登长城比赛等。

此外,围绕着长城文化,长城沿线各省、直辖市、自治区等也承办了不少特色鲜明、形式各异的"长城文化旅游节"。

(一)秦长城文化旅游节

秦长城是世界中古七大奇迹之一,是中华民族的瑰宝,也是世界建筑上的奇迹,更是我们中华民族辉煌历史、灿烂文化的象征。秦长城如今虽然被历史的风雨剥蚀成了断垣残基，但仍以苍苍莽莽的气势、威武雄浑的壮阔，浓缩成了一种厚实的文化积淀，以永恒的苍凉和悲壮，永远留在中华文明的史册里。

秦长城西起甘肃临洮(今临洮新添镇三十墩村望儿)，东至辽东，全长万余里。在固原地区境内，秦长城东西横贯西吉、固原、彭阳三县。在固阳县城北7公里处的色尔腾山上，一条蜿蜒的巨龙盘亘静卧于崇山峻岭之间，远远望去，雄伟壮观，气势非凡，这就是当今保存相对完好的秦长城的代表。内蒙古自治区包头市固阳县为充分发挥县域文化资源优势，深挖县域文化内涵，把文化产业与旅游业融合发展，以壮大文化产业的切入点和突破口，实施"文化乐民、育民、富民"战略，搭建"文化大舞台"，重点推出了"秦长城文化"这一品牌，并于2004年，举办了第一届"秦长城文化旅游节"，之后每年举办一次，这极大地提升了固阳的文化知名度和影响力，丰富了百姓的精神文化生活。截至2016年，"秦长城文化旅游节"已连续举办了13届。

如今，"秦长城文化旅游节"已成了固阳县的一张名片。随着活动的深入开展，"秦长城文化旅游节"内容不断丰富，规模不断扩大，影响不断升级。2013年，"秦长城文化旅游节"被评为内蒙古"一旗一品"的文化品牌。

(二)雁门关(国际)边塞文化旅游节

坐落于山西省忻州市代县的雁门关是世界文化遗产万里长城的重要组成部分，属全国重点文物保护单位。《水经注》记载："天下九塞，雁门为首。"学术界一致公认，"雁门关是整个长城线上最古老、最险峻、最重要的关隘，是当之无愧的中华第一关"。为了提升雁门关的旅游吸引力，搅热雁门关的旅游市场，实现雁门关旅游经济效益和社会效益的双丰收与最大化，努力使雁门关文化品牌走出山西、走向世界，山西省代县决定举办"雁门关(国际)边塞文化旅游节"。

1. 第一届雁门关(国际)边塞文化旅游节

2011年8月18—24日，"第一届雁门关(国际)边塞文化旅游节"在山西省代县雁门关隆重召开，并举行了盛大的地方特色文艺演出及雁门非物质文化遗产展演。其间，共举行了文艺演出、旅游观光、项目洽谈、宣传推介等多项活动，整个过程贯穿"开放、招商、诚信、和谐"的主题，秉承"弘扬雁门文化，打造魅力名城"为宗旨，切实达到了以节会友、以节招商的目的，办成了一届隆重热烈、精彩圆满、振奋人心的文化旅游盛会。

2. 第二届雁门关(国际)边塞文化旅游节

2012年8月2日，在代县雁门关景区内，主题为"边塞雄关、健康雁门"的"第二届中国·雁门关(国际)边塞文化旅游节"隆重开幕。当日上午，"雁门关杯"第六届中国·忻州摔跤节、2012年中国长城徒步大会开幕式也在雁门关隆重举行。本届文化旅游节与上一届相比，增添了很多新的内容，主题更加突出，特点更加鲜明。整个旅游节期间，各项活动围绕"边塞雄关、健康雁门"这个主题展开，取得了满意的效果。

3. 第三届雁门关(国际)边塞文化旅游节

2013年8月19日，代县"第三届中国·雁门关(国际)边塞文化旅游节"在雁门关风景区点将台如约启动。为了更好地宣传雁门关，第三届文化旅游节打破了常规，在吸收前两届成功经验的基础上，从贯彻落实中央《八项规定》出发，取消了开、闭幕式，转变形式，充实内容，丰富内涵，扩展外延，办出了特色，再上了新台阶。

本届文化旅游节突出"边塞雄关，盛世雁门"这一主题，本着一切为游客服务的宗旨，力求通过独具特色的雁门美食、农副产品、特色工艺品、演艺活动、游戏娱乐和互动体验六大板块的集中展示，再现雁门关明清时代盛世期间的繁荣景象，凸显雁门关景区集"吃、住、行、游、购、娱"综合功能于一体的边塞文化旅游目的地品牌形象，力争在为期一个月的文化旅游节期间，深挖文化内涵，搭建交流平台，全面提升"雁门关景区"和"雁门文化"品牌的知名度，努力让代县成为引人注目、令人心驰神往的文化旅游休闲胜地。

近几年来，由于种种原因，"雁门关（国际）边塞文化旅游节"暂停举办，并将根据社会经济发展的情况和变化，择机恢复举办。

二、中国徐州"汉文化"旅游节

汉文化是指华夏人民创造的物质文化和思想文化的总和，又称为华夏文化（不包括清朝时期的文化）。历代中国人民创造的辉煌灿烂的文化艺术，具有鲜明的汉民族特色。中华民族有五千多年有实物可考的历史，四千多年文字可考的历史，文化典籍极其丰富。几千年间，政治、军事、哲学、经济、史学、自然科学、文学、艺术等领域，都产生了众多具有深远影响的文化成就。

汉文化是中华文化的重要标志，徐州作为汉高祖刘邦的出生地和汉文化集萃地，在汉文化旅游方面已经做出了特色品牌。在徐州市的倡导下，全国有24座城市缔结"中国汉文化旅游同盟"，举办每年一次的"汉文化旅游节"，并共同串起汉文化的旅游线路，同时在联手拓展国际旅游客源市场等方面开展全方位的合作。它们在整合开发汉文化旅游资源与产品、联手塑造汉文化旅游品牌、推进旅游市场互动等方面达成了共识：整合旅游资源，互联精品线路；加强企业间的交流与合作，互相学习交流资源开发、景区建设、活动策划的经验；构建信息平台，互享旅游信息；加强市场互动，互送旅游客源；彰显汉文化魅力，互通旅游节庆等。

（一）第一届"汉文化"旅游节

2007年10月28日，中国第一个以汉文化为主题的旅游合作组织"中国汉文化旅游同盟"在江苏徐州缔结。在28日上午的中国汉文化旅游同盟缔结仪式暨汉文化旅游发展研讨会上，徐州、酒泉、济南、西安、太原、郑州、宝鸡、亳州、汉中、淮安、淮北、淮南、乐山、连云港、临沂、洛阳、商丘、宿迁、宿州、咸阳、扬州、枣庄、曲阜、兴山等24座汉文化旅游城市，共叙汉风神韵，缔结同盟之谊，发表了"中国汉文化旅游同盟"《徐州宣言》。与此同时，10月28—30日，首届中国徐州"汉文化"旅游节在徐州市举行。

（二）第十届"汉文化"旅游节

2016年10月23日，中国徐州第十届"汉文化"旅游节暨"互联网＋旅游目的地"共建共享峰会在徐州如期举行。本届"汉文化"旅游节以"楚韵汉风，南秀北雄"为主题，继续弘扬、展示"汉文化"和相关旅游资源。

经过十年的精心运作，"汉文化"旅游节已成为徐州独有的特色节庆品牌和展示徐州深厚"汉文化"底蕴与丰富旅游资源的重要平台，在国内外的影响力也在不断扩大。本届"汉文化"旅游节活动期间，徐州各县、市、区组织开展了一系列汉文化特色节庆活动，全市各4A级及以上景区开展了多样特惠与新型旅游活动，同程网也同步进行了线上推广，吸引了多方游客来徐州观光、考察或取经，以体验徐州旅游的魅力。

近年来,徐州依托丰厚的"汉文化"底蕴和生态优势,大力做强、做精旅游产业,目前已打造成包括徐州云龙湖、汉文化景区、龟山汉墓、潘安湖湿地公园和窑湾古镇等一批具有地方特色或国际水准的5A、4A级景区。如今,"一城青山半城湖"成为徐州新的城市名片。后期,同程网也将会为徐州输入更多的优质客源,并用口碑与服务继续助力"彭城"(徐州的古称)旅游。

本届"汉文化"旅游节,徐州市联合了同程网,无论其组织形式还是活动内容,都比以往有了很大的提升。"互联网＋"是本届旅游节的一大特色。线上的中国徐州第十届"汉文化"旅游节时间更长,从旅游节开幕式前3天一直持续到之后的一个月,以线上移动端交互性信息传播为主体,通过新媒体并联动传统媒体进行报道,最大化地彰显徐州"汉文化"旅游节的品牌。本次新开展的交互性信息传播的内容以汉文化核心人物刘邦为主角,并对"刘邦称王"的历史进行了再创作,同时融合徐州特色,打造"青年刘邦励志记",在线上发布"原来帝王刘邦是这样称王"的趣味动画及帝王刘邦趣味表情包。刘邦生动而有趣的形象,可使该活动覆盖面更广、参与性更强。自媒体的传播和互动,增加了大众对徐州的好感度,提高了游客对汉文化旅游节的关注度,形成了古今对话的新型旅游节模式。

三、中国新疆"沙漠之春"文化旅游节

(一)新疆"沙漠之春"文化旅游节的主要内容和意义

阳春三月,当新疆的多数地方还被积雪覆盖的时候,新疆的鄯善县却已经是春暖花开,春意盎然。2016年3月21日,第七届新疆"沙漠之春"旅游文化节踏着春风,如约而至,拉开了新疆春季旅游的序幕。

新疆鄯善县第七届"沙漠之春"文化旅游节于2016年3月21日在库木塔格沙漠风景名胜区隆重开幕,为期两个月。本届"沙漠之春"文化旅游节以"乘高铁、看杏花、游沙漠"为主题,将高铁游与沙漠休闲相融合,给游客以感觉、视觉、味觉全方位的刺激。此次活动亦是新疆旅游局"爱新疆·游家乡"冬春旅游主题活动之一。文化旅游节以沙为活动主线,开展赏杏花、观孔雀、参加摄影比赛、沙漠寻宝探险游活动、爬沙山比赛、百人沙地拔河比赛、越野赛开幕仪式等系列活动,让游客充分参与体验沙漠风情;以打造鄯善县成为"国际沙漠休闲城市"为宗旨,不断完善旅游产业规划和产品体系,将"沙漠之春"主题旅游文化节办成群众性的盛会,办成沙漠运动爱好者的节日。

为充分利用依托库木塔格沙漠的资源优势,使鄯善县成为"环东天山游"和丝绸之路旅游黄金线上的重要旅游目的地,新疆维吾尔族自治区和鄯善县政府积极运用文化宣传和传播手段,开发特色旅游精品项目,打造中国新疆沙漠休闲运动第一品牌,通过"沙漠之春"活动的开展,进一步扩大鄯善沙漠文化在疆内外的影响力,并加快鄯善旅游业的发展步伐。新疆"沙漠之春"文化旅游节的举办,实际上吹响了自治区全年旅游的号角。

库木塔格沙漠曾经是丝绸之路上最为璀璨的明珠,也是"楼兰后裔"最后栖息的家园,鄯善更是拥有"滨沙之城、楼兰鄯善"的美誉。如今,鄯善库木塔格沙漠风景名胜区面积达1880平方公里,是驴友徒步、汽车越野以及摄影的天堂。通过多年"沙漠之春"文化旅游节的举办,鄯善乃至整个新疆的知名度和影响力明显提高,每年来新疆的游客快速增加,来鄯善的摄影爱好者和探险等各类游客也越来越多。

（二）新疆"沙漠之春"文化旅游节的发展过程

"沙漠之春"主题旅游文化节始于 2009 年,基本每年举办一届。举办地鄯善县位于吐鲁番东部,距乌鲁木齐 300 公里,是新疆步入春天最早的地区之一,其拥有世界上距离城市最近的沙漠——库木塔格沙漠。至 2016 年 5 月底,"沙漠之春"旅游文化节已成功举办了七届,并已成为疆内规模最大的淡季旅游活动。

2009 年 3 月 27 日,鄯善首届"沙漠之春"探险旅游摄影节在库木塔格沙漠拉开帷幕,共有 140 多名摄影爱好者、600 多名徒步运动爱好者、100 辆沙漠越野车参加了"沙漠之春"探险旅游摄影节开幕式,唱响了新疆春季休闲旅游之歌。

第二届鄯善"沙漠之春"探险旅游摄影节又不断创新,在活动期间,举行了库木塔格沙漠铁人三项赛、环吐鲁番汽车集结赛、T3 环库木塔格沙漠越野挑战赛以及"沙漠之春"音乐会。开幕式当天吸引了 118 辆汽车、6596 名首府及周边城市的摄影、徒步、越野车爱好者聚集鄯善,在沙漠中尽情享受户外运动带来的乐趣。

2011 年 3 月下旬开始举办的第三届"沙漠之春"主题旅游文化节与前两届"沙漠之春"探险旅游摄影节相比,其探险摄影节赛事更丰富,涉及的旅游景区也更多样,群众参与性更强。在为期两个月的活动中,举办了沙漠之春主题晚会、户外徒步大赛、越野车挑战赛、动力伞表演、风筝大赛、沙滩足球、摄影展览、亲子野营体验、假面舞会、户外野营大会、休闲沙漠游戏等 11 项活动。

2012 年 3 月 24 日,第四届"沙漠之春"文化旅游节在鄯善县库姆塔格景区举行,整个活动一直延续到 5 月 20 日。本届"沙漠之春"旅游文化节活动更为丰富精彩,包括特技风筝表演、徒步越野寻宝赛、汽车摩托车越野表演、骆驼赛跑、"沙漠之春"主题摄影大赛、斗鸡比赛、歌舞表演、篝火晚会、"库姆塔格沙漠徒步穿越捡石头"等。在精彩的环节过后,游人还可观赏大漠风光、沙漠驼铃、千泉沙湖、沙海落日、楼兰公主陵等沙漠自然人文景观,自行体验沙漠冲浪、驼铃漫步、沙疗沙浴、沙地足球等多种乐趣。

2013 年 4 月 1 日,第五届"沙漠之春"旅游文化节拉开了序幕。本届"沙漠之春"旅游文化节分为健康、文化、旅游三个主题。与前四届相比,活动内容更为丰富多彩,参与人群更为广泛,其中包括沙漠休闲运动会、沙漠汽车越野赛、沙漠徒步挑战赛、沙漠飞行大会、私家车集结大会、沙漠千人篝火烧烤文艺晚会、维吾尔传统婚礼、万振彩玉品鉴会、楼兰酒窖采风等,还开展了千人沙漠亲子活动、沙漠低空滑翔项目、大型沙漠晚会等。

2015 年 3 月 21 日,鄯善县第六届"沙漠之春"旅游文化节盛大开幕。本次旅游文化节以新疆首列高铁旅游专列开启鄯善旅游的大门。在举行沙漠休闲运动会、沙漠王 T3 越野挑战赛、沙漠之春户外音乐会的同时,还融入了看杏花、赏奇石以及"楼兰之夜"千人沙漠野餐烧烤 Party 等多项活动,给游客听觉、视觉、味觉等的全方位刺激,极大地调动了游客的积极性,成为高铁时代最具典型性、开创性、体验性、趣味性和参与性的旅游节文化活动,真正树立起"丝路璀璨明珠,神奇鄯善沙漠"的沙漠休闲旅游新品牌,全面展现了"法治鄯善、平安鄯善、实力鄯善、美丽鄯善、幸福鄯善"的新形象。

四、中国哈尔滨冰雪文化旅游节

（一）哈尔滨冰雪文化旅游节发展过程

我国冰雪旅游是随着我国旅游业的发展并在借鉴国外冰雪旅游的基础上发展起来的,

主要集中在我国的东北(吉林、辽宁和黑龙江)三省。1985年哈尔滨首届冰雪节的开展,打开了我国冰雪旅游的序幕。进入20世纪90年代以来,许多有条件的地方也纷纷开展了冰雪旅游活动。1992年,国家旅游局将冰雪文化旅游节列为专项旅游产品,从而在全国范围内拉开了冰雪旅游发展的序幕。除东北三省外,内蒙古、河北、四川、北京等省区市也相继推出了冰雪旅游项目。当然,黑龙江的地理位置最好,冰雪资源最丰富,开发的历史也最悠久。如亚布力滑雪场、冰雪大世界和冰雕节等都已经名声远扬,并已产生了可观的旅游经济效益。

一年一度的哈尔滨冰雪节,已成为世界四大冰雪节(哈尔滨冰雪节、日本的冰雪节、加拿大的冬令节和挪威的滑雪节)之一,也是世界上持续时间最长的冰雪节,是融经贸、旅游、文化、娱乐、体育和艺术等为一体的综合性活动,为带动整个地区的发展发挥了重要作用并在国内外颇具影响。为此,2010年,黑龙江省政府荣获国际旅游联合会颁发的"世界冰雪旅游卓越贡献奖",黑龙江省旅游局获"滑雪旅游杰出贡献奖",哈尔滨市政府获"世界冰雕艺术特殊贡献奖"等殊荣。

(二)哈尔滨冰雪文化旅游节现状

截至2017年2月底,哈尔滨国际冰雪文化旅游节历经33年打磨,已成为世界最大的冰雪嘉年华。2017年的第33届冰雪文化旅游节主要由三大核心冰雪景区活动构成:第18届哈尔滨冰雪大世界以"冰雪欢乐颂"为主题,占地80万平方米;第29届太阳岛国际雪雕艺术博览会以"冬日·恋歌"为主题,规划五大景区;第42届哈尔滨冰灯艺术游园会以"传承冰灯艺术·弘扬冰雪文化"为主题,景观设计融入雪雕和彩灯元素。

第33届中国·哈尔滨国际冰雪文化旅游节于2017年1月4—6日华彩启幕。本届盛会由国家旅游局、黑龙江省和哈尔滨市共同主办,以"冰雪之冠上的明珠——哈尔滨"为主题,启动冰雪旅游、冰雪艺术、冰雪时尚、冰雪经贸、冰雪体育五大类活动。

本届冰雪节以贯彻落实习近平总书记"冰天雪地也是金山银山"的讲话为主线,加快推动黑龙江冰雪经济和冰雪旅游发展。哈尔滨市冰雪旅游玩赏、体验全面升级,声名远播的冰雪大世界、太阳岛雪博会、兆麟公园冰灯游园会等著名景区,展现了创意策划再创新、艺术形式再创新、活动内容再创新等冰雪旅游发展新趋势,一批新兴冬季旅游产品也成为游客关注的新热点:亚布力滑雪旅游区开通8分钟、15分钟直升机低空飞行观光项目,填补了全国低空飞行滑野雪空白;冰雪大世界全球首创四季冰雪主题乐园,世界级彩冰雕刻大师倾情创作,走进七彩冰雪乐园,仿佛进入异彩纷呈的童话世界;哈尔滨还举办了采冰节,通过祭河神等古老的祭祀仪式,还原了哈尔滨百年前的采冰仪式,进一步挖掘了冰雪文化内涵;太阳岛雪博会建造高达34米的冰雪之冠大雪人,是目前世界上最高的雪人雕塑;伏尔加庄园城堡滑雪场服务升级,让游客在城堡中穿越、冰雪中陶醉,感受三堡连滑、激情无限的乐趣。此外,冰雪节还开发了城堡雪圈、雪橇列车、雪地摩托、马拉爬犁、越野滑雪等冰雪项目;呼兰河口湿地公园欢乐冰雪世界建有全国最大的万人初级标准滑雪场、全国最大的人造冰山奇观等。

本届冰雪文化旅游节还举办了第二届中国国际冰雪旅游峰会,峰会从学术、经济、行业等多领域邀请重量级嘉宾对我国的冰雪旅游产业进行了深度剖析,发布冰雪旅游数据报告。峰会期间还召开了"中国冰雪旅游推广联盟"第二次全体会议。该联盟由黑龙江省旅委倡议发起,经国家旅游局审定同意,承担着国家旅游局推出的中国十大国际旅游品牌之一"北国冰雪"推广任务的联盟组织。正式成员单位有吉林、辽宁、北京、河北、内蒙古等省区市的旅游部门。

哈尔滨国际冰雪文化旅游节是世界上活动时间最长的冰雪节,它只有开幕式——每年的1月5日,没有闭幕式,最初规定为期一个月,事实上前一年年底节庆活动便已开始,一直持续到2月底冰雪活动结束为止,其间包含了新年、春节、元宵节、滑雪节四个重要的节庆活动,可谓节中有节,节中套节,喜上加喜,多喜盈门。

五、中国山东齐文化旅游节

齐文化是齐人(主要指现在的山东省)创造的、存在于特定历史时空的物质文化、规范文化和精神文化的总和。齐文化是一个博大精深的文化体系,是我国古代独具特色的重要地域文化之一,对华夏文明的形成和发展具有深远的影响。齐文化作为中华民族传统文化的重要组成部分,在我国古代社会曾经产生过重大影响,而且它的许多优秀成分,包括政治、经济、军事等优秀思想,已经超越了时空,历久弥新,对现代化建设事业有许多借鉴和启迪意义,值得深入挖掘。

（一）山东齐文化旅游节的发展历程

1. 首届山东齐文化旅游节

2004年9月16日,值此齐国第一代国君、齐文化的开创者——姜太公诞辰3143周年之际,首届山东齐文化旅游节于上午9:00在齐国故都——山东淄博市临淄区隆重开幕。来自全国政协、全国政协港澳台侨委员会、山东省人民政府、山东省淄博市委市政府的领导及姜氏、丘氏宗亲会代表出席了开幕式并致辞。

首届山东齐文化旅游节开幕式精彩纷呈,令人目不暇接,祭姜乐舞、姜氏丘氏宗亲会馆揭牌、齐韶乐表演等一次次将开幕式推向高潮。

（1）102个姓氏的代表齐聚临淄拜祭始祖姜太公

在2004年9月16日的山东齐文化旅游节的开幕式上,102个姓氏的代表齐聚临淄拜祭始祖姜太公,加上韩国姜氏宗亲会及东南亚等中华丘氏宗亲联谊会等500多名姜氏后裔前来拜祭,令齐文化旅游节倍增神秘色彩。据考证,从齐国第一代国君姜太公起到现在,共有102个姓氏都是由姜姓繁衍而来,其中包括吕、许、谢、纪、丘、齐、薄、赖、盖、丁、高、贺、查、封、崔、卢等64个单姓和淳于、东郭、高堂、子雅、雍门、公牛等38个复姓。2000年6月17日,姜氏后裔韩国前总统卢泰愚亲临临淄寻根访祖,随后海内外的姜氏后裔纷纷来到这里寻访古历史的遗迹,祭拜祖先姜太公。从此,姜太公也逐渐成为"寻根祭祖游"的知名旅游品牌。

（2）再现中国古代蹴鞠场景

2004年7月15日,在北京亚洲杯足球赛开幕式上,时任国际足联主席布拉特宣布:"淄博是世界足球运动的发源地。"至此,中国淄博临淄作为世界足球运动的发源地得到了确认。国际足联副秘书长热罗姆·项帕涅在伦敦举行的一次新闻发布会上说,足球最早起源于中国——中国古代的蹴鞠就是足球的起源。他说:"足球在欧洲出现之前,原始形式的足球已在中国出现。足球于2300年前起源于中国山东淄博临淄。"

为展示临淄作为人类足球的起源地,为展示蹴鞠就是足球的起源,首届齐文化旅游节在开幕式上再现了中国古代蹴鞠场景。此次蹴鞠表演的人数、规则等都有史料记载为根据。参赛两队每队各有 10 名队员，比赛时"鞠"不能落地，落地一方为输，比赛过程还伴有古乐。

（3）韶乐声声，齐风阵阵

在首届齐文化旅游节的开幕式上，还安排了齐韶乐舞表演"凤凰来仪"，专门表演了空灵婉转、如丝如缕的瑰丽古乐——韶乐。乐工们用五彩羽毛作装饰，扮成各种美丽的飞鸟，翩翩起舞，款款而歌，将观众思古之幽情拽到遥遥近 3000 年的过去，感念曾经的慷慨激昂之曲，骄奢淫逸之调，以及让孔子"三月不知肉味"的齐国韶乐，让观众沉醉在这传说的美妙意境之中。

2. 第三届山东齐文化旅游节

2006 年 9 月 12 日，在齐国第一代国君，伟大的政治家、军事家、谋略家——姜太公诞辰 3145 周年之际，第三届山东齐文化旅游节仍然在齐国故都、国家历史文化名城、世界足球起源地——临淄隆重开幕。

本届旅游节以"相约齐故都，弘扬齐文化，感受新气象，实现新发展"为主题，在继前两届成功举办经验的基础上，注重创新和发展，蹴鞠的国际化和文化活动的群众参与性是活动的主旨。

第三届山东齐文化旅游节，是全面落实科学发展观，推动经济社会持续协调发展的具体行动，是深入贯彻市委、市政府建设经济强市、文化大市、绿色城市战略部署，促进文化与经济融合发展的重大举措。希望通过办节，大力弘扬"变革、开放、务实、包容"的齐文化，集中展示临淄改革发展的成果，激发市民干事创业的热情，全力推动临淄在山东 30 强区县首位这一新起点上，实现新的发展，把临淄建设得更具活力、更具实力、更具魅力。

3. 第五届山东齐文化旅游节

2008 年 9 月 12 日，为期 5 天的第五届山东齐文化旅游节在山东省淄博市临淄区举办。文化旅游节为进一步增强节会的文化性、旅游性和群众性，做到高雅文化与群众文化相结合、专业化办会与群众参与相结合，特举办"我为山东齐文化旅游节献一计"活动，面向社会广泛征集了众多的齐文化旅游节活动项目。

此次文化旅游节坚持突出文化特色、彰显城市个性，成功组织了开幕式暨"精彩中国·魅力临淄"大型演唱会、国家体育总局体育文化发展中心蹴鞠文化研究基地授牌暨首届蹴鞠文化研讨会、"文化大家走进齐都中国临淄稷下学宫论坛"开坛、齐故都十大宝物评选等活动，充分展示了齐文化的深厚底蕴和城市的独特魅力。文化旅游节坚持"开放办节，办开放的节"，邀请了部分姜太公后裔、原齐地部分区县共同参与，带动了办节思路和活动项目的创新变化；坚持节俭、务实，把节会资金更多地用在办实事、办大事上，建成了"齐都视窗"大型电子显示屏，为节会留下了永久性成果；坚持"文化搭台、经贸唱戏"，与韩国公州市缔结为友好城市，签约重点工程项目 8 个，吸引外来资金 15.6 亿元，为区域经济发展注入了新的生机和活力。

4. 第七届山东齐文化旅游节

2008 年 9 月 12—16 日，第七届山东齐文化旅游节在临淄举行。临淄区以多年的办节经验，将节会真正办成了全民参与的文化盛会。本届齐文化旅游节以"泱泱齐风，大众盛典"为主题，以"提高临淄知名度和美誉度，弘扬传承齐文化，提升城市整体文化内涵，促进全区经济社会又好又快发展"为节会宗旨，坚持"隆重、热烈、节俭、实效"的办节原则，深挖齐文化内涵,突出"寻根祭祖"和"足球起源地"两大品牌特色,策划确定的活动内容共10个大项和20个小项,让参与人员在一系列丰富多彩的活动项目中,领略到齐国昔日霸主之雄风,并感受以"改革、开放、务实、包容"为特色的齐文化魅力。

临淄举办齐文化旅游节,一直遵循"政府主导、社会支持、群众参与"的办节思路,最大限度地调动群众的积极性、参与性,把节会真正办成全民参与的文化盛会。"齐都金秋"一元钱景点游、中国·临淄稷下学宫论坛·文化大家走进临淄——纪连海专题讲座、"多彩临淄"艺术大赛、"好运齐动"体育大赛等一系列活动使群众在喜享文化盛宴快乐的同时,也进一步加深了对齐文化的了解。

5. 第十届山东齐文化旅游节

2013年9月12—16日,在齐国故都、世界足球起源地——淄博市临淄区,第十届山东齐文化旅游节如期举行。本届齐文化旅游节围绕"寻根祭祖汇齐都,春秋战国看临淄"的主题,打造"祭姜""探宝"两大品牌活动。旅游节共策划了9个大项、33个小项的内容。其十大看点分别是中国规模最大的民间公益博物馆群集中开馆;江北第一家民间摄影艺术馆建成开展;刘大为等艺术家亮相文博会;中国陶瓷艺术大师创意齐文化;齐桓公复活《祭姜大典》;书法、美术、摄影、文学、舞蹈、器乐、戏曲、歌曲、武术、户外等各类文体活动荟萃;答题免费游览齐文化景点;游文博会购艺术品;东泰利群等商家全程让利惠民和大型历史情景舞剧《齐风·甫田》收官。

本届齐文化旅游节注重与齐文化相关联,注重群众的参与性,包括姜太公诞辰3152周年祭礼、第四届齐文化博览会暨民间收藏展、汉代蹴鞠表演、"齐文化成语典故"绘画巡展、齐文化知识竞赛等活动,以便进一步扩大临淄"寻根祭祖""世界足球起源地"两大品牌的影响力。"齐风古韵"戏曲展演、第四届"乐舞临淄"舞蹈大赛、第三届"齐风雅韵"器乐大赛、第七届"唱响临淄"电视歌手大赛、第三届"齐地雄风"演武大会等活动,也彰显临淄独特的地域文化魅力,丰富了群众精神文化生活;稷下学宫论坛、第三届临淄文学创作成果展、"齐都赋"主题原创作品大赛优秀作品展、"齐风墨韵"书法美术大赛优秀作品展、晏婴公园主题摄影大赛、"印象齐都"摄影大赛等活动,也进一步促进了齐文化的研究开发和弘扬光大,提升了城市整体文化内涵。

另外,本届齐文化旅游节期间,还举行了第三届齐文化电影放映月、第四届"天堂寨杯"山地穿越大赛、淄博特色旅游产品展销、"齐都金秋"一元钱景点游暨临淄旅游攻略五条线路自助游、商家让利惠民联盟——"喜迎齐文化节,让利惠民大促销"、2013鲁中车房暨家居新生活展等活动。

6. 第十三届山东齐文化旅游节

2016年9月12日上午,第十三届齐文化旅游节在临淄区齐文化博物馆广场隆重开幕。本届齐文化旅游节突出"泱泱齐风"节会主题,举办系列文化交流研讨活动,真诚期待与海内外朋友和社会各界一道,共同推动多层次的文化交流合作,携手打造具有更高知名度、美誉度的文化名城,以坚定的文化自信,开创更加美好的未来。

与往届相比,本届齐文化旅游节首次由山东省文化厅、淄博市人民政府主办,临淄区人民政府、淄博市文化广电新闻出版局、淄博市旅游局共同承办。其主要活动分两个阶段进行:第一阶段为9月12—16日,主要有齐文化与稷下学高峰论坛、姜太公诞辰3155周年祭礼、齐文化博览会暨民间收藏展、全市文化旅游项目推介招商签约等八项活动;第二阶段为

10月1—25日,主要有中英"世界足球文化高峰论坛"和"国际青年足球锦标赛"两项活动。

（二）山东齐文化旅游节的意义

齐国长达800年的历史,曾数创辉煌;春秋时期曾为五霸之首,战国时期又列为七雄之冠,并与秦国并称东西两帝。齐国之所以能够长盛不衰,其根源主要是富民思想的提出与实践。齐国的富民思想不仅对秦汉及后世统治者的治国方略有着极大影响,而且对占据中国两千多年的儒家文化也有着重要影响。因此,对齐文化中的富民思想进行全面、深入的研究,不仅在这个领域的研究方面有重大的理论意义,同时也对我国当代经济社会的发展和实现"中国梦"等具有重要的现实意义。

齐文化旅游节按照"提高临淄知名度和美誉度,弘扬传承齐文化,提升城市整体文化内涵,促进地区经济社会又好又快发展"的节会宗旨,遵循"政府主导、社会支持、市场运作、群众参与"的办节思路,坚持"继承、开放、创新、发展"的办节原则和"隆重、节俭、务实、高效"的办节要求,通过开展丰富多彩、意义深刻的系列活动,努力把齐文化旅游节打造成世界知名、影响深远的国际性民族文化品牌,使之成为建设先进文化、扩大对外交流、促进招商引资、推进全面发展的有效载体。

六、中国浙江缙云仙都黄帝文化旅游节

（一）缙云仙都及黄帝文化简介

缙云县地处浙江中南部,以境内"缙云山"及黄帝在缙云活动、升天的传说而得名。缙云黄帝文化源远流长、博大精深、内涵丰富。缙云,本身为轩辕黄帝的一个名号,《史记正义》曰:"黄帝有熊国君,乃少典国君之次子,号曰有熊氏,又曰缙云氏,又曰帝鸿氏,亦曰帝轩氏。"又曰:"今括州缙云县盖其所封也。"数千年来,缙云流传着许多黄帝的传说,仙都留有众多黄帝的遗迹。早在春秋时期,仙都就与黄山、庐山并列为轩辕黄帝的"三大行宫"。相传,中华民族始祖黄帝在拔地170.8米、状如春笋、直刺云天的"天下第一峰"——鼎湖峰顶铸鼎、炼丹、觞百神后驭龙升天。

浙江缙云仙都,峰岩奇绝,水明山秀,人文景观内涵丰富。黄帝在缙云仙都鼎湖峰升天是一个古老传说,缙云黄帝文化更是源远流长,今天的缙云是南方黄帝文化流传的中心。

相传在距今5000年前的黄帝时代,包括缙云在内的良渚文化地区已有古老文明。良渚文化发现有稻谷遗存的遗址为数众多,当时这里的种植农业已相当繁荣。正是这里的先民首先驯化种植了稻谷,成为人类种植稻谷的发明者和推广者。良渚文化的玉礼器十分引人注意,出土的玉琮、玉璧精美无比。玉礼器上的"良渚神徽"构图奇绝而充满神秘色彩,据考证是良渚文化居民奉祀神的形象。缙云境内也有良渚文化晚期的遗存发现,说明在黄帝时代这里的社会生活中也出现了政治因素,已经走到了相对文明的时代。

中华民族传统文化的优良传统是从黄帝时代开始的,黄帝时代中华民族已经表现出一个有首创精神的伟大民族的特征。黄帝时代发现了服牛乘马、舟楫车舆、掘井取水、养蚕缫丝,创造了文字、历法、舞乐,还分区划州,治理四方,建立衣冠制度等。在物质文明、精神文明、制度文明等多方面都有创新。几千年来,为满足社会发展的需要,凝聚民族精神,维护国家统一,黄帝文化也成为当代中国人共同的精神财富。缙云仙都山川风物给人以大自然的享受,十里画廊给人以美的陶冶。缙云仙都黄帝文化的深厚积淀,更引人生出无限的遐思。

（二）缙云仙都黄帝文化旅游节的主题和定位

1. 文化旅游节主题

2012年10月21—27日，酝酿多时、规模宏大的首届缙云仙都轩辕文化旅游节在仙都风景名胜区黄帝祠宇举行。本届文化节的主题是"传承黄帝文化，见证魅力仙都"。事实上，传承轩辕黄帝文化，弘扬中华民族精神，是每一位炎黄子孙肩负的历史责任。研究、推广、宣传轩辕黄帝肇造的五千年华夏文明，弘扬传承中华民族的伟大民族精神，事关中华民族的伟大复兴，事关华夏儿女在世界上的话语权，事关中国能否真正实现和平崛起。举办轩辕文化节是一种很好的传承轩辕文化、认知轩辕文化的方式。这个节日对缅怀中华民族共同始祖的丰功伟绩、提高黄帝文化的影响力和仙都旅游的知名度等都具有重大的现实意义。

2016年10月9日上午，正值农历九月初九重阳佳节，以"万域独尊，八方共主；千秋一帝，四海同宗"为主题的丙申（2016）年中国·丽水仙都祭祀轩辕黄帝大典在浙江缙云仙都黄帝祠宇隆重举行，数千名海外侨胞、社会各界代表齐聚仙都，共同缅怀中华民族人文始祖轩辕黄帝，表达中华儿女期冀民族复兴的崇高梦想。

2016年10月9日上午9时50分，寓意黄帝之"九五之尊，至高至上"，全体参祭人员肃立，击鼓34下，撞钟15响，代表34个省、直辖市、自治区、特别行政区和全世界15亿炎黄子孙，雄浑的鼓声、深沉的钟声，在庄严肃穆中表达了对轩辕黄帝的无限崇敬。伴着古韵悠扬的乐曲声，参祭人员依次向轩辕黄帝敬上高香、敬献花篮，恭献三牲、五谷、山珍果品、鲜花、美酒等祭品。主祭人浙江省政协副主席吴晶向轩辕黄帝敬酒，主祭人丽水市委常委、常务副市长毛子荣恭读祭文，随后全体参祭人员向轩辕黄帝像行三鞠躬礼，最后场面恢宏的献舞把祭典活动推向了高潮。

2. 文化旅游节定位

轩辕黄帝是中华民族的人文始祖，是海内外中华儿女共同的精神纽带。在中国近三千个县（市、区）中，与轩辕黄帝有关的县名有两个：一个是陕西的黄陵县，另一个就是浙江的缙云县。缙云具有独特的生态、区位、交通、产业和文化优势，与周边地区相比，缙云最显著、最鲜明的标志就是黄帝文化，最大亮点、最大卖点也是黄帝文化。作为我国南方黄帝祭祀中心、黄帝文化辐射中心和黄帝文化研究中心，缙云的黄帝文化真实地体现在浓厚的乡愁文化之中，仙都黄帝祭典活动越来越受到海内外华夏儿女的关注。当前，缙云县正以"黄帝缙云，人间仙都"为品牌，全力打造"中国乡愁旅游先行区"，并已创建仙都国家5A级旅游景区，大力培育生态休闲养生养老产业，认真践行"两山"理论，为缙云的全域旅游发展注入新的活力。

浙江省缙云县每年举办两次祭祀轩辕黄帝典礼，分别在清明节和重阳节。缙云县是我国南方黄帝文化辐射中心和黄帝祭祀中心，每次轩辕文化旅游节都有不同的定位、活动和重点，面向海内外华人，旨在打造有国际影响力的文化节。缙云县以节庆为媒，做大仙都旅游新文章；以会议为媒，打造黄帝文化金名片；以文化为媒，促进缙云经济大发展。

（三）缙云仙都黄帝文化旅游节的目标

1. 挖掘资源，提升形象

充分挖掘黄帝文化资源，缅怀先祖功德，振兴中华民族，促进祖国统一，提高黄帝文化的影响力和仙都旅游知名度，努力加快创建浙江省旅游经济强县和浙中南旅游休闲度假基地的进程,充分展示"秀山丽水,浙江绿谷"(缙云县隶属丽水市)和"中国生态第一市"的形象。

2.加强合作,促进旅游产业快速发展

通过开展一系列活动,突出"黄帝文化"的吸引力和带动力,不断加强与陕西省黄陵县、河南省新郑市、四川省盐亭县的沟通联系,形成"始祖共祭"的大格局,这极大地促进了缙云县乃至丽水全市旅游产业的快速发展。

3.整合资源,打造高端旅游业发展的突破口

立足"健康休闲,轩辕怀古"的理念,在强化仙都旅游形象的同时,整合现有资源,将绿色健康旅游项目与养生养老、文化体验、休闲度假旅游相结合,打造"魅力休闲谷"。同时吸引高端旅游投资,建设多种经营模式的高端旅游置业项目,并将其融入缙云县城乡发展规划中去。依托仙都优越的生态环境和丰富的旅游资源建设绿色休闲旅游项目,将与自然和谐、与自我和谐的健康生活和低碳生活为基础的健康旅游作为缙云乃至丽水高端旅游业发展的突破口。

4.缅怀祖先,提高凝聚力

缅怀中华民族共同始祖的丰功伟绩,有利于进一步弘扬中华民族不屈不挠、勇于创造的进取精神,增强海内外中华儿女的凝聚力和向心力,对于促进改革发展、推动祖国和平统一都具有重要的意义。

5.广交朋友,扩大开放

邀请四方好友,广交天下朋友,扩大对外开放,繁荣绿谷文化,促进改革发展,可大大地推动区域经济社会的跨越式发展。

(四)缙云仙都黄帝文化节的意义

1.社会意义

浙江缙云是我国南方黄帝文化辐射中心和黄帝祭祀中心。举行本次公祭大典,缅怀中华民族共同始祖的丰功伟绩,有利于进一步弘扬中华民族不屈不挠、勇于创造的进取精神,增强海内外中华儿女的凝聚力和向心力,对于促进改革发展,推动祖国和平统一,具有重要意义。

2.经济意义

丽水市缙云县为深入实施"创业富民,创新强省"的总战略,着眼于全省同步提前基本实现现代化的目标,坚定不移地走建设生态文明特色发展之路。通过本届黄帝文化节,缙云县抓住建设"山水浙江"带来的有利机遇,勇于改革创新,发挥潜力优势,努力开创地方经济社会发展新局面,为建设惠及全省人民的小康社会做出更大的贡献。

3.文化意义

当今世界,经济发展是每个国家或地区努力追求的目标,但文化的发展也不可轻视。一个只有经济发展而没有文化的国家、民族,是难以立足于世界发展之林的。一个没有文化底蕴的国家和民族,就等于没有了灵魂或信仰。只有竭力发展本国传统的优秀文化,才能更好地提高国际影响力。而举办轩辕文化节、祭奠黄帝、缅怀中华民族共同始祖的丰功伟绩,无疑对弘扬中国传统文化有着十分重要的意义。

七、中国成都美食文化旅游节

中国是世界上公认的美食大国。美食文化是中华传统文化精髓的重要组成部分。一

部《舌尖上的中国》的纪录片，打败了无数的热播大剧，在全国乃至全球掀起中国美食纪录片收视的新高，充分说明中国美食文化的博大精深和无穷魅力。之后系列电视文化纪录片《中国美食探秘》接档《舌尖上的中国》，延续中国美食传统精髓，开启全新美食文化的视角。其中每集一个主题，包括"火候""刀功""辣""豆腐""面点""鲜""食之器""官府菜"等，全面展示中国美食的不同侧面，让不少观众如痴如醉，大呼过瘾。之后，《舌尖上的中国2》相继播出，150多个人物、300多种美食、一张张餐桌，见证生命的诞生、成长、相聚、别离。美食，使人们可以有滋有味地认知这个古老东方国度的饮食文化。2017年，期待《舌尖上的中国3》能够再次如期播放。据报道，其会加大美食的比例，相应减少故事性的成分。《舌尖上的中国3》与前两季最大的不同在于，将在全世界框架下审视中国美食，会有更宽阔的视野，也会出现国外食物与国内食物的比照。主创团队们除了将视野拓展到海外、展示异域美食、探寻中国美食在世界范围内的流传与演变外，还会更多关注美食诞生的历史背景、渊源，纵向挖掘中国传统饮食文化的深层基因。

四川的省府——成都，作为中国十大美食之都（北京、广州、香港、台北、西安、苏州、昆明、济南、哈尔滨和成都）的代表，于2010年2月28日，获得联合国教科文组织授予的亚洲第一个世界"美食之都"称号。

成都是川菜发展的核心区，素有"天府之国，美食之都"的盛誉。成都不仅有规模庞大的餐饮产业，更有各种丰富多彩的美食活动。川菜以辣闻名天下，却不仅仅止于辣味。川菜属中国四大菜系（川、粤、京、苏）之一，也是世界菜系中品种最多、滋味最丰富的流派之一。成熟的川菜菜品已达6000余个，形成了筵席菜、大众便餐菜、家常菜、火锅及小吃五大门类。其强劲的势力早已渗透到全国各地每个角落。川菜的招牌菜有麻辣豆腐、八味冷碟、樟茶鸭子、锅巴肉片、鱼香肉丝、宫保鸡丁、酸辣蹄筋、抄手肉片、回锅肉、蚂蚁上树、玉笋鸭舌、水煮牛肉、东坡肘子、粉蒸牛肉、酸菜鱼等。川菜中最具革命性的是火锅，火锅以其包罗万象、热情似火、平易近人的特点迅速地、地毯式轰炸般地征服了全中国人民的脾胃。著名的"中国成都美食文化旅游节"9年来累计接待游客量超过了1500万人次，已成为国际性综合美食博览会。

（一）首届中国成都美食文化旅游节

首届中国成都美食文化旅游节于2004年10月26日—11月2日在成都举行，历时8天，由一个主会场和9个分会场组成。主会场设在熊猫城，面积达20000平方米，投资达2000万元。由35个专业餐饮区共同打造的"中华第一大厨房"，可同时容纳上万人进餐，配合现场大量歌舞互动节目，创造了迄今为止中国面积最大、造价最高、规模最大的美食盛宴，餐饮企业现场制作、现场经营的形式开国内美食节办节方式之先河。

在本届美食节前期，陆续由政府、企业、媒体等举办的11个子项目，一并构成了美食节的宏大规模和完美图景。其中包括盛大的开幕大游行、别开生面的法国焰火音乐晚会、特色街区美食周、国际美食展、美食题材电影周等活动。特别是"川菜送全球""川菜北京宣言"等活动，让"吃在成都"叫响了全国。由刘仪伟、张国立、马明宇等10余人组成的川籍明星阵容制作的美食节宣传片，在CCTV及全国30多家省区市电视台播放。省区市16家媒体开辟专栏和专版密集报道美食文化旅游节的新闻，跨度两个月的"魅力总评榜""美食形象小姐评选"等充分调动了成都市六城区及周边市县市民的参与热情，达到万人空巷的狂欢效果。另外，本届美食节还邀请了100对大使参赞夫妇及全球500强企业驻华代表、2000

个旅行团和200个境外团参加了主会场项目。据不完全统计,美食节期间,前往主会场参观和就餐的人数达65万人次,各分会场人流量超过了300万人次,参与企业营业额近2000万元。其间,还有近10万名境内外游客前来观光游览和品尝美食。

(二)第三届中国成都美食文化旅游节

2007年1月27日—2月4日,第三届中国成都美食文化旅游节在成都举行,来自我国北京、浙江、香港等地以及日本、韩国和非洲国家的特色美食逐一亮相,成都市民可就地享受世界美食。这是成都在成功举办两届美食文化旅游节的基础上向天下食客推出的又一美食盛宴。这是成都市政府打造的一个具有鲜明地方特色、国际化、全民性的民俗节日。本届美食文化旅游节历时8天,主题是"健康美食,欢享成都",并展出美食展品千余种。

本届美食节在内容上除了美食主题外,还增加了大量的旅游、文化和娱乐元素,成为成都休闲生活方式的大汇集,美食通过大量的演出安排增加节日气氛,启动成都春节前的消费。本届美食文化旅游节一个最为显著的特色是引进了数家国际特色鲜明的海外餐饮企业。如分别来自法国、泰国、日本、印度、越南的和德国6家具有代表性的餐饮店现场制作,完全呈现原汁原味的异域风情美食,让成都市民和游客大开眼界,尽情享用。

此外,旅游节举办的"土特产年货展"上,各地的土产山货及特色年货物美价廉。组委会还专门安排了充满民族风情和乡土味的各类表演。在"泛美食文化展"上,食补药膳文化展、食雕艺术展、民间艺术等都吸引了广大市民和众多游客的目光。

(三)第六届中国成都美食文化旅游节

正在打造"美食之都"的西南重镇成都,于2009年9月26日晚在华侨城欢乐谷主题公园拉开了第六届中国成都美食文化旅游节的大幕,为欢庆新中国成立60周年的人们奉上多彩的美食节大餐。

开幕式后,一场融美食文化、巴蜀文化、狂欢旅游文化和国际时尚文化于一体的激情晚会成功举行,充满了祝福共和国生日的浓厚深情和火热激情。

本届美食节的主题为"创美食之都,享多彩生活",美食节从9月26日持续到10月20日,由国家旅游局、中国国际贸易促进委员会、中国民族贸易促进会、成都市政府联合主办,商务部为支持单位。美食节在成都华侨城欢乐谷设立了中心会场,在世纪城新国际会展中心8号馆设立中心展场,成都16个区(市)县设立主题会场,活动多达几十场,是成都美食文化旅游节举办以来活动内容最丰富、形式最多样的一届美食旅游节。

本届美食节汇聚了来自日本、韩国、新加坡及四川本土等地的百余家商贩、数百种特色美食。它们争奇斗鲜,飘香流彩,吸引了众多市民和游人的目光。此外,欢乐谷在国庆期间举办的首届国际魔术节和全球顶尖的英特尔极限大师赛,让人们在大饱口福之际,也有了更多的视觉享受。

(四)第八届中国成都美食文化旅游节

第八届中国成都美食文化旅游节于2011年9月28日在四川省成都市开幕。本届美食旅游节的主题是"中国美食,国际盛宴",开辟了成都美食专线游,广邀海内外美食家、游客到成都品尝世界美食。其主要目的是交流美食文化、促进产业发展、扩大国际影响、建设美食之都。

本届美食旅游节首次把主会场设在成都国际非物质文化遗产博览园,并开展美食联展、"千秋川菜"历史文化展、"绿色拼盘"美食产业联展等多个展会。其中,在美食联展上,欧美、东南亚、日韩和中华老字号及成都传统风味小吃等不同类别的美食纷纷亮相。

此外，本届美食节继续扩大节会辐射范围和组织规模，除主会场外，成都全域19个行政区(市)县均设立互动体验区或分会场，开展独具特色的美食体验活动。美食节为期11天，由中国国际贸易促进委员会和成都市人民政府主办。美食节主要活动包括美食旅游节大型开幕仪式及高峰论坛、成都传统美食评比赛、美食产业联展、美食旅游护照、美食体验游等。美食节对传播天府之国美食文化、促进旅游产业发展、弘扬民族文化都起到了积极和重要的作用。

(五)第十届中国成都美食文化旅游节

第十届中国成都美食文化旅游节于2013年9月29日—10月7日举行。本届美食节以"食尚四川，味美世界"为主题，在成都市国际非物质文化遗产博览园设立了主会场；在宽窄巷子、琴台路、文殊坊、锦里、铁像寺水街、金沙、郫县郫筒街道等特色街区设立了互动体验区。

借助2013年6月刚刚在成都成功举办的财富全球论坛的国际影响力，本届美食节不仅在规模上、品质上、国际化水平上都大大超过了往届，同时还呈现出四个特点：一是通过一系列川菜、川酒、川茶、川景展销表演，使产业融合度明显提高；二是充分发挥各个职能部门的作用，组织了一系列互动性活动，使商旅文体四位一体互动性显著增强；三是采取以区(市)县和部分地市州组展为主、以招商为辅的招展形式，使节会品质、品位明显提高；四是在中心展区搭建上，变原标准展位为独立特装大棚搭建，从而使展位整体形象大幅度提升。

中国成都美食文化旅游节以"国际影响、市民节日、旅游实效"为宗旨，围绕促进成都餐饮、旅游发展，努力打造"成都生活方式"概念，争取让更多游客和市民参与成都生活方式体验。经过10年的持续打造，成都美食文化旅游节已成为成都市第一节会品牌和城市名片，成为一个具有鲜明地方特色、国际化、全民性的盛大民俗节日，一个举城欢庆的节日，一个展现成都城市魅力的舞台，一个企业提升品牌形象、扩大市场的传播平台。

(六)第十三届中国成都美食文化旅游节

2016年9月26日—10月8日，为期13天的第十三届中国成都美食文化旅游节在成都举行，本届美食文化旅游节以"主食即文创"为主题，在东郊记忆设立主会场，另设立宽窄巷子、春熙坊、文殊坊、一品天下、九眼桥五大美食体验区，锦钯街、奎星楼街、西村、欢乐谷四大美食文创体验区。其特色之一是要探索"横向联动、纵向贯通"的运营模式，推动成都餐饮产业链条整合发展，丰富"美食之都"内涵，扩大成都特色美食文化的传播，以提升成都城市形象为主旨，以实现"弘扬美食文化、引领行业发展、扩大世界美食之都影响力"为办节目标，积极探索商务、旅游、传媒、美食等多个单位的横向联动，以及餐饮产业链上下游之间纵向贯通的新型运营模式，助推成都建设技术先进、业态融合发展、模式领先的全球川菜产业中心。"以本届美食旅游节为基础，围绕餐饮行业标准制定、原辅料生产交易、美食文化交流创新、餐饮品牌和人才培育的引进和输出、开办成都美食境内外巡展等核心内容。争取通过3~5年的培育，将美食旅游节打造成联合国教科文组织创意城市网络的重要交流平台和国内外餐饮行业的盛会。"

本届美食文化旅游节的活动主会场和九大体验区同时启动美食、旅游、文创狂欢模式，为食客们献上一席丰盛的大餐。这既是成都市重点打造和培育的大型品牌节会活动，也是进一步提升成都提升联合国教科文组织创意城市网络"美食之都"的品牌度和影响力，加快建设西部文创中心城市和世界文化名城的具体实践。

1.美食文化旅游节文创元素丰富

此次美食文化旅游节于 9 月 26 日开幕,至 10 月 8 日结束。成都市作为联合国教科文组织创意城市网络成员城市,并被授予亚洲第一个"美食之都"称号,这意味着文化创意和科技进步已成为成都城市发展的重要因素,意味着成都即将甚至已经具有和谐的人文环境、发达的经济以及完善的多元化美食产业体系。

本届美食文化旅游节中心会场设立在东郊记忆,游客可以品尝到来自全成都市精选的 33 家"小吃坝坝宴",集中品尝最正宗的钟水饺、龙抄手、阿婆凉粉、邛崃奶汤面、军屯锅盔等传统名小吃,还可以逛逛"美食产业联展",欣赏跨界融合的家庭农场特产、川菜调味品、美食文创伴手礼、一体式餐厨用具等。成都美食创新创业的样本就藏在这些展位中,其中既有创新川菜烹饪方式的烧烤,还有与科技融合的智慧餐车,更有以打造成都首条国际美食商街为目标的首创 S68 美食街区。

以"美食即文创"的本届美食旅游节,文创元素无处不在。中心会场东郊记忆里,来自宽窄品牌的"熊猫与美食"少儿彩绘大赛,在 10 月 1—3 日现场每天评选出最具艺术设计感的前三甲;在四大文创体验区里,好戏连台。宽窄巷子秋色会、白夜话剧节、奎星楼街美食小魔女邀你一起玩转艺术周、西村美食"家年华"——"村长叫你包饺子 PK 家庭川菜",华侨城德国美食节上 VR 等科技体验。除此以外,大悦城、天艺浓园、城南优品道、郫县分会场也都举行了一系列美食文创活动。

成都美食文化旅游节,正是致力于通过美食与相关产业联动,打造大格局、大产业、大市场的美食之都,以美食为媒,促进多元产业融合发展,从创新要动力,以品牌为带动,促进产业结构调整,助推成都建设国家中心城市。

2.全球美食大咖分享创新创业经验

在成都美食文化旅游节开幕当天,以"美食创意与体验的跨界融合"为主题的"2016 世界美食之都与城市发展(成都)论坛"也在成都东郊记忆举行。20 多位受邀出席论坛的美食界大咖,带着他们关于"美食文化创意与城市品牌""美食即文化创意""中国菜如何在文化坚持中注入国际市场""开在日本银座的中国主题文化餐厅""美食家是厨师创意的导师""新西兰优质食材与成都美食的融合"等话题,向来自全国美食行业的 400 多位嘉宾进行了分享。通过主题演讲、圆桌论坛等,成都美食行业与会人士更加全面理解美食之都的内涵与外延,在"美食之都"的建设上跨界联动,开展美食与设计、建筑、文学、科技等的跨界融合,并实现深度对接。

在美食文化旅游节期间的 9 月 25—27 日,"成都美食之都促进会"还组织了"川菜典范模式考察",邀请了 40 多位嘉宾及媒体代表前往文创园区街区、郫县川菜产业园区、著名川菜企业进行参观、交流,通过现场体验、创意川菜品鉴、企业管理交流等,努力让每位嘉宾切身地感受成都作为国际美食之都的魅力。

第六章　中国文化旅游创意案例分析

进入"十三五"以来,我国经济已经步入新常态,经济结构调整需要加快发展服务业,动力转换需要增强内需消费的拉动力,改善民生需要进一步释放国民的休闲需求。所有这些都为文化旅游及文化旅游创意产业的发展提供了重要机遇。

从行业本身来看,旅游产业已经突破传统旅游业的范畴,逐步演变为一个多方位、多层面、多维度的综合性大产业;从消费需求来看,文化旅游也已经逐渐成为人们生活追求的新时尚;从旅游供给来看,已经有越来越多的企业或个人愿意投资文化旅游类产品。近年来,对参与自由行游客的调查结果显示,已有超过半数的游客偏好文化旅游体验,且该主题的旅游逐渐向20—40岁青年、中年群体拓展。可见,文化旅游渐渐受到游客的追捧,市场空间在不断扩大。如在全国2015年热销景区门票TOP 10中,北京景区数量最多;而其中历史文化类就占四成。文化旅游市场的迅速发展,促使历史文化类旅游这种具有文化教育意义的资源成为热门产品。

文化旅游产品质量的优劣或品位的高低,取决于创意策划。文化创意,已经成为文化旅游的重点发展方向,而且将成为21世纪全球最有前途的产业之一。据悉,当今全世界创意经济每天创造产值达220亿美元,并以5%以上的年增长速度递增,从而成为许多国家和地区经济发展的支柱产业。

第一节　中华文明博览园

一、中华文明博览园的背景和意义

中华文明博览园是系统真实地表现中国各种文化科学技术及其历史的特大型现代化博览园区,是中华民族优秀文化、科学技术历史的典型展示园地,将建成为中国文化科学技术的总体代表形象,建成为国内外最大的多功能文化旅游基地,以更好地弘扬中华文明。

中华民族所创造的文化与文明,是人类历史上最伟大的文化与文明之一,是人类文明发展的主要构成。中华文明是世界文明的主要源头。根据新的考古学科学考证,早在1400万年前,云南开远就有了腊玛古猿,800万年前有云南禄丰古猿,400万年前有云南蝴蝶人,200万年前有巫山直立人,170万年前有元谋直立人,115万年前有陕西蓝田人,70万年前有北京周口店人,30万年前有贵州大洞人,10万年前有山西许家窑人。从山西峙峪人28000年前的文化遗迹算起,中华民族有28000年的文化历史,有15000年的农耕文化历史，有 10000 年的文明发展史，而不是原来所说的 5000 年的文明史。这些悠久的历史，由于宣传不够，不被国内外绝大多数人所知。却被西方及国内一些浅陋而过时的学说占了上风，人为地缩短了中华民族的历史。这极其重要的一课，现在已经具备各项条件，十分有必要将它填补上。

中国文化博览园建成后，不但可以使中国文化能够集中地、可靠地、完好地保留下来，继承下去，而且还可以使中国文化得到持续不断的补充、完善和发展。从而形成特大型文化、旅游、房地产项目，形成中国当今最大的朝阳产业——旅游业的新兴区域，能使园区及周边地区迅速、持久繁荣，获得巨大、持久的经济和社会效益。

（一）中华文明博览园建设背景

中华文明丰富、深刻、辉煌、博大、悠久、精妙。其在人类文明发展中的骨干作用和领导作用可以说是源远流长、铁证如山、史绩彪炳、不可否认的。在人类文明发展的较早时期，中华大地就是四大古代文明国之一，是地球上文化的策源地之一，也是东方文明的支柱。公元前后二百年间，汉帝国与罗马帝国统治着地球上的主要文明区。在欧洲进入中世纪宗教黑暗的时代后，中华文明更加成为人类文明最主要的领袖。中华文明统治着东亚，传遍世界，她的光辉像灯塔般照亮着人类文明前进的方向。可以说，中华文明在相当程度上启动和影响了西方文艺复兴运动和资本主义的发展；中华文明对于世界文明的贡献犹如日月昭彰，功垂千秋。

进入近代（1840—1949 年）以来，由于中国封建制度长期闭关锁国，发展缓慢，导致了落后挨打的局面。而西方各国则在工业革命的推动和资本主义逐步发达的过程中积累了实力，又受到西方文化扩张与掠夺本性的驱使，对中国逐步进行了蚕食与侵略。在三座大山的压迫下，中华民族经历了百年的水深火热。但是，中国人民的奋发精神和永不屈服、前赴后继的英勇斗争历程，却又谱写了人类争取文明、战胜邪恶的光辉篇章。

（二）中华文明博览园建设意义

现在，历史翻开了新的一页，中国的崛起已经成为无可争辩、无法阻挡的世纪潮流。全世界无不把目光投向中国，中华文明将又一次绽放其夺目的光彩。实际上，中华文明不仅是中国的文化财富，需要加以抢救和保护，更是整个人类的共同精神财富。更重要的是，她是未来中华民族继往开来、振兴中华的巨大精神动力和不竭的智慧源泉。

中华文明所特有的深邃与博大，如果不通过具体的、形象的、系统的、全面的、直观的形式表现出来，多数人可能很难对她有一个准确的描述和全面的了解，也难以从中汲取精神营养。散布于全国各地的文化遗产、博物馆、图书馆等，远不足以表现中华文明极为丰富的整体风貌。而学校教育也只能简略地介绍其中重要的一部分而已。

中华文明到底有哪些内容？有哪些类别？有哪些宝贵之处？它的历史背景和发展历程究竟怎样？所有这些问题，正是中华文明博览园试图通过科学而艺术的真实再现所要解决的。相信中华文明博览园的建设，对于中国当代和今后的政治、经济、文化、科技、历史、教育及社会发展的许多方面，都会产生积极的影响；对于世界认识中国，认识中国文化和科技在世界文明发展史中的重要作用和地位等，也会产生直接的作用。总之，"中华文明博览园"的建设一定会产生重大的社会效益和显著的经济效益。

二、中华文明博览园的内容与特点

（一）中华文明博览园的内容

中华文明博览园所要涵盖的内容极其丰富而真实，当然，在历史考证的基础上也会有一些艺术塑造的成分，以弥补史书记载的不足和艺术再现的需要。

考虑到要面对中华文明的庞大领域，表现漫长历史时期的社会形态和主流内容，"中华文明博览园"分成中华文化博览园和中华科技博览园两大板块各 32 个主题，共 64 个主题。其主题内容可按三条线索来分布和排列：①以文化科学技术形态的发展阶段为顺序排列；②以时代顺序排列；③以类别划分排列。

根据上述三种序列穿插排列，可形成各个不同的场馆区；以具体逼真的实物形态可再现历史的景况，并动态展示每个时代的文化。作为对中华文化科学技术形态的集中保存和抢救的永久性园地，它们既是中华民族发展历程的实体档案馆，也是文化旅游的重要园区群落。

1.中华文化博览园的主要内容

（1）文化博览园序馆。概况、文化博览园区的主要内容与特色等。

（2）上古天地观。自然环境、地理地貌、气候变化、动植物等。

（3）文化起源纵览。旧石器、陶器、农耕、符号等。

（4）新器具馆。陶瓷、青铜器、铁器、冶炼铸造与锻造等。

（5）语言文字苑。各民族语言文字、汉字的演变、书法等。

（6）文学艺术苑。歌、诗、词、文等。

（7）戏剧荟萃苑。戏剧的起源与变化、各民族各地区戏剧等。

（8）巫傩大观苑。神话与传说、图腾崇拜、占卜、星象、算卦等。

（9）音乐舞蹈苑。各民族音乐舞蹈、乐器、乐曲、乐理等。

（10）饮食天地观。各时代、各地区、各民族的饮食习惯和饮食品种大观等。

（11）性之观。历朝历代的性习俗，家族和家庭的演变历程等。

（12）服装世界。各民族、各时代、各地区的服装、饰品及习俗演变等。

（13）制度文化。各民族、各地区部族、诸侯及国家制度的演变等。

（14）观念文化。各时代、各民族、各地区的风俗习惯、道德观念等。

（15）教育大观苑。各代各地教育形式的发展变化，学校形态的演变过程。

（16）哲学思想苑。中华民族的哲学观念、哲学家、思想家集萃等。

（17）民族文化苑。中国 56 个民族的历史、文化和社会形态特征等。

（18）美术艺苑。各时代、各地区的绘画、雕刻艺术等。

（19）宗教观览。各时代、各门宗教及其各种学说与内容等。

（20）民间艺术。剪纸、泥塑、彩绘、编织等。

（21）商业与城市苑。商业与城市文化的发展历程等。

（22）建筑大观苑。各时代、各地区、各种类别的建筑群落等。

（23）体育与武术苑。中国武术、杂技和体育运动等。

（24）医药纵览苑。中医、藏医、医学理论、药学典籍、名医传奇等。

（25）宫廷文化苑。大礼、大典、祭祀、礼仪、娱乐活动等。

（26）陵墓文化苑。历朝历代的陵墓、文物、礼仪和民间墓葬、碑帖等。

（27）民间文化苑。各时代、各民族婚丧嫁娶、宗族礼法等。

（28）经济形态大观。古代各个历史时期中国经济形态观览等。

（29）政治形态观览。历朝历代各个时期政治形态的演变过程等。

（30）中外文化交流馆。中国与外国历朝历代文化交流的情况等。

（31）现代文化大观。现代文化的各个方面及发展的状态等。

（32）世界文化比较观览。上古、中古、古代、近代、现代、当代中国与世界文化的概括比较；文化的未知现象与神秘现象及有待研究的课题等。

2.中华科学技术博览园的主要内容

（1）天文天象奇观和宇宙的丰富表现形态。中国古代天文学、观天术、天文仪器、天文学说的理论与应用、天文学家、天文学典籍，气候、节气、天气、天象等。

（2）地球奇观。地球物理、地学原理、中国古代地理、地貌变迁、地壳运动、火山、地震、沧海桑田，中国地貌、土壤、河流山脉的理论学说、典籍资料和人物传记等。

（3）农牧业纵览。从狩猎到圈养放牧、从采集野果到种植耕作（人类的进化从这里开始走向文明），农林牧业发展与演变，历代中国农业、林牧业技术、设备、理论、典籍、农学家传记、影响及贡献等。

（4）水利纵览。中国历代水系、流域状态变迁及其对人类社会的影响、历代水灾祸患，水的利用、水利工程、水利思想与理论、水利学家传记、水资源状态变化及前景等。

（5）军事大观。历代战争史实、兵器、工事工程、著名战役详情、历次军事政治结局，军事家列传、军事理论、军事著作、最新军事装备、最新军事科技发展动态、世界军事态势等。

（6）海洋及航海观。全球海洋状况、中国海洋状况，历代航海史实、航海家传记、航海史资料、海洋产业、海洋事业前景等。

（7）交通运输博览园。历代交通状况、道路水平、运输工具、车辆发展历程，陆地、山区、海洋、空中运输方式及运输器械，道路形态及修筑工程发展历程，当代交通运输状况及水平等。

（8）医药博览园。中国医学发展渊源、发展历程，历代著名医学家、医生、医学典籍、药学家、药学典籍，人物传奇，医药方剂，医药器械，药膳及偏方，医疗保健常识等。

（9）材料博览园。从远古到现代，中华大地上的人们所使用过的各种天然的材料以及后来创造出来的人工的材料，如木器、石器、陶器、青铜器、铁器、玉器、瓷器，棉、麻、丝、动植物纤维、人造纤维、各种金属及稀有元素、复合材料、有机材料、特种材料等及其材料性质；还包括材料科学、发明过程、发展历程、制造工艺、工程应用、未来发展趋势等。

（10）能源博览园。能源的种类、各种能源的性质和特征等。

（11）数学乐园。

（12）物理乐园。

（13）化学乐园。

（14）电子博览园。

（15）机械博览园。

（16）建筑博览园。

（17）矿业博览园。

(18)化工博览园。

(19)生物博览园。

(20)航空博览园。

(21)航天博览园。

(22)通信博览园。

(23)纺织博览园。

(24)电力与电器博览园。

(25)冶金博览园。

(26)造纸与印刷博览园。

(27)核工业与核武器。

(28)高新技术博览园。

(29)计算机技术博览园。

(30)中外科学技术交流园。

(31)世界科学技术博览园。

(32)宇宙与世界之谜。

(二)中华文明博览园的特点与功能

1.各建一个序馆

对中华文化博览园和中华科技博览园各建一个序馆。在两个序馆中以年表轴线为总线,以声、光、电、图、文的形式对中国文化和科学技术进行全面概括的介绍,作为整个园区的索引和概貌的说明,指导游客的选择和游览。

2.以实景、实体展示

对博物馆、博览会馆、展览馆群落等,均要求以真实的景物、实体的模型,系统、全面、科学、真实地再现中国文化从古到今全国各地区、各民族、各方面文化产生和发展、演变的过程。对一些暂无实物的东西,要通过科学研究,运用现代科技,如"3D"打印技术等,结合制作与造型艺术,使各种物体逼真再现,并使场馆成为考古研究和对古代科学技术进行挖掘研究的基地。

3.实现商业贸易功能

将古代的各种用品进行仿真批量制造销售,对当时各种用品进行详细介绍,形成古代产品仿真系列商品,形成中国古代文化用品仿制产品的商业贸易区,包括服装、饰品、陶瓷、日用品、食品、文化用品等。

4.打造高端文化旅游产品

将旅游、高端住宅相结合,形成大型现代旅游文化区、新的古代文化交流区、高端旅游房产区等,结合旅游服务项目,可在很大程度上延伸旅游产品和旅游服务,延长旅游产业链,从而创造旅游产值。

5.建造中国风格的各种建筑群落

包括帝王宫群落(各时代帝王宫殿及王族建筑)、民居建筑群落(各时代、各地区的民居)、文化建筑群落(各时代、各地区游览胜地、祠堂、书院等)、宗教建筑群落(各时代、各地区、各教派的庙、观、塔、殿等)、民族建筑群落(历代各个民族的特色建筑群落)、区域建筑群落(历代各个地区的特色建筑群落)、现代建筑群落(现代各种类型的典型代表建筑群落)、中国古代风格的建筑群落及具有现代设施的古代及现代风格的建筑群落（各主要展览馆、动态演示场馆、功能性建筑、标志性建筑、服务性建筑及其他建筑等）。

6. 集园林艺术之大成

将园林艺术集中运用于博览园中，如山水花鸟、艺术雕塑、亭台楼阁、曲径回廊和奇花异草等，让园中树木成林，形成四季花海，成为名副其实的园艺博物馆。

7. 布局系统、科学、合理

梳理园区总体脉络，分条和块做好系统性、科学性、艺术性和前瞻性的布局，同时完善园区内各项服务和市政功能设施规划和建设。

8. 提升园区设施的科技含量和自动化水平

园区各项设施的高科技含量和自动化水平，不但体现先进性，更重要的是影响工作效率，如门票销售及各项收费是否实行集中控制柜员机网络和 IC 卡制、园区消防与安全是否实现电子网络化、广告栏及通知栏等是否实现电子演示和智能感应，还有其他的服务项目能否实现人性化自动伺服等。

三、西安建设中华文明博览园的优势分析

(一)世界古都，积淀丰厚

西安——著名的历史古城。西安古称长安，有着中华民族灿烂悠久历史文化的丰厚积淀，夙有"天然历史博物馆"之誉。历史学家常常把这座东方古都与希腊的雅典、意大利的罗马、土耳其的伊斯坦布尔(君士坦丁堡)并称世界四大古都。

西安是中国著名的旅游中心城市，也是西北地区最大的城市和现代工业基地、科学研究与教育基地、商贸中心城市等。西安所确定的科技教育、旅游、商贸三大发展领域，与创建西部最佳的战略目标，可使西安发展空间更大，并有能力、也有必要建设超大型项目来创造惊世的辉煌。可见，在西安建设中华文明博览园有着得天独厚的自然、人文和社会条件。

(二)依山傍水，风水宝地

西安市辖 11 区 2 县，所辖面积 10108 平方公里，其中市区面积约 2000 平方公里，耕地面积近 3400 平方公里，园地面积近 270 平方公里，草地面积逾 130 平方公里，林地面积4200 平方公里(引自《西安统计年鉴 2016》)，市中心海拔 412 米。秦岭山脉屏障位于西安以南，山脊海拔大多在 2000～2800 米，是我国重要的地理学上的南北分界线。西安境内的秦岭山脉中段称终南山(又名南山)、太乙山，它重峦叠嶂、巍峨峭拔、苍翠森郁、气势磅礴，自古以"太乙近天都，连山到海隅""重峦俯渭水，碧峰遥插天"而闻名于世。与终南山毗连的是"冬夏积雪，望之皓然"的太白山，这座位于西安西南境内的秦岭主峰海拔 3767 米，是中国大陆中部最高的山峰。唐代诗人李白曾为之留下"太白与我语，为我开天关""举手可近月，前引若无山"的浪漫诗句。终南山以东的秦岭东段则有海拔 2164 米、以险峻奇秀冠称天下的西岳华山。

西安以北、陕甘黄土高原边缘丘壑逶迤连绵，由梁山、黄龙山、尧山、药王山、嵯峨山、九嵕山、千山、陇山组成的北山山系，与秦岭山脉遥相对峙，共同构成环绕关中平原的自然屏障。俯瞰西安市区，环绕它的河流宛如晶莹流苏飘荡的一串项链。西安东有灞河、产河，西有沣河、涝河，南有水、镐河，北有渭河、泾河，构成"八水绕长安"之势。秦岭北麓，河流之间，形成了环抱西安的黄土台塬，有龙首原、白鹿原、铜人原、少陵原、神禾原、细柳原、乐游

原、白莽原、咸阳原等,形成了"众原拥长安"的神来地貌。

西安属暖温带半湿润大陆性季风气候,冷暖干湿,四季分明,气候温和,雨量适中。市区年平均气温 13.3℃,最冷月 1 月平均气温－0.9℃,最热月 7 月平均气温 26.4℃,全年无霜期 232 天,年平均降水量 589.4 毫米,主要集中在夏季。春暖花开的 3—5 月和秋高气爽的 9—11 月是到西安旅游的最佳季节。

西安所在区域地表广泛覆盖深厚的第四季黄土,其分布广度、厚度和发育完整性均远远超出世界其他地区。自然植被主要分布在秦岭山地,有落叶阔叶林、针阔叶混交林、针叶林和高山灌丛草甸等多种类型。秦岭山区野生动物丰富,其中有兽类 55 种,鸟类 177 种,包括"国宝"大熊猫和金丝猴等。为保护自然生态系统和珍稀动植物资源,秦岭山区已建立三个国家级自然保护区。优越的地理环境和富饶的自然环境,为西安的社会与经济发展提供了雄厚的物质基础,使西安成为中国历史上开发最早的区域之一。

(三)历史悠久,文明摇篮

西安境内史前文化遗址涵盖了旧石器时代、新石器时代、母系氏族公社、父系氏族公社等人类社会演进各历史阶段的多种类型,构成人类社会进化史上举世罕见、层次清晰的完整系列。西安所处的关中地区夙称"中华民族摇篮",不仅是中华民族的重要发祥地,也是重要的人类起源地和史前文化中心之一。人类在西安境内活动的历史可以上溯到 115 万年以前甚至更早。在西安蓝田县发现的古人类化石和 50 余件旧石器文化遗存的全部特征表明,这是一种脱离猿类不久的早期直立人,被命名为直立人蓝田亚种。据考证,在蓝田猿人生活的时代,如今的西安市自然环境轮廓已经基本形成。

距今约 6000—7000 年前,黄河中下游地区经历了新石器时代母系氏族社会高度发展的仰韶文化时期,西安是仰韶文化极其繁荣、遗址最为密集的区域。其中半坡、姜寨人在原始物质生活条件下,创造了丰富的物质及文化方面的财富,制作了各种用途的陶器,并在陶器上绘制、雕刻了不同形式的几何纹、弦纹、方格纹图案等,还有各种动物的图案,其构思之新奇、形象之生动,堪称经典。如半坡陶器上刻有 20 多种抽象符号,姜寨陶器上不但有 38 种抽象符号,并同时发现陶棒、陶杯、石砚、颜料等书写材料等。所有这些符号都是中国原始文字的最初形态。

距今约 4000—5000 年前,黄河中下游地区继仰韶文化之后,经历了父系氏族公社的龙山文化时期。龙山文化相当于古籍传说的中华民族人文初祖黄帝时代。史载黄帝命仓颉造字。1986 年,在西安市西郊斗门镇花园村遗址中发现了中国最古老的龙山文化甲骨文,证实了生活在西安境内的先民在这个时期已开始使用文字。

"秦中自古帝王州。"西安是中国历史上建都朝代最多、历时最久的城市。从奴隶制臻于鼎盛的西周,到封建社会顶峰时期的唐王朝,先后有西周、秦、西汉、新、东汉、西晋、前赵、前秦、后秦、西魏、北周、隋、唐等 13 个王朝在这里建都达 1140 年之久。公元前 1057 年至公元 904 年,西安也曾长期是古代中国的政治、经济与文化中心。

(四)人文荟萃,源远流长

西安以人文景观数量巨大、种类繁多、分布广泛、价值昂贵驰誉中外,成为中国著名的旅游中心城市之一。截至 2016 年年底,西安有国家级重点文物保护单位 51 处,省级重点文物保护单位 100 多处,市县级重点文物保护单位更多。其中许多是国内仅有、世界罕见的稀世珍宝。如秦始皇陵兵马俑坑被誉为"世界第八大奇迹";明代古城墙是迄今世界上保存最完整、规模最宏大的古城堡;法门寺是唯一珍藏佛祖释迦牟尼真身舍利的皇家寺庙;陕西历史博物馆是中国规模最大、收藏最多、设施最完善、科技最先进的博物馆;"关中七十二陵"是世界上规模最庞大、埋藏最丰富的帝王陵墓群。还有碑林博物馆、半坡遗址博物馆、蓝田猿人遗址、大雁塔、小雁塔、钟楼、鼓楼、化觉巷清真寺、黄帝陵、炎帝陵、乾陵、昭陵、茂陵、西周沣镐遗址、秦阿房宫遗址、汉长安城遗址、唐大明宫遗址等,不仅是中国历史文化宝库的奇珍瑰宝,也是全人类历史遗产的重要组成部分。

西安的自然景观与人文景观相互交融、交相辉映。秦岭山脉层峦叠翠、群峰竞秀。西安拥有西岳华山、终南山、太白山、骊山华清池、蓝田溶洞、高冠瀑布、楼观台、湄碧湖等著名的风景名胜区。今天的西安,既保持了古都风韵,又焕发出现代风韵,可以说古貌新姿,交相辉映,构成了西安特有的神韵风姿。改革开放后发展起来的西安旅游业,已经形成较成熟的东线、西线、北线和南线等旅游线路,其旅游服务与设施也日臻完善。

四、中华文明博览园社会效益分析

(一)了解中华文明,提升民族自豪感

对中华文明具体内容的集中展示,便于广大人民群众全面、系统、深入、直观地了解中华民族的发展历程和辉煌成就。参观游览,有利于提高我国公民的基本素养,增强民族自豪感和自信心,提升民族凝聚力和国家整体观。

(二)突破"西方文明中心论"的错误认识

向国内外旅游者提供全面展示中华民族悠久历史和灿烂文明的实物形态的观览园地,能使世界各国人民了解中国久远的历史文明,突破"西方文明中心论"的错误认识,重新确立中华文明在世界文明发展史上的重要甚至主导地位,从而为我们振兴中华、参与国际竞争、提升民族自豪感打下坚实的精神基础。

(三)打造中华文明的精神家园

现有的中华文明的各种内容散落于全国乃至世界各地,在博物馆里,文物只能作为被保护的陈列品束之高阁,可望而不可即。即使有文字说明或解说,人们也往往难有机会对其有真切的了解和感知,更难以对它的来历、用途、特征和当时的社会背景有深刻的体会和理解。图书馆里卷帙浩繁的书籍,也只是挂一漏万地简略记载了一些概括情况,与当时的社会生活有着或大或小的差距。而散落在各地的文物景点或古迹遗址,千百年的风雨侵蚀和世事沧桑,已经使当时生动丰富的社会生活仅仅遗留下了所谓的"遗址"。人们怎样去了解和认识先民们鲜活生动的劳动、生活、创造和斗争的情况?中华文明博览园就是最好的学习园地,寓教于乐,富于知识性和趣味性。这是学校教育的重要补充。

(四)全面、系统、集中地恢复、抢救和保留中华文明的各种遗产

随着现代化建设的浪潮席卷整个中国大地,如新农村建设、新型城镇化建设、旧城改造和"三改一拆"(改造旧住宅区、旧厂区、城中村,拆除违法建筑)行动计划等,也在迅速淹没着传统文明留下的各种物质和精神遗产。这是社会经济发展带来的负面影响,不能不说是一种文化的损失。历代的战乱,特别是近代以来外国列强对我国的侵略与掠夺,使中华文明的各种遗产损失严重,从而迫使当代社会采取有效措施,抢救和保留仅存的中华文明的遗产,力争在取得建设成就的同时,不损失或少损失中华民族最宝贵的东西。可见,全面、系统、集中地恢复、抢救和保留中华文明的各种遗产,正是中华文明博览园的重要目的和职

能之一。其政治、文化和历史意义极其重大。

（五）政策性导向，专业化管理，市场化运作

中华文明博览园的建设和运营，是在政府支持、政策允许的前提下进行的，为把该项目建成标志性的文化旅游项目，必须吸收大量的专家、学者、技术人员和各种类型的劳动者参加，实现专业化管理；同时还要结合市场和社会实际，要容纳大量的人员就业，包括吸纳各单位的下岗职工，对其进行培训后予以再就业，从而形成高科技旅游事业和服务业的重要基地，成为西安市经济发展的一个新亮点。

（六）努力打造中国的精神文化中心

通过该项目的建设，努力将西安打造成为中国精神文化的中心，成为学科最齐全的国际性和全国性科学研究交流中心。从而对中华民族、对西安市，都将产生难以预料的综合集约效应，还有可能会产生新的文化形态或新的学科、新的综合科研的重大研究成果，造就大量的综合型专家人才。届时，西安将成为中国有代表性的大型文化旅游中心。

五、中华文明博览园经济效益分析

如此大规模、高水准的人文景观旅游区，分阶段建成后，预计可接待的客流量在1000万～3000万人次/年。据统计，2016年，陕西省接待国内外旅游者达4.5亿人次，同比增长逾16%；旅游总收入3800多亿元，同比增长近27%；同年西安市实现全年接待海内外游客1.5亿人次，旅游总收入1200亿元，均占全省的约1/3。而2016年全国的旅游人数已达44.4亿人次。中华文明博览园的建成，必将吸引更多的旅游者来陕西，来到西安。

（一）门票收入

64个主题园区，由于每个园区各自都有专业化程度较高的丰富内容、形式多样的游乐观赏项目和完善的服务及设施，都可以作为独立的旅游园区分别设置门票。按照国内其他类似旅游景点的门票价格水平范围，可考虑把64个主题园区的门票设置在10～180元。就中华文明博览园中64个主题园单个园区的内容、规模、服务水平、运行费用、投资量、折旧费、维护费等价格构成因素，门票价格可以在区间内高靠；同时考虑到旅游淡、旺季的游客数量的差异及价格的调节作用、大众的承受能力等来核算，可确定一个实际可行的价格变动范围在50～100元/票。

按照一个较低的游客数量1000万人次/年，可计算一年的门票收入为：

50元/人×1000万人/年·园＝5亿元/年·园；5亿元×64个园区×0.3＝96亿元/年（0.3为暂载率，即负载持续率或游览覆盖率）。

在项目建成初期，影响和知名度还不够大时，游客数量及各园区的游览将存在较大不确定性和较低的暂载率。由于假日时间有限，游客数量的暂载率可能在0.2，即游客每次来西安所能停留的时间是有限的，一次能够游览的园区也是有限的，大约可看6个主题园区。要看完所有的主题园，一般需要来多次。当然，游客群体由于层次、年龄、爱好等的不同也会有不同的兴趣点，从而分布于不同的主题园区。

综上所述，暂载率为0.3时，门票年收入为96亿元。现在，我国全年的法定节假日合计122天，占全年33%。此外，还有不受节假日时间限制的数量庞大的旅游群体，如离退休人员群体；寒、暑假大中小学师生群体；自由职业群体（未来会越来越多）；农民群体；国外旅游团等。当游客数量增加时，门票收入还将增加。

（二）园区内多种服务项目的收入

1.定制菜单式旅游产品

不同时期、不同朝代、不同民族或地区的特色建筑与生活模式的返古游产品,其中的吃、住、游、玩等项目,接待的家庭、团体或个人,可以采用灵活的方式,定制菜单式消费。

园区中每个内容可根据情况设置多层次的参与性游乐项目,或根据游客需求提供必要的专项服务,包括背景留影、专项解说、专家咨询、动态演示、资料提供、订制或销售样品及其他可能的服务项目。

2.开展学术及专业培训等活动

依托园区可开展国际、国内的相关学术活动及专业培训及服务等项目。如开展对各地博物馆讲解员及导游人员的专业培训、各界各类专业培训等,均可收取相应的培训费用。园区建成开放3~5年后,预计上述各项收入可达15亿元/年。

（三）仿古商品销售收入

园区内的展品,作为仿制品,所有可能商品化的展品都可以进行批量制造,进行商品化批发和零售,包括书籍、服装、日用品、饰品、工艺品、各类仿古品种等。预计销售收入可达30亿元/年。

（四）配套开发土地收入

园区内,城市设施建设面积24平方公里,包括道路、绿地、公用设施等,还有相当面积的房地产开发项目。经过统一的规划设计,城市设施分布于园区之间的周边地区。由于园区的文化含量高,环境好,这里的土地具有较大的增值空间,这将作为本项目的土地经营收益,预计有140亿元左右产增值。这部分收入可作为项目筹资的来源之一。

（五）开放作为影视拍摄基地的收入

项目建成后,各个园区都可以作为影视拍摄基地。各个园区都具有不同时期、不同朝代、不同地区的建筑风格和社会风貌特征,可以用来表现各种场景,很适合各类影视作品的拍摄。

（六）举办各种会展或各种高端的国际国内会议

定期举行世界文化博览会、中国文化博会和世界科学技术博览会等会展活动;择机举办相关的国际、国内相关会议。届时将吸引大量的国内外游客来西安,到中华文明博览园游玩,从而给西安带来显著的经济收益和社会效益。

在项目运行初期,以较低的1000万人/年的游览到访量估算,在一年内游览覆盖率占全部园区数量的20%时(即暂载率为0.2),门票年收入则为45亿元,加其他各项收入,预计项目初期几年内,经济收益在68亿元/年左右。这是园区能够承受的范围,也是与该项目的规模效益相适应的。

当然,项目营运进入成长期后,增加的大量游客为西安所带来的其他各项收益没有计算在内。除去各项运行成本和税赋,仅以上各项直接经济收益大约为52亿元/年。

据测算,从第一期项目3年建成投入运营开始,预计项目投资回收期大约为10年。项目进入成长和成熟期后,其必将达到更为理想的规模效益。

六、项目投资估算与资金来源

中华文明博览园建设所规划的总面积初步确定为56平方公里,整个园区占地约32平方公里,形成中华文化博览园(简称"文博园")和中华科学技术博览园(简称"科博园")两大区块。其规模与一座普通的地级城市相当。具体投资估算和项目建设如下。

1.勘测、规划、设计等费用

(1)划定区域的地质、地政、地形、水文勘测等费用;

(2)项目整体规划设计、详细规划设计、功能建筑及造型设计、公用工程设计等费用;

(3)园区主题造型设计、内容形式与表达设计,原理、结构、材料、工艺、专用设备、声、光、电、图、文、形、物理、化学、艺术效果等项的设计费用;

(4)绿地、园林、水系、旅游设施系统设计等费用;

(5)管理、服务、控制、采购、供应、营运系统设计等费用。

2.市政工程投资费用

市政工程包括道路系统、供电系统、通信系统、供水系统、排水系统、天然气管道系统等。市政工程属于政府投资的范畴。

3.土地费用

项目的用地性质影响了土地的费用,即不同性质的土地费用不同:

(1)按城市建设用地,由政府划拨土地,费用较低;

(2)按园林建设用地,由政府划拨土地,费用较低;

(3)按文化旅游项目用地,属征用土地,费用较高。

4.建设投资

64个园区可分五个步骤进行投资建设:

(1)准备期,包括勘测、规划和设计工程等;

(2)基础期,主要指市政建设工程;

(3)文博园工程,园区建设工程(一);

(4)科博园工程,园区建设工程(二);

(5)外围工程,园区建设工程(三)。

5.营运及广告费用:略。

投资规模:准备期投资3亿元左右;近、中期每个园区各投入10亿元左右(可以分别单独投资,单独运作);总体投资规模660~780亿元。远期动态投资大约850亿元。

预计园区一期工程大约3年可基本建成,总体预计8年可建成。实际将根据各项手续和资金到位情况开展项目的建设任务。

6.资金来源

(1)企业资金。可考虑多家企业合作投资,实施资本运作。

(2)国外资金。可以项目合作的形式来吸收国外资金。

(3)政府资金。利用当地政府拨款进行规划区内的市政工程建设和启动项目。陕西省、西安市把该项目列入政府重点项目,并上报国家计委,申请列入国家重点工程,可获得国家拨款支持。

(4)银行给予贷款或提供保函,以确保投资规模。

(5)允许个人投资入股,接受企业、财团、上市公司等参股。

(6)发行项目债券,筹集社会资金。

(7)公司上市融资,以快速筹集资金。

七、企业模式、资本结构、投资回报和执行单位

（一）企业模式

按照最新型的企业管理模式，以六种生产要素共同参与的新型所有制结构，建立该项目的企业组织结构和管理模式，进行项目的资本运作和企业化经营。

（二）资本结构

根据智能、管理、人员、资金、资产、科学技术六要素的各自净现值和股权结构的比例构成企业所有权结构，依据各要素价值产出量来进行每年的核算股权调整量。

（三）投资回报

依据资本来源不同，按照不同方式进行利润分配和支付。其中有按固定回报率支付的形式，也有按股权及利润核算分配的形式，还有其他按照双方约定的方式给予回报的形式。

项目一期建成大约需 3 年，全部建成大约需 8 年。投入营运后，投资回收期预计 5~8 年。合计时间大约为 16~18 年。要留有余地，投资回收清偿期宜确定为 20 年以内。

（四）项目执行单位

有三种选择方式：

（1）政府组织专门机构主持，有关各方参加或参股；

（2）项目投资方及股权组织机构组成新的公司；

（3）指定或以招投标的方式确定一家企业来主持，其他单位配合或参股。

八、项目建设地点及规划用地面积

（一）建设地点

"文博园（城）"和"科博园（城）"各园区拟设在西安绕城南路东段沿线两侧，雁塔区东部和灞桥区西南部未开发地带，也就是大雁塔、西影路和咸宁路以南，电视塔以东，白鹿原西北侧，长安区界以北；或者也可考虑设在临潼秦始皇陵开发区。

（二）用地面积

中华文明博览园 64 个园区，占地面积 32 平方公里，平均 50 万平方米/园区。配套城市设施开发面积 24 平方公里，共计 56 平方公里。雁塔区境内 40 平方公里，灞桥区境内 16 平方公里。位置在产河流域及灞河流域接近市区部分地带。

九、环境影响及评估

中华文明博览园项目属园林绿化仿古艺术项目，对环境将有明显的优化效果。其本身不产生污染。对于旅游垃圾，可通过在园区内设置垃圾污水处理设备，就地分解处理，不让其产生对于环境的三废排放和污染。该项目属于能对环境进行显著改善的优良级项目。

十、综合评价结论

中华文明博览园项目能够在西安市建设，是中华民族光照千秋、功德无量的伟大事业，是中华文明上万年历史源远流长而今重写的光辉篇章，是陕西省和西安市继承民族先祠、开启未来辉煌的极大光荣之事。

（一）文化和社会价值

中华文明博览园项目的建设,对陕西省和西安市的文化、科技、教育的整体水平和综合环境优化程度都有极大的好处,具有显著的社会价值;对于西安市的城市建设布局,也将填补西南方向的大片空白,使之成为西安最靓丽的一个文化科技旅游新区;对于西安市的产业结构调整具有重大战略意义,将真正使第三产业和旅游业形成规模化产业;项目的建设还将吸收大量的城市剩余劳动力,经过各类培训后上岗,解决了下岗职工再就业的问题。

（二）历史和经济价值

中华文明博览园项目的建设,对于贯彻中央继续扩大内需的财政政策开拓了新的空间,一定会使西安市的国民经济生产总值增加若干个百分点;预计项目建成以后,其经济收益将十分可观,依行业比较来说,其产出/投入比相当高,且可一次投入,长期受益。此外,该项目还将成为西安市的一个相对稳定的财政经济收入来源,有可能有效吸引全国乃至国外的旅游消费资金,从而稳定增加西安的经济规模。

第二节　中华姓氏文化博览园

一、项目概况

（一）规模、含义、宗旨

1. 规模

本项目包括 1 个中心主题园、6 个副主题园、18 个景点,拟组成中华人民共和国地图形状,整个景区长约 10 公里,最宽约 5 公里,占地约 6.67 平方公里。

2. 含义

表示同为中华儿女、万姓归宗、九九归一;中华民族大团结、大统一,寓意中华民族的伟大复兴。

3. 宗旨

探索中华姓氏奥秘,普及姓氏学常识,传承和弘扬祖国传统文化,满足海内外中华儿女寻根问祖的需要;进一步增强中华民族的亲和力和凝聚力,促进各民族大团结和民族精神的大凝聚,以早日完成祖国统一大业;进一步促进民族和谐、社会进步。

（二）主题分类

本项目以中华姓氏文化为中心主题,是集国防教育、敬老教育、国学教育、科普励志教育、培育正确的人生观等教育与有机种养殖、旅游、健身于一体的公益主题博览园,具体建设分为七个园区。

(1)主题园区。中华姓氏文化博览园。

(2)国防教育园区。

(3)"寸草心"敬老教育园区。

(4)"上下五千年"国学文化教育园区。

(5)"大千世界"农作物、植物科普教育园区。

（6）以感知"盘中餐"为抓手，体验农耕有机农产品种养殖园区。

（7）"勇攀高峰"励志教育园区。

七个园区分别并整体配套建设相应的吃、住、行、游、购、娱等寓教于乐的基础设施。

（三）项目选址

项目坐落于四川省成都市龙泉驿区柏合镇长松村、宝狮村龙泉山脉的山地上。

（四）投资总额

本项目总投资金额约为 6.6 亿元。其中固定资产投资 6 亿元、流动资金 6000 万元。

（五）建设内容

本项目占地总面积约 6.67 平方公里，总建筑面积约 12 万平方米。其中，中华各姓氏建筑 9 万平方米，老年公寓 1 万平方米，会议中心 7000 平方米，办公楼、职工宿舍及其他用房 1.3 万平方米。

（六）建设效益

项目建成投产后，每年可接待游客约 300 万人次，实现年产值 3 亿元以上，年纳税 2000 万元以上，可提供 3100 人的就业岗位，可有效拉动周边地区的主题旅游，并延伸旅游产业链，促进这些地区旅游品质和旅游主题意义的提升。

（七）项目工期

预计用 60 个月，即 5 年时间完成建设任务。

二、项目建设的必要性和可行性分析

（一）必要性分析

1. 周边地区的旅游现状

龙泉驿区作为成都天府新区的一部分，且是离成都市中心最近的郊区，是成都近郊旅游的龙头，200 多平方公里的龙泉山脉是全国最大的城市之肺，地处天府新区的核心，是真正的城中之山。

一曲《在那桃花盛开的地方》响彻神州大地，而龙泉驿区就是以闻名中外的国际桃花节闻名于世的，以桃花邬、桃花故里等为代表的高、中、低档农家乐星罗棋布，但游客大多以看桃花、吃水果、吃饭、打麻将、"斗地主"和喝茶等为主，除此之外当地基本再无其他能吸引人的景点或项目，游客也基本无其他有意义的事可做。因而很难留住外地游客。

旅游只为"斗地主"、打麻将等，不但达不到休闲、健身、益智的目的，更会影响下一代的健康成长。为此，迫切需要以一种不只是吃喝玩乐的，而且是积极向上、奋发进取、能开阔眼界、增长见识的旅游休闲方式来取代，帮助那些"四体不勤、五谷不分"的城市人群，尤其是国人忧心的"独生子女"们能"识五谷、明是非、辨忠奸"，以成为"自力更生、勤俭创业、戒奢戒淫"的人才。应该指出的是，一个只追求吃喝玩乐、打牌赌博的国家或民族是没有希望、没有前途的。积极进取、奋发向上才是中华民族的未来，才是社会发展的趋势，才是中华民族立于世界不败之地的法宝。

2. 必要性和紧迫性

规划于 2010 年的成都天府新区的建设，迫切需要一个主题鲜明，寓教于乐，集教育、休闲、旅游于一体的大型文化基地，具有时代紧迫性的中华姓氏文化博览园的建设，恰好可填补以上空白，同时还填补了我国西南地区乃至全国在中华姓氏文化研究和展示方面的空白。

改革开放近 40 年来,我国通过"以经济建设为中心"的开发战略,实现了经济腾飞、国力跃升,但文化的传承、发展和推广等情况却与我国的经济社会发展、国际地位、国际影响力等并不相称。一些国人已经变得唯利是图、见利忘义,甚至道德沦丧、丧心病狂。为此,党和政府多次提出并强调大力加强文化建设,进一步传承优秀传统文化,弘扬时代精神,深入践行社会主义核心价值观,努力推动文化繁荣发展。

一个国家或民族,只有具有积极向上的文化,才有可能屹立于世界民族之林而长盛不衰。尤其是像中国这样一个历史悠久、文化积淀深厚的文明古国,其文化的发展和影响更应当与时俱进,并随着自己的国力的强盛而影响全世界,甚至引领全世界。只有这样,才能真正实现中华民族的伟大复兴。

(二)可行性分析

1.区位条件优越

本项目选址于成都市龙泉驿区柏合镇的长松村、宝狮村,位于龙泉驿区主城区外 2 公里的山地,成都—龙泉湖—简阳的快速通道连接龙泉山,当地属四川省天府新区的核心地带。其地理位置优越,交通便利,距成都市中心不到 25 公里,距成都双流国际机场 28 公里,是成都城市向东向南发展的中心区域,是成都 20 分钟核心经济圈内的重要组成部分。

2.建园资源丰富

(1)基础设施具有先天优势

①土地资源丰富。利用两个村的现有土地 6.67 平方公里(约 6.2 平方公里山林地),基本为山地,基本不占用农田。

②交通便捷。园区距成都二环路 20 公里(20 分钟车程),距龙泉驿区中心 2 公里(2 分钟车程),距机场不到 30 公里(30 分钟车程),距成都火车东站 15 公里(15 分钟车程)。且相互间有四条路可连接:成都—龙泉湖—简阳快速通道;龙泉—长松寺 5 米宽的优质水泥路;宝狮湖水库左面的山间步行道;部分老成渝公路。

③水源充沛。已建成自来水管网,还有大量的山泉。

④电力充足。虽然原有电力线路已经严重老化,但随时可架设专用的 10kV 高压线路 10 公里、安装 200kVA 变压器 16 台,就可满足建园所需。

⑤燃气条件具备。园区燃气可从龙泉驿区直接接入,难度不大,费用不高。

(2)劳动力资源丰富

本项目涉及的两个村(宝狮村和长松村)属纯农业村,没有任何工业,更谈不上工业污染。两村共有村民 4500 人,加上相邻的简阳山区群众,劳动力资源十分丰富,区域内有十几所职业技术院校,可为企业培养、培训符合要求的大量专业技术人才。

(3)旅游资源已初具规模和影响

①国防工程保存完好。已有建成于 1965 年、占地 4 万多平方米、保护完好、质量优良、空置多年的国防工程项目,包括 6000 余平方米的房屋、300 米长钢筋混凝土建成的防空洞、长松寺空军雷达站等,这是改造成为防空题材、军事题材及历史教育的绝好内容或设施。

②花果山农场在当地已颇具影响。在项目区内已有颇具影响的花果山农场,面积有 3.33 平方公里,并且建成于唐朝著名的"三百梯"(成渝古道的一部分)就在花果山农场内。如今,农场也已规划建设了老年公寓。

③已建成不少受游客喜爱的旅游产品。如四川省农科院农作物试验基地、龙泉山最高峰长松寺(海拔1051米)"勇攀高峰,不达目的不罢休"的励志教育园地、龙泉驿花果山农场"谁知盘中餐"有机种、养殖园区教育基地等。

三、总体规划、建设计划和工程方案

(一)总体规划

本项目占地6.67平方公里。规划建设1个中心主题园区、6个副主题园区(共7个园区),18个景点。整个景区长约10公里,最宽处约5公里。

1. 一个中心主题园区(2平方公里)

中华姓氏博览园(2平方公里),具体包括中华历史、姓氏发源史、各姓氏起源追溯、各姓氏迁徙历史追溯、各姓氏家训文化博览、各姓氏祠堂文化博览、各姓氏历史文化交流中心、各姓氏族谱博览中心、各姓氏文化产业发展研究中心九个方面的内容。

2. 六个副主题园区

(1)国防教育园区

①国防"521"工程。其利用空置的国防"521"[国防教育进百村(居)、进百校、进百店、进百企、进百景;关心支持国防建设十佳单位和十佳个人评选;国防知识进一万个家庭]工程会议室等6000余平方米房屋、300米长钢筋混凝土的防空洞等场所,通过电子资料、纸质资料、实物等多种生动活泼、趣味横生的形式来提高国民的国防意识。

②空军八一部队。其位于距"521"工程约2.5公里的公路边,可让游客参观部队营房、学习真枪的拆卸组装、真枪训练及射击姿势、与部队官兵一起升国旗等。

③长松寺空军雷达站。其地处距离空军八一部队不到3公里的地方,可通过参观雷达站,让游客了解雷达构造、工作原理及军事用途等。

④新建一个防空演习基地。建议与"双拥办"("拥军优属、拥政爱民"办公室)、人民防空办联合举办"防空演习"。

(2)"寸草心"敬老教育园区(6.67万平方米)

①建设生态型高标准老年公寓1000套。让老人们在这里幸福快乐、安享晚年。

②建设"中华孝心园"。配套建设古今中外游客们喜闻乐见的孝心故事园、诗词墙、24孝雕刻等。

(3)"上下五千年"国学文化教育园区(20万平方米)

以"三百梯"2公里长的石梯为中心,顺着山坡,两边可制作古今中外的名人名言、诗词、小故事等经典国学的石刻,游人(尤其是学生)可拾级而上,在攀爬登高、爬山喘息之中,在轻松谈笑、不知不觉之间获得潜移默化的提升。

(4)"大千世界"植物、农作物科普教育园区(66.67万平方米)

根据本地的气候条件和地理环境,选择有特色、有科普价值的植物和农作物,建设若干个植物和农作物科普教育园地,既可让游客欣赏其姿色,更可提升科普知识。

①植物科普教育园区。可考虑从宝狮湖至山顶,种植适应各种海拔高度的植物,精选国内外有代表性的植物几千种(类、科);对各种植物进行挂牌,制作简介,便于游人在游玩过程中益智增识。

②农作物科普教育园区。利用位于山顶的四川省农科院基地,可创办一个丰富多彩的

农作物科普园区,让四体不勤、五谷不分的青少年能"分清五谷、辨明是非、识别忠奸"。

(5)"勇攀高峰"励志教育园区(3.33万平方米)

以从宝狮湖口到龙泉山脉最高峰的长松寺(海拔1051米)为线路,建造步行道,其间根据具体情况可建造若干休闲亭等,鼓励游客永不言败,切实履行"不到黄河心不死,不到长城非好汉,不达目的不罢休"的不折不挠精神。

(6)"感知盘中餐"游客种、养殖园区(1.33平方公里)

针对那些让国人焦虑的富二代、独生子女和"四体不勤、五谷不分"的孩子们开辟相应的种、养殖园区,一方面可提升他们对农业的认知,另一方面更可以让他们身体力行,自力更生,继承先辈艰苦奋斗、勤俭节约的优良传统。

(二)建设计划及分期

1.一期

对已经打通的、具备旅游或登山等条件的道路进行整理、贯通,按规划要求进行有机种、养殖园区开发;新建、改建相关配套设施,确保游客满足基本的吃、住要求;在成都龙泉山脉最高峰完成"励志园区"建设(包括相应的接待设施建设)。

2.二期

建成国防教育园区;建设以古道"三百梯"为基础的国学文化教育园区、植物科普教育园区,种植5000余种植物;建成配套的吃、住、娱乐等基础设施。

3.三期

建成老年公寓、"寸草心"敬老教育园区;按照四星级标准,完善配套建设相应的吃、住、娱为一体的会议中心基础设施建设,招聘专职的英语、日语、韩语、粤语、藏语等工作人员,实现语言无障碍服务。其基本目标是能够满足大中型会议吃、住、娱等要求,确保能够圆满完成乡、区、市的各种外事接待工作,从根本上改变乡村旅游脏、乱、差的形象,全面提升成都天府新区旅游的整体形象。

(三)18个景点工程

整个中华姓氏文化博览园,状如一只雄鸡(中华人民共和国地图形状),从宝狮湖口蜿蜒而上直达长松寺,长约10公里。其中宝狮湖是雄鸡的腿,长松雷达站是雄鸡的头,雷达就是雄鸡的眼睛。博览园的18个景点基本按各省的地理分布串联起来。

1.中华姓氏文化博览园

按照中华人民共和国的版图及各省、区、市所处的位置,结合我国56个民族人口的数量和分布,在各姓氏聚居最多、最集中的地方建设相应的姓氏祠堂及其本姓氏的建筑物。可让游客非常形象、客观地了解我国各姓氏的分布特征。

2.降龙伏狮

宝狮湖口——园区的西大门,适合游客在宝狮湖口与两个大石狮合影(其中一个是"与狮共舞",另一个是"降伏雄狮")。

3.光耀日月

在宝狮湖堤坝上,一边是明净透亮的宝狮湖,湖面有壮观的快速通道(宝狮湖大桥)如长虹卧波,另一边的山体覆盖着层次分明的绿树和花海,山顶上常常是蓝天白云、彩霞满天,煞是好看。

4. 铁肩担道义

在壮观的快速通道——宝狮湖大桥上,建设成都近郊设最佳摄影点,确保照出来的桥"担"在被拍摄人的肩膀上,展示人们用铁肩担当起国家、人民、社会、团体、单位、家庭等各种认为应该担当的一切道义或承担的责任。任何在这里照相的人,都会掂量自己肩上的"重担"。面对洁净的宝狮湖水和纯洁的蓝天白云,游客会从灵魂深处感叹大自然的伟大,从而丢掉本不该有的贪欲,去承担自己应该承担的责任,不辱使命,勇挑重担。

5. 双手擎乾坤

在宝狮湖大桥周边,再建设另外一个拍摄点,让留影的每一个人都能手举大桥,留下"力拔山兮气盖世,浩气震撼两昆仑"的照片,以鼓励游人的英雄气概,激发他们的昂扬斗志。

6. 6666级步行石梯

把唐朝遗存的"三百梯"修成6666级石梯,铸造"到中华姓氏园,登6666级石梯,万事66大顺"的景点形象或口碑。

7. 长松寺八景

重新开发、挖掘古银杏(树龄1500年,成都十大古树之一)、古桂花树(树龄2500年)、鲁班井、千年蛇、万年龟、长松寺、清音溪、马祖洞等"长松八景"。

8. 龙泉山脉最高峰

龙泉山脉在成都境内称龙泉山。龙泉山脉是岷江与沱江两大水系的分水岭,也是成都平原与盆中丘陵的自然分界线。龙泉山脉长200千米,宽10千米,整个山脉窄而长。山脉一般海拔为1000米,其最高峰在成都市龙泉驿区境内,海拔为1051米。在此可建一处登山道,并使其成为勇攀高峰的励志教育基地。

9. 其他10个景点

其他景点包括植物科普园、四川省农科所山顶基地(农作物园)、会议中心(博览园游客接待中心)、凉风垭观景台、"上下五千年"国学文化教育园、"感知盘中餐"游客动手有机种、养殖园、中华孝心园、国防"521"工程(国防教育中心馆)、空军八一部队营房、枪械拆装及其相应设施、长松寺雷达站等。

四、企业组织和劳动定员

项目由中华姓氏文化传播有限公司负责建设,承担全部债权债务,同时承担该项目的实施和建成后的经营管理。

(一)组织机构设置

1. 法人组建方案

项目建成后,组建企业进行经营,企业是按《公司法》规定组建的有限任公司,实行自主经营,独立核算,自负盈亏。公司实行董事会领导下的总经理负责制,下设办公室、财务部、生产部、技术培训中心、销售部、后勤部等。

2. 组织机构职责

(1)总经理

总经理负责公司的生产、经营和日常性事务,贯彻董事会的生产、经营决策,定期向董事会汇报公司的经营现状和财务状况。

（2）办公室

办公室负责公司办公管理制度的制定与监督执行、人事管理、员工考核、各类文件档案管理等。

（3）财务部

财务部负责公司审计事务、会计事务、资金管理、成本控制等。

（4）业务部

业务部负责公司对外承接业务等。

（5）接待部

接待部负责公司生产管理及设备维修等。

（6）生产部

生产部负责技术推广、工艺更新和对员工的技术培训等。

（7）后勤部

后勤部负责原材料采购，公司安全保卫，职工生活宿舍、食堂和厂区设施基本维护工作等。

（二）人力资源配置

根据生产及管理需求，本项目实施后，需劳动定员 3100 人，主要构成为：总经理 1 人，副总经理 5 人，书记 1 人，三总师（总工程师、总会计师、总经济师）各 1 人，办公室 9 人，财务部 6 人，生产部 63 人，业务部 20 人，培训部 9 人，后勤部 10 人。

（三）员工培训

对所有生产岗位的人员，均实行先培训、后上岗制度。有些岗位要按照政府的规定实行准入制，即先考证、后上岗。

（四）劳动保护

对生产现场的工人，定期进行身体健康状况检查，按有关规定定期发给劳动用品，并给予定量的劳保福利。

五、投资估算及资金筹措

（一）投资估算

1.建设投资估算

项目总投资 6.6 亿元，其中固定资产投资 6 亿元。

2.流动资金估算

项目建成后，根据生产原料的采购、职工工资的发放及日常开支，需流动资金 6000 万元。

（二）资金筹措

1.自筹资金

项目业主自筹资金，独资建设，自主生产经营，其主要资金来源需企业自筹 6 亿元。

2.其他来源

在项目建成后，如果企业资金不足，可以根据国家金融政策，向银行贷款 6000 万元。

六、效益分析

（一）经济效益

项目建成后，估计每年可接待游人300万人次，实现产值3亿元以上，缴纳税金2000万元，实现利润5000万元，静态投资回收期13年，可提供3100人的就业岗位。

（二）社会效益

1. 对社会的影响分析

（1）对当地居民就业、收入影响

项目劳动定员为3100人，增加下岗职工、农村劳动力的就业岗位，增加当地群众收入，确保社会的安全与稳定。项目不会对原有就业机会和人数造成影响，更不可能引发新的社会矛盾。

（2）对当地居民生活水平和质量的影响

项目建设与运营能增加当地居民收入，促进当地经济发展。

（3）对社会基础设施和公共服务的影响

项目建设能改善当地基础设施配套条件，同时能够增加商业、饮食服务业设施，形成商业服务网点，提高当地服务水平和消费水平。

2. 与所在地互适性分析

（1）符合产业政策

项目符合国家产业政策，符合国务院于2011年6月3日公布的《成渝经济区区域规划》、副省级天府新区建设规划，也符合省政府、市政府"一山两湖"的总体规划，对提升龙泉产业档次、加快龙泉旅游发展有积极的作用。

（2）可带动相关产业发展

项目的实施能带动龙泉相关产业的大力发展。

（3）盈利能力、抗风险能力都强

项目盈利能力、抗风险能力都比较强，估计能够在计划时间内达产并达到预期的经济和社会效益。

（4）符合环保要求

项目建设能被当地环境容量所接受，不会对当地环境造成污染，项目"三废"经处理后能符合国家环保法规的要求和排放标准，能够实现保护环境与国民经济同步发展。

（5）获得地方政府的大力支持

项目获四川省、成都市、天府新区和龙泉驿区等各级政府的大力支持。

3. 社会风险分析

项目符合国家产业政策，政府和广大人民群众都会大力支持该项目的建设。项目建设不存在大的社会风险。

4. 收益分配

项目净收益作为农户土地、投资方分配和其他社会公益、投资方独立成立的渠江助学基金的继续投入。同时，每年利润的一定比例注入渠江助学基金，以求助学基金的范围扩大到全省。渠江助学基金由本项目实施方——四川省渠江电力设计公司提供，自2008年成立至今运行良好，其宗旨是不动本金，每年收益在无任何附加条件的前提下，纯公益资助品学兼优的学生,受助学生由岳池县团委全权评选,资助活动由岳池县团委组织,资助款由岳池县团委发放。

5.社会评价

据评估,项目建设效益显著,节约资源、保护环境,能够达到经济效益、环境效益和社会效益的三丰收。

七、结论

项目以中华姓氏文化为主题,集国防教育、思想品德教育、文化教育、旅游健身于一体,符合国家、地区产业导向和行业规划,符合省政府"一山两湖"、符合《成渝经济区区域规划》(川渝5条"国家级"旅游带规划,天府新区、成都市龙泉山植被恢复总体规划等),符合循环经济发展和环境保护的要求,对提高龙泉、成都的知名度,推动龙泉的经济建设,提升龙泉的整体形象,推动龙泉旅游的整体发展等都将起到积极作用。

项目定位于文化建设、弘扬传统文化,融合自然资源与人文资源,寓教于乐,可实现企业效益与社会效益、经济效益与文化效益双丰收。此外,该项目还有助于全社会弘扬正气,辅助教育,培育文化教育、爱国主义精神等,可激励人们尤其是青少年积极、乐观、求知、奋进、向上。

第三节　"一带一路"中华历史博览园

2017年5月18日(世界博物馆日),由河南省郑州市新郑市始祖山建设管理委员会、中国战略与管理研究会文物保护委员会、河南裕禾宏鑫网络科技股份有限公司、全球华人总会河南博物研究院等单位联合发起的"一带一路"中华历史博览园筹建项目说明会,在河南省郑州市隆重举行,标志着"一带一路"中华历史博览园项目的正式启动。

该项目位于亿万中华儿女心目中的"圣地"——郑州市新郑市的始祖山、全世界华人寻根祭祖的始祖山景区内,旨在打造集旅游、文化、金融、餐饮、养生、农业、房车基地、历史文物研究院等于一体的综合性特色旅游文化基地。博览园计划占地40平方公里,以"一带一路"为核心,拟建相关的历史博物馆20座左右、姓氏文化馆100座左右,让"一带一路"的历史脉搏形象生动地展示出来;运用真实的历史文化传承的实物做精彩的举证,以"一带一路"每一个发展阶段为依据,让精美绝伦的中国历代文化艺术精品生动地展现在世人面前。

站在任何一个角度看历史,都不如身临其境地去感受历史带来的深度信息更实在、更真实、更具有精神震撼力与历史的穿越感,让人们感受到中华民族5000年来光彩夺目、独一无二、由历史文化继承发展所产生的民族自豪感。

在中华"圣地",建设"一带一路"中华历史博览园,就是为了让亿万海内外中华儿女通过寻根、拜祖、朝圣、游览、观光等活动,加深对人文始祖炎黄二帝、黄帝文化、中华文化的认知和理解,激发中华民族的自信心和自豪感,产生中华民族的共识和信仰,从而使整个中华民族的力量凝聚起来,不断完成历史和时代赋予的伟大使命——实现"中国梦"。

博览园项目的建成也将成为广大党员、群众以及青少年的爱国主义教育基地,是世界华人引以为豪的精神家园和风水宝地。项目建设的创意,也是全面响应以习近平总书记为首的党中央长期以来提倡的社会和谐、民族自尊,提升国人的文化自信、制度自信和民族自信的伟大精神,更是创建深入人心的、激发广大人民群众爱党爱国的重要的宣传教育阵地。

一、"一带一路"的历史渊源

2000多年前,亚欧大陆上勤劳勇敢的人民,探索出多条连接亚、欧、非几大文明的贸易和人文交流通路,后人将其统称为"丝绸之路"。

(一)古代丝绸之路

提出"丝绸之路"这个概念的是德国地理学家李希霍芬。他在19世纪60年代到中亚、中国西部一带进行地理考察,持续3年多时间,考察过程中也参考了中国的历史记载。回去以后,他在德国出版了他的研究成果,提出,在公元2世纪,存在着一条从中国的洛阳、长安到中亚撒马尔罕(今为乌兹别克斯坦共和国第二大城市)的商道,这条商道上的主要流通物是丝绸,这是一条从中国输出丝绸到中亚、西亚,最终到达欧洲的通道。因为这条路上主要运送的货物是丝绸,产生影响最大的也是丝绸,所以他将其命名为"丝绸之路"。

据考证,这条丝绸之路由汉武帝时的张骞首次开拓。公元前138年,汉武帝派遣张骞作为使者出使西域,意图说服大月氏与西汉一起攻打匈奴,结果张骞没有完成这一战略任务,却无意中开辟了通向西域的通道,此次出使被司马迁评价为"凿空"之行。东汉时期(公元73年),班超经过艰苦努力再次前往西域,并将这条线路首次延伸到了欧洲罗马帝国;公元166年,古罗马大秦王安敦派使者来洛阳,朝见汉桓帝,标志着中西方文化交往的开始,东西方两大帝国外交关系正式建立,这条路线首次正式打通并延伸到了欧洲。

(二)古代海上丝绸之路

早在2000多年前,中国汉朝就派出船队远航南海和印度洋,打开了中国与世界各国海上往来的大门,这标志着海上丝绸之路的发端。从此以后,中国的远航船队满载着丝绸、瓷器、茶叶等精美物品和与世界文明对话的美好意愿,一路向南、向西,活跃了沿线各国的经济,传播了中华文明,同时也带回了沿线各国的香料、药材、玻璃和思想文化等文明成果。中国元代杰出的民间航海家汪大渊两次从泉州出海,遍访菲律宾诸岛、文莱、加里曼丹、爪哇及印度洋诸地,归国后写下了他的身历亲见,使当时的中国人得以真实了解各国的风俗、风景和物产。在当时中国的闽南地区,家家户户都有"鸡公碗",寓意勤劳致富、家庭兴旺。通过海上丝绸之路,"鸡公碗"漂洋过海,成为东南亚国家人民喜爱的日常生活用品,也成为中国与沿线各国人民友好往来的历史见证。古代海上丝绸之路把中国和沿线各国紧紧联系在一起,创造了人类交流交往、文明互鉴的不朽传奇。

二、"一带一路"的实践背景

(一)时代背景

当今世界正发生复杂深刻的变化,国际金融危机深层次影响继续显现,世界经济缓慢复苏、发展分化,国际投资贸易格局和多边投资贸易规则酝酿深刻调整,各国面临的发展问题依然严峻。共建"一带一路"顺应世界多极化、经济全球化、文化多样化、社会信息化的潮流,秉持开放的区域合作精神,致力于维护全球自由贸易体系和开放型世界经济。共建"一带一路"旨在促进经济要素有序自由流动、资源高效配置和市场深度融合,推动沿线各国实现经济政策协调,开展更大范围、更高水平、更深层次的区域合作,共同打造开放、包容、均衡、普惠的区域经济合作架构。共建"一带一路"符合国际社会的根本利益,彰显人类社会共同理想和美好追求,是国际合作以及全球治理新模式的积极探索,将为世界和平发展增添新的正能量。

共建"一带一路"致力于亚、欧、非大陆及附近海洋的互联互通,建立和加强沿线各国互联互通伙伴关系,构建全方位、多层次、复合型的互联互通网络,实现沿线各国多元、自主、平衡、可持续的发展。"一带一路"的互联互通项目将推动沿线各国发展战略的对接与耦合,发掘区域内市场的潜力,促进投资和消费,创造需求和就业,增进沿线各国人民的人文交流与文明互鉴,让各国人民相逢相知,互信互敬,共享和谐、安宁、富裕的生活。

近40年来,我国的改革开放事业取得了巨大成就,同时也存在着缺乏顶层设计、谋子不谋势、不够注重改善国际发展环境等问题,迫切需要加强各方面改革开放措施的系统集成。"以开放促改革"是我国改革开放的基本经验,其成功秘诀在于通过主动融入世界市场为公司治理、政府治理引入外部监督,从而提高治理效率。但是,近40年来,无论在宏观、中观还是微观层面,改革创造的外部监督都不是真正的外部监督,监督主体一定程度上只是治理者的化身,不是来自治理体系外部的主体,效率低下问题仍得不到根本解决,亟待全面深化改革。"一带一路"倡议既是今后我国对外开放的总纲领,也理应成为全面深化改革的总钥匙。通过融入国际治理和开展国企的跨国产权合作,"一带一路"倡议的实施在有效避免"西方经验"局限、防止治理本身被"短视"市场消解和坚持"四项基本原则"的同时,将为我国经济治理、国家治理、社会治理进一步引入来自治理体系之外的监督主体,创造强有力、更有效的外部监督,从根本上解决治理效率问题。当前,在我国经济新常态和改革"空转"的情况下,迫切需要加强以"一带一路"倡议为引领,构建开放型经济的新体制,全面统筹并促进我国各领域的改革发展,特别是供给侧改革。

当前,中国经济和世界经济高度关联。中国将一以贯之地坚持对外开放的基本国策,构建全方位开放新格局,深度融入世界经济体系。推进"一带一路"建设既是中国扩大和深化对外开放的需要,也是加强和亚、欧、非及世界各国互利合作的需要,中国愿意在力所能及的范围内承担更多的国际责任和义务,为人类的和平发展做出更大贡献。

2015年10月19日,"一带一路"国家统计发展会议在陕西西安召开,我国国家统计局倡议,"一带一路"沿线国家要进一步加强政府统计交流与合作,努力为各国可持续发展提供准确、可靠的统计数据。由于信息互联互通是经济互联共赢的前提或基础,"一带一路"行动,将推动政府间统计合作和信息交流,为务实合作、互利共赢提供决策依据和支持。中国政府统计部门将积极开展对可持续发展相关指标的统计和监测,大力推进现代统计体系建设;并将以更加积极、开放的态度,努力提供中国经济社会发展的权威统计数据,积极搜集整理"一带一路"相关国家的统计资料,进一步提高中国统计数据的国际可比性,与各国分享中国统计改革发展实践;将与"一带一路"沿线国家政府统计机构一起,共同致力于加强统计交流合作,研究建立统计数据交换共享机制。如美国的通用电气公司(GE)是积极寻求利用中国"一带一路"倡议的国际企业之一,它将支持中国"一带一路"倡议并承诺为此全面投入技术、服务及全球资源,助力中国企业投身其中。目前,中国的"一带一路"倡议正在为中国工程总承包(EPC)企业带来全新的海外市场机会。德国的西门子在电力、公用事业、油气与化工、矿山与工业等众多领域已经与中国工程总承包(EPC)企业开展了多领域、全方位的紧密合作。截至 2015 年年底,西门子已与中国能建、中国电建、中石油、中石化、中材集团、中集来福士等上百家中国企业在近 60 个国家开展项目合作。在过去的近 10 年内,西门子已经帮助中国企业在全球 10 余个国家安装了 37 台重型燃气轮机、17 台中小型燃气轮机以及 11 台大型蒸汽轮机。

2016 年 11 月 17 日,第 71 届联合国大会第 A/71/9 号决议首次写入"一带一路"倡议,得到 193 个会员国的一致赞同,体现了国际社会对推进"一带一路"倡议的普遍支持。建设"一带一路"以共商、共建、共享为原则,以和平合作、开放包容、互学互鉴、互利共赢的丝绸之路精神为指引,以打造命运共同体和利益共同体为合作目标。希望联合国全体会员国按照联大决议规定,积极参与和推进"一带一路"建设,为"一带一路"倡议及项目实施提供安全保障环境,加强协调合作,促进互联互通,更好造福有关各国人民。

（二）中国背景

(1)产能过剩,外汇资产过剩。

(2)中国油气资源、矿产资源对国外的依存度高。

(3)中国的工业和基础设施集中于沿海,如果遇到外部打击,容易失去核心设施。

(4)中国边境地区整体状况处于历史最好时期,邻国与中国加强合作的意愿普遍上升。

三、"一带一路"的理论基础

《两极世界理论》作者黄凤琳撰文认为,继承和发展马克思主义基本原理,特别是关于世界历史的理论,综合运用唯物辩证法、地缘经济、地缘政治和社会形态学视角研究分析世界历史结构,为"一带一路"战略实施提供了理论基础和基本原则。"一带一路"的倡议,使理论中关于第三代两极世界进程的先经济后政治的合作步骤原则,先中亚俄罗斯后南亚、东南亚再中东、非洲最后欧洲的地缘推进原则,先竞争性领域后自然垄断性领域再公共产品性领域的产业递进原则从理论走向了现实,特别是以社会主义基本原则为基础提出的产权合作递进原则等有望得到初步的体现。

四、"一带一路"的实践意义

"一带一路"战略目标是要在国际上建立一个政治互信、经济融合、文化包容的利益共同体、命运共同体和责任共同体,包括欧亚大陆在内的世界各国,构建一个互惠互利的利益、命运和责任共同体。

"一带一路"是中国与丝绸之路沿途国家分享优质产能,共商项目投资,共建基础设施,共享合作成果的重要平台。其内容包括道路联通、贸易畅通、货币流通、政策沟通、人心相通"五通",并肩负着以下三大使命。

（一）探寻经济增长之道

"一带一路"是在后金融危机时代,作为世界经济增长火车头的中国,将自身的产能优势、技术与资金优势、经验与模式优势转化为市场与合作优势,实行全方位开放的一大创新。中国希望通过"一带一路"建设共同分享中国改革发展红利、中国发展的经验和教训。中国将着力推动沿线国家间实现合作与对话,建立更加平等均衡的新型全球发展伙伴关系,夯实世界经济长期稳定发展的基础。

（二）实现全球化再平衡

传统全球化由海而起，由海而生，沿海地区、海洋国家先发展起来，陆上国家、内地则相对落后，形成较大的贫富差距。传统全球化由欧洲开辟，由美国发扬光大，形成国际秩序的"西方中心论"，导致东方从属于西方，农村从属于城市，陆地从属于海洋等一系列不平衡、不合理现象。如今，"一带一路"正在推动全球再平衡。"一带一路"鼓励向西开放，带动西部开发以及中亚、蒙古等内陆国家和地区的开发，在国际社会推行全球化的包容性发展理念；同时，"一带一路"是中国主动向西推广中国优质产能和比较优势产业，将使沿途、沿岸国家首先获益，也将改变历史上中亚等丝绸之路沿途地带只是作为东西方贸易、文化交流的过道而成为发展"洼地"的面貌。这有可能改变欧洲人所开创的全球化造成的贫富差距、地区发展不平衡等现象，推动建立持久和平、普遍安全、共同繁荣的和谐世界。

（三）开创地区新型合作

中国改革开放是当今世界最大的创新，"一带一路"作为全方位对外开放战略，正在以经济走廊理论、经济带理论、21世纪的国际合作理论等创新经济发展理论、区域合作理论和全球化理论等。"一带一路"强调共商、共建、共享原则，超越了马歇尔计划（欧洲复兴计划）、对外援助以及走出去战略，给21世纪的国际合作带来了新的理念。如其提出的"经济带"概念，就是对地区经济合作模式的创新，其中经济走廊——中俄蒙经济走廊、新亚欧大陆桥、中国—中亚经济走廊、孟中印缅经济走廊、中国—中南半岛经济走廊等，以经济增长极辐射周边，超越了传统的发展经济学理论。

"丝绸之路经济带"概念，不同于历史上所出现的各类"经济区"与"经济联盟"，同以上两者相比，经济带具有灵活性高、适用性广、可操作性强的特点，各国都是平等的参与者，本着自愿参与、协同推进的原则，体现并发扬古丝绸之路兼容并包的精神。

五、"一带一路"的共建原则

"一带一路"建设秉承共商、共享、共建原则；恪守联合国宪章的宗旨和原则；遵守和平共处五项原则，即尊重各国主权和领土完整、互不侵犯、互不干涉内政、和平共处、平等互利。

（一）坚持开放合作

"一带一路"相关的国家基于但不限于古代丝绸之路的范围，各国和国际、地区组织均可参与"一带一路"，让共建成果惠及更广泛的区域。

（二）坚持和谐包容

倡导文明宽容，尊重各国发展道路和模式的选择，加强不同文明之间的对话，求同存异、兼容并蓄、和平共处、共生共荣。

（三）坚持市场运作

遵循市场规律和国际通行规则，充分发挥市场在资源配置中的决定性作用和各类企业的主体作用，同时发挥好政府的作用。

（四）持互利共赢

兼顾各方利益和关切，寻求利益契合点和合作最大公约数，体现各方智慧和创意，各施所长，各尽所能，把各方优势和潜力充分发挥出来。

六、"一带一路"的建设构架

"一带一路"是促进共同发展、实现共同繁荣的合作共赢之路,是增进理解信任、加强全方位交流的和平友谊之路。中国政府倡议,秉持"和平合作、开放包容、互学互鉴、互利共赢"的理念,全方位推进务实合作,打造政治互信、经济融合、文化包容的利益共同体、命运共同体和责任共同体。

(一)贯穿亚、欧、非大陆

"一带一路"贯穿亚、欧、非大陆,一头是活跃的东亚经济圈,一头是发达的欧洲经济圈,中间广大腹地国家经济发展潜力巨大。丝绸之路经济带重点贯通中国经中亚、俄罗斯至欧洲(波罗的海);中国经中亚、西亚至波斯湾、地中海;中国至东南亚、南亚、印度洋。21世纪海上丝绸之路重点方向是从中国沿海港口过南海到印度洋,延伸至欧洲;从中国沿海港口过南海到南太平洋。

(二)打造国际经济合作走廊

根据"一带一路"走向,陆上依托国际大通道,以沿线中心城市为支撑,以重点经贸产业园区为合作平台,共同打造新亚欧大陆桥、中蒙俄、中国—中亚—西亚、中国—中南半岛等国际经济合作走廊;海上以重点港口为节点,共同建设通畅、安全、高效的运输大通道。此外,中巴、孟中印缅两个经济走廊与推进"一带一路"建设关联紧密,要进一步推动合作,取得更大进展。

(三)建成完善的陆海空通道

"一带一路"建设是沿线各国开放合作的宏大经济愿景,需要各国携手努力,朝着互利互惠、共同安全的目标相向而行。努力实现区域基础设施更加完善,安全高效的陆海空通道网络基本形成,互联互通达到新水平;投资贸易便利化水平进一步提升,高标准自由贸易区网络基本形成,经济联系更加紧密,政治互信更加深入;人文交流更加广泛,不同文明互鉴共荣,各国人民相知相交、和平友好。

七、"一带一路"的线路设计

(一)北线 A

北美洲(美国、加拿大)—北太平洋—日本、韩国—日本海—符拉迪沃斯托克(扎鲁比诺港,斯拉夫扬卡等)—珲春—延吉—吉林—长春(即长吉图开发开放先导区)—蒙古—俄罗斯—欧洲(北欧、中欧、东欧、西欧、南欧)。

(二)北线 B

中国北京—俄罗斯—德国—北欧。

(三)中线

北京—郑州—西安—乌鲁木齐—阿富汗—哈萨克斯坦—匈牙利—巴黎。

(四)南线

泉州—福州—广州—海口—南海—越南河内—马来西亚吉隆坡—印度尼西亚雅加达—斯里兰卡科伦坡—印度加尔各答—非洲肯尼亚内罗毕—欧洲希腊雅典——欧洲意大利威尼斯。

（五）中心线

连云港—郑州—西安—兰州—新疆—中亚—欧洲。

八、"一带一路"的政策措施

（一）战略实施

中国政府积极推动"一带一路"建设，加强与沿线国家的沟通与磋商，推动与沿线国家的务实合作，实施了一系列政策措施，努力收获早期成果。

1. 高层引领推动

习近平主席、李克强总理等国家领导人先后出访 20 多个国家，出席加强互联互通伙伴关系对话会、中阿合作论坛第六届部长级会议，就双边关系和地区发展问题，多次与有关国家元首和政府首脑进行会晤，深入阐释"一带一路"的深刻内涵和积极意义，就共建"一带一路"达成广泛共识。如 2013 年 9 月 7 日上午，中国国家主席习近平在哈萨克斯坦纳扎尔巴耶夫大学发表演讲，提出共同建设"丝绸之路经济带"；中国国务院总理李克强参加 2013 年中国—东盟博览会时强调，铺就面向东盟的海上丝绸之路，打造带动腹地发展的战略支点；2014 年 8 月，习近平出访蒙古时，表示欢迎周边国家"搭便车"等。

2015 年 2 月 1 日，推进"一带一路"建设工作会议在北京召开。中共中央政治局常委、国务院副总理张高丽主持会议并讲话；2015 年 3 月，为推进实施"一带一路"，让古丝绸之路焕发新的生机活力，以新的形式使亚欧非各国联系更加紧密，互利合作迈向新的历史高度，中国政府特制定并发布《推动共建"丝绸之路"经济带和 21 世纪'海上丝绸之路'的愿景与行动》。

2015 年 3 月 28 日，在博鳌亚洲论坛开幕式上，习近平发表主旨演讲，表示"一带一路"建设不是要替代现有地区合作机制和倡议，而是要在已有基础上，推动沿线各国实现经济战略相互对接、优势互补。同年的 5 月 7 日，中国国家主席习近平开启对欧亚三国的访问，首站抵达哈萨克斯坦。此次访哈可视作是"丝绸之路经济带"的落实之旅，进一步助推了"一带一路"的建设。

2. 签署合作框架

中国已经与部分国家签署了共建"一带一路"合作备忘录，与一些毗邻国家签署了地区合作和边境合作的备忘录以及经贸合作中长期发展规划等；研究并编制了与一些毗邻国家的地区合作规划纲要。

3. 推动项目建设

中国已经加强与沿线有关国家的沟通与磋商，在基础设施互联互通、产业投资、资源开发、经贸与金融合作、人文交流、生态保护、海上合作等领域，推进了一批条件成熟的重点合作项目。

中国积极开展亚洲公路网、泛亚铁路网的规划和建设，与东北亚、中亚、南亚及东南亚国家开通公路通路 13 条，铁路 8 条。此外，油气管道、跨界桥梁、输电线路、光缆传输系统等基础设施建设取得系列成果，从而为"一带一路"建设打下牢固的物质基础。其中最重要、也是最现实可行的通道（路线）是：日本—韩国—日本海—扎鲁比诺港—珲春—吉林—长春—白城—蒙古—俄罗斯—欧盟的高铁和高速公路规划。

4.完善政策措施

中国政府统筹国内各种资源,强化政策支持。政府推动亚洲基础设施投资银行筹建,发起设立丝路基金,强化中国—欧亚经济合作基金投资功能;推动银行卡清算机构开展跨境清算业务和支付机构开展跨境支付业务;积极推进投资贸易便利化,推进区域通关一体化改革。

2013年10月2日,中国国家主席习近平提出筹建亚洲基础设施投资银行的倡议。2014年10月24日,包括中国、印度、新加坡等在内的21个首批意向创始成员国的财长和授权代表在北京签约,共同决定成立亚洲基础设施投资银行。

5.发挥平台作用

各地成功举办了一系列以"一带一路"为主题的国际峰会、论坛、研讨会、博览会等,对增进理解、凝聚共识、深化合作发挥了重要的作用。

2015年12月2日,由清华大学继续教育学院主办、清华大学继续教育学院国际教育部承办的"一带一路"战略与大型企业"走出去"国际工程人才培养研讨会在清华大学成功举办。

本次研讨会还特别安排了主题研讨环节,与会代表针对在"一带一路"国家战略下,大型企业"走出去"国际工程人才需求及培养等问题展开了热烈的讨论,讨论环节由清华大学工业工程系副主任、博士生导师吴甦主持,各企业代表纷纷从当前国际工程管理人才存在的问题以及企业自身需求出发,提出了对于国际工程人才培养的需求和建议,并希望与清华大学继续教育学院加强合作,共同助力"走出去"国际工程人才的培养。

(二)网络文化采风行

由中国国家网信办主办的"一带一路"网络文化采风活动于2015年8月24日在新疆维吾尔自治区和田洛浦县正式启动。此次采风活动以"非遗文化的传承与创新"为主线,关注新疆、甘肃两地非物质文化遗产保护现状,了解"非遗"传承人的现实生存发展空间,通过进村入户实地探访、媒体跟踪报道等形式,寻找传统工艺与文化创意产业的融合点,让其在市场经济大潮中焕发出新的生机与活力。

(三)高校联盟

新丝绸之路大学联盟成立于2015年5月22日,由西安交通大学发起,来自22个国家和地区的近百所大学先后加入。新丝绸之路大学联盟是海内外大学结成的非政府、非营利性的开放性与国际化高等教育合作平台,以"共建教育合作平台,推进区域开放发展"为主题,推动"新丝绸之路经济带"沿线国家和地区大学之间在校际交流、人才培养、科研合作、文化沟通、政策研究、医疗服务等方面的交流与合作,增进青少年之间的了解和友谊,培养具有国际视野的高素质、复合型人才,以服务"新丝绸之路经济带"沿线及欧亚地区的发展建设。

"新丝绸之路大学联盟"总部落户中国西部科技创新港——智慧学镇(属教育部和陕西省人民政府共同建设的国家级项目,是陕西省和西安交通大学落实"一带一路"、创新驱动及西部大开发三大国家战略的重要平台,由西安交通大学与西咸新区联合建设,选址于西咸新区沣西新城,总占地面积23平方公里,建设用地面积10.5平方公里,定位为国家使命担当、全球科教高地、服务陕西引擎、创新驱动平台、智慧学镇示范),并在校际交流、人才培养、科研合作、智库建设等方面与联盟内高校开展形式多样的合作。

2015 年 5 月 22 日下午,在由陕西省人民政府主办、陕西省教育厅及西安交通大学等 21 所高校共同承办的丝绸之路沿线国家教育合作交流会开幕式上,来自全球 22 个国家和地区的近百所盟校齐聚西安,共同发布《西安宣言》,发出了新丝绸之路大学联盟成员的心声。这也标志着由西安交通大学发起的"新丝绸之路大学联盟"正式宣告成立。

截至 2016 年 4 月 9 日,已有哈尔滨工业大学、香港理工大学、香港大学、香港中文大学、香港城市大学景德镇陶瓷学院、莫斯科鲍曼国立技术大学、莫斯科动力工程学院、哈萨克斯坦那扎尔巴耶夫大学、哈萨克斯坦国立大学、吉尔吉斯国立师范大学、吉尔吉斯国立建设交通与建筑大学、法国中央高等电力学院、科英布拉大学、意大利米兰理工大学、英国利物浦大学、巴基斯坦科技大学、新加坡国立大学、韩国釜山大学、泰国清迈大学、芬兰坦佩雷理工大学、河南科技大学、西安交通大学、西北大学、陕西师范大学、西安电子科技大学、长安大学、延安大学、西安理工大学、北华大学等来自 31 个国家和地区的 128 所大学先后加入了新丝绸之路大学联盟。

2015 年 10 月 17 日,由丝绸之路(敦煌)国际文化博览会筹委会承办的"文化传承创新高端学术研讨会"在敦煌举行。复旦大学、北京师范大学、兰州大学和俄罗斯乌拉尔国立经济大学、韩国釜庆大学等 46 所中外高校在甘肃敦煌成立了"一带一路"高校战略联盟,以探索跨国培养与跨境流动的人才培养新机制,培养具有国际视野的高素质人才。46 所高校当日达成《敦煌共识》,并决定联合建设"一带一路"高校国际联盟智库。联盟将共同打造"一带一路"高等教育共同体,推动"一带一路"沿线国家和地区大学之间在教育、科技、文化等领域的全面交流与合作,以服务"一带一路"沿线国家和地区的经济社会发展。

九、"一带一路"的合作重点

"一带一路"沿线各国资源禀赋各异,经济互补性较强,彼此合作潜力和空间很大。其合作重点具体可体现在以下五个方面。

(一)政策沟通

加强政策沟通是"一带一路"建设的重要保障。加强政府间合作,积极构建多层次政府间宏观政策沟通交流机制,深化利益融合,促进政治互信,达成合作新共识。沿线各国可以就经济发展战略和对策进行充分交流对接,共同制定推进区域合作的规划和措施,协商解决合作中的问题,共同为务实合作及大型项目实施提供政策支持。

(二)设施联通

基础设施互联互通是"一带一路"建设的优先领域。在尊重相关国家主权和安全关切的基础上,沿线国家宜首先加强基础设施建设规划、技术标准体系的对接,共同推进国际骨干通道建设,逐步形成连接亚洲各区域以及亚、欧、非之间的基础设施网络。强化基础设施绿色低碳化建设和运营管理,在建设中充分考虑气候变化的影响。

抓住交通基础设施的关键通道、关键节点和重点工程,优先打通缺失路段,畅通瓶颈路段,配套完善道路安全防护设施和交通管理设施设备,提升道路通达水平。推进建立统一的全程运输协调机制,促进国际通关、换装、多式联运等有机衔接,逐步形成兼容规范的运输规则,实现国际运输便利化;推动口岸基础设施建设,畅通陆、水联运通道,推进港口合作建设,增加海上航线和班次,加强海上物流信息化合作;拓展建立民航全面合作的平台和机制,加快提升航空基础设施水平。

加强能源基础设施互联互通合作,共同维护输油、输气管道等运输通道安全,推进跨境电力与输电通道建设,积极开展区域电网升级改造合作;共同推进跨境光缆等通信干线网络建设,提高国际通信互联互通水平,畅通信息丝绸之路;加快推进双边跨境光缆等建设,规划建设洲际海底光缆项目,完善空中(卫星)信息通道,扩大信息交流与合作。

(三)贸易畅通

投资贸易合作是"一带一路"建设的重点内容。各国宜着力研究解决投资贸易便利化问题,消除投资和贸易壁垒,构建区域内和各地良好的营商环境,积极同沿线国家和地区共同商建自由贸易区,激发释放合作潜力,做大做好合作"蛋糕"。

1.加强双边和多边合作

沿线国家和地区宜加强信息互换、监管互认、执法互助的海关合作,还有检验检疫、认证认可、标准计量、统计信息等方面的双边和多边合作,推动世界贸易组织《贸易便利化协定》生效和实施;改善边境口岸通关设施条件,加快边境口岸"单一窗口"的建设,降低通关成本,提升通关能力;加强供应链安全与便利化合作,推进跨境监管程序协调有序,推动检验检疫证书国际互联网核查,开展"经认证的经营者"(AEO)互认;降低非关税壁垒,共同提高技术性贸易措施透明度,提高贸易自由化和便利化水平。

2.强化贸易和投资合作

拓宽贸易领域,优化贸易结构,挖掘贸易新的增长点,促进贸易平衡;创新贸易方式,发展跨境电子商务等新的商业业态;建立健全服务贸易促进体系,巩固和扩大传统贸易,大力发展现代服务贸易。努力把投资和贸易有机结合起来,以投资带动贸易发展。

加快投资便利化进程,消除投资壁垒;加强双边投资保护协定,避免双重征税协定磋商,保护投资者的合法权益;拓展相互投资领域,开展农林牧渔业、农机及农产品生产加工等领域产深度合作,积极推进海水养殖、远洋渔业、水产品加工、海水淡化、海洋生物制药、海洋工程技术、环保产业和海上旅游等领域合作;加大煤炭、油气、金属矿产等传统能源资源勘探开发合作,积极推动水电、核电、风电、太阳能等清洁、可再生能源的合作,推进能源资源就地就近加工转化合作,形成能源资源合作上下游一体化产业链;加强能源资源深加工技术、装备与工程服务合作。

3.推动和优化产业合作

推动新兴产业合作。按照优势互补、互利共赢的原则,促进沿线国家加强在新一代信息技术、生物、新能源、新材料等新兴产业领域的深度合作,推动建立创业投资合作机制。

优化产业链分工布局,推动上下游产业链和关联产业协同发展,鼓励建立研发、生产和营销体系,提升区域产业配套能力和综合竞争力;扩大服务业的相互开放,推动区域服务业加快发展;探索投资合作新模式,鼓励合作建设境外经贸合作区、跨境经济合作区等各类产业园区,促进产业集群发展。此外,在投资贸易中要突出生态文明理念,加强生态环境、生物多样性和应对气候变化合作,共建绿色丝绸之路。

(四)资金融通

资金融通是"一带一路"建设的重要支撑。深化金融合作,推进亚洲货币稳定体系、投融资体系和信用体系建设;扩大沿线国家双边本币互换、结算的范围和规模;推动亚洲债券市场的开放和发展;共同推进亚洲基础设施投资银行、金砖国家开发银行筹建等,使有关各方就建立上海合作组织融资机构开展磋商,加快丝路基金组建运营;深化中国—东盟银行联合体、上合组织银行联合体务实合作,以银团(指银行业进行联合放款的组织)贷款、银行授信等方式开展多边金融合作;支持沿线国家政府和信用等级较高的企业以及金融机构在中国境内发行人民币债券,让符合条件的中国境内金融机构和企业可以在境外发行人民币债券和外币债券;同时也鼓励在沿线国家使用所筹资金。

加强金融监管合作,推动签署双边监管合作谅解备忘录,逐步在区域内建立高效的监管协调机制;完善风险应对和危机处置制度安排,构建区域性金融风险预警系统,形成应对跨境风险和危机处置的交流合作机制;加强征信管理部门、征信机构和评级机构之间的跨境交流与合作,充分发挥丝路基金以及各国主权基金的作用,引导商业性股权投资基金和社会资金共同参与"一带一路"的重点项目建设。

(五)民心相通

民心相通是"一带一路"建设的社会根基。传承和弘扬丝绸之路友好合作精神,广泛开展文化交流、学术往来、人才交流合作、媒体合作、青年和妇女交往、志愿者服务等,为深化双边多边合作奠定坚实的民意基础。

1.开展人才交流与合作

扩大相互间留学生的规模,开展合作办学。中国每年向沿线国家提供1万个政府奖学金名额。沿线国家间互办文化年、艺术节、电影节、电视周和图书展等活动,合作开展广播影视剧精品创作及翻译,联合申请世界文化遗产,共同开展世界遗产的联合保护工作,以深化沿线国家间人才交流与合作。

2.加强旅游与体育的交流与合作

加强旅游合作,扩大旅游规模,互办旅游推广周、宣传月等活动,联合打造具有丝绸之路特色的国际精品旅游线路和旅游产品,提高沿线各国游客签证便利化水平。推动21世纪海上丝绸之路邮轮旅游合作。积极开展体育交流活动,支持沿线国家申办重大国际体育赛事。

3.强化医疗领域的交流与合作

强化与周边国家在传染病疫情信息沟通、防治技术交流、专业人才培养等方面的合作,提高合作处理突发公共卫生事件的能力。为有关国家提供医疗援助和应急医疗救助,在妇幼健康、残疾人康复以及艾滋病、结核、疟疾等主要传染病领域开展务实合作,扩大在传统医药领域的合作。

4.推进科技与创业培训的交流与合作

加强科技合作,共建联合实验室(研究中心)、国际技术转移中心、海上合作中心,促进科技人员交流,合作开展重大科技攻关,共同提升科技创新能力。

整合现有资源,积极开拓和推进与沿线国家在青年就业、创业培训、职业技能开发、社会保障管理服务、公共行政管理等共同关心领域的务实合作。

5.发挥政党、议会的作用,强化民间的交流与合作

充分发挥政党、议会交往的桥梁作用,加强沿线国家之间立法机构、主要党派和政治组织的友好往来;开展城市交流合作,欢迎沿线国家重要城市之间互结友好城市,以人文交流为重点,突出务实合作,形成更多鲜活的合作范例;欢迎沿线国家智库之间开展联合研究、合作举办论坛等。

加强沿线国家民间组织的交流合作,重点面向基层民众,广泛开展教育、医疗、减贫开

发、生物多样性和生态环保等各类公益慈善活动，促进沿线贫困地区生产生活条件的改善；加强文化传媒的国际交流合作，积极利用网络平台、运用新媒体工具，塑造和谐友好的文化生态和舆论环境。

十、"一带一路"合作的已有成果

(一)蒙内铁路

肯尼亚是中国"一带一路"战略在非洲唯一的支点，是新丝路建设中获得中国资金援助最多的国家。

2014年5月，在李克强总理访问肯尼亚期间，中肯签署了关于蒙巴萨—内罗毕铁路相关合作协议，蒙内铁路是肯尼亚百年来建设的首条新铁路，是东非铁路网的咽喉，也是东非次区域互联互通的重大项目，蒙内铁路规划全长2700公里，预计总造价250亿美元。

中国企业携手美国通用电气开拓EPC(工程总承包)市场的力度不断加大。如2015年中国机械工业集团在其承建的肯尼亚基佩托风电项目中采用60台通用1.7—103风机。

(二)中匈协议

2015年6月6日，正在匈牙利进行正式访问的外交部部长王毅，在布达佩斯同匈牙利外交与对外经济部部长西亚尔托签署了《中华人民共和国政府和匈牙利政府关于共同推进丝绸之路经济带和21世纪海上丝绸之路建设的谅解备忘录》。这是中国同欧洲国家签署的第一个此类合作文件。

(三)卫星通信

为保障"一带一路"通信卫星信号无障碍，国内的相关企业和政府机构已经对"一带一路"的卫星发射进行了规划和研究，未来3~5年，将发射多颗通信卫星。与此同时，"一带一路"途经国家的通信信号也将逐步实现全覆盖。从而在通信领域为"一带一路"铺平道路。

(四)亚洲基础设施投资银行

2015年4月15日，亚洲基础设施投资银行意向创始成员国确定为57个，其中域内国家37个、域外国家20个，涵盖了除美日之外的主要西方国家和亚欧区域的大部分国家，成员遍及五大洲。其他国家和地区今后仍可以作为普通成员加入亚投行。亚投行重点支持基础设施建设，成立宗旨是为了促进亚洲区域的建设互联互通化和经济一体化的进程，并且加强中国及其他亚洲国家和地区的合作，是首个由中国倡议设立的多边金融机构，总部设在北京，法定资本1000亿美元。

2015年4月28日，为期两天的亚投行第四次谈判代表会议在北京闭幕，这是亚投行57个意向创始成员国名单最终确定后首次齐聚北京，代表们对多边临时秘书处起草的《亚投行章程(草案)》修订稿进行讨论并取得显著进展。各方商定在2015年年中完成亚投行章程谈判并签署。2015年12月25日，亚洲基础设施投资银行正式成立。2016年1月16日至18日，亚洲基础设施投资银行开业仪式暨理事会和董事会成立大会在北京举行。截至2017年5月13日，亚洲基础设施投资银行有77个正式成员国。

(五)卡拉奇—拉合尔高速公路

2015年12月22日，中国建筑股份有限公司(以下简称"公司")与巴基斯坦国家高速公路管理局正式签署巴基斯坦卡拉奇—拉合尔高速公路(苏库尔—木尔坦段)项目EPC总承包合同。

卡拉奇—拉合尔高速公路项目为中巴经济走廊最大的交通基础设施项目，全长约1152公里，采用双向6车道设计，设计时速为120公里/小时。公司本次签约承建的苏库尔—木尔坦段，为中巴经济走廊早期收获项目，全长392公里，建设工期36个月。合同金额2943亿卢比，约折合人民币184.6亿元，约占公司2014年度经审计营业收入的2.31%。公司推进"一带一路"项目取得重大实质性成果。

（六）巴基斯坦卡洛特水电站

2016年1月10日，在距离巴基斯坦首都伊斯兰堡50多公里处的吉拉姆河畔，三峡集团承建的卡洛特水电站主体工程开工。这是丝路基金首个对外投资项目。中国政府已承诺在2030年前向巴基斯坦投资至少350亿美元，为建造发电厂提供融资。美国通用电气表示目前在巴基斯坦的订单金额已升至超过10亿美元，而五年前还不足1亿美元。

（七）中亚天然气管线项目

2009年，该项目由中石油海外工程集团承建，美国通用电气公司（GE）为该项目提供了四个压缩机站的12台压缩机和航改型燃机。除技术、资金支持外，美国通用电气公司（GE）还调动沿线国家的本土团队，协助进行项目沟通，从中亚进口的天然气，通过中亚管道接入西气东输管道，覆盖国内25个省市和香港特别行政区的用户，造福5亿多人。

（八）印尼雅万高铁

2016年1月21日，印尼雅万高铁开工奠基仪式举行。这将是印尼乃至东南亚地区的首条高铁。

（九）德黑兰至马什哈德高铁

2016年2月6日，伊朗总统鲁哈尼出席了德黑兰—马什哈德铁路电气化改造项目的开工仪式，项目预计将在42个月后竣工，随后还有5年的维护期。该项目由伊朗基础设施工程集团（MAPNA）和中国中机公司及苏电集团共同承建。

项目全部竣工后，将有70辆中国机车以250公里的时速在该段铁路上行驶。

（十）中—老铁路全线开工

2016年12月25日，老挝北部的琅勃拉邦，有一支筑路队伍整装待发。老挝总理通伦亲自挥铲破土，鸣锣九响，标志着中国—老挝铁路全线开工。根据规划，中老铁路北起中国云南省玉溪市，经普洱市、西双版纳、中老边境口岸磨憨，经老挝著名旅游胜地琅勃拉邦至老挝首都万象，将于2021年全线贯通，届时从中国边境到万象只需4个小时，多山缺路的老挝将实现从"陆锁国"变为"陆联国"的梦想。

（十一）孟加拉希拉甘杰电站二期

通过安排股权投资、项目贷款、出口信贷和提供融资咨询服务，德国西门子成功帮助EPC（工程总承包）项目完成融资。以与中国机械进出口（集团）有限公司合作的孟加拉希拉甘杰电站二期225MW联合循环电厂项目为例，西门子通过协调EPC（工程总承包）企业、业主和相关机构，帮助项目成功获得德国出口信用保险公司EulerHermes的担保，形成了中国出口信用保险公司和德国EulerHermes联合担保的构架，为项目最终获得由英国渣打银行牵头并包括西门子银行在内的商业银行的贷款提供了关键的一环。该项目最终顺利落地，现已进入建设期。项目建成后将缓解孟加拉当地用电紧张状况。

参考文献

[1]田青.全面认识传统文化的内涵[N].光明日报,2015-12-04.

[2]张全新.当今世界文化发展值得注意的几个趋势[J].理论学习,2002(3).

[3]刘梦溪.中华文化是个大包容概念[N].人民日报,2015-06-16.

[4]燕海鸣.余秋雨"什么才是文化":文化苦旅其实不是旅之苦[N].中国青年报,2011-07-29.

[5]陶东风.文化研究读本[M].北京:中国社会科学出版社,2000.

[6]爱德华·伯内特·泰勒.原始文化[M].连树声,译.上海:上海文艺出版社,1992.

[7]骆高远.旅游资源评价与开发[M].杭州:浙江科学技术出版社,2003.

[8]蒋三庚,张杰,王晓红.文化创意产业集群研究[M].北京:首都经贸大学出版社,2010.

[9]刘雯.图们江文化旅游节研究——以 2011、2012、2013 年为中心[D].延吉:延边大学,2015.

[10]吴攀升,骆高远.旅游美学[M].杭州:浙江大学出版社,2006.

[11]付玉.试分析我国旅游文化的发展现状和未来趋势[J].旅游纵览(下半月),2015(23).

[12]朱梅,魏向东.国内外文化旅游研究比较与展望[J].地理科学进展,2014(9).

[13]任冠文.文化旅游相关概念辨析[J].旅游论坛,2009(4).

[14]高柳依.文化旅游发展中的文化创意理念与实现路径[J].人文天下,2017(1).

[15]葛联迎,刘甲瑢.文化旅游产业的融资模式选择[J].中国商论,2017(3).

[16]宋振春,纪晓君,吕璐颖,等.文化旅游创新体系的结构与性质研究[J].旅游学刊,2012(2).

[17]骆高远.中外民俗[M].上海:上海交通大学出版社,2014.

[18]王兆峰,黄喜林.文化旅游创意产业发展的动力机制与对策研究[J].山东社会科学,2010(9).

[19]侯兵,黄震芳.文化旅游实施区域协同发展:现实诉求与路径选择[J].商业经济与管理,2015(11).

[20]刘宏燕.文化旅游及其相关问题研究[J].社会科学家,2005(12).

[21]吴光玲.关于文化旅游与旅游文化若干问题研究[J].经济与社会发展,2006(11).

[22]张晓明,张辉.文化旅游深度开发刍议[J].前沿,2010(7).

[23]朱桃杏,陆林.近 10 年文化旅游研究进展——《Tourism Management》、《Annals of Tourism Research》和《旅游学刊》研究评述[J].旅游学刊,2005(11).

[24]魏代俊,方润生.文化旅游概念研究综述[J].河南商业高等专科学校学报,2012(4).

[25]吕璐颖.文化旅游产业创新体系构建及运行机制分析[D].济南:山东大学,2010.

[26]吴芙蓉,丁敏.文化旅游——体现旅游业双重属性的一种旅游形态[J].现代经济探讨,2003(8).

中国文化旅游概论

[27]张胜男.文化旅游与创意旅游比较分析[J].旅游论坛,2014(11).

[28]骆高远.杭州运河文化旅游开发与对策研究[J].旅游纵览,2014(8).

[29]王富德,廖珂.基于旅游产品视角的文化旅游探析[J].北京第二外国语学院学报,2012(9).

[30]颜军,李荃辉,庞甲光,等.论文化旅游是实现旅游可持续发展的有效途径[J].改革与战
    略,2009(12).

[31]郭静.关于发展我国文化旅游的几个问题[D].长沙:湖南师范大学,2003.

[32]罗恩东.谈谈文化旅游在现代旅游中的重要地位[J].中共南宁市委党校学报,2006(2).

[33]骆高远.休闲农业与乡村旅游[M].杭州:浙江大学出版社,2016.

[34]林美珍,黄远水.文化旅游之下的文化真实性与文化商品化[J].广西民族学院学报(哲
    学社会科学版),2003(12).

[35]金岩,宋永生,杨欢.文化旅游可持续发展研究[J].全国商情,2007(11).

[36]骆高远.挖掘我国工业遗产的价值[J].新华文摘,2007(13).

[37]邓琼芬,俞万源.近20年来我国文化旅游开发研究综述[J].嘉应学院学报,2014(2).

[38]尤陶红.发展文化旅游应重视旅游文化环境的研究[J].太原师范专科学校学报,2001(6).

[39]马静.文化旅游目的地品牌的打造[J].内蒙古科技与经济,2011(9).

[40]杨英法,王全福,李素莲.文化旅游的发展路径探索[J].河北建筑科技学院学报(社会科
    学版),2005(9).

[41]卢菁.国内外文化旅游研究综述[J].科技信息,2012(4).

[42]郑哲.文化旅游的符号建构[J].四海大学学报(哲学社会科学版),2013(9).

[43]骆高远.绍兴的黄酒文化与旅游[J].经济地理,2005(9).

[44]张春梅,葛雨婷,席建超,等.中国人文旅游基地适宜性综合评价研究[J].资源科学,
    2016(12).

[45]杨丽萍.我国历史文化名城旅游发展现状及对策[J].宿州教育学院学报,2016(12).

[46]谢春山,王伟文.文化旅游开发中的地方感研究[J].辽宁师范大学学报,2016(11).

[47]杨杰,何文俊,袁崇鑫.历史文化名城旅游发展现状及对策[J].黑河学院学报,2016(10).

[48]马莉.区域文化特色旅游工艺品在推进旅游文化创意产业发展中作用的探析[J].桂林
    航天工业学院学报,2016(9).

[49]骆高远.安吉竹文化与旅游[J].浙江师范大学学报(哲学社会科学版),2007(9).

[50]张小华,邱云慧."一带一路"背景下轩辕文化旅游产业发展的战略思考[J].甘肃科技纵
    横,2017(1).

[51]周建标.发展海丝文化旅游,助推海上丝绸之中核心区建设[J].上海市社会主义学院学
    报,2016(12).

[52]周竞红.文化旅游:民族地区新型城镇化的产业切入[J].开发研究,2016(12).

[53]张海燕,龙丽羽.基于互联网的民族地区文化旅游商业模式创新研究[J].贵阳学院学报
    (自然科学版),2016(12).

[54]骆高远,吴攀升.旅游资源学[M].杭州:浙江大学出版社,2006.

[55]贾鸿雁.澳大利亚文化旅游发展及其启示[J].商业研究,2013(1).

[56]蒙吉军,崔凤军.北京市文化旅游开发研究[J].北京联合大学学报,2001(1).

[57]杜杰.传统文化型景区面临的八大挑战及对策[N].中国旅游报,2009-08-07.

[58]杨吉华.我国文化产业园发展现状、存在问题及对策[J].北京市经济管理干部学院学报,2006(3).

[59]荆林波,李蕊.中国文化产业存在的问题及对策[J].中国经贸导刊,2012(12).

[60]赵华龙,孙家杰.地方文化旅游节的理性思考[J].边疆经济与文化,2007(6).

[61]冯辉.关于文化的分类[J].中州大学学报,2005(4).

[62]骆高远.城市郊野旅游资源的开发与管理——以浙江省金华市为例[J].经济地理,2006(5).

[63]郑斌,刘家明,杨兆萍.基于"一站式体验"的文化旅游创意产业园区研究[J].旅游学刊,2008(9).

[64]孙伟飞.基于文化产业发展的旅游地产开发研究[J].中国商贸,2012(11).

[65]孙青,张捷,史春云.文化旅游资源市场潜力评价模型研究[J].特区经济,2007(2).

[66]李孝坤.文化旅游资源开发与乡村旅游可持续发展[J].重庆师范大学学报(自然科学版),2004(6).

[67]李文杰.城市文化旅游资源开发——以武汉为例[D].武汉:华中师范大学,2006.

[68]吴芙蓉.我国文化旅游资源开发问题初探[J].南京财经大学学报,2005(4).

[69]徐菊凤.旅游文化与文化旅游:理论与实践的若干问题[J].旅游学刊,2005(4).

[70]林茂.论古镇文化旅游资源的保护与开发[D].成都:四川大学,2006.

[71]李林,洪雅文,罗仕伟.酒文化旅游资源的分类研究[J].酿酒科技,2015(3).

[72]陈丽军,夏庆利,王庆.农耕文化旅游资源开发的模式分析[J].湖北农业科学,2012(2).

[73]毕劲.中国传统民俗文化旅游资源剖析[J].当代经济,2009(5).

[74]龚绍方.制约我国文化旅游产业发展的三大因素及对策[J].郑州大学学报(哲学社会科学版),2008(11).

[75]李氲.文化旅游资源开发的初步研究——以浙江省为例[D].杭州:浙江大学,2008.

[76]宁晓丽,周金泉,陈丽琴.全域旅游视域下旅游小镇发展策略探析[J].经济问题,2017(6).

[77]徐菊凤,任心慧.旅游资源与旅游吸引物:含义、关系及适用性分析[J].旅游学刊,2014(7).

[78]李庆雷,赵红梅.旅游资源的可拓性及其认识论意义[J].人文地理,2012(6).

[79]李向明.旅游资源资产评估及其指标体系的构建[J].资源科学,2006(5).

[80]李鹏军.重庆工业旅游发展模式初探[J].重庆电子工程职业学院学报,2017(3).

[81]周鸿儒,毛金凤.民俗旅游资源开发潜力评价[J].商场现代化,2017(4).

[82]于淼.中国古民居旅游研究综述[J].现代营销,2017(6).

[83]李瑞.国外世界遗产与可持续旅游发展研究[J].科技创新,2017(2).

[84]石丹.旅游城市旅游资源保护模式与旅游产业可持续发展研究[J].旅游纵横(下半月),2017(3).

[85]刘亚敏.论民族文化旅游与民族文化保护的辩证关系[J].现代商贸工业,2017(3).

[86]唐雪薇.宗教资源开发的意义思考[J].旅游纵横(下半月),2017(3).

[87]石静.饮食民俗和旅游开发[J].商场现代化,2017(4).

[88]刘锋.旅游地产如何向文化转型[N].中国旅游报,2013-11-29.

[89]张兆娟.我国文化旅游地产开发运营模式研究[D].南京:南京艺术学院,2015.

[90]骆高远."福建土楼"的旅游价值及其保护[J].经济地理,2010(5).

[91]宿琛欣.西安市文化旅游地产开发模式的选择与评价[D].西安:西安建筑科技大

中国文化旅游概论

学,2014.

[92]陈俊彬.旅游地产运营模式及对策研究[D].北京:北京交通大学,2011.

[93]崔海雷.旅游地产开发促进旅游产业集群发育的机制及其效应研究[D].北京:北京第二外国语学院,2007.

[94]戴伟明.全域旅游视角的大都市近郊文化休闲旅游目的地开发模式研究——以长辛店镇为例[D].桂林:广西师范大学生,2016.

[95]张海燕,王忠云.旅游产业与文化产业融合运作模式研究[J].山东社会科学,2013(1).

[96]桑彬彬,黄敏.我国文化旅游开发模式研究[J].商业文化(上半月),2012(3).

[97]耿松涛,刘维林.我国旅游地产的开发模式及风险规避策略研究[J].建筑经济,2012(1).

[98]骆高远.温泉旅游:尚待开发的朝阳产业——以浙江省武义县为例[J].郑州航空工业管理学院学报,2012(3).

[99]杨建平,宿琛欣.生态文化旅游地产开发模式实证研究[J].生态经济,2015(1).

[100]骆高远.我国的"文化旅游地产"及其文化形态[J].湖北理工学院学报,2017(4).

[101]张倩.我国旅游文化产业园区现状分析[D].济南:山东大学,2013.

[102]张成.城市历史文化题材商业街区规划设计研究[D].南京:南京大学,2015.

[103]查爱欢.乡村旅游推进新型城镇化发展模式及影响机制研究[D].苏州:苏州大学,2015.

[104]魏寿煜.基于可持续发展的山地型休闲地产综合评价研究[D].重庆:西南大学,2015.

[105]李柯.文化创意产业与旅游产业融合的路径研究——以四川省为例[D]成都:四川师范大学,2015.

[106]骆高远.寻访我国的"国保"级工业文化遗产[M].杭州:浙江工商大学出版社,2013.

[107]刘玉霞.我国旅游房地产现代开发模式研究[D].武汉:华中师范大学,2013.

[108]张艳.旅游地产企业扩张模式研究[D].郑州:郑州大学,2015.

[109]兰莹.城市工业遗产旅游地设计研究[D].哈尔滨:哈尔滨工业大学,2007.

[110]骆高远."智慧旅游"及其发展前景[J].特区经济,2015(12).

[111]江贤卿.我国旅游房地产的产业融合模式研究[D].厦门:厦门大学,2008.

[112]邹积艺.旅游节事的文化解释及社区影响研究[D].成都:四川大学,2007.

[113]赵华龙,孙家杰.地方文化旅游节的理发思考[J].边疆经济与文化,2007(6).

[114]李英.伏羲文化旅游节在天水城市建设中的意义[J].天水师范学院学报,2015(11).

[115]李欣.把文化旅游节打造成青海的金色名片[N].青海日报,2017-06-05.

[116]蔡礼彬.民俗节庆真实性研究——以中国·湄洲妈祖文化旅游节为例[J].华侨大学学报(哲学社会科学版),2016(4).

[117]孙亚芳.基于文化旅游大数据的云存储技术的研究[J].山西电子技术,2017(4).

[118]龚静,程德年.节庆活动对地方文化的传承与推广——以苏州国际旅游节为例[J].知识经济,2013(12).

[119]李芳菲.徐州汉文化国际旅游节发展研究[J].企业导报,2009(10).

[120]郑璐.文化旅游叫响品牌,招商引资成果丰硕[N].太行日报,2013-07-22.

[121]俞杨俊.旅游节庆策划系统研究——以"上海旅游节"为例[D].上海:上海师范大学,2007.

[122]汤蓓华.国内旅游演艺的发展环境分析[D].上海:上海师范大学,2011.

[123]梁圆圆.齐鲁文化旅游演艺研究[D].济南:山东师范大学,2011.

[124]刘芳,岳艺吾.旅游产业融合研究综述[J].现代商业,2016(10).

[125]仪海亭,张华,王永霞.以融合观念促进文化旅游产业发展[N].兰州日报,2016-06-28.

[126]朱洪端.城市旅游形象系统的构建及实证研究[D].郑州:郑州大学,2013.

[127]毕树文.山西旅游巧打文化牌[N].发展导报,2012-02-24.

[128]杨竣杰,海艳丽.推进旅游与文化融合,打造旅游精品[N].中国旅游报,2016-02-28.

[129]李庆雷,吕文艺,王峰.旅游创意的价值表现与生成机制[J].吉首大学学报(哲学社会科学版),2012(11).

[130]钱丽芸.基于动力机制的旅游创意产业发展研究[D].厦门:厦门大学,2015.

[131]胡娟.旅游创意产品研究——以旅游演艺为例[D].合肥:安徽大学,2010.

[132]高淑娟.基于体验视角的上海创意产业园旅游开发研究[D].重庆:西南大学,2013.

[133]黄妍.文化旅游创意产业园区游客动机及行为研究[D].杭州:浙江工商大学,2015.

[134]李庆雷.旅游创意:缘起、内涵与特征[J].北京第二外国语学院学报,2011(1).

[135]张海燕,王忠云.基于技术进步的民族文化旅游创意产业发展研究[J].贵州民族研究,2010(12).

[136]陈雯帆,曾芳芳.旅游节庆视角下的创意农业开发策略研究[J].安徽农学通报,2017(4).

[137]邱艳萍.浙江横店影视文化旅游创意发展研究[J].农村经济与科技,2016(11).

[138]骆伯霖.旅游工艺品设计的造型创意与设计研究[J].艺术科技,2016(11).

[139]李帆.发展农村旅游应重视农产品品牌创意[J].知识经济,2016(12).

[140]刘慧,叶尔肯·吾扎提,王成龙."一带一路"对中国国土开发空间格局的影响[J].地理科学进展,2015(5).

[141]李晓,李俊久."一带一路"与中国地缘政治经济战略的重构[J].世界经济与政治,2015(10).

[142]王国刚."一带一路":基于中华传统文化的国际经济理念创新[J].国际金融研究,2015(7).

[143]王雪莉."一带一路"格局中文化产业发展的战略维度[J].中国战略新兴产业,2017(2).

[144]罗一鸣."一带一路"沿线国家贸易格局及其经济贡献[J].中国战略新兴产业,2017(3).

[145]谢国财,王少泉.国家崛起背景下"一带一路"战略的生成、困境与推进途径[J].中共福建省委党校学报,2014(4).

[146]卫玲."一带一路":新型全球化的引擎[J].兰州大学学报(哲学社会科学版),2017(5).

[147]国家发展改革委,外交部,商务部.推动共建丝绸之路经济带和21世纪海上丝绸之路的愿景与行动[EB/OL].http://www.mnw.cn/,2015-03-28.

[148]刘莉莉,张伟.舞动的双翼 丰硕的成果——"一带一路"建设回眸与愿景[EB/OL].http://news.xinhuanet.com/,2017-01-03.

[149]林华东."海上丝路"的影响与启示[N].人民日报,2014-10-19.

[150]赵晓秋,李绍潭,周斌.海上丝绸之路千年兴衰史[EB/OL].http://history.people.com.cn/,2014-03-20.

[151]李绍潭,周斌.海上丝绸之路的三大著名港口[EB/OL].http://history.people.com.cn/,2014-05-20.

[152]李羽超,张子剑.海上丝绸之路促进了世界多元文化的交流[EB/OL].http://fj.people.com.cn/,2014-02-20.

[153]黄凤琳.应加强"一带一路"的基础理论研究[J].新西部(理论版),2016(5).

[154]王轶辰."一带一路"国家统计发展会议召开[N].经济日报,2015-10-20.